心理学译丛·教材系列

质性研究方法导论

(第4版)

Becoming Qualitative Researchers: An Introduction 4th Edition

[美] 科瑞恩·格莱斯 (Corrine Glesne) 著
王中会 李芳英 译

中国人民大学出版社
·北京·

心理学译丛·教材系列

出版说明

我国心理学事业近年来取得了长足的发展。在我国经济、文化建设及社会活动的各个领域，心理学的服务性能和指导作用愈发重要。社会对心理学人才的需求愈发迫切，对心理学人才的质量和规格要求也越来越高。为了使我国心理学教学更好地与国际接轨，缩小我国在心理学教学上与国际先进水平的差距，培养具有国际竞争力的高水平心理学人才，中国人民大学出版社特别组织引进“心理学译丛·教材系列”。这套教材是中国人民大学出版社邀请国内心理学界的专家队伍，从国外众多的心理学精品教材中，优中选优，精选而出的。它与我国心理学专业所开设的必修课、选修课相配套，对我国心理学的教学和研究将大有裨益。

入选教材均为欧美等国心理学界有影响的知名学者所著，内容涵盖了心理学各个领域，真实反映了国外心理学领域的理论研究和实践探索水平，因而受到了欧美乃至世界各地的心理学专业师生、心理学从业人员的普遍欢迎。其中大部分版本多次再版，影响深远，历久不衰，成为心理学的经典教材。

本套教材以下特点尤为突出：

● 权威性。本套教材的每一本都是从很多相关版本中反复遴选而确定的。最终确定的版本，其作者在该领域的知名度高，影响力大，而且该版本教材的使用范围广，口碑好。对于每一本教材的译者，我们也进行了反复甄选。

● 系统性。本套教材注重突出教材的系统性，便于读者更好地理解各知识层次的关系，深入把握各章节内容。

● 前沿性。本套教材不断地与时俱进，将心理学研究和实践的新成果和新理论不断地补充进来，及时进行版次更新。

● 操作性。本套教材不仅具备逻辑严密、深入浅出的理论表述、论证，还列举了大量案例、图片、图表，对理论的学习和实践的指导非常详尽、具体、可行。其中多数教材还在章后附有关键词、思考题、练习题、相关参考资料等，便于读者的巩固和提高。

希望这套教材的出版，能对我国心理学的教学和研究有极大的参考价值和借鉴意义。

中国人民大学出版社

心理学译丛·教材系列

出版说明

[illegible]

中国人民大学出版社

引言：一种有事来临的预感

本版新增内容

我的非学术界朋友问我："在修订教材的时候需要注意些什么？你能不能加入一些最近的资料，谈谈科技发生了怎样的变化，增加了哪些新观点，并且你已经做了什么？此外，研究方法在几年后会发生多大的变化?"

我回答说，实际情况更为复杂。方法论视角确实发生了变化，尤其是在质性研究中，这种方法因为它的多样性和复杂性而受到关注，特别是当涉及差异性、多元性、公正和意义这些话题时，我们更需要注意。在我写作本书的第一版（1992）时，已出版的关于质性研究方法的教材很少，特别是人类学之外的一些学科中，有关质性研究方法的书就更少了。现在，质性研究方法的领域变得广阔，在1990年代早期还几乎没法想象的很多话题，现在都有了厚厚的手册。这种变化是令人兴奋的，因为它标志着许多学科的人都开始利用质性研究方法来帮助寻求具体的理解，或者解决特别的问题。在从事这些工作的时候，针对质性研究的批评也大为增加。这对导论性教材的作者来说也是一个很大的压力。所以，为质性研究领域编写综合性的方法类教材可能是一辈子的工作。

我所能做的是，使本书在质性理论和方法论中处于一个更好的位置。所以，读者可以更好地通过阅读本书告诉我你的收获。我可以向其他书或者作者指出这些方向，这将有助于你加深关于一些主题的知识的理解，而这些主题在本书中是仅仅提及或者简单描述的。并且，我可以更好地反思这里所讨论的方法和步骤，介绍那些在理论上和实践上被信奉和挑战的方法。这是我写作这个新版本时给自己设定的目标。

如下概要是本书和2006年版本相比的一些具体变化。

(1) 第一章的主要修订包括四种研究范式的介绍和它们的理论及哲学基础。这可以帮助你理解关于世界的信仰、所问的问题类型和研究方法论之间的联系。

(2) 关于后结构主义和后殖民主义的讨论（第一章）。同时提供了理解解释主义观点的影响和挑战的一些背景知识。

(3) 新增了研究目的这个部分（第二章）。这个变化将帮助你形成你的个人研究焦点。

(4) 关于资料收集过程中网络和虚拟现实的使用的扩展讨论（第三章和第四章）。这些新增内容给你提出了一些技术上的建议。

(5) 关于视觉资料（照片、地图、图表等）的收集和使用的扩展部分（第三章）。这些讨论有助于编辑更丰富的资料。

(6) 关于访谈记录和转录的技术的扩展讨论（第四章）。这里提供了关于技术发展的信息，这些信息对研究过程是有帮助的。

(7) 关于第五章的主要修正。现在的标题是"个人维度：田野关系和反思性"，并将更多地关注女性主义和后结构主义对之前的研究者—他人关系的观念的挑战。这些变化意味着促使你思考工作中重要的研究关系类型，并使你留意进行反思的方式。

(8) 关于隐私、网络和表述的扩展的伦理方面的讨论（第六章）。这些讨论的目的是增加对由技术和出版产生的一些伦理挑战的了解。

(9) 对除主题分析之外的更多资料分析形式的描述（第七章）。这可以使你在进行资料分析时有更多的选择。

(10) 关于自传式民族志、民族志戏剧，以及包含一些新例子的诗歌转录的扩展讨论（第九章）。这可以为你在通过创造性分析实践表现你的研究时提供更多的方向。

(11) 贯穿本书的新例子和图表。这些可以帮助你理解相关的讨论。

(12) 在每章的末尾增加了“推荐的阅读材料”部分。这可以加深你对每章所介绍的概念的理解，你可以从阅读这些部分所列的书目开始。

(13) 在每章末尾增加了练习。这些练习可以帮助你学习这些材料，并且给你的老师提供作业的例子。

(14) 增加了索引中的词汇。这可以帮助你快速恢复对于不同术语的意义和用法的记忆。

个人的和文本的定位

我的背景和经历是民族志研究和案例研究，以及不同形式的行动研究，包括参与式行动研究和合作研究。我曾经居住和工作在世界上的不同地方，保持着对发展理论和全球化理论的兴趣。虽然我一直在阅读和记录，学习我不甚了解的质性研究的范式和方法论，但我也不能公平对待所有这些或者它们中的一部分。我不得不限定所要关注的问题。

这本书植根于质性研究的解释主义传统。尽管我在这本书中简要地介绍和提及了批判性的和后现代/后结构主义的传统，但本书并不意味着可以成为那些想在这些范式内做研究的人的参考书——尽管他们会发现其中的一些建议是适合的和有用的。在解释主义传统中，不同的研究路径是由不同的学科历史性地、地理性地形成的，这些学科包括社会学（符号互动主义、扎根理论）、心理学（现象学）和人类学（民族志）。不管正确与否，民族志可能是使用得最广的一个术语，用来指解释主义传统中的研究。在和殖民地人类学的联系中，它也有许多过时的观点。尽管如此，和民族志相关的研究方法（田野工作、访谈、观察、文献收集）也在其他质性方法中被使用（尽管田野工作的预期、访谈问题的类型、分析技术等可能有很大差异）。本书主要关注民族志研究中使用的方法，也包括当前的批判、挑战和变化。

我相信当地人的智慧，不管是在伊利诺伊州的一个农村社区，还是在墨西哥城的一个行政区域。我相信任何地方都存在“有机”知识分子，他们努力使传统鲜活，同时也塑造着一个正在变化的未来。我仍然偏向更多地涉及研究参与者的调查方法，尤其是在确定首要研究问题，以及设计将对所涉及的人群有用的研究时。我也仍然相信从传统的质性方法中能学到不少东西，你可以学习和实践基本的技巧，把它变成你的技能和倾向。所以，本书可以继续作为民族志研究中资料收集、分析和写作技巧的导入性教材。但是，顺着这个路径，我会增加有意探索和深化其中的一些实践的部分。

使用本书的建议

章节倾向于区分思想，这会给人这样的印象，如资料收集和资料分析是不同的。尽管质性研究的活动倾向于持续的和重叠的，但我每次都使章节集中于一个研究方面。我贯穿书中的主要原则就是让它成为你的主要教材，帮助你开始从事质性研究。因而，本书通过研究进程和独立的章节引导你去学习：理论基础（第一章）、研究设计（第二章）、参与式观察（第三章）、访谈（第四章）、资料分析（第七章）、写作（第八章和第九章）。这些章节提出了我和我的学生曾经经历过的话题、问题和困惑。如我课堂上的一个学生所指出的那样，我对质性研究中的问题的一个使用得最多的回答是“视情况而定”。在课堂讨论和本书中，我都没有提供解决方案，不存在绝对的答案。我的目标是提出问题，指出哪些是有问题的，并且为形成你自己的判断提供指导，以使你学会处理所遇到的复杂问题。要成为一个有能力的研究者，你必须学会和研究过程相关的基本知识，以及学习如何根据你的个人品格和研究情境来进行研究，这样你才能把你的调查做到最好。

因为你可能将要写作普通论文或学位论文，所以我偶尔会谈到你可能遇到的一些特殊问题。书中的许多案例来自教育方面，但本书并不限制在学校环境中或仅仅满足教育学者的需要。这些案例来源于学生的经历、我自己的调查和阿兰·佩什金（Alan Peshkin，本书第一版的合作作者）的研究，以及出版的书籍。我最受惠于佛蒙特大学的学生，他们教给我很多关于质性调查的东西。为了遵守承诺，他们的案例我只采用他们的姓，或者，对某些人来说，采用匿名的方法。

从我的视角来看，要获得从事质性调查的技能和理解，可以从三个维度进行：阅读、反思、行动。较为适宜的是，这三个方面可以同时进行，这样每个方面的结果可以和其他方面的结果持续地互动。在研究过程中，要广泛深入地阅读和主题以及调查行为相关的东西，你可以从阅读每章后面的推荐阅读书目开始。当你阅读做质性研究的文章时，要对那些重要的问题进行质性研究技巧的练习。从理论上说，这个过程是指导普通论文和学位论文试验性研究的需要。通过写作田野日记以及与同伴、指导者、研究参与者保持讨论，在研究过程的每一步之前或之后进行反思（从形成你的研究陈述到完成研究报告）。

坚持写田野日记，描述你的实践和你关于这些实践的批判性反思，这非常重要，对于完成一个好的研究非常关键。实际上，田野日记成为了一种个人的方法手册，它包含了一种洞察力，这种洞察力来自阅读、反思、做研究之间的互动。学会反思自己的行为和思想，以及研究中的现象，有助于形成一个更好的研究手段。成为一个更好的研究者可以捕捉到这个过程动态的特点。从事研究如同教育和跳舞一样，可以被提高，但不能被征服。

交流质性研究的过程给我提供了一些和几年前教游泳时同样的回报。在一个学期（或者两个学期）结束时，学生们不再害怕跳进去，他们也不害怕被资料淹没。伴随着小心的、确定的尝试，他们迈上了资料收集、分析和写作的过程——尽管偶尔也有急躁的时候。学生们获得了有用的技能，这些技能对他们的帮助不仅仅体现在论文和毕业论文阶段。反过来，我从学生们做质性研究的过程以及他们的研究领域中也学到了很多。例如，他们使我知道关于发育过程中的不利因素的社会建构，或者是中学里有效的同伴小组教学的工作方式。我相信，质性研究可以提供关于反思和交流的论坛，这可以形成更好的计划，让那些处于边缘的人发出声音，并且帮助研究者、参与者和读者以一种新的方式看待世界。如有任何评论、建议或者问题，请通过 ceglesne@yahoo. com 和我联系。

科瑞恩·格莱斯

致　谢

首先我要感谢培生出版公司的凯文·戴维斯（Kevin Davis），是他说服我修订这本书的。尽管当初我不愿意，但是我现在明白了他是对的。我也感谢他在我修订本书的时候，给我提供了有用的资料。我同样感谢培生出版公司的香农·斯蒂德（Shannon Steed），当我需要的时候，他给我发了许多“检查性”邮件。非常感谢评阅人的建议和洞见，他们是：伊利诺伊州立大学的贝丝·哈特（Beth Hatt）、俄亥俄大学的艾梅·豪利（Aimee Howley）、乔治梅森大学的约瑟夫·A·麦克斯韦（Joseph A. Maxwell）、蒙大拿州立大学的贝齐·帕尔默（Betsy Palmer）。特别要感谢伊丽莎白·圣皮埃尔（Elizabeth St. Pierre），她友好而温和的帮助，使我对后结构主义及其对解释主义的挑战产生了更大的兴趣。她对一些章节草稿的反馈也非常有用。感谢古斯塔沃·埃斯特瓦（Gustavo Esteva），他在10年前把我引介到他的研究以及瓦哈卡的世界，现在他仍然继续激励着我。我要感谢凯瑟琳·奥斯汀（Catherine Austin）、克里斯·海耶斯（Chris Hayes）、简·霍奇（Jane Hodge）、约翰娜·西尔弗（Johanna Silver）、伊丽莎白·米勒（Elizabeth Miller）以及达里尔·翁（Darryl Wong），他们允许我使用他们的照片。我还要感谢丹尼·约德（Diane Yoder）的贡献。也要感谢我的兄弟汤姆，他帮助我解决了技术上的难题。特别感谢凯利·克拉克/基夫（Kelly Clark/Keefe）、马莉恩·普加奇（Marleen Pugach）、卡洛琳·米尔斯（Carolyn Mears），他们阅读了我的手稿并对每一个细微处都提出了建议。凯利、马莉恩长期和我一起讨论相关概念、过程和观点，这些观点是我在现实生活中发现的一些其他人认为非常有趣的观点。当然，还有其他人也帮助了我不少，他们帮我准备晚餐，不时地把我从电脑跟前拉开，并且忍受了我好几个月。对此，我深表感激。

目录 Contents

第一章 与质性调查相识

> 索菲耶和我相识并教导我说，如果研究者能够克服困难，就可以看透和了解每个人的一些故事及每个房间里的生活状况。将这些故事告诉自己或其他人，就可以改变这个世界。等待其他人讲述他们的故事，甚至帮助他们讲述他们的故事，这就意味着没有一个人会被看作毫无特点的人，没有一个居住地会被看作充满灾难并毫无希望的地方，这些人和这些地方就会获得关注。
>
> (Myerhoff，1979，240)

起源

人类学家芭芭拉·梅尔霍夫（Barbara Myerhoff）谈到过从小抚养她的祖母，通过她祖母讲述的故事，你也许可以了解梅尔霍夫的生活历程。因此，学会认真聆听别人的故事并解释和重述这些故事，就可以积累许多质性研究（qualitative research）的经验。

因为质性研究者经常尝试寻找当人们面临抉择时所采取的行动和所选择道路的意义，所以我在一开始也介绍一下与我研究有关的事件。如果你对我的故事有一些了解的话，可能就会更好地理解和解释这本书中的内容。首先向你介绍一些背景知识，随后还会向你介绍贯穿整本书的我参考的不同研究项目，通过对我生活经历的总结，进一步解释对质性方法学的建议和反思（reflections）。

我已无法记起何时“发现”质性调查这种方法的了。然而，我却对此早已熟悉。我在一个偏远的中西部小镇里长大，在那里，几乎每个人都去教堂（没有犹太教教堂和伊斯兰教寺院），几乎每个人的祖先都是欧洲人（我是挪威人和威尔士人的后代）。我一直对与我的生活迥异的其他人的生活很感兴趣。我阅读每个月的《国家地理》（*National Geographic*）杂志，每天晚上都读来自世界各地的民间故事。我父母书架上有《北极的狂野》（*Arctic Wild*，Crisler，1958）、《方舟无空间》（*No room in the Ark*，Moorehead，1959），我还阅读图书馆里有关旅行者、探索者以及成吉思汗、阿梅莉亚・埃尔哈特（Amelia Earhart）等许多冒险家的书。

我庆幸自己本科学习了人类学，这一学科让我继续了解不同人的生活方式。对于人类学家来说，田野工作（fieldwork）——实地参与他人的生活——是了解另一类文化的一种方法。读得越多，我就越希望能去体验其他地方的生活。因此，我在读研究生期间一边从威尔士旅行到阿富汗，一边进行调查。在以色列的一个集体农场，我给棕榈树授花粉、给香蕉树修剪树枝、摘葡萄，我对这一地区农业的兴趣不断增长。后来，我居住在耶路撒冷并加入了一个考古学家的团队，在那个团队里待了一年。我在肯尼亚北部做考古工作，在那干涸的河床上搭起帐篷，追寻犀牛和狮子的足迹，追溯一万年前尼罗河南部人们移民的痕迹。这一时期，我坚持写旅行日记。当我现在重读这些日记时，我还为自己当时的欣喜与气馁而震撼：因了解到新的事物而欣喜，因不知如何去解释我所遇到的这些事物而感到气馁。我采用不同的方法来做事情，同时用更多的方法来解释这些事情并由此感到无比兴奋。我感到坐立不安并渴望超越这些感性经历。因此我渴望能再去学校接受人类学的教育。我所学的课程为我的上述经历提供了理论解释和结构框架。

我的第一个质性研究项目是我的硕士论文——用访谈法和档案法来研究在土地上辛勤耕作的伊利诺伊农村妇女。当我成为一名博士生时，我做阿兰・佩什金的助手，研究信奉正统基督教的基督教学校的民族志。佩什金搬进了那所学校所在的社区，在整整一个学年里，我和其他助手每周花两天时间待在那所学校里，在教室的后面进行观察，并对教师和学生进行了多次的访谈。

在做博士论文之前，我在加勒比海的圣文森特和格林纳丁斯参加了由迈克尔・奎恩・巴顿（Michael Quinn Patton）① 指导的农业扩展研究项目，这是一个多民族聚居的地方，当时我是作为一名行动研究者参加该项目的（这一章后面有行动研究的定义）。在那里我协助各种农民团体和农业机构的代表制定了国家农业扩展计划。为了做我的博士论文，我回到了圣文森特，在一个村庄里进行了人类学的研究，研究的主要对象是青年人、农业和教育。

当我成为佛蒙特大学的一名教授时，我开始教授各种质性研究的课程，同时也教授其他各种课程。如果小说家和诗人们讲授写作课程却根本没时间进行写作，他们会感到很悲哀。这与我教质性研究课程的境况相同。有限的学术休假时间（第一次在哥斯达黎加，第二次在墨西哥的瓦哈卡）被一项短期的质性评估工作和一个生活史调查（life history inquiry）项目的研究挤占了。尽管我接受的是传统人类学研究方法的训练，但当我1993年去哥斯达黎加做研究时，还要采用其他的方法（传统的人类学方法和更综合的研究方法将在这一章后面讨论）。我自愿与一个环保团体在我居住的小社区里一起工作。7年之后，随后的学术假期允许我在瓦哈卡继续以这种模式进行研究（这将在下一章中讨论）。

2002年，我以旅游教授的身份参与了国际荣誉学程（IHP），它是国际培训学校（School for International Training）的一个分项目。在9个月的研究过程中，来自6个国家的30位学生和3位教授在各国的国家协调员、政治活动家、人类生态学者和知识分子等的指导下，共同研究文化、生态、正义等主题。2008年，我在墨西哥的瓦哈卡指导了一个学期项目。我继续为一个短期的国际基金项目工作，与此同时，其他研究人员正在为我的家乡——北卡罗来纳州西部的山区建设而工作。

通过以上各种研究经历和阅读其他人的著作，我已经对研究者与研究对象的关系及两者相互影响的问题变得特别敏感并十分感兴趣。我坦率地承认调查的目的并不完全是为被调查者服务，但我个人希望研究能对被调查者的生活有所帮助，他们可以自己决定自己的生活。当你继续阅读本书后面的内容时，我的上述观点就会被进一步证实。

① 迈克尔・奎恩・巴顿因其在评估与社会学方面的工作而获得了许多奖项。他是许多评估与研究书籍的作者，其中包括《质性研究与评估方法》（*Qualitative Research and Evaluation Methods*），这是一本杰出的参考文献和质性研究的入门书。

本书重点讨论质性研究方法，主要集中在解释主义（interpretivism）传统范围内的质性研究方法，这些观点在解释主义内部不断受到挑战。我引用《绘画之道》（*The Tao of Painting*）中的观点来代表我对质性调查的观点：

> 一些人重视方法的价值，而另一些人因他们忽视了方法而骄傲。没有方法是可悲的，但是完全依赖方法也是错误的。你开始学习时要虔诚地学习其中的规则，之后再依据你自己的智力和能力进行改进。（Sze & Wang，1963/1701，17）

学习质性研究和学绘画很像。向大师学习技巧和方法，如实地练习这些技巧和方法；当你对那些大师们展现他们作品的方法有了充分的了解，同时对你改进方法的创新可能性也有了充分的了解时，你就可以对其进行改进来适应你自己的创作风格了。

探索

在词典中，“研究”（research）这个词的定义是认真、辛勤的探索。我们所有的人都曾从事过各种各样认真、辛勤的探索过程，但它们并没有被称作研究，更不能说是一个专门的研究。我母亲对我们家的宗谱十分感兴趣，这是一个探索的例子。她热衷于建立一个家庭谱系，她问我的大姑母和堂兄弟许多问题，请求他们和其他亲属给她看他们的书信和相册。她不断走访公墓和祖先曾经居住过的地方，到医院、城镇里的商店和教堂去寻找档案资料。从正式或非正式的档案和亲属的言语中，她仔细地、努力地追溯我们家族的历史，记录重要事件的日期（如生日、结婚和死亡等），并记录她曾经听到的故事。

当你是一名学生的时候，你可能在没有人给你分配任务的情况下，做过一些探索。例如，居住在公寓里的一群本科生，对那里所提供的食物越来越不满意。他们抱怨，但无济于事。经历了特别不满意的一餐后，他们决定进行一次调查，调查的内容是一系列陈述，回答从“十分同意”到“十分不同意”，用5点量表记分。他们将调查问题进行归类，就此开会讨论，并通过邮寄的方式，给希望对该餐厅提建议者一份调查问卷。被调查者将问卷填好后，在某一日期将其投放到某一指定的信箱中保存。到了指定的日期，学生们收集调查问卷并记录得分，了解对某一问题有多大比例的被调查者进行了回答，以及这些被调查者对食品服务某一方面的感受如何。他们基于以上事实写了一份简要的调查报告，并将它发放给学校校报、大学校长和食品服务中心。

作为一名专业人员，你可能一直在进行调查。每年9月份，一位中学英语老师都会被一些惊恐的、迷茫的新生所震撼。她感到老师、管理者、高年级同学可以为这些新生做些什么，以帮助他们轻松地完成这一过渡，但她不知道做哪些事情能对他们有帮助。因此她让六年级、七年级、八年级的同学写作文，内容包括：六年级刚开始那些天内心的体验如何，什么事情让他们的体验很好，什么事情让他们的体验很差，什么事情能让他们的体验好上加好。然后她和学生们一起工作，并为学校的工作人员和管理者准备了一份报告，建议学校可以采取一些方法和步骤来帮助新生顺利过渡。

在上述三个例子里，人们都在进行研究，为了特定的目的精心设计并收集资料。资料原本可以收集得更为仔细，但重点是他们进行的研究都来源于日常生活，尽管他们并不知道自己所使用的方法的名称，也没有意识到如何能够在调查过程中提高结果的可信度和使之具有更大的实用价值。本书的意义就在于教你做一个周全的、有意义的质性研究的各种方法。

像大多数人一样，你可能认为研究是选用一个研究工具进行调查的过程，在这一过程中要调查大量的人，将调查资料转化为数字进行分析。这种调查模式，类似于食品调查，运用了定量研究（quantitative research）的方法。上面中学英语老师的例子和我母亲收集宗谱的例子中的一部分，包括了研究者所收集的与一小部分人谈话的资料以及各种文献，在中学的例子中还包括行为观察。这些例子都运用了质性的方法。

人们总是不断将定量研究和质性研究两种研究范式进行比较。然而，定量研究者和质性研究者在他们的文章和方法中使用相同的元素，因此两种模式被看作统一的，而非割裂的。他们都确定自己的研究目的（research purposes），提出研究问题（research questions），锁定研究人群，选择研究方法，规划研究时间，收集并分析资料，展现研究结果。他们都或隐或显地依赖理论，并关注研究的严格性。然而，研究者如何将这些要素融合在一起，并在研究过程和研究结果上形成明显差异，这些问题将在后面研究范式中讨论。

认识的方式：研究范式

> 范式是框架，具有地图的功能或者可以指导科学共同体决定重要的问题或观点，为他们的成员说明或定义可以接受的理论、解释、方法和解决难题的技能。
>
> （R. Usher，1996，15）

1962年，托马斯·库恩（Thomas Kuhn）出版了《科学革命的结构》（*The Structure of Scientific Revolutions*）一书，提出了“范式”（paradigm）这一概念。库恩接受的是理论物理学家的训练，但他对哲学有着浓厚的兴趣。在他攻读博士学位的时候，他就对科学哲学史产生了浓厚的兴趣（Loving，1997，430）。这本书导致了科学实践领域的哲学革命。在这本书出版之前，西方科学家们倾向于相信研究结果依赖于研究本身，直到他们开始意识到这个世界如何运作时，才会促进科学研究群体的不断进步。以逻辑实证主义（logical positivism）为例，这个范式认为，“知识被限定为：通过理论的演绎推理（deductive reasoning），将概念操作化并进行测量，获得经验证明了的才是知识”（Patton，2002，92）。尽管当时科学被认为是客观的、价值中立的，但库恩证明了科学是一个意识形态的战场，这里有观念和解释的相互竞争，那些获胜者经常是在政治、经济和社会地位方面最有权力的科学家。库恩和其他人达成了共识，即“观察是在理论指导下进行的，这些理论是在范式的指导下形成的，这些范式又是在历史和文化的引导下形成的”（R. Usher，1996，16）。

因此范式是科学的哲学构架，范式引导研究者如何对客观事实的本质提出假设、如何探索各种问题、如何进行研究。“本体论”（ontology）这个词通常指对实体的信念或对世界是由其他什么东西所构成的信念。波特（Potter，1996，36）曾说：“本体论关注的是这个世界是否存在，如果存在的话它是由什么构成的。”你可能认为这个世界是由物质构成的，比如一些你能观察和测量的事物。或者你可能认为这个世界是由我们的思想意识所建构的，依赖于我们的意识如何感知、分类和解释这些事物。你所坚持的世界本原是什么，反过来会影响到你提出什么问题以及你对知识的认识。“认识论”（epistemology）这个词常指对知识本质的研究。你所认为的知识是什么，反过来就会影响你对解决问题所选择的方法的评价。

因此，每一个研究都被更高的理论所指导，有时甚至研究者自己也没有意识到他们被这些理论所影响，因为在他们的研究中并没有体现出对事实和知识的假设。作为一名研究者，你的部分任务是在选择自己所做的工作时认识到自己受哪种哲学和理论观点的影响。前面这一段导入就是为了唤起你思考这一过程，但这才刚刚开始。在本章结尾，有些资料可帮助你熟悉那些对你的研究有深刻影响的理论和哲学的思想与语言。

为了轻松地讨论这些问题，我把指导社会科学家研究的更高理论和哲学分为四种范式：实证主义（positivism）、解释主义（interpretivism）、批判理论（critical theory）、后结构主义（poststructuralism）。每一种范式都被看作由一些假设、哲学、理论和所包含的思想学派等组成的集合。这些范式并不是僵化的、已被限定的，它们会随着时间变化而不断发展，会受社会历史因素的影响，同时也会受本范式自身的传统和其他范式的影响。更为复杂的是，不同的理论家和作者使用的范式名称会有所不同，一些范式名称，如后实证主义（postpositivism），就与许多范式都有联系。社会科学家们对于存在多少种范式并没有达成共识，也没有对如何区分这些范式以及这些范式与具体研究方法有何联系达成共识。我分类的目的是要启发读者清楚地意识到理论对研究的影响，理论在我们的观念体系中影响着我们的研究目的和对研究结果的解释。

如果你对于上面对各种范式的描述感到困惑，可参考下面的表1—1。

表 1—1 范式、目的和方法/分析

范式*或理论框架	其他术语或名称	与之相关的理论家或哲学家	此范式研究中的核心目的	一些相关的研究方法或分析
实证主义	后实证主义** 逻辑经验主义	奥古斯特·孔德	预测	实验法 准实验 原因对比分析
解释主义	建构主义 自然主义 现象学的 解释学的	克利福德·格尔茨 尤尔根·哈贝马斯 埃德蒙德·胡塞尔 伊曼努尔·康德 乔治·赫伯特·米德	理解	民族志 现象学 符号互动主义 叙述分析 扎根理论
批判理论	女性主义理论 批判种族理论	卡尔·马克思 安东尼奥·葛兰西 马克斯·韦伯 赫伯特·马尔库塞 露西·伊利格瑞	解放	批判民族志 女性主义研究 参与式行动研究（弗莱雷） 批判话语分析
后结构主义	后现代主义 后殖民主义 后福特主义	米歇尔·福柯 雅克·德里达 让·F·利奥塔 佳亚特里·斯皮瓦克 爱德华·萨伊德 阿君·阿帕度莱 霍米·巴巴	解构	解构主义（德里达） 谱系学（尼采、福柯） 根系分析（德勒兹、加塔利） 逻辑倒错的合法性（利奥塔）

* 这个词经常被用来描述各种理论框架。

**“后实证主义”通常指弱实证主义的思想和方法，另外也可以指除早期实证主义之外的思想和方法。后来这个词经常被用来指除早期实证主义之外所有实证主义思想形成的范式。

资料来源：Aspects of this table were informed by Patti Lather and Elizabeth A. St. Pierre's table “Postpositivist New Paradigm Inquiry,” on p. 164 of Lather，P. （2007）. *Getting lost*：*Feminist efforts toward a double （d） science*. Albany，NY：SUNY Press。

逻辑实证主义或逻辑经验主义范式

在文艺复兴时期（1450—1600），经验主义发展和繁荣了起来，从某种程度上讲这是对中世纪宗教势力的一种回应。经验主义者相信世界和真理都可以通过观察和实验进行解释，而非用宗教经典进行解释。在启蒙时代（1600—1800），经验主义被当作一种研究方法，为欧洲物理学、自然科学知识的快速增长做出了巨大贡献。

“实证主义”这个词是 19 世纪法国哲学家孔德（Auguste Comte）提出的，当时他宣称实证主义是“社会科学的研究方法……社会科学应该努力效仿自然科学，获得确实可信的、具体的知识，这些知识可以将我们的社会变得更好”（O'Reilly，2005，45）。社会科学家吸取了许多实证主义的方法和概念［比如信度、效度、客观性（objectivity）、普遍性］作为他们研究的原则。到 1930 年至 1940 年这一时期，这种建立在逻辑实证主义基础之上的本体论——能被测量和认识的确定的存在，开始遭到许多批评。今天，在此范式中工作的许多人可能认为这个世界并非都能被确定地认识，但是他们仍然使用这一方法，用这种方法来评价研究程序和语言表述，并断言这种研究可以获得“足够好”的事实，基于这些事实可以得到普遍性的结论，并对相应的社会行为做出预测。经过修正后的实证主义被称作逻辑经验主义（logical empiricism），有时也被称作后实证主义。在本书中，实证主义并非指强经验主义思想。

如果你是一位实证主义研究者，你的本体论信念会认为，客观事实是独立于人们之外的、能够被测量的、可以在不同水平被精确地理解的。因为这个世界是可以被认识的，所以你做研究的目的就是希望对社会现象得到一种普遍性的结论，对现象背后的原因给予解释，并能对这些现象进行预测。你的工作是通过客观观察、测量、精细的实验等方法来获得知识。基于这个理论，你会对所研究的问题提出一些假设，然后通过客观的方法避免你的行为和反应对被试产生干扰，以此来验证你的假设。你收集的这些资料被简化为数字或定量化的信息，并被进一步统计分析。这一过程通常被称为定量研究。

解释主义范式

尽管解释主义的思想可以追溯到古希腊和古罗马的哲学家，但解释主义作为一种社会科学的研究方法则来源于18世纪德国哲学家伊曼努尔·康德（Immanuel Kant），威廉·狄尔泰（Wilhelm Dilthey）、马克斯·韦伯（Max Weber）、埃德蒙德·胡塞尔（Edmund Husserl）以及其他人进一步发展了这一思想。这一思想通常被称为唯心主义（idealism），唯心主义者并不相信这个世界是独立于认知者而存在的。唯心主义者相信这个世界不可能独立于我们的意识或观念。“唯心主义者并非认为自然和社会这两个世界是不真实的或不存在的，而是我们……不能直接理解这个世界，这个世界需要通过我们的意识解释才能够被理解。”（Schwandt，2007，143）社会科学家的职责就变成了获得他人对社会现象的解释和其他人对自己行为和意图的解释。许多解释主义的传统已经得到了不同程度的发展（有些会在本章后面讨论），但是它们共同的目的是解释人们的观念和行为，以及这些观念和行为在特定情境下或在更广阔的文化背景下的相互作用。

与解释主义传统相适应的本体论信念描绘了这样一个世界：这个世界中的事实是被社会建构的、复杂的、不断变化的。重要的是，我们要明白人们是如何解释并赋予客观事物、事件、行为和知觉等以意义的。这些被建构的事实被认为是客观存在的，它们不仅存在于个体的意识中，而且也作为一种社会建构（social constructions），因为个体知觉总是与更广的社会思想和语言相互作用的。因此，获得同一社会团体中某些成员对一些社会现象的看法，就可以获得该群体思想和行为的文化模式。

从一个社会科学领域中行动研究者的视角来看这个社会并把解释社会作为研究的目的，随之而产生的研究方法包括与个体在其所处的社会情境下进行互动，以及用访谈的方法了解个体的认识。如果你具备高水平的解释主义理论视角，你的研究设计将倾向于在某个或某些地方深入地、长期地与相关人群互动。尽管针对特定研究场所的假设可能会限制你的研究结果，你或许不能开展这个研究，但是这一探索将会展现各种视角和观点，从而可以开阔你的视野。你进行观察、提问，并与研究对象互动。可能你在分析中发现一种模式，但你不能将这些多维的解释简化为数字或者某个标准。你最后形成的研究结果将会是描述性的。这些方法通常被称为质性的（qualitative）。

你可能更熟悉实证主义传统的研究方法并努力将资料数字化，但这与解释主义传统的研究方法究竟有何差异呢？我将在展示框1—1中进行列举总结。这些差异并不表明两者的界限是泾渭分明的，但也不能认为两种方法之间的界限是十分模糊的。

批判理论范式

批判理论范式的目的并不像解释主义研究那样是为了描述“是什么”，而是为了说明“可能是什么”（Thomas，1993）。在批判理论中，“批判”这个词是指“发现和揭露那些限制人们自由、公正和民主的观念与实践”（R. Usher，1996，22）。批判理论研究批评历史和社会结构中的压迫状态，并寻求改变这种状态。

批判理论研究是由历史现实主义（historical realism）的本体论所指导的：它认为生活“实质上是被社会、政治、文化、经济、种族和性别等各种价值长时间相互作用而形成的一种事实”（Lincoln & Guba，2000，168）。批判理论著作中的一个核心观点是思想体系会扭曲现实。批判理论家的角色就是去揭露及评论这些扭曲的意识形态和与之相关的社会结构、机制和过程，因为这些社会结构、机制和过程使得扭曲的意识形态得以存在（Prasad，2005）。尤其是批判理论家将被压迫群体的经验和认识置于某一社会、历史背景下，揭示这些社会历史条件如何对该群体而非其他群体产生影响。

批判理论研究者经常采用（并常使其他人意识到）认识论立场（standpoint epistemologies）。这些立场就存在于那些传统上被压迫与排斥的群

实证主义研究方法	解释主义研究方法
假设	**假设**
● 社会事实有一个客观实在	● 事实是社会建构的
● 变量能被识别并且关系能被测量	● 变量是复杂的、相互影响的且很难测量的
研究目的	**研究目的**
● 普遍的结论	● 特定情境下的结论
● 进行因果解释	● 理解
● 预测	● 解释
研究方法	**研究方法**
● 以假设或理论开始	● 可能在研究结果中进行假设或提出理论
● 使用正式的研究工具	● 研究者本身就是研究工具
● 实验	● 自然主义方法
● 演绎法	● 归纳法
● 成分分析	● 探索模式
● 寻求常模	● 寻求多元的解释和复杂性
● 将资料简化为数字	● 尽量少使用数字
● 在写作中使用抽象的语言	● 在写作中使用描述性的语言
研究者的角色	**研究者的角色**
● 与被试分离	● 个人卷入
● 客观描述	● 共情式理解

展示框 1—1 实证主义和解释主义研究的不同倾向

体（如妇女、男同性恋、女同性恋、有色人种和被殖民化的人群）的经历、价值和利益中。从这些立场出发，研究者评论或重新建构主流群体的叙述，揭示这些叙述中的种族主义、男性主义、保守主义、欧洲中心论等观念（Schwandt，2007）。两个典型的例子便是批判种族理论（critical race theory）和酷儿理论（queer theory）。批判种族理论聚焦于对许多人来说已是常态的种族主义嵌入社会中的方式，并认为以种族来识别和区分人群是被社会建构的。随着对社会、政治权力形式的强调，批判种族理论研究这两种权力形式是如何包容和排斥有色人群的（Madison，2005；Schram，2006）。酷儿理论是挑战异性恋观点的，即那种认为异性恋是或应该是一种社会常态（合法）的观点。酷儿理论认为异性恋是被社会建构的，并对被主流社会认为是一种"常态"的异性恋提出质疑（Madison，2005）。

尽管批判理论研究并不遵循任何特定的方法，但其研究设计也有其一般化的特征：

● 批判理论研究者认为研究是一种政治行动，因为它不仅依赖价值体系，而且挑战价值体系（R. Usher，1996）。批判理论研究倾向于研究权力和统治问题，倡导从被剥削和被压迫群体的视角来理解这些问题。

● 批判理论研究者经常聚焦于语言或"法定的规则，这些规则规定着哪些话能说、哪些话不能说，谁能说权威性的语言、谁必须听从，谁的社会建构是合法的、谁的社会建构是错误的和不重要的"（Kinchelow & McLaren，2000，284）。因此，他们的兴趣在于揭示社会和历史建构的论述，以及这些论述是如何在不平等、压迫和剥削的条件下被支持和维持的。

● 批判理论研究者经常对思想与行为之间的关系、理论和实践之间的关系感兴趣。因此，作为研究过程的一部分，对话和批判性反思揭示了那些未经审查而被被试所接受的假设，以及他们接受服务于压迫的占文化统治地位的人群的各种解释的方式。这一过程"有助于人们挑战已经习得的各种限制、强制和习惯"（Higgs，2001，49），并能指出改变当前关系或结构的方法。

韦斯和凡尼（Weis & Fine，2004）提供了与批判研究相关的例子。他们说明了研究如何能超越描述现状以揭示某一群体被征服的方式，然后提升参与这一研究过程的被试的意识。在他们的研究中，韦斯和凡尼为纽约的高中生（他们来自不同的种族、阶级、性别和民族等）创建了研究阵营。在这个阵营里，学生们学习到了批判种族理论及其研究方法。这些学生开展了一项学校调查，组织实施并分析和解释这些资料。韦斯和凡尼渴望学生通过他们自己的分析，认清统治者思想得以持续的方式，认清某一群体如何变得沉默的过程。对许多学生来说，这一工作是个赋权的过程，他们获得了权力，并敢于对学校的不平等和社会的不公平现象进行大声表达。

批判女性主义研究

女性主义理论能指导在每一种研究范式下所进行的研究，但女性主义研究经常与批判理论研究结合在一起。批判女性主义著作的一个基本假设是相信女性遭受了压迫和剥削，但不同种族、阶级、民族的妇女所遭受的剥削和压迫是不同的（Maguire，1996）。正如一般的批判研究者一样，批判女性主义研究者关注公平和权力，热衷于发现和理解那些导致和维持压迫的力量（Maguire，1996）。他们的研究工作最初聚焦于去改变这种不对称的权力关系，特别是希望改变妇女权力低下的状况。但是，这并不意味着只有性别的不平等受到关注，因为“性别的压迫不可能与阶级、种族等的压迫相分离”（Maguire，1996，108）。然而，可以把对女性地位的研究看作跨学科的研究主题（McCall，2005），在女性主义研究中，分析和思考种族、阶级、民族、性偏好等问题是极其重要的。

首先讨论研究问题，女性主义研究者将研究定位于那些对妇女重要并有利的问题（Bloom，1998）。其次，“女性主义研究方法中的批判性及其最显著的特征是在田野工作中十分重视与被研究者之间的和睦（rapport）关系”（Bloom，1998，150）：研究者与被调查者能否成为朋友，研究者能否意识到与被调查者之间的关系，是否感谢所建立的关系，并为这种关系而感到荣耀。再次，女性主义研究者提倡研究者对他们自己的研究角色、经历、价值观和对研究关系的假设等进行自我反思和批判。女性主义研究者还关注研究者和被研究者之间主观性（subjectivities）的相互影响，关注研究者权力和权威在研究过程中所产生的影响。最后，女性主义研究者在研究过程中倾向于将自己定位成行动研究者，他们致力于运用自己的优势地位以促进社会公正，尤其关注那些最弱势群体的利益（Bloom & Sawin，2009）。

在如何进行质性调查方面，女性主义研究者在不断改进。他们力图建立一种非等级的研究关系，即一种合作的研究关系。其他研究者不断调整他们与被调查者的相处方式，不断对研究关系的本质如何影响已收集到的各类资料提出新问题。女性主义研究者不断质问自己的行为、与被研究者的关系、在研究过程中的权力和权威对研究的一般结论是否产生影响，他们期盼这些观点也被大多数质性研究所吸纳（参见第五章对该主题的讨论）。

后现代/后殖民/后结构范式

> ……当西方男性白人不能再定义真理时，我们就宣称已经不存在真理了。
>
> （Bruner，1993，23）

“后现代性”（postmodernity）这一术语表明它与现代相决裂。从某种程度上讲，现代是工业化这一历史时期的标记。现代性的特征包括一种信念，即认为形式逻辑是推理的必要成分；还包括另一种信念，即认为科学和技术是解决各种难题的工具和手段（Harker，1993）。全球化、信息技术的传播和国家分裂给后现代打上了标记。在后现代主义（postmodernism）框架下，原先用来解释社会如何运转、人们如何发展和相互影响等的宏大理论开始遭到批评和怀疑（Schwandt，1997，120）。“后现代主义坚决主张不存在普遍的真理，因为所有调查者都生活在某一人类社会中，他们只能形成片面的、历史性的特定认识。”（Delamont，2002，157）与后现代主义相关的观念包括社会多元性、碎片化和不确定性，而并非社会统一性和因果性（Prasad，2005）。

在后现代思想影响下形成了多种研究范式，有后现代、后结构、后殖民和后福特主义等。我们能够清晰地区分这些传统之间的差异，但这些传统也有共同的观点和哲学基础，因此，某种程度上它们之间是相互影响和相互改变的。在这些思想影响下的研究者，“对现代西方思想所形成的完整体系进行了激进的抨击”（Prasad，2005，211）。“后”（post）这个术语不仅仅是时间的标记。它是指与过去决裂，以及“新的观念和社会实践的诞生”（Prasad，2005，213）。

后殖民主义

在世界范围内——包括以前被殖民化的国家和欧美等国家出现了后殖民主义（postcolonialism）理论。后殖民主义关注殖民主义的遗留之物，以及它们是怎样“征服了某种族或某地域所有人口的”（Prasad，2005，212）。后殖民主义关注殖民主义继续影响人们日常生活的多种方式（语言、价值观、习俗、权力、边界等），以及殖民主义是如何遭到抵制和挑战的。后殖民主义批判支配全世界人们生活的西方思想（自由的人本主义和现代主义理想），它努力让边缘人群发出自己的声音并让这些声音去取代西方的霸权。重要的后殖民学者有爱德华·萨伊德（Edward Said）、佳亚特里·斯皮瓦克（Gayatri Spivak）、霍米·巴巴（Homi Bhabha）、阿君·阿帕度莱（Arjun Appadurai）等。

后结构主义

许多后结构主义思想来源于法国知识分子的思想，特别是雅克·德里达（Jacques Derrida）和米歇尔·福柯（Michel Foucault）的著作。结构主义者试图通过探寻潜在的语言代码和语法结构来理解社会的相互作用和各种文化，后结构主义则反对这一做法，它对如何抵制语言中的“规则和系统”（Prasad，2005，238）更感兴趣。后结构主义者将人们的行为和言语看作文本（text）分析资料，而非仅将已写成的文字当作分析的文本，后结构主义者更倾向于关注对这些文本的解构，探明这些文本是如何系统地包括和排除一些人和一些思想的。在社会中处于核心位置的人所具有的思想，比如美国的进步、自由、民主等概念，被怀疑是由权力和控制而形成的各种说法。后结构主义者“用去中心、去稳定性的思维方式，用边缘者的思想代替主流思想”（Prasad，2005，243）。因为这些中心化的说法被看作有潜在危害的，它们渗透到社会思想的许多方面，包括研究者的思想，“后结构主义者不允许我们将过错归咎于自己的行为之外，而要求省察我们自己是否正在维持社会的不公正”（St. Pierre，2000，484）。

各种“后”传统的核心目标可以描述为“解构”（deconstruction）。简·弗拉克斯（Jane Flex，1990，41）写道：“后现代的演说都可以被看作解构的，它们要与我们保持距离，使我们怀疑在现代西方文化中被理所当然接受下来的真理、知识、权力、自我和语言等各种信念。”伊丽莎白·圣皮埃尔（Elizabeth St. Pierre，2000，483）详细地将解构描述为：

> 解构最显著的一个效果就是：它强调语言与其说是描述已经存在的事物和观念，倒不如是帮助我们去建构这些事物，建构了我们现在所认识的世界。换句话说，我们用语言描述了这个世界。这种方式所形成的世界并非是自然的。我们已经通过语言和文化实践建构了这个世界，我们同样也能解构并重新建构它。

后现代主义、后结构主义、后殖民主义对从文艺复兴时期发展起来的西方哲学和科学的各个方面都提出了挑战。这些在全球范围内有着广泛影响的思想在迅速扩展，它们与许多原则相互交织，并扩展到了先前已完成的研究中。

混合的方法

在研究讨论中经常会提出这样的问题：你能否综合运用这些研究方法，也就是你能否将定量研究和质性研究两种技术综合运用于一个研究中？要说明这个问题，我需要澄清“方法论”（methodology）和“方法”（method）这两个词的含义。“方法论”这个词来自施瓦茨（Schwandt，2007，193）所使用过的定性研究术语，指的是“调查应该如何进行下去的理论。它包括特定的分析方法，如调查时所运用的假设、原则和程序等”。“方法”这个词通常是指“调查者获得资料和分析资料时使用的程序、工具或技术”（Schwandt，2007，191）。实证主义方法论主要依赖于实验设计等定量研究方法，解释主义方法论主要依赖于人类学等质性研究方法，如果你企图将两种研究方法结合起来，你可能需要完成两个研究。这些方法论对世界的本质和什么才是有价值的知识都有不同的假设。每种方法论都需要不同的程序和方法来获得各自所需要的资料。

然而，如果你要将定量研究方法和质性研究方法相结合，你是可以做到的。实验研究者有时使用访谈和人类学的研究方法进行调查。一种方法可以作为另一种主要的资料收集方法的补充。也就是说，如果你做一个人类学研究，你可以使用定量研究方法进行调查，但是你的大部分研究方法都是质性研究方法。

即使你将质性研究方法和定量研究方法以某种方式相结合，你仍然会将自己定位于某一研究范式中，而且以与这种研究范式相一致的视角来看待世界。依赖于你的个性、背景、价值观，你才能发现最便利、最满意、最有意义的特定研究方法，而你所坚持的这些个性、背景、价值观等对于认识世界非常重要。

如何设计与理论框架相一致的研究问题和研究方法

这部分要说明如何以某种理论框架为基础形成与其相一致的某种研究问题和相一致的研究方法。我们将人类学研究方法（解释主义）、批判的人类学研究方法（批判理论）和合作行动研究方法进行比较。

1992年至1993年，我在哥斯达黎加生活了8个月。那段时间我生活在一个小渔村里，与当地一群正在接受培训的男、女青年一起工作。他们将要成为自然环境的导游，为国内外的游客和各个地区、各种文化背景下的社区成员服务。这是一个草根组织，是当地人为了促进地方环境的发展而建立的。这个组织由土生土长的当地人领导，吸引了许多来自不同民族、不同文化、不同地区的人，包括非洲裔加勒比海人、土著人、西班牙人和其他欧洲人。

通过相互接触，有人将我介绍给这个环境机构的主席，讨论我与这个群体一同进行研究的可能性。他建议我起草一个开题报告交给机构委员会进行讨论。这个报告被接受了，我在村子里租了个小房子。在这样的情况下，我可以采取各种方式进行研究。

我原本可以做传统的人类学研究。但和这群人一起工作、游玩了大约一个月后，我开始发现这个群体的领导者和积极分子成为了不同文化和价值体系之间的纽带和桥梁。而在我的日记中，一个民族志的研究陈述也正在形成。我要理解：（1）哪些人有为自己获得更大回报的动机；（2）文化和历史背景如何孕育并激发了这些不同的、天才的、敬业的个体聚集在一起；（3）跨文化的经历在这些领导者和积极分子的人生志向方面起了什么作用。

对于这个研究，我已经制定出选择领导者和积极分子的标准，还设计了一系列访谈，并继续和他们住在一起，观察他们的行为和相互影响。为了能够理解领导者的社会文化背景，我还设计了对他们家人和重要人士的访谈。最后，我分析了这些访谈和观察资料中所包含的模式和主题，写成描述性的解释以更好地理解领导者和积极分子们。但我不能做一个传统的民族志研究，因为它不能像上述研究那样如此吸引我。

我原本可以研究批判民族志。这一地区的大部分常住户要么是非洲裔加勒比海人，要么是土著人。尽管在哥斯达黎加，种族和民族的压迫已经与美国的情况有所不同，但非洲裔加勒比海人和土著人都曾有遭受歧视的经历。当我在村子里的时候，开始听到一些有机会获得土地的外来者（哥斯达黎加人和外国人）的故事，尽管当地人也有对土地的传统需求，但他们缺少关于土地方面的法律知识。

我本可能做一些研究来理解当地土地所有权的风俗和哥斯达黎加当地人自己关于土地所有权的法律，然后形成如下的民族志研究陈述：（1）我要发现当前权力、阶级、民族、性别等特权体系存在的方式，这些权力和特权是如何让当地人失去了他们的海岸和雨林的土地；（2）当地的人们已经有了保护自己土地的策略，我可以创建对话组，来讨论有关土地所有权的经验，如果他们有土地所有权，强制他们卖出所有权的压力是什么，以及他们可能采取的策略等。我所能采取的行动就是将那些拥有土地所有权的、能减轻他们困难的人组织起来，为他们提供所需要的法律信息。我的主要目的是帮助他们采取策略、提升意识、采取方法来保护正在丧失的土地。但是我没有做批判民族志的研究。

批判民族志可能是一种行动研究的方法，但并不一定要采取行动研究。行动研究的本质目的是要改变一些事情，或者为解决难题而采取行动。行动研究喜欢采取的调查模式就是与当地人进行初步讨论。如果作为研究者的我要参与到这一群体中，他们就会希望我用自己的技能将他们组织起来并努力采取行动，而不是将他们当作研究对象进行研究。我和他们生活在一起，不断地了解他们。我把自己的角色描述成志愿研究者（volunteer researcher）。

我们召开了一系列会议来讨论项目委员会所要研究的小型项目。我经常与一两个人合作进行这些项目的研究。例如，作为教育代表团的成员，去调查这一地区环境、历史文化和种族的多样性，并特别关注那些旅游者经常询问的问题，例如当地是如何使用雨林的。这样的项目让我了解了此地区的情况和这个地区人们的生活，这些项目都是这个项目委员会发起的。当地人向我介绍他们的日常工作，我们徒步走在雨林里，他们向我说明这一地区的植物群和动物群，讨论这些植物群和动物群之间的关系。我还请当地的艺术家为这些资料配上插图，并且用英文和西班牙文两种语言来表述。

由于大部分工作人员的工作都是无偿的，因此他们请我帮助他们安排项目日程的优先性和时间管理问题。通过组织并记录一系列集体讨论、小组讨论和个体讨论，我草拟了当年的计划，这一计划包括了人们的兴趣、承担的义务和可能的时间表。经过这群人多次反复讨论和修改，这一计划才开始实施。

这个例子说明，在同一背景下，我们可以采取各种形式进行研究，有时会感觉到这些可能性是不可阻挡的。在一些田野工作的文章中，一些研究者并没有采用多种方法进行研究，而是选择通过聚焦自己所经历的事件，对其所处的社会和文化进行调查研究。其他研究者强调，单一的研究方法的解释力是十分有限的，应该努力采用多种方法来丰富研究。一些研究者仅仅将自己定位成一名研究者，把当地人当作研究合作者，强调当地所关注的事情。但是其他学者坚持认为一项好的研究，无论它采取哪种理论范式，都一定是一个可以做出贡献的或有价值的事业。你的任务是描述出你自己做研究时所持的哲学和政治立场。你的立场不仅能帮助你决定做什么研究，而且能帮助你决定如何设计研究和你所采用的研究技术和方法。因为这本书集中介绍了解释主义范式的质性研究，所以在本章中剩余的部分将更多地介绍解释主义的调查方法。

质性调查的解释主义传统

> 研究新手经常会迷失在解释主义研究的文献里。它的概念非常多，而且比较陌生，这些专业术语的用法经常自相矛盾。
>
> （Higgs & McAllister，2001，34）

我想你对前面的引语并不感到惊奇。研究者已经对解释主义各种类型的调查进行了区分，但其调查方法是复杂的，而且这些区分并不明显。例如，你可能将你的研究叫做自传式民族志（autoethnography）、案例研究（case study）、对话分析（conversation analysis）、认知人类学（cognitive anthropology）、批判民族志（critical ethnography）、话语分析（discourse analysis）、教育专家评定（educational connoisseurship）、民族志（ethnography）、民族方法学（ethnomethodology）、民族科学（ethnoscience）、扎根理论（grounded theory）、解释学（hermeneutics）、启发式调查（heuristic inquiry）、生活史（life history）、叙述分析（narrative analysis）、口述史（oral history）、现象学（phenomenology）、符号互动主义（symbolic interactionism）和其他可能的研究方法。每一种方法都包含着解释主义的研究假设，强调某种文化、语言的重要性，并与某种特定的社会学、人类学、心理学等学科相联系，且倾向于选择深度访谈、跨个案分析等方法。虽然如此，但最好是将各种研究方法看作研究方向的不同，而不是将这些方法进行相互区分、彼此分开，因为每一种研究方法都希望从被调查者的视角来理解和分析社会现象。

由于这本书的许多资料都以解释主义为基础，因此，这部分内容需要深入探究一下深藏在解释主义范式中的某些历史性和复杂性。这部分讨论并不难理解，但它会提醒你解释主义范式中有各种不同的方法，当你需要研究某一问题而选择特定的研究方法时，需要找出它的渊源。在许多种解释主义的方法中，我简要介绍其中的五种方法：民族志、生活史、扎根理论、案例研究和行动研究。在本书的讨论中，这五种研究方法既能说明各种研究模式的差异，又能体现各种研究使用的一些相同研究方法，如深度访谈（in-depth interviews）、参与式观察（participant observation）和档案收集（document collection）。

民族志

> “科学和社会……彼此相互建构。”
>
> （Harding，1998，2）

我有人类学的知识背景和研究兴趣，在解释主义传统的研究方法中我最熟悉的就是民族志，这一方法也被广泛地应用到其他学科，特别是应用到教育学和护理学领域。由于我整本书都是针对民族志方法的介绍，因此该方法比其他的解释主义方法讨论得更充分。我还介绍了民族志形成和继续被应用的方式，及其所处的丰富历史背景，这样能帮助你更好地理解世界各国对民族志的评论文章。

“民族志”（ethnography）的一个词根是希腊语“ethnos”，意思是一个人、一个文化群体；另一个词根是“graphic”，意思是去描述。民族志的字面意思就是去描述一个人或一个文化群体。由于将文化作为描述和研究一群人的理论框架，因此民族志的起源与人类学有渊源，某种程度上与社会学也有关联。尽管社会科学家对什么是文化并没有达成共识，但都将文化看作组织民族志研究资料的原则。例如，一些研究者关注一个团体如何分享他们的目的或打算，而另一些研究者则关注在某种背景下什么行为是恰当的，要回答这些问题，一定会牵涉到文化。由于长期致力于田野工作，通过对被调查者的观察和访谈获得了原始资料，研究者开发出了“深描”（thick description）研究方法（Geertz，1973），这种方法需要领会处于一个文化团体中的人们是如何建构和分享某种意义的。

民族志的历史背景

各种类型的西方科学都是通过殖民主义得以扩张和发展的。例如，殖民主义者在利益驱动下，需要发展航海知识和绘图科学。当探索者、官僚和定居者在殖民化过程中感染了一些新的疾病时，就促进了热带药物科学的发展。因为殖民主义者需要新的植物，如玉米、土豆和甘蔗等，所以也就促进了农业知识的发展。这些新的科学使欧洲人受益，使他们的国家获得了较高的生活水准。当殖民主义者不使用当地土豆的种植知识，而是把他们自己的知识强加给被征服的人群时，他们破坏了当地的工业、贸易和文化传统，并在客观上减缓了非西方科学的发展（Harding，1998）。

纵观全部殖民化时代，探索者、传教士、殖民管理者会写各种报告描述他们所遇到的当地人。然而，与描述当地人的生活相比，他们对如何开发新领地和剥削当地人作为劳动力更感兴趣。大部分报告都是从这一视角来写的，或者是代表着一种征服的文化，相信他们的使者可以使被征服地变得更文明（Vidich & Lyman，2000，41）。

在维多利亚时代后期（19世纪末），人类学发展成为一门学科。在这个“空谈的人类学”时期，学者们根据殖民者报告、传教士和探险学者们所提供的信息来描述当地人的文化。受1859年达尔文出版的《物种起源》的影响，这些早期的人类学家倾向于采用社会进化理论。这个理论认为社会的发展是从原始到文明的一个连续统一体。人类学家的一项主要任务就是收集足够的信息进行比较，这样他们能够总结出决定这个群体和他们所在社会的主要指标，并根据这些指标将其归于社会发展连续统一体的不同阶段。毫不奇怪，欧洲被认为是文明的标准，这是人类学作为“科学”进一步促进了种族主义和欧洲中心化的原因（Vidich & Lyman，2000）。

“经典的人类学”开始于1920年，布罗尼斯拉夫·马林诺夫斯基（Bronislaw Malinowski）于1914年到1918年长期在新几内亚和特罗布里恩群岛做田野工作（他把这种方法叫做民族志），之后田野工作很快与人类学的研究方法相结合。这一阶段早期的主要学者有美国的A. L. 克鲁伯（A. L. Kroeber）、玛格丽特·米德（Margaret Mead）、鲁思·本尼迪克特（Ruth Benedict）和英国的布罗尼斯拉夫·马林诺夫斯基、阿尔弗雷德·拉德克里夫-布朗（Alfred Radcliffe-Brown）。由于20世纪前半叶世界许多地方都成为了殖民地，因此人类学家的研究工作与殖民化事业紧密地结合在一起，欧洲和美国的年轻人开始研究生活在距离他们十分遥远的地区中的“土著人”和“部落”。他们对殖民主义的态度发生了广泛的改变。一些人类学家支持文化和政治的自我决定论，而其他人类学家认为，如果被殖民化的人希望生活在现代化的世界里，那么被同化就是未来发展的必然方向。一方面，在殖民化过程中，人类学家的角色是讲述一系列恐怖的故事；另一方面，人类学家也在驳斥种族主义理论，证实非西方的价值，反对西方国家的发展模式（Benthall，1995）。

到第二次世界大战结束的时候，殖民统治在世界许多地方结束了，人类学家也放弃了社会进化理论。然而，由于与殖民主义密切关联，有些人开始收集人类学的罪证。因为有这些罪证，更可能是因为非殖民地的国家很少被研究，许多人类学家开始研究他们自己的人民，经常在他们自己的社会中寻找那些“外来的”、“边缘化的”群体。芝加哥大学的社会学家们已形成了一个研究团体并正在进行这样的研究。

来自芝加哥学派（Chicago School）的社会学家所进行的研究被简单地称作田野工作（Tesch，1990）。受英国社会人类学家的影响，芝加哥大学的社会学家开始采用参与式观察的技术来研究自己社区中的团体。罗伯特·帕克（Robert Park）和恩斯特·伯吉斯（Ernest Burgess）是两名非常有影响力的社会心理学家，领导着芝加哥学派运动，这一运动吸引了许多1920年到1960年之间的年轻社会心理学家。当参观芝加哥大学的图书馆时，可以发现这些年轻的社会学家所进行的城市田野工作主要研究个体、群体和组织，所写的民族志的书籍被认为是经典研究，包括安德森（Anderson）的《游民》（*The Hobo*，1923）、克雷西（Cressey）的《出租汽车舞厅》（*The Taxi-Dance Hall*，1932/2008）、肖（Shaw）的《杰克·罗勒》（*The Jack Roller*，1930/1966）、卓鲍（Zorbaugh）的《黄金海岸与贫民区》（*The Gold Coast and the Slum*，1929/1983）。

当前的民族志

对于民族志研究者来讲，不仅社会背景和时间发生了改变，而且这些研究者自身也在改变（Tedlock，2000）。许多民族志研究者不是男性，而是女性；不是来自有权力的阶级，而是来自不同的社会经济阶层、不同民族，甚至有同性恋男子、同性恋女子和非西方的群体。随着研究者的多样化，从事民族志研究的原因也多种多样。人类学内部开始出现了对话和挑战，有研究者特别强调人类学与殖民主义的历史联系，也有研究者在解释、批判和后建构范式内对这些思想和争论做出了贡献。例如，以前殖民化的研究主题，不仅批判有关文化方面的文字材料，而且从外部揭示了研究假设，使人们关注解释和陈述问题的方式。正如在最前面部分已经讨论过的那样，人类学研究者和民族志研究者都是虚构事实的代表，研究者的经历和理论、学术虚夸的传统、田野工作与被研究者的关系类型等形成并决定了研究。

也许因为民族志研究是早期的质性研究方法之一，所以无论一个研究是不是民族志的田野工作，参与式观察和深度访谈都经常被看作“民族志的”田野工作的方法。我接受这个术语的粗略用法。纵观全书，我使用的“民族志的”一词在某种程度上可以与“解释主义”和“质性”等词相互通用，这个词企图去解释人们对现实的建构、对自身独特性的认同、对自身的认知和对行为模式的认知。

生活史

> 一个人可能仅仅知道没有一个人是单独存在的，他期望一个奇特的故事以魔术般的方式加入、连接、共鸣并合成一首曲子，因为每一个真实的故事都是奇特的。
>
> （Wolff，1981，72）

在生活史研究（有时也指生活故事、口述史、传记、叙述研究，尽管对这些词可以进一步区分）中，研究者通过一系列访谈对被研究者的生活进行叙述。有时候这种生活被用作讨论整体文化和团体的方法。例如，奥斯卡·莱维斯（Oscar Lewis）在墨西哥的工作就是通过聚焦一个家庭成员的生活来描述当地的文化（Tedlock，2000）。有时候生活故事被更多地用来认识和解释特定历史事件的效应，正如林登（Linden，1993）在她的作品中，通过妇女来反映二战时纳粹对犹太人的大屠杀。一项研究也可以采用传记的方法，研究者希望找到一些焦点来进行解释，例如对塑造艺术家创造生涯的关键事件，以及活动家对自身身份认同有影响的事件进行调查。

一项好的生活史研究可以解释一个人的独特

性、左右为难的处境和复杂性，通过这种方法也可以折射出读者自己，将读者带入他自己的情境和问题中。在一些研究的案例中，整体的研究项目都聚焦于一个人，研究者对这个人在不同的时间进行了多次访谈（见 Behar，1993；Shostak，1981；Teran，2002）。在其他的研究案例中，生活史研究聚焦于装饰图案或小插画，以特定的视角、事件或相互影响等来展现值得效仿的故事。研究者可能访谈几个人并将这些较短的生活故事编辑在一本书的一些章节中（见 Bateson，1990；Linden，1993；Myerhoff，1979）。

生活史的研究者利用许多相同的资料来源，如他们也使用民族志研究者所采用的访谈、个人信件或日记和其他文献、档案等资料进行研究。尽管民族志研究者较少使用参与式观察的方法，但他们为了更好地解释受访者语言的含义，也使用该方法来观察情境中的细节。近些年，将传记与社会理论相结合的兴趣促进了叙述分析研究成比例地上升。不管是已经写作出的文本，还是在自然状态下出现的对话和访谈，都可以被看作叙述文本加以分析。这些口语化的文本被记录和分析，研究者分析他们是如何说的（对话的开始、中间、结束、故事情节、修辞学、停顿、重复的部分、讲话的微妙之处等），说了哪些与社会生活有关的内容，这种方法认为叙述者也是文化的一部分（见 Gubrium & Holstein，*Analyzing Narrative Reality*，2009）。

尽管生活史的研究者可能使用相同的分析工具，但生活史经常代表着更多的历史内容，生活史中还包含着比民族志报告所描写的更丰富的内容。如同民族志研究那样，解释超越了个体的生活，这是因为研究者“假设主观世界中的经验是主体间相互建构的，生活史的研究方法就是企图解释私人和公共、个人和社会之间的关系”（Schwandt，2007，22）。

在批判范式中有一种生活史研究形式被称为“鉴定书”（testimonio），该方法在拉丁美洲得到了较大发展。“鉴定书”方法经常被用来讲述社会中被边缘化和被压迫者的故事（Tierney，2000）。它不同于传统生活史的研究程序，这是因为“鉴定书的研究者希望通过被研究者的生活故事来感动读者，并让读者采取行动，这种行为与研究者所认同的群体行为是相一致的”（Tierney，2000，540）。“鉴定书”有时是合作研究的结果。例如，《让我说！德米特拉的证据——玻利维亚矿区的女人》（Barrios de Chungara with Viezzer，*Let Me Speak! Testimony of Domitila, a Woman of the Bolivian Mines*，1978）这本书是维泽尔听说了巴里奥斯·德·琼葛拉的政治事件的演说后写成的。维泽尔对德米特拉·巴里奥斯·德·琼葛拉进行了无数次采访，他们一起组织和编写了这本书。

扎根理论

安塞姆·斯特劳斯（Anselm Strauss）和巴尼·格拉瑟（Barney Glaser）被授予扎根理论研究创立者的称号。特别是，斯特劳斯和柯宾（Strauss & Corbin，1998）及卡麦兹（Charmaz，2002）使扎根理论得以拓展。扎根理论本身不是理论，而是用来发展理论的一种方法，所发展出的理论扎根于调查的资料。这一研究方法的目的是为了“证明概念分类之间的关系，还要证明理论在特定条件下出现、变化和维持的关系”（Charmaz，2002，675）。扎根理论的工作包括对特定资料的收集过程和分析过程，为了建立关于社会现象的理论，分析过程还包括对资料的取样、编码（coding）、归类和比较。用非常简化的词来概括，扎根理论家通过访谈和观察来收集某一主题的资料，分析这些资料并进行概念归类，将这些分类合成为试探性的理论，然后收集更多的资料验证这一理论是否恰当；重复和持续地进行这一过程，进一步发展概念分类，并通过收集每一类新型的资料来修正提出的理论。为了比较和对照理论在不同方面是否适合不同的情况，这一理论要适用于不同的背景、人群和样本［这里指理论抽样（theoretical sampling）］。扎根理论研究者使用许多民族志研究者的研究工具来收集资料，但是他们根据出现的概念而使用专门的方法来选择案例、编码、比较和验证。

扎根理论有助于社会科学研究改变一直采用实证主义研究范式的状况，当许多研究都采用定量研究方法时，扎根理论则支持质性研究方法。一些专业术语、概念和研究过程都起源于扎根理论，比如一些研究者在方法论中经常使用理论抽样、资料饱和（data saturation）等术语，很少提到扎根理论。但是，当研究者声称他们正在做扎根理论或已经发展出了扎根理论时，这些研究者仅仅是在使用这样的词，因为他们是带着实证主义的研究倾向来呼吁和倡导研究成员以及访谈者使用扎根理论的。这时就会出现一个难题，即我们无法断定这些研究者所做的研究是否符合扎根理论。在将你的研究称作“扎根理论”时，你要更多地了解它。一开始要看格拉瑟和斯特劳斯的《扎根理论的发现》（*The Discovery of Grounded theory*，1967）、格拉瑟的《理论的敏感性》（*Theoretical Sensitivity*，1978）、斯特劳斯和柯宾的《实践中的扎根理论》（*Grounded Theory in Practice*，1997）。

案例研究

案例研究在不同的学科中有不同的应用。案例研究是哈佛大学商学院创造的，作为商业课上讨论的教学工具。在质性研究中，案例研究是指集中研究一个案例，但是案例的含义可能会改变，它的范围从一个人到一个村落，或从某一事件到某一特定程序实施中的一系列过程。一般命名为案例的是指每一个人、村落、事件或程序，是将不同的工作部分整合成一个有限的完整系统（Stake，1995）。在定义一些事情是否属于一个案例时，尽管研究者可以决定哪些包括在界限内，哪些不包括在界限内，但是这个界限经常是模糊的。案例研究通过参与式观察、深度访谈、档案分析等方法来收集资料，用这些资料深入地、长期地对所定义的界限进行检验。尽管案例比较用来探索包含在其中的模式，但案例写作经常是描述性的、整体性的，而不是论述性的。

斯戴克（Stake，2000，437）将案例研究分成本质的（intrinsic）、工具的（instrumental）、集体的（collective）三类。本质的案例研究是指对特定案例进行深入理解的研究，例如，针对一个被诊断为注意力缺陷多动障碍（ADHD）的特殊儿童，深入理解这一儿童出现这些症状的本质，即为本质的案例研究。工具的案例研究是指，研究特定的案例是为了对某一问题提供有见解力的观点或得到一个普遍的结论，例如集中研究一个患有 ADHD 的儿童，主要研究教育与 ADHD 标示化的相互作用，并提出更有见解的观点。当工具的案例研究包括几个已经被诊断为 ADHD 的儿童案例时，这个研究就变成了一个集体的案例研究，并足以去调查某一现象、特定人群或一般条件等问题。

尽管一些研究者将案例研究看作一种研究策略，但斯戴克（Stake，2000，435）认为“案例研究并不是方法学的选择，而是研究内容选择”。在做一个案例研究时，可以使用各种研究方法和方法论，甚至可以包括定量研究方法。但是，斯克拉姆（Schram，2006，107）提醒我们：“无论你是否使用案例研究作为将人类的社会行为进行概念化的一种方式，或者仅仅作为进行总结和概括的方式，案例研究都能提醒人们注意到从一个案例中可以了解什么。”你关注一个案例的复杂性、独特性和它与社会背景中的哪一部分具有关联性。

行动研究

一般来讲，当我们讨论特定的方法论，比如实验、叙述分析或批判民族志等特定的研究方法时，会与特定的研究范式相联系。但是一定要记住这些分类并不是绝对的。范式的思想和分类已经随着历史事件和以前对世界、知识认识的改变而变化。同样，方法论也不是稳定不变的独立体，其思考和程序随着时间、学科的变化而改变，有时还会随着地点的变化而改变。因此，由于时间不同、研究者不同，相同的词可能指不同的研究方式。行动研究就是一个很好的例子。

行动研究（action research）来自库尔特·勒温（Kurt Lewin）20 世纪中期的著作。他的行动研究模式是以实证研究范式作为基础的，研究者与被研究者是明确分离的，是发现、干预、评估的循环过程（Bryant，1996）。行动研究在工业研究中使用尤多，以此作为提高经济效益的一种方法。

行动研究重新开始流行，特别在教育领域，它成为提高教育实践的一种方法。但是，如果基于解释主义的范式，行动研究则被看作观察、反思和行动的过程（Kemmis & McTaggart，1998；Stringer，1999），既使用访谈和观察等基本的质性研究方法，也使用调查和定量的研究方法。在反思阶段，研究者或合作研究者［项目的利害关系人（stakeholders)］解释资料，并采取多种视角对同一问题进行交流，这一过程十分关键。接下来讨论需要采取什么行动，行动包括计划、执行和评估三个阶段。

在这种形式的行动研究中，研究者要与其他机构中的被改变者一起工作。斯特林格（Stringer，1999）详细说明了什么叫以社区为基础的行动研究，这种行动研究是指帮助团体、社区或组织定义存在的问题，更好地理解其处境，然后去解决它们的问题。研究过程是相互合作的，主要是项目的利害关系人和研究者共同采取行动推进研究循环进行。

参与式行动研究（participatory action research，PAR）与以社区为基础的行动研究很类似，实际上，也有人把它们看作相同的概念来使用。但是参与式行动研究经常与理论相联系，与巴西活动家和教育家保罗·弗莱雷（Paolo Freire，1970/2000）的工作相联系。在20世纪70年代早期，参与式行动研究就与批判理论相联系，因为行动研究有责任通过促进边缘化的或公民权被剥夺的群体参与行动而进行社会改造。参与式行动研究的目标是对这一群体进行意识化渗透或意识提升（concientization），从整体上看，是通过产生和分析信息来改变这一群体的现实生活和思想状况（Kindon，2005）。

对于一个社区和组织，初级研究者或协助者只是一个外来者，特别是在实施行动研究时，如在定义研究的焦点问题、在没有正式组织的地方建立行动团体、不知道什么时候和如何离开或结束研究项目等过程中会经常遇到困难。无论解释主义还是批判主义的行动研究，都表明有关从业人员（如教师、护士、社会工作者）作为研究者的优势和劣势与其本身的职业概念有关，在他们自己的专业领域里，其背景知识和经验使他们比别人具有更多的潜力。调查组中的成员同时要具备研究和行动的理论与技术，这些行动研究模式的理论与技术包括建立合作关系、对分析资料的过程进行反思，这些理论与技术首先是为了实现研究者自己的实践目的，但同时对当地居住者的社会政治环境也有贡献。

解释主义调查可能的应用方向

在实践中，无论是研究范式还是研究方法，都不会像在本章中出现的标题那样完全是分离的。你可以将这些方法和范式看作相互对话的各种哲学思想。每一种范式已经并继续影响着范式内的理论和方法。每一种范式都有自己的优势、不足和发展的可能性。我将解释主义质性研究传统下研究可能会做出的贡献列在下面，以作为本部分的结尾：

- 从你的所见所闻中，你解释其他人对世界某些方面的认识，有助于理解声音和视觉的多样性和我们知识的丰富性。
- 当你去调查目击者的故事，或者调查被忽视者或保持沉默者的声音和生活时，基本的行动就是去听。
- 你的解释能指出世界上一些重要的或有意义的事情；你对这些内容的重新表述，能够激发其他人的理解、信任或者以不同的方式采取行动。
- 解释主义的调查是让你的各种感觉相协调，你的研究和你的耳朵让你对周围生活的理解更丰富，让你感受到人们的行为以及与其他人交流所使用的语言具有复杂性和特殊性。这种研究方法可以超越你作为研究者本身的作用，将你变成研究的一部分。
- 寻求对宏观背景的解释，而不是用你自己的工作来探索你自己。这时你可能更容易看到你自己的假设、刻板印象和主观性。
- 在理想情况下，你在这样一种情境中研究，从中你会体验到玛丽亚·卢格尼斯（Maria Lugones）所提到的那种快乐，即“一个人无须担心能力不足，也可以脱离竞争和避免自负”（转引自Madison，2005，101）。没有任何期待，你让你自己开心地去了解你周围的人和你自己。在这一过程中，你建立了有意义的研究关系。

可能发生什么

经过一个学期的收集资料之后，苏珊——一名环境科学的硕士研究生说：“我准备放弃整个项目，因为我已经提出了许多新的问题，在这一过程中我深受折磨。我感觉我需要回到研究的起点，将所有的研究工作都重新开始。”苏珊是正确的，只有在你要结束研究时，你才最清楚什么是你应该探索的、什么问题是你应该问的、什么方法是你应该采用的。当你的研究将要结束的时候，你对这个研究才会有全面的了解，对其中的细节也才会有更深入的体会。当你将自己的调查、田野日志（field log）、所阅读的文本材料等综合在一起时，有助于你更清晰地理解你所研究的对象，质性研究的优势就是对复杂性能够形成清晰的理解和认识。

质性调查工具凸显的特点是缺少标准化，没有明确的标准来衡量每一个研究步骤。在研究的开始阶段，由于许多问题模棱两可，有时会让人产生巨大的焦虑感。我还应该观察谁？我还应该问些什么？如何才能将收集到的所有零散材料变成有意义的资料？在研究的开始阶段，应允许研究者接触社会交互影响的复杂性，并以这种复杂性为荣，尊重其内在的合理性。正如艾斯纳（Eisner，1981，9）所说："如果你仅仅关注'玫瑰花'用拉丁文怎么说，你就有可能无法理解它的芳香，也可能无法理解玫瑰花的许多其他意义。"

这一章已经向你介绍了许多质性研究的哲学和理论背景，还集中介绍了质性研究中的一些方法。这些介绍会让你了解研究的全部过程，包括研究设计、资料收集、资料分析和论文写作，同时敦促你对研究进行反思和伦理讨论。就像学习绘画和游泳一样，你只有通过实践才能获得或提升技能。沃尔科特（Wolcott，2001，7）曾说过："质性研究方法的吸引人之处在于这些方法是自然的、直截了当的，甚至显而易见的，因此容易获得研究成果。但质性研究的概念化、进行质性研究、分析资料、进行写作等方面是复杂的。"我们下面将讨论质性研究概念化的复杂性。

* *

推荐的阅读材料

研究范式和方法论的历史的、理论的和哲学的导论

Crotty，M. 1998. *The foundations of social research*. Thousand Oaks，CA：Sage.

Prasad，P. 2005. *Crafting qualitative research：Working in the postpositivist traditions*. Armonk，NY：M. E. Sharpe.

Willis，J. 2007. *Foundations of qualitative research*. Thousand Oaks，CA：Sage.

解释主义和行动研究

Cresswell，J. 2007. *Qualitative Inquiry and Research Design*，2nd ed. Thousand Oaks，CA：Sage.

Patton，M. Q. 2002. *Qualitative Research & Evaluation Methods*，3rd ed. Thousand Oaks，CA：Sage.

Stringer，E. 2007. *Action Research*，3rd ed. Thousand Oaks，CA：Sage.

批判和女性主义质性调查

Hesse-Biber，S. N.（Ed.）. 2007. *Handbook of Feminist Research：Theory and Praxis*. Thousand Oaks，CA：Sage.

Madison，D. S.（2005）. *Critical Ethnography：Method，Ethics，and Performance*. Thousand Oaks，CA：Sage.

Thomas，J.（1993）. *Doing Critical Ethnography*. Newbury Park，CA：Sage.

后结构主义、后殖民主义调查

Foucault，M.（1979）. *Discipline and Punish：The Birth of the Prison*（A. Sheridan，trans.）. New York：Vintage Books.（Original work published 1975.）

Lyotard，J.-G.（1984/1979）. *The Postmodern condition：A Report on Knowledge*（G. Bennington & B. Massumi，trans.）. Minneapolis：University of Minnesota Press.

Said，E.（1978）. *Orientalism*. New York：Vintage.

练习

（1）扩展你对质性调查中批判主义、女性主义、后结构主义、后殖民主义等方法的理解。每个人或分小组阅读与其中一种方法相关的理论和哲学著作，然后在班级中分享你的收获。

（2）扩展你对解释主义质性研究范式多样性的理解，每个人或分小组，选择一种解释主义研究方法——而不是选择民族志的研究方法（如现象学、叙述分析、符号互动主义等）——并阅读，然后在班级中分享你的理解。

第二章

研究之前的准备工作：做些什么对你的研究有益

> 在我带领的研究项目中，改变可能随处可见。我改变了研究关注的焦点、研究问题和样本选择的策略。我改变了研究问题的分析框架、表述和排序的方式。我改变了思考我的研究主题的方式和隐藏在我研究后面的动机。我还改变了我曾在研究中所采用的理论视角，改变最终又回到了原点。
>
> （塔比瑟，佛蒙特大学学生）

在1999年的后半年，我正计划去墨西哥度学术年假。由于我曾带学生去瓦哈卡做过几年研究，所以能更全面地了解瓦哈卡那个地方，了解那个地方社区中的草根组织和当地非正规教育的价值，并懂得在当地如何合作。学术假期中的研究探索帮助我全面思考了我的研究问题，使我能更集中地进行研究。为了介绍我的研究背景，我写道：

> 在《草根后现代主义》（*Grassroots Post-Modernism*）中，埃斯特瓦和普拉卡什（Esteva & Prakash，1998）非常鼓励基于当地的思考方式和行动模式。他们介绍了如何发挥社会中草根组织的力量。他们的书最后讨论了在第三世界国家中的社区如何抵制西方的“发展”观，针对自己的问题，他们努力寻找适合他们自己文化的解决方法。书中介绍了来自墨西哥和印度的例子，埃斯特瓦和普拉卡什质疑读者对“好生活”的假设，并促使读者重新思考“发展”的意思。

这帮助我开始思考我研究工作的理论背景（在文献综述中让研究变得有血有肉），并聚焦于“与文化相适合的解决方法”这一观念的形成，我努力根据我的研究兴趣和埃斯特瓦以前讨论过的研究计划来创设我的研究问题。我提出了三个问题：

（1）草根组织的项目，无论是关于鬣鳞蜥农场的还是用当地的语言来编写课本的项目，在这些项目中采用哪些研究方法才能反映出当地的知识和风俗？

（2）在项目的决策和实施过程中，采取什么方法才能反映当地的知识和风俗？

（3）当地的草根组织所做的努力将对占统治地位（西方、资本主义者、个体主义者等）的思想体系提出哪些哲学的（经济的/社会政治的）挑战？

我继续介绍埃斯特瓦并且描述在工作的不同阶段我们之间的对话：

> 埃斯特瓦将是我的合作者，从某种意义上讲我是作为一名志愿者与他一起做研究的，这一研究对他和他工作的社区是有帮助的。如果没有他的指导和他将我介绍给各个社区（在这些社区中我们花很多时间收集草根组织所做工作的资料），我就无法完成这个研究。

到目前为止，我还不能确定要具体调查哪些社区和调查多少个社区。下面我介绍一下最少数目的原则：

> **调查地点和被试**
>
> 我们选择的研究地点是瓦哈卡州中的各种土著社区，这些社区中的草根组织强调当地的创新方式。埃斯特瓦和他的同伴在墨西哥南部的社区中生活和工作，并希望能对这些地区产生认同。研究地点数目的确定要根据每个地点是否容易联系和在每个地点调查时所需要的时间而定。根据最少数目的原则，我们希望调查6个不同的社区。

研究计划中接下来的工作有：描述收集资料的方法、资料分析的技术、可能的研究结果和研究贡献等。当我在修订研究计划时，发现在一年中，研究计划发生了许多改变。我开始和一组年轻人一起工作，这组年轻人我是通过埃斯特瓦才认识的，还有我们的学生也在为项目工作。这组年轻人帮助其他的年轻人学会如何在他们所在社区中生活下去的方法，而不是探索不得不移民找工作的生存方法。我们一起进行行动研究，看各种年轻人的群体会发生什么变化，并为每一组人建议一些可能对他们最有帮助的方法。通过这些工作，我与来自10个不同社区的年轻人相互影响，最后，我能发现每一个研究问题。没有以上过程，就不会有我的研究计划。但是，在瓦哈卡的前几个月里，在我做研究计划的时候，尽管在这一过程中我感觉计划在不断地改变，但还是努力打牢了研究的基础。如果没有研究计划和方向感，我将更加迷茫和困惑。

在本章中，我们将讨论准备研究计划时可能遇到的问题。研究者在开始田野工作之前要做无数决定。这些决定通常包含在研究计划中，这一计划可能是为了写论文，或通过学位委员会或基金会的评审。附录A可能对你做研究计划有帮助，这里有一些需要注意的要点：你所做的决定与你选择的质性研究方法的类型有关。例如，你选择做扎根理论研究或选择做批判理论研究，所采用的抽样策略会有所不同。这一章的目的是提醒你在准备进入田野之前要做许多决定。你所做的某种特殊选择要依据各种因素，包括你选择的研究方法。

现在要开始习惯写你的研究日志了。在你研究的这一阶段采取写研究日志的方法，可以将你希望做什么研究的想法和观点记录下来。这些记录可以作为研究的备忘录（memos）和自己的备忘录。这些记录有助于你深入思考，产生新观点，并采用这些观点进行研究。这些记录对你而不是对其他人更有意义。你在研究日志中记录的许多事情，可能在你的研究计划和最后的研究项目中都无法看到，但是这些记录会帮助你提出研究计划并完成研究项目，你在开始正式写作之前会经常使用它。

当你发现研究日志可以丰富你的研究技能时，你会发现托马斯·斯克拉姆（Thomas Schram，2006）的《质性研究的概念化和研究计划》（*Conceptualizing and Proposing Qualitative Research*）和约瑟夫·麦克斯韦（Joseph Maxwell，2005）的《质性研究设计：一种相互影响的方法》（*Qualitative Research Design: An Interactive Approach*）这些书很有帮助。斯克拉姆的书将帮助你全面思考你的理论和哲学方法，并让你发现这些理论视角如何与你研究方法的选择相互影响。麦克斯韦的书将帮助你创设一个精心设计的研究计划，还提供丰富的、有用的练习。这些书补充和扩展了本章中的有关内容。

研究的主题

第一个研究决定是决定你要研究什么。除非

你是为其他人设计研究项目，要不你就一定要想出激发你好奇心的那些问题、难以预测的事物、困境或似是而非的论点。你带着热情选择了你的研究主题，研究的各个方面都将成为一种激励因素，你对这些方面的内在兴趣高于其他人。要利用你的主观性和热情，去发现适合你兴趣的主题。但是，研究主题不应该只是你个人感兴趣的而其他人不感兴趣的。正如道格拉斯（Douglas，1976）所警告的，确定研究主题时不要选择困扰你情绪的领域。你必须认识到，你带着热情去理解这些现象与你过度地将个人的观点融入研究中从而获得自己需要的结论，两者之间是有区别的。

区分研究主题和自我治疗主题之间的差异并不容易。例如，当一个社区的大学教师得知他的教学合同不能续签时，他即将开始对一个班级进行研究。他当时的愤怒和不安是可以理解的。他反复地思考这件事，并决定访谈那个社区大学里的人，这是为了更好地理解他被解雇的原因。对这个班级的研究让他明白，不仅调查的规模受到了限制，而且他也无法从受访者那里获得诚实的、全面的答案。最后，他调查另一个感兴趣的问题：监狱看守对囚犯私人教师的态度。当他收集和分析资料的时候，感到很有兴趣并希望继续研究下去。

考虑你自己的研究主题与你的生活史之间是否相互影响，是否要去证明一些你已经相信是事实的东西，这些都有助于检验你的情绪与特定结果之间的联系。肯恩是一位小学的校长，他有几个不同的职务。他要去调查职工流动率与工作压力之间的关系。回忆起研究中主观性所起的作用，肯恩写道：

> 我想我的主题是完美的。流动率对管理者来说是不可思议的，我还了解这一主题的第一手资料，我已经做了许多田野工作，在每个人的工作日程里都记录了私人的与公共的压力。
>
> 那么难题是什么呢？我关心这一结果的热情太高，我拼命地要用研究来证明学校董事会和学校负责人应该对房屋管理者表示一些同情。我要纳税机构去认识到个人的、资源供应的限制，这些因素使管理者的工作有挫折感。我要让学生的父母明白，孩子的最大利益使学校和家庭结成了伙伴关系。我要去证明那些思想狭隘的、抱有偏见的人对我的迫害、批评、侵扰是错误的。这些观点十分清楚，不必进行研究。
>
> 但有趣的是，直到我为了选择质性研究方法而将最初的许多观念表述出来时，我才意识到我个人的偏见如此之多。当我被指控居心叵测时，我感到愤怒和震惊，因为我在没有进行研究之前已经得到了研究结论。由于认识到他们是对的，我感到特别愤怒。

肯恩要去证明他自己的经验。尽管他对自己的研究主题感兴趣，但情绪阻碍了他观念的开放性。因此，探索研究者的态度，对于有效的资料收集和分析是十分重要的。

你的情绪可能让你从其他方面来证明自己的观点。如果你由于自己非常焦虑而非常想接近你的研究对象，那你就要问自己这是为什么。黛比是一名特教教师，新来到这个学校和社区，当她设计一个项目要访谈管理者和监督者时，她感觉十分不舒服。最后，她意识到她认为自己是一名研究新手，并担心把这个事实暴露给老板。她考虑找人来替换自己，或者改变研究的焦点，设计一个需要教师的资料而不是管理者的资料的研究。

在相同条件下，并不是每个人的工作都能富有成效。如果你过度害怕进行田野工作，那就要考虑采用更具吸引力的研究方法。一些忧虑可能来自你需要克服的情绪和难题，另一些忧虑可能表明一些情绪和难题超出了你的能力，这时需要补救的方法。质性调查是一个自然的过程，如果研究者刻意地进行设计，就会将焦虑的情绪带到研究中。

调查的实际问题，比如时间和资金也必须考虑到。构想出的研究可能在理论上是恰当的，但或许由于实践限制而无法实施。刚开始进行研究时，研究主题的设计范围不要太大，因为你可能没有时间和金钱来完成它。

尽管规划研究主题的范围应该是可行的——既不能太宽泛也不能太狭隘，但研究者直到进行资料收集时才能知道理想的研究范围有多大。例如，珀维斯（Purvis，1985）计划做一项历史学研究，探讨在19世纪的英格兰为工人阶级女性提供各种形式的成人教育的条件。当她收集和检查文献的时候，她意识到不得不缩小她的研究范围，但她并不清楚如何才能将她的研究进行聚焦。她是应该调查由中产阶级提供的成人教育的形式，还是调查由工人阶级自己组织的成人教育的形式？她是调查所有成人教育的形式，还是集中调查某一特定的领域？她应该将调查限定在农村地区的教育，还是城市地区的教育，或者强调地区差异？珀维斯的选择范围说明，当你考虑聚焦你的研究时，可以将它作为参考；也说明一般在同一个研究领域，你会发现不同的研究焦点都有许多好的议题。阅读相关的文献和理论会有助于你聚焦你的研究。这是研究开始阶段的一部分工作。

文献回顾

> 在任何科学研究工作中，先想出的观点都是有害的，但是能预见难题是科学思想家的主要贡献，并且这些难题首先是通过理论研究揭示给观察者的。
>
> （Malinowski，1922，9）

相关文献的知识帮助你判断研究计划是否突破了现有的研究发现和理论建构，从而可以判断你的田野工作是否会对本研究领域做出贡献。在过去，一些质性研究者认为应该在资料收集之后再进行文献回顾，这是担心其他的研究框架、研究设计、技术和理论可能过分地影响研究者。今天，大多数研究者同意在研究的全过程中都应该进行文献阅读，包括在资料收集开始之前。这一观点认为，我们不可能像一块“白板”那样进入研究领域，可能我们已经带着指导性的理论和假设来进行研究了，只是我们并没有意识到。

当你需要一个特定的思维框架指导研究时，阅读其他人的有关研究，是一种很有用的方式。第一，收集、扫描并阅读文献来证实你所选择主题的正确性。例如，许多学位论文研究调查为什么父母送他们的孩子去信奉正统基督教的基督教学校，这些论文用各种解释来说明为什么他们认同此类学校。关于这一主题的另外一些研究，甚至还认为从未进行过此类研究。研究者通过文献回顾努力让自己的研究项目有所依据，即清楚哪些问题已经研究过了，还有哪些问题仍然没有研究。

第二，使用相关的文献帮助你发现并聚焦你的研究主题。当找到你感兴趣领域的一些文章时，仔细研究这些参考文献，并继续寻找那些可能给你带来更多信息的文献。对于你要调查的这个研究领域，现存的文献可以让你明白哪些问题已经研究清楚了，哪些问题还没有研究清楚。对基督教学校的文献回顾表明，对于儿童时期就到信奉正统基督教的基督教学校上学的学生，其成年之后的生活很少被关注。一直在基督教学校的教义中长大的学生，在成年后多大程度上还受其影响？通过研究这一群体，可以让对基督教学校感兴趣的人了解学校对此做出的重要贡献。

第三，文献能让你的研究设计和访谈的问题更丰富。阅读评论性的文章可以让你了解其他研究者调查类似现象的成功和失败。研究者为了获得更深入的资料，要花足够的时间来访谈每一个被试吗？对各种不同类型的群体，这些访谈的问题都适用吗？什么问题根本不能问？什么情况需要或不需要观察？研究者推荐未来的研究方向是什么？

第四，要记住，质性调查的文献回顾需要不断地查找，而无法在资料收集和分析之前全部完成。当你回忆起你收集到的资料时，你会意识到需要回顾以前没有仔细研读的文献，包括实际调查的文献和理论的文献。例如，在加勒比地区进行田野工作之前（Glesne，1985），我回顾了农村发展的文献，另外还有农业和教育的研究文献，这些都是有关加勒比地区东部的文献。当我进行田野工作时，特别在集中进行资料分析的阶段，我开始广泛地阅读依从理论，这一理论解释了不同国家民族之间经济和权利的关系。依从理论变成了资料分析和讨论的中心，而农村发展的文献退居第二位，后者主要用来对照西方主流视角，也是当时各种拉丁美洲学者所持的发展的视角。注意，“文献回顾”是一个相互影响的词，从其他人的研究中你能学习到哪些知识，会由于你已经掌握的知识的不同和你希望了解的内容的不同而不同。你可能发现你会因为受益于早期文献阅读而高兴，也会因为你缺乏经验而无法认识到一些资料的意义，并可能因为忽视了对这些资料的阅读而气馁。

第五，在做文献搜索时，要广泛撒网，不能局限于你自己的主题或你的学科。例如，如果你的研究主题是魁北克边界的美国学校如何使用法语，你一般要查有关学校教育和双语教学的文献。德拉蒙特（Delamont，1992）建议对照阅读，也就是说，如果你对科学界的女性感兴趣，那你可能要阅读在以女性为主导的职业（如护士）中男性的情况，这对你提出你的研究问题会很有帮助。社会学家、人类学家、心理学家和教育学家经常写同一个主题，但是他们从不同的视角来探索这一主题，我们要努力查找不同学科的文献资料。

但是，你不应该由于扩大了可能适合你的文献范围而阻碍你进行田野工作。记住，在资料收集和资料分析的时候，还要提醒自己继续进行文献搜集。厄尼正准备去收集关于物理治疗领域专业化过程的资料。他回忆起伴随文献收集而发生的变化：

> 首先，我需要定义什么是专业化。然后我需要足够的社会学知识来理解人们如何获得了专业化，这带我进入专业社会化的领域。然后如果你获得专业化并将其付出行动，你就进入了专业势力及其影响的领域。当我阅读完相关的文献之后，我想我要理解专业伦理和这些伦理是如何与社区发展观念相结合的。最后，我意识到如果我还不能进行田野工作，我会说："下个月我将准备好开始田野工作了。"

在准备进入田野工作之前，头脑中一定要记住，要完成初步的准备工作，但是不要查找不相关的文献。

当你收集并阅读了与你主题相关的各种文献之后，你通常需要写文献回顾或将你研究计划的背景进行概念化。在这样做的过程中，对与你研究主题相关的研究和理论进行整理的过程，会使你更深入地理解你所要调查的特定问题，然后再将这些文献组织整理出来。文献回顾不是各种研究的综述，而是对特定研究趋势和主题的文献进行整合。这样可以指出在你感兴趣领域中文献的不足，因此使用这些文献就可以说明需要有更多的和不同种类的进一步研究。引一句话来简要说明这一点："当以独特的方式表述这个研究时，你就会知道如何表述你的研究对原有研究所做出的贡献。"

克里斯韦尔（Creswell，1998）创设了一个示意图，用视觉图片来说明如何组织已有的文献和如何理解一个人的研究与大量文献的相关性。例如，苏珊是一个自然资源专业方向的学生，她有机会去教一个中学生班的环境科学课程。她决定要对教师进行研究，自己回忆一学期里在班级里发生了什么，用这些内容来理解如何将艺术整合进课程中来帮助学生学习环境科学。图 2—1 是一个最初的图，用以说明她的研究兴趣与文献的关系。

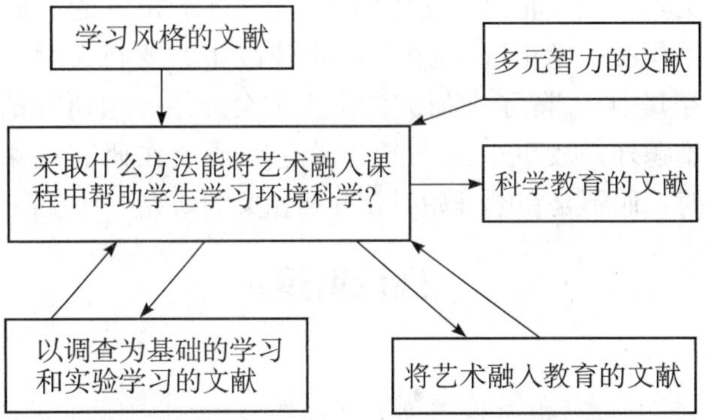

图 2—1　通过示意图说明研究兴趣与文献的关系

苏珊感觉她需要阅读有关学习风格、多元智力、以调查为基础的学习、实验学习和将艺术融入教育课程中的文献，这些文献可以帮助她提出研究计划并能帮助分析她的研究。她还希望她的研究能够对调查学习、实验学习的文献，将艺术融入教育课程的文献，特别是科学教育的文献做出一些贡献。她进入了集中阅读和记录的阶段时，开始意识到一些领域比其他领域更重要，她可能意识到仍需要看其他领域的文献。

思考和创建"概念化的研究背景"（conceptual context）——而不是做文献回顾——对你的研究更有用（Schram，2006；Maxwell，2005）。这一观点关注的焦点是一直探索你的研究计划，接下来的一项任务变成了阅读与你的研究工作有关的一些研究。这项工作可能帮助你在同一时间内更广泛、更深入地思考。你更广泛地思考如何使你的研究适合更大的理论和更重要的观点。并且你要更有针对性地思考你要研究什么、如何研究更重要的问题。通过思考“概念”来丰富你的研究，你可以创建有用的、有组织图式的、能整合多学科的理论和视角（Schram，2006）。

一些新的质性研究者假设，当他们为研究计划而写文献回顾或概念化的研究背景时，可以将目录与学位论文第一章中的内容一一对应起来。文献回顾被认为是一种研究前的任务，经常需要寻找到一种方式将其最后写完，但通常并不作为一章的内容。正如前面讨论的，在研究的全过程中都要阅读文章、报告和书籍，甚至还需要其他一些资料。第一章的题目如果命名为“文献回顾”可能并不合适，沃尔科特（Wolcott，1990，17）陈述道，他期望他的学生了解与他们主题相关的文献，但是他并不希望学生们“将不相关的文献堆积在一章里”。他建议在讲述故事时要将文献贯穿其中，“除了在研究的引入中会介绍一组研究的难题外，故事中的文献通常还需要放在研究结束时，而不是在刚开始时就介绍相关的研究”（p. 17）。

理论背景

> 我发现具有启发意义的是，“理论”（theory）这个词与“戏剧”（theatre）这个词有同一个希腊语词根。无论是喜剧还是悲剧，它们都依然要寻求现实中的原型，依然是我们感知和经历过的精华。这与理论和假设相类似，它们要去解释谋杀或婚姻等各种事件。
>
> （Nisbet，1976，12）
>
> ……区分已经掌握的理论与正在掌握的理论之间的区别……
>
> （Schram，2006，61）

社会科学家采用不同的方式定义理论。一个流行的定义是霍曼斯（Homans）提出的，并由丹森进行了阐释（Denzin，1989a，49）：“理论是指一组命题，这些命题按照有序的方式相互联系，如可以从其他的命题推断出一些命题，就是经过深思熟虑发展出对某一现象能够被认同的解释。”理论这种形式的最终目的就是发展出人类行为和社会功能的一般法则，如亲密关系理论、行为矫正理论和经济发展理论。

格拉瑟和斯特劳斯（Glaser & Strauss，1967）提出采取传统演绎法去研究、聚焦和修正理论，促进理论的发展。在《扎根理论的发现》一书中，他们提出研究者采用归纳法对概念和假设不断地进行比较分析。他们提倡通过调查资料而形成理论，并将这种理论称作扎根理论。对格拉瑟和斯特劳斯而言，理论最后的功能仍然是解释和预测。他们和其他研究者都认为“理论重要的是能超越当地的研究背景，能够在更普遍的水平上形成正式的观点”（Coffey & Atkinson，1996，14）。无论怎样来描述理论的形成，社会科学的目的都应该鼓励在质性研究中出现彼此竞争的学术观点。

解释主义研究者如格尔茨（Geertz，1973）根据解释主义对理论提出了不同的理解，或者从社会交互论来寻求解释行为的意义。有人认为理论的建构过程叫“深描”（Geertz，1973），将其定义为“不仅仅是纯粹的行为报告（即浅描），而是去描述和探测行为的目的、动机、意义、背景、情境和环境（即深描）”（Denzin，1989a，39）。因此，理论的目的变成了对直接生活经历提供的一种理解，而不是一般化的抽象概括。解释主义者认为人类的每一种情境都是新鲜的、突变的、充满了多种因素的，而且这些因素常常是相互冲突的、有意义的，并且是可以被解释的。因此，理论工作就变成了观察、查明、描述这些意义和矛盾。

研究者相信什么是理论和如何去创设理论，会直接影响到对研究方法的选择和研究设计的建构。研究者在研究中既外显地又内隐地运用着理论。你的理论视角（行为主义、女性主义、自由主义等）和价值观经常隐性地影响你研究主题的选择，影响你针对主题而提出的问题，并影响你如何描述你的研究发现。它不断要求研究者去反思和揭示隐藏在被研究者、读者有时甚至研究者观念中的传统理论倾向。

外显的理论是指在你的研究计划和研究报告中写出来的理论，这些理论帮助定位你的研究、发展你的研究问题、选择你的研究被试、提出一个分析框架并解释你的研究发现。从实证的角度将这些理论概括成正式的理论（formal theories），它们可能有不同的抽象概括水平。

实证研究的概括或者大量的理论都处于较低

的概括水平，并且都参考了相关研究的成果。你能使用这些理论帮助你提供逻辑依据或者在研究计划中提出你的研究问题，你还可以在研究的后期运用理论去比较和对照从你自己的研究中所发现的研究结果。对与你研究主题相关的文献的回顾，可以为对实证研究进行归纳提供基础。

正式的理论（Strauss，1987）有时指一般化的理论或中等范围的命题（Turner，1985）。“中等范围的理论努力对一组现象的整体进行解释，如违法行为、革命、民族对抗等，对这些现象的研究要比从实证研究中归纳出随机模型更具有广泛的适用性。”（Turner，1985，27）质性研究者经常运用更广泛的理论，既作为提出他们研究问题的理论框架，也作为讨论他们研究发现的理论框架。

无论是高抽象还是低抽象水平的指导性理论，都能在许多方面帮助设计你的研究，但是这些理论在能帮助你解释一些事情的同时，也会隐藏负面的影响。从好的方面看，这些理论会限制你；从坏的方面看，它们会误导你。正如斯克拉姆（Schram，2006，60）所陈述的：“利用一个建构完备的理论来发展你的研究，可能会为你的研究建立一个简洁的、满意的框架，但是也可能由于这一理论的成熟而关闭了一些意义寻求的途径，还阻碍了对与这个理论不相适合的事件和关系的发现。”一种解决方法是强调使用几种不同的理论作为研究的框架。另一种方法是寻找你所选择的指导性理论和这一理论在你的研究中所不能解释的内容之间的空隙，增加一些主流理论中的新命题，或指出主流理论的自相矛盾和不足之处。米尔和贝蒂斯（Mill & Bettis，2006，83）宣称，如果研究者不断地寻求可以替代的解释，并且解释与我们使用的预期和理论相矛盾，就“能推动我们去分析超越我们的理论框架所能提供给我们的更高水平的阶段”。

丽贝卡·埃施（Rebecca Esch，1996）提供了一个研究实例，她在开题报告中运用理论提出了概念化的研究背景。丽贝卡对青春期女孩的发展问题感兴趣。之后在描述她对青春期女孩的研究兴趣时，她写道：

> 对青春期女孩的研究兴趣引导我进行理论探索，寻找描述女孩从儿童过渡到青春期的理论，另外还概述出女孩发展的理论，特别是找到了有关青春期发展的各种传统理论之间的分歧。我研究的焦点在威尔斯利学院发展服务和研究中心的观点、哈佛大学关于女性心理研究和女孩发展项目的观点。这两个研究组都把女孩发展中所经历的关系作为研究的中心。这与传统的发展理论强调个体和分离的观点是不同的。

丽贝卡将有关青春期发展相互对立的理论共同进行讨论。然后，她将这些对立的理论相互转化，文献中包括了人类发展理论中的不足：

> 我认为尽管许多女孩在这一时期进行抗争，也许许多女孩由于文化、学校和同伴的压力而遭受了负面的影响，但是还有许多女孩能健康成长。因此，我研究的目的是重新定义或重新标记在这一过渡时期女孩发展的经历。从我自己的经历来说，我已经改变了很多危机哲学的观点，从我自己青春期的记忆中进行反思，我并没有发现这一时期中有类似“危机”的证据。因此，问题开始形成：对于我们这些在从儿童过渡到青春期时没有遭受创伤的人，是什么发挥了作用？对于我们这些没有丢失自我和失去自己声音的人，是什么发挥了作用？在思考这些问题时，我不断回到在关系中成长的观点，在我生活中遇到改变和困难时，朋友扮演了什么角色。我开始怀疑女孩的友谊在过渡期可能扮演重要角色的观点。

随着这个介绍和思考的理性化，丽贝卡接下来探索女性和女孩友谊的文献和理论，探索自我感（a sense of self）和心理弹性（resilience）这两个概念之间的关系。

简言之，理论有时候是指我们所谓事实的最新版本，也是在质性研究中使用的各种方法。典型的质性研究不是外显地被理论所驱动，而是将其置于某一理论视角中。研究者经常使用实证研究进行概括和正式提出理论，使他的研究能适合更大的思想轮廓，并在资料收集的最初阶段形成最初的问题和研究假设。后来，当研究者聚焦于资料分析时，他们经常寻求其他的理论，这些理论能帮助他们从不同的视角来检验这些资料。他们的工作可能会也可能不会形成扎根在资料中的理论。

研究目的

这部分和接下来的部分将讨论如何决定你的研究目的和研究问题，两者并不是同一件事。研究目的强调你研究的实践目的和理论（可能是个人的）目的。研究问题或你的难题陈述聚焦于通过提出问题或设计问题进行调查，通过你的研究和研究计划的实施来回答这些问题。

弄清楚研究目的能在各方面帮助你。第一，帮助你证明你的研究在某些方面是有价值的，并指出什么是研究的潜在重要意义。第二，你的研究目的帮助你思考出让你达到研究目的的研究类型。例如，如果你的研究目的是去提升青少年的教育机会，提升他们阶级、种族相互影响的意识，你的研究设计就会不同于一个致力于通过演示教师在乡村和城市学校说话方式的不同来培养教师的研究。第三，思考你的知识目标，帮助你聚焦你的研究问题。第四，你的研究目的，伴随着你的研究陈述，可以被当作检验研究的标准。当你在田野工作时，当你被多种研究方向所影响时，它帮助你坚持你的研究方向。

麦克斯韦（Maxwell，2005）建议将你的研究目的区分为个人目标、实践目标和知识目标。你的个人目标是弄清楚激励你去做研究的原因是什么。如果你的个人目标是完成学位的要求，那么你应该重新思考你的研究，这可能让你没有充足的动力采用质性研究方法。个人目标和个人经历有关。例如，和我一起长大的孩子中有个患有智力障碍的弟弟，当时他家几乎没有社会资源的支持。事实上，那个时期（1950年代）的思想意识是，如果不能被人们接受，就要把这样的困难隐藏起来。这种个人的经历可能是部分的动机，让我希望通过各种方式调查隐藏的差异和污点。当你想清楚你的个人目标时，会在研究日志中写出激励你的是什么。当写出你的目标时，可能会帮助你证明为什么你适合做这个研究。

你所在的职业领域如教育、社会工作、护理和物理治疗等，可能会激励你把实践目标作为研究目标。你希望你的研究能改变或完成一些事情，例如教师能意识到如何通过语言和行动鼓励或阻碍女孩喜欢数学，医院的管理者将要实施一项通过团体的方法进行医疗保健的政策。实践目标也是你研究成立的依据，但是，通常研究所得到的结果并不是你宣称研究将要获得的结果。实践目标能帮你确定你的研究具有潜在的重要性。

知识目标能帮助定义你的研究陈述和研究问题。“知识目标……聚焦于理解一些事情，并深入地理解现在发生的是什么、这个为什么会发生，即回答一些以前研究不能充分回答的问题。”（Maxwell，2005，21）是否能让教师确信鼓励女孩去喜欢学数学本身就是一个研究主题，根据你自己的经验和你对女孩、数学、教学的了解，你可能会对这个问题感兴趣。例如，如果你研究的问题是教师的语言在女孩探索数学问题和对数学的态度中所起的作用，你就会将这个兴趣变成研究陈述和研究问题，与研究陈述联系最紧密的是你的知识目标。

为了帮助你更明确自己的知识目标，需要思考什么是你需要描述和解释的（Schram，2006）。描述要包括日常相互影响的资料或人们谈话和做事的方式。解释的目的应聚焦于事情是如何在特定的背景中发生的，人们对特殊现象是如何解释的。解释说明的目的包括去识别在行为、背景和现象之间可能存在的关系和模式；其另一个目的是在质性研究方法中，特别是在批判主义和后结构主义的研究中，去“提升意识、培养自我理解和自我决定、创造机会进行社会活动和争取社会公正”（Schram，2006，32）。研究目的和研究设计的其他方面，与你认为什么才算有意义的知识和如何才能了解这些知识的信念紧密相连。

研究陈述和研究问题

研究者经常从一开始就要知道，他们要到哪里去做研究，研究哪群人。约翰是一个中学教师，在一个创新型的教师机构工作。这个机构处于鼎盛时期。它将邀请中学生作为研究被试，让他们了解机构将要对他们进行研究。多丽安在一个城市的公立学校教英语，她要去研究其他城市学校的英语教师。但是，斯克拉姆（Schram，2006，29）警告说：“不要把你到哪里去做研究和你要研究什么弄混淆。”换句话说，你必须明白研究的核心观点。

质性研究者倾向于关注社会结构、个体经验和两者之间的关系（Winchester，2005）。为了拓展观察法，温切斯特（Winchester，2005）提出了在质性研究开始时经常要问的两个包罗万象的问题：

- 社会结构形成了什么？它们被结构化、维持、法律化和对抗的过程是怎样的？（p.5）
- 对一些地方和事件有什么个体经历？（p.6）

结构被认为是透视社会、文化、经济、政治和环境的透镜。在这些结构中，个体的经验呈现出变化性和多样性。解释主义研究者企图通过记录个体在结构中如何形成了自己的经验，个体如何创造、改变和渗入现存的结构中，进而描述和解释个体与结构相互影响的复杂性。研究陈述经常聚焦于上述问题的各个方面或某些方面。正如克里斯韦尔（Creswell，1998，17）所陈述的：“研究问题经常从怎么样和是什么这类问题开始进入主题，进而描述继续研究什么。”研究陈述要展示你所有的研究目的，并说明研究将如何开始和如何结束。研究陈述也会集中思考如何收集资料和如何分析问题。用清晰的语句去努力描述你要去理解什么，然后提出你的研究陈述；接下来提出所有的研究问题，考虑将哪些问题放到另外的研究中调查，将哪些问题归类成你调查的中心问题中的子问题。

下面将用丽贝卡和阿什莉的作品中所提供的例子来说明研究陈述和研究问题。丽贝卡将她的研究聚焦于个体经验，下面是她的陈述：

> 我的研究将要探索在从童年向青春期的过渡期中，女孩们的友谊与自我发展的相互影响。

丽贝卡为了清楚地说明这个一般性问题，不得不将其分为更多的几个问题进行陈述：

> 我希望去理解友谊在女孩自我意识发展中所起的作用。进一步说，我希望说明女孩的友谊是否为她们提供了心理弹性，或阻碍了女孩从童年到青春期的顺利过渡。

然后她将研究问题进行分类，帮助指导她对女孩友谊和自我发展的研究。

> （1）在这个过渡期中女孩的自我意识是如何发展的？
>
> （2）在这个过渡期中女孩的友谊经历了哪些事情？
>
> （3）在这个过渡期中女孩是如何描述她们的经历的？
>
> - 在这个过渡期中能理解哪些女孩世界中她的家庭、学校、同伴/朋友、文化等与她有关的事情？
> - 如何将“危机”这个词应用到女孩发展的这个过渡时期？是否有更积极和主动的方式来定义、描述和理解这个过渡期？
>
> （4）如何理解在过渡期中女孩的发展和友谊对相关理论和其他发展理论的贡献？

阿什莉正在自然资源学院做硕士论文。她的研究陈述如下：

> 在这个研究中，我要理解如何与重新许可水力发电项目的利害关系人进行谈判，从而在资源使用和生态系统保护上达成共识。

阿什莉的研究陈述是质性研究聚焦理解事情发展过程的一个例子。在这个例子中，谈判和达成协议的过程是在特定的社会结构之中的。她提出了4个研究问题来指导她的研究：

> （1）项目的利害关系人是如何进行谈判的？在谈判过程中是什么激励和限制了谈判的过程？
>
> （2）达成共识的过程包括哪些阶段？
>
> （3）项目的利害关系人如何看待最后达成的谈判结果？
>
> （4）从他们自己的视角出发，法律背景是如何影响项目利害关系人和谈判过程的？

在研究目的清晰并提出了研究陈述和研究问题的情况下，丽贝卡和阿什莉都准备思考如何着手设计研究来获得她们所需要的资料。

研究地点的选择

当你选择了研究的主题，正在回顾相关的文献和理论，你必须决定到哪里进行研究、谁是研究的被试、使用什么技术来收集资料、田野工作需要花多长时间。每个决定都需要在研究前仔细思考，但是在研究陈述提出之后，随着资料收集的展开和信息的丰富，每个决定都会发生改变。对于这些决定并没有指导性的原则，但并不意味着什么决定都可以。文献、档案、你所持方法的哲学观点、与可能的被调查者的讨论、有经验的研究者的指导、你自己良好的判断都会对稳妥的决定做出贡献。

在过去，人类学学生的部分人生大事就是对与自己不同的文化进行研究。浸入异质的文化中，对一个人来说是一种测试、一种分类，是学习新行为和认识模式的过程。在某些方面，进入一种新文化比研究自己的文化容易。当你所遇到的每件事情都是不同的，你对新事物的理解会更开放。而当你对一种文化、一群人和一个学校已经熟悉时，你会假设随后将会发生什么，这会让你看问题的视角变得狭隘。已形成的假设也会伴随你进入一种新的背景和文化，一个证据是，许多年来西方的农业研究者都忽视了全世界妇女在农业中的作用。但是，在新异的环境中，这些假设更容易受到挑战，甚至就在你自己所在的城市里。

目前，许多研究者开始对他们自己的机构和办事处进行研究，即进行自身情境研究。做这样研究的吸引力有以下几种：相对容易找到研究被试；由于已经建立了和睦的工作基础，研究对专业和个人都有用；在各种研究步骤中所需的大量时间和资金都可能被削减。作为一名新的研究者，你可能更倾向于进行自身情境研究，但你应该充分意识到你所投入的和承诺的你熟悉领域的研究，可能会让你遇到难题。过去的这些背景和经历可能会让你形成某种期望，这可能会影响资料的收集。尽管你的研究被试经常为你设计其他的角色，但当你进入新的文化中，仍需扮演一名研究者的角色。当你做自身情境研究（backyard research）时，你经常已经扮演各种角色，如教师、校长、个案工作者或朋友。当你增加了研究者的角色时，你扮演或应该扮演这个角色可能会让你和你的周围的人感到困惑。

例如，卡洛琳对身体残疾的儿童感兴趣，并对她自己社区的特殊教育管理者进行了有关特殊教育工作的访谈。她自己是一个残疾儿童的母亲。她说她的受访者“无法将我作为研究者的角色与我作为残疾儿童父母的角色完全分开”。他们倾向于回答说，“好，你知道情况是什么样的”，或“我们以前谈过这件事”，而没有认真地回答她的问题。

戈登是一个学校的校长，他指导的一个项目中包括访谈他自己学校的学生：

> 啊！一群天真的研究新手！我觉得自己选择了既方便又亲近的被试，并为自己的聪明而沾沾自喜，接下来就开始了我的研究。什么是更容易的？我在一个小社区里是一个被大家广泛接受和尊重的校长。校长应该研究学生的成就。因此这不仅是我的义务（我的职业要求我去参观班级和访谈学生），还可以使教育项目有所提高。我了解每个被试，我的教师尊敬我（他们大部分是由我雇用的），我控制着课表。最好的是，我是学校的主要守门人。因此，由于我担负着校长的角色，我有机会、有权力、有资源去做短期的访谈和观察。会有什么错呢？
>
> 好，有几件事。首先，作为校长，我的职责是在任何时间都需要在岗，但这并不意味着我在做质性研究时没有困难。因此，我做观察和访谈的意图是好的，但研究却被愤怒的父母、有个人问题的学生、爆炸的锅炉、难以控制的公共汽车等事情不断地干扰。其次，作为校长，我的责任是无论在哪儿都要尽可能保证孩子接受教育。接下来，当学生中有一半的人成绩不理想时，我要就学习成绩对他们进行访谈，我又如何能公正地对待他们呢？再次，作为学校中的主要管理者，我参与到对两个被试长期的纪律管理过程中，于是我不能访谈他们，从而失去了有价值的资料。最后，作为校长，我感觉到有压力，不想打破与老师的和睦关系，我发现自己尽力不去惹是生非。由于没有访谈成绩低下的学生，我无法了解他们的观点，从而失去了有价值的资料。
>
> 我从以上这一过程中学到了什么？第一，我发现离开家去做你的研究是一个好主意。研究至少应该让你的工作角色不会影响到你的研究。第二，不要在你与你的被试情感亲近的地方做研究，因为这会扭曲你的研究设

计。研究地点最好不是你工作和生活多年的地方。

另外，戈登认为在进行自身情境研究时，研究设计可能会产生伦理和政治方面进退两难的困境。如果你是一名既定的组织内成员，你观察同事时就可能会产生罪恶感和焦虑感。你所担任的政治职位可能会让你感到更容易受到伤害。例如，安妮决定去调查在某一区域的学校中专项教育计算机项目开展的情况。在研究开始的时候她没有考虑到最先采访的人是学校项目的投资者。她陈述道：

> 我最害怕真实的研究结果会影响到我的专业关系。研究分析冒犯了麦克。我不得不剪辑我的分析，减少深入分析，这样比原始的版本更温和了。我的研究对有关政治的研究结果更开放了。我同时也领会到做自身情境研究会面临哪些困难。

访谈的时候，特别是对一名组织内成员进行访谈时，我不断地发现什么是“危险知识”（dangerous knowledge），什么是有政治风险的信息。这些难题并不会限制自身情境研究，但这些问题似乎在不断繁衍。

自身情境研究和在其他背景下的研究在研究结束时也会有差别。当调查不熟悉的地方的某种现象时，尽管在以后的生活中还会保持联系，但一个研究者最后还是会离开那个城市、机构或文化。但是在做自身情境研究时，你通常不会离开自己的家乡，可是作为研究者的角色，你的研究结果中可能会有破坏当地人关系的“危险内容”。

这些警告并不支持你进行自身情境研究。解释主义质性研究者通常是新手，他们尤其不宜进行自身情境研究。行动研究、教师研究（teacher Research）、一些批判和后结构主义研究的研究情境有所不同。行动研究者的工作对象是一群人，研究是为了这些人的组织、项目或课程变得更好。教师研究者经常研究他们自己的班级，目的是提升在校学生的经验。无论你是作为一名个体研究者，把你的行为和思想或学生的行为和思想作为关注的中心，还是被同事任命或认同为组织中重要的角色，这些类型的自身情境研究通常都不会出现让人困惑的角色。行为定向的研究减少了解释主义者在自身情境研究通常情况下所遇到的政治挑战，因为所获得的知识，要么是个人的知识，可以引导个人的行为，要么是来自群体的公开知识，这些是整组集体学习并为集体指引新方向的公开知识。最后，在教师的行动研究中，你作为组织的一部分是重要的，因为研究通常是在长期的、以改变为导向的过程中开始的。实际上，当你是组织的一部分时，行动研究是很难实施的，因为被研究的人们经常是那些坚决拒绝向你所期望的方向改变的人。

格伦带着对他自己学校的祝福，选择了在他教授科学课程的高中进行研究，对可替代性的教育项目进行了正式评估。在反思自己的研究时，他说道：

> 在我熟悉的领域和文化中来做质性研究，是一种了解质性研究的有效方法。这个项目不仅是我个体的努力，而且还是社会介入我自己、我的学校和地区发展的过程。能选择我有热情并感兴趣的主题，选择我精通的理论，为我的机构和社区做研究，不仅有意义而且有价值。

自身情境研究可以是极有价值的，但进入这种研究时需要提高对潜在困难的意识。质性研究课程经常包括安排一学期的调查项目。因为表面上看起来与已经了解的人接触和讨论比较容易，你可能倾向于设计一个项目去访谈你的同事、同伴和朋友。做这个决定是可以理解的，但是如果你创设的项目是调查陌生人或你不十分熟悉的人，那么你可能会对质性研究或一个新的主题有更多的了解。

如果你不做自身情境研究，那你如何选择你的研究地点呢？研究地点的选择经常会成为研究的难题。例如，一个同事研究当一个日本公司搬进一个以白人为主的美国小城市时发生了什么。一家日本汽车工厂在选择一个基地之前，在几个小的中西部城市进行了长达一年的谈判，他对此产生了兴趣。他也因此知道他的研究地点将选择在哪里。

一些研究问题并不需要特定的研究地点，而仅仅需要在特定地理区域背景中进行研究。例如，一项研究关注在过去一年里接受社会福利并工作着的单身母亲，这项研究没有必要去选择一个研究地点，但是在附近地区研究对选择被试是有限定条件的。与丽贝卡的研究相似，她关注青春期女孩的友谊和自我发展。她选择了自己的社区作为观察和访谈的地点。

但是，通常研究者为了资料收集，还要理性地选择一个或更多的研究地点。也许你希望调查的现象在每个地方都某种程度地存在着。你所选择的研究示范地点典型吗？用什么标准来决定所选择的研究地点是示范典型的？或者还有其他的划分标准？如果你选择一个乡村学校，你必须去看城市的学校吗？你应该选择多少个研究地点？要做这样的决定，你必须重新思考你的研究兴趣，并仔细反思你要了解什么。你可能需要试验地、试点地、尝试性地对研究的地点进行选择。下一部分是“研究被试的选择”，我们将讨论一些应用到研究地点和研究被试选择的抽样策略。

研究被试的选择

由于在大多数研究情境中，与你研究主题相关的人和事太多，你无法访谈每个人和观察每件事。你需要有一个合理的策略来选择人、事件和时间。在定量研究中经常使用随机抽样的策略，选择大的、有统计代表性的样本，并希望得到有普遍代表性的结论。质性研究者既没有大规模的人口可以进行随机抽样，也没有获得普遍结论的研究目的。解释主义研究者倾向于有目的地选择每个案例（Patton，2002）。“目的抽样的优点在于可以选择信息丰富的案例进行深入研究。信息丰富的案例，就是那些通过一个案例就可以了解许多有关研究目的的核心问题。”（Patton，2002，46）

巴顿（Patton，2002）鉴别和讨论了16种不同的抽样策略。其中几种抽样策略列在了展示框2—1中，作为一个例子帮助你思考你要了解什么，相应地你需要做什么样的抽样决定。不同的抽样策略会让你了解到研究主题的不同内容，因为每一种策略都会让你选择特定的地点和人群。

典型案例抽样	阐明或突出强调选择典型的、常态的案例。
极端的、偏离的案例抽样	选择极端的案例，或者那些奇异的或某些方面特殊的案例，如高中毕业致词的学生和辍学的学生，或在南极工作的女科学家。
同质性抽样	选择所有相似的案例是为了深入描述一些子群体，例如研究来自工人阶级家庭背景的女教授，而且她们家的第一代接受了大学教育（Clark，1999）。
最大差异抽样	从多个有差异的群体中选择案例，例如，在环境研究项目中选择各个民族的学生，寻找覆盖许多群体的一般模式。
理论抽样	选择案例、人、事件、活动等。在一个研究中发展理论建构。与扎根理论相联系，也会使用解释主义传统中的其他研究。
滚雪球、系列或网络抽样	从知道谁能满足研究兴趣的人那里了解潜在案例的相关信息。赖特和德克尔（Wright & Decker，1997）就是使用这种方法来寻找在研究的那段时间里组织抢劫的男人和女人。当你起初没有其他方法找到你想要的被试时，就会采用滚雪球抽样法，但对于被试的选择，这一方法本身并不十分充分。
方便抽样	以方便为原则进行抽样，这一抽样策略的信度较低，不适合“实践”之外的其他情况。

展示框2—1　一些研究地点和被试的选择策略

资料来源：Patton，M. Q.（2002）. *Qualitative Research & Evaluation Methods*，3rd ed. Thousand Oaks，CA：Sage。

基金会和委员会成员经常期望，在研究开题中应当清晰地描述出将要访谈哪类人、访谈多少个人，同时清晰描述出观察哪类情境、观察多少个这样的情境。因此，研究者倾向于发展出复杂的选择矩阵。在你的研究中，开始阶段最重要的是思考好选择的标准，但也不能不考虑民族、性别、社会经济地位、教育水平、性取向、年龄等人口学变量。选择这些标准时的策略、文献和你的经验都是十分重要的，但它们经常会在研究者收集资料时被修改。

例如，卡罗尔研究守寡后妇女的休闲方式，她假设休闲方式被社会阶级、教育年限、职业地位和当地能提供的休闲选择所影响。她根据这些因素来选择研究被试，这样帮助她对研究主题有更多的了解。但是，当卡罗尔开始收集资料时，发现其他的标准明显地影响着休闲方式，例如成为寡妇的时间。当她了解到这些因素时，就不得不将这些因素包括在样本的选择策略中。

当在这个领域进行了一段时间的研究后，卡罗尔决定选择更多的变量来帮助她理解守寡后的休闲方式。她重点关注一组人群：高中毕业、在工作、近期守寡的城市妇女。如此简化被试的选择，让她能更深入地了解这一同质群体的休闲方式。与卡罗尔研究计划阶段的假设不一致的是那些既有用又可行的因素。

丽贝卡也选择了同质的抽样策略，因为她的研究目的是深入理解而不是广泛理解。她描述了她如何理性地选择青春期女孩被试：

> 我的重点不是对女孩广泛地进行研究，进而获得关于女孩友谊和其自我发展关系的初步理解。而当我获得了有关的理解之后，我接下来探索友谊如何在更大范围上影响了女孩。
>
> 根据定义，我的研究要求参与研究的女孩是很年轻的。我通过广泛地接触，要求她们的家庭充分地支持和合作。基于这些考虑，我将选择 6 个女孩作为我的研究案例，她们要么是我已经认识的，要么是我通过学术圈的关系认识的，我将要求每个女孩邀请她最好的一个朋友来参加调查。这是对一群十分同质的女孩进行的调查，将让我可以对她们集体地进行描述，进而理解友谊和自我发展的关系，这样可以减少来自如社会经济地位、家庭教育、显著家庭差异等因素的影响。尽管对这些女孩的研究可以让我对女孩的友谊有深入的理解和描述，但我意识到我的研究样本失去了多样性。

正如丽贝卡讨论中建议的，在许多研究中，深度和范围不可兼得。你必须访谈多少人？你必须观察多少事件？你怎么知道到什么时候停止研究？尽管莫尔斯（Morse，1994，225）建议民族志和扎根理论研究需要访谈 30 到 50 个人，但这并没有准确的答案。

为了加深对问题的理解，你需要花更多的时间对较少的被试和观察地点进行持续不断的研究。为了拓宽对问题的理解，还要对更多的人进行一次访谈，对更多的地点进行较少的观察，但这样只能获得更表面的理解。在质性调查中选择被试的策略，依据阐释和你自己的理解与判断等多种目的而定。但是，为了更理性地选择被试，要依据理论和方法学的要求、个人的直觉和你进行的研究而定。

研究技术的选择

尽管研究者倾向于用“资料收集”（data collection）这个词，但我在这部分——实际上在这本书里——觉得这并非一个最好的词。迪克斯等（Dicks et al.，2005，115）建议用“资料记录”（data recording）这个词更好，因为资料并不是“不动的，到处散放在田野中等待着研究者赶来收集”。质性研究者在获得资料的过程中扮演着积极的角色，他们记录他们所提问的问题，他们还参与其中的相互影响，所以“资料记录”这个词也并不十分准确，因为这个词不能表达出质性资料的信息是共同建构出来的。语言不能与质性研究相匹配这样的难题，主要是由于实证主义研究传统的影响。我继续使用“资料收集”这个词，为了找到更好的词，我偶尔也使用“资料生产”（data production）这个词。

大多数质性研究依靠各种方法来获得资料。依靠多种方法的实践通常叫做三角互证（triangulation），这个词来自勘测和航海。尽管采用多种资料收集的方法是质性研究中最常见的三角互证形式，但三角互证也指包括多种资料源（如教师、学生和父母等）、多个调查者和多种理论视角。

在过去，质性研究者由于受实证主义研究的影响，倾向于认为三角互证是一种有效的方法。因为如果你从多个方面听到也看到了某件事——也许有的合作研究者也听到和看到了，那么你会十分自信地声称你看到和听到了这件事。从实证主义视角来看，真实的描述事物是最重要的。从解释主义视角来看，你不要寻求去解释背景和情境中的事实，因为你相信并没有事实，但你希望从多个视角去理解它。

你可能会问：“为什么要使用多种方法，或者为什么关于同一个概念要与不同的人群进行讨论？为什么三角互证是重要的？”吉布斯（Gibbs，2007，94）提出了两个好的理由：“你的解释一直都有可能存在错误，在情境中不同的观察可以说明这种局限性，或者表明哪一个版本更可能是事实”；当一个人所说的和所做的不一致时，“三角互证这种类型的资料（例如，观察行为和访谈被试）是有用的，虽然不能说明信息提供者在撒谎或是错误的，但是能揭示出社会现实的一个新维度，社会现实中人们的行为并非总是一致的”。不一致可以帮助我们揭示情境的复杂性。理查德森（Richardson，2000，934）提出，结晶过程（crystallization）是比三角互证更有效的比喻：“我提出在后现代文本中效度的中心形象不是三角的、僵化的、固定的、两维的物体，而可以想象为晶体，它是将对称的和各种形状的、材料的、变化的、多维的、多角度的物质联合在一起。”

为了获得对事物深入、复杂的理解，在质性研究中有三种处于优势地位的资料收集技术：观察法、访谈法和档案法。在每一种技术中，都可以广泛使用这些方法，但一些方法比另外一些方法更常用。例如，观察的时候，一些研究者使用录像的方法，可以重放、放慢和暂停观察到的事件。但是，还有许多研究者依靠他们的感觉，用他们的笔写成田野日志来代替观察进而形成结论。一些研究者也使用卡片分类或图片作为访谈中引起话题的材料。大多数研究者只是通过口头提问来收集资料。

这些资料收集技术会在下一章中讨论。这里强调一点：一个理想的研究，需要质性研究者将各种研究技术联合在一起来记录和建构研究资料，而并非仅采用一种技术。这并不是否认一项仅仅使用访谈法的研究的有效性，但这也表明资料来源越多，获得的资料就越丰富，研究发现也就更多。

要弄清楚使用哪种技术，就要再次详细考虑你要了解什么。研究问题不同，资料收集的方法也不同。一种深思熟虑的观点认为，选择研究技术需要做到：（1）引出所需要的资料来理解问题；（2）从不同的视角来看待这一问题；（3）最有效地利用时间。在你的研究开题中，要讨论你选择的每一种研究资料收集技术，下面将贝卡丽的研究作为一个例子。

> （1）**访谈**。通过使用访谈法……我将探索每个人的理解和她们友谊的经历……正如前面说明的一样，根据我的研究设计和哲学依据，在我的研究中，需要被研究者以共同学习者的身份参与到研究者的生活中，与她们建立起信任、和睦的关系……我将进行多维的访谈，我和我的共同学习者将一起来设计、重新设计我们将要调查访谈的提纲。既然我们的关系可以通过访谈得到发展，我希望我们交换信息的质量也能得到提高。
>
> （2）**参与式观察和文献收集**。为了对每个女孩进行深入的案例研究，我不仅对她们分别进行访谈，而且在家中、在学校和在其他情境中，我都花时间与她们和她们的朋友在一起。我将她们带入一个小组……进行关于友谊话题的对话交流，如果有可能，采用摄像机进行记录，这样就有助于更深入地分析她们之间的相互影响和对话……我将鼓励她们坚持记日记、描写、画画、拍照或采用可以充分表达她们观点的其他途径。为了发起这个探索过程，我计划给每个女孩一个日记本来启动我们的研究……
>
> （3）**开放式的调查**。当我做一个案例来研究一个女孩的时候，我计划用《新月》（*New Moon*）杂志作为一种创造式的表达方式……我也让她们提交短评、小说、图片、照片、美术拼贴或其他可以创造性地表达她们关于友谊的情感的作品。

多种形式的资料可以提高研究的可信性、真实性（verisimilitude）和可靠性。设计你的研究计划，至于提高你研究的精确性、可信性和合理性的其他方法是下一部分讨论的主题。

可信度

> “你必须学会与别人攀谈。”他告诉我，“你必须学会攀谈和倾听。正如我们用桑海语（Songhay）所说的，在肥沃的地方发现贫瘠的事物是一种技术。”
>
> （Stoller，1989，128）

效度（validity）是质性研究中另一个有争论的主题。大多数学者认为，如果我们相信概念是被社会建构的，我们就无法建立一个标准来确保一件事情是真实的或精确的。然而，一个人的信念并不一定与研究方法相一致。一些学者使用“可信度”（trustworthiness）这个概念并创建了标准，以便研究者可以衡量其所采用研究方法是否具有合理性和可信性。在这些讨论结束的时候，学者们拒绝提出这样的声明，而是聚焦于调查是否能“提高社会日常事务或提高文化批判”(Schwandt，2007，311)，另外还关注一些其他问题。

研究委员会经常期望在研究开题中强调效度问题。因此，这部分将讨论研究者如何增加研究的可信度。克里斯韦尔（Creswell，1998，201-203）描述了8个经常用来提高质性研究可信度的方法：

> (1) 延长研究时间并进行持续的观察——延长田野工作的时间让你能发展信任关系、了解文化、检验你的直觉。
>
> (2) 三角互证（或结晶过程）——使用多种资料收集的方法、多种资料源、多个调查者或多个理论视角。
>
> (3) 同伴的回忆和汇报——将他人的反思加入你的研究中。
>
> (4) 反面的案例分析——有意识地寻找反面的案例和不能证实的证据，这让你能重新修订你的研究假设。
>
> (5) 澄清研究者的偏见——反思你自己的主观性，以及在你的研究中如何使用和监控它。
>
> (6) 成员检查——与研究被试分享访谈的转录资料，分析其中的思想和最后研究报告的草稿，以确保你已经精确地代表了他们和他们的观点。
>
> (7) 丰富的、密集的描述——写作能让读者进入你的研究背景。
>
> (8) 外在的审核——研究之外的人通过审核你的田野工作记录、研究日记、分析式编码的框架等，来检验研究过程和研究结果。

以上这些是可以增加研究可信度的方法，但并不意味着在每个研究中都有必要采用，但是效度在你的研究开题论证里却是经常应该思考和讨论的问题。洛兰的研究提供了一个例子。她正在寻找一种物理治疗专家治疗痴呆老年人的方法：

> **偏见**。我希望能更好地理解物理治疗专家是如何对痴呆老年人进行治疗的。我对这个研究领域比较着迷的原因是我希望研究资料可以支持我的假设。我能听到我想要听到的，看到我想要看到的。我可能容易发现那些令人疑惑的不一致的信息。我通过探索自己的主观想法加强了对自己研究偏见的认识。通过对比我访谈和观察之前及之后的写作，我发现了我以前的观点所持有的偏见。
>
> **反面的案例**。如果寻找与我持不同观点的同事进行访谈，我的偏见就会表现得更明显。与同事进行讨论是另一种方法，这将让我在探索研究主题的同时，也对我的主观性进行了探索。
>
> **多期访谈**。我需要强调当治疗师无法进行治疗时，他们告诉我他们能治疗这些病人的可能性。由于某些观点或行为是社会所不能接受的，因此一些治疗师对该问题的回答的可信度就可能值得怀疑。在整个研究过程中的重复访谈有助于形成和睦的关系，增加了受访者告诉我他们真实感受和行为的可能性。这种方法允许受访者有时间更深入地思考自己的感受、反应和信念。
>
> **持续的观察**。可能很难决定是否治疗师表现出的是他们最好的行为而不是平时的行为，因为当人们被观察时，他们的行为与平时相比会有差异。这种差异需要在方便的情况下花很长时间进行观察才能发现。增加观察可以让治疗师与外来者愉快地相处，他们将很快地出现正常的行为方式。
>
> **多个研究地点**。我选择三个地点进行观察和访谈。观察者在周围时，治疗师经常采用相似的技术和行为。通过三个地点的观察可以增加对一般主题的可信度。

以上这些过程是为了揭示你研究发现的复杂性和增加研究可信度，这本书的其他地方也强调了这个问题。这些过程都是在研究之前需要思考的。

时间框架

你不能确定你的研究将会持续多长时间。你一定会低估研究所需要的时间。例如，与学校联系有可能被拖延，因为学校委员会没有将研究者的计划安排在学校时间表上。向老师进行项目介绍也可能会因为教师会议被取消而耽误了时间。受访者在最后一刻改变了访谈安排，或者并没露面。意外的集合或者田野旅行等，也都会改变观察的时间表。

在一个既定的质性研究中，实际所用的时间一般都比计划的多。特里·丹尼（Terry Denny）建议伊利诺伊大学的学生算出每一步需要花的时间，并计划出大约2.5倍的时间。马克的一个研究是关于监狱中的警察对囚犯教育项目的态度，他花了更多的时间：

> 我计划花一天或至多两天的时间与这些警察联系并对他们进行访谈。从我进行第一个访谈一直到我结束最后一个访谈，我花了一个多月的时间。我没有计算休假、婚礼、换班甚至官员改换工作地点的时间。没有一个访谈是按照我最初计划时间表中的时间进行的。一个预约好的警察，由于缺少人手，他要连续值班。他两次因为接到命令将囚犯运到其他地方而没有成功接受访谈。一个警察要比正常的情况多工作1小时，因为囚犯在户外享受他们的娱乐时间的时候，警察需要在周围站岗。难怪另一个警察在访谈中抱怨说，囚犯比看守他们的警察有更多的自由。

即使耽误了时间，也不要灰心丧气。记住，除非你做自身情境研究或者做合作形式的研究，否则你就是研究被试生活的外来者。你不是一个多余者，但你在其他人的生活中并不是不可或缺的，你是可有可无的。你能完成你的研究任务，但一般比你期望的时间要晚。

机构的结构会影响到你的时间计划。例如，小学和高中的设置要比大学的设置更复杂。铃声的时间表对学校中的时间段进行了划分，这种划分能帮助研究者制订访谈计划（interview schedule），以及什么时候可以观察、可以观察多长时间。机构的框架也会影响和控制被调查者的时间。一般在机构中，具有较高地位的人有更大自主权，并可以告诉你他们什么时候是自由的。然而他们经常是很忙的，需要改变约定的时间，这是研究进程中比较麻烦的事情。那些职位较低的人经常自主权很低，因而也很难约定时间来访谈。当林恩要访谈大学的保管人员时，她不得不经过物资设备管理者的允许才可以访谈。管理者帮助制定了时间表，与保管人员说明了研究目的，并放出每个保管人员来进行访谈。结果，林恩获得了管理者和保管人员的支持，她感谢管理者给予接触的机会，也感谢保管人员提供了故事，但是她还是无权确定如何汇报她所获得的资料。在这种情境下，尽管也会有其他的挑战，但是等保管人员不工作的时候，就可以对他们进行访谈。

在考虑观察所需要的时间时，要看机构是否有周期性和季节性的活动，是否有突发的偶然事件可能影响正常研究的进行。如果你的观察考虑到了不同地方和不同事件的活动周期，这并不意味着你每天都需要去观察，但这意味着你对时间、地点和人必须取样。在一学年前四分之一时间里对班级所做的观察发现，一定会与在一学年后四分之一时间的观察发现不同。在周一所做的班级观察可能与在一周中其他天所进行的观察不同。9月份和12月份相比时，教师和学生的相互影响一定也会有所不同。而在足球比赛、舞会和所有其他重大活动之前，学生们可能在临时性地忙着，而没有休息的时间。

尽管每个研究者在估计实施研究所需要的时间和制定出一个较好的时间表时都会面临难题，但制定出时间表可以帮助研究者评估研究的每个方面，并预测每个方面的要求，进而对研究的安排、需要写的信、需要电话通知的人、需要访问的地方等问题制订计划。尽管从某种程度上说，资料收集、分析和写作是一个整体，但在时间表中，资料写作的时间至少要与资料收集的时间一样多，资料收集与在纸上形成满意的报告相比相对更容易。最后，时间表要经得住现实可行性的检验，在研究中选择研究主题、方法、地点和被试时，都不可避免地要对其时间和资金进行限制。展示框2—2就是一个学位论文时间表的例子。

时间表是一个有用的工具，但是像其他质性研究工具一样，必须保持变通性。面对面的相互影响和未预见的环境因素都会在很大程度上耽误你的计划。一方面，这被看作挫折和焦虑的来源。另一方面，在我们无法预测的世界中存在着需要探索的事物，如果能对偏离我们研究计划的现象保持开放的态度，你就可能会获得更好的资料并对研究的人和背景有更好的理解。

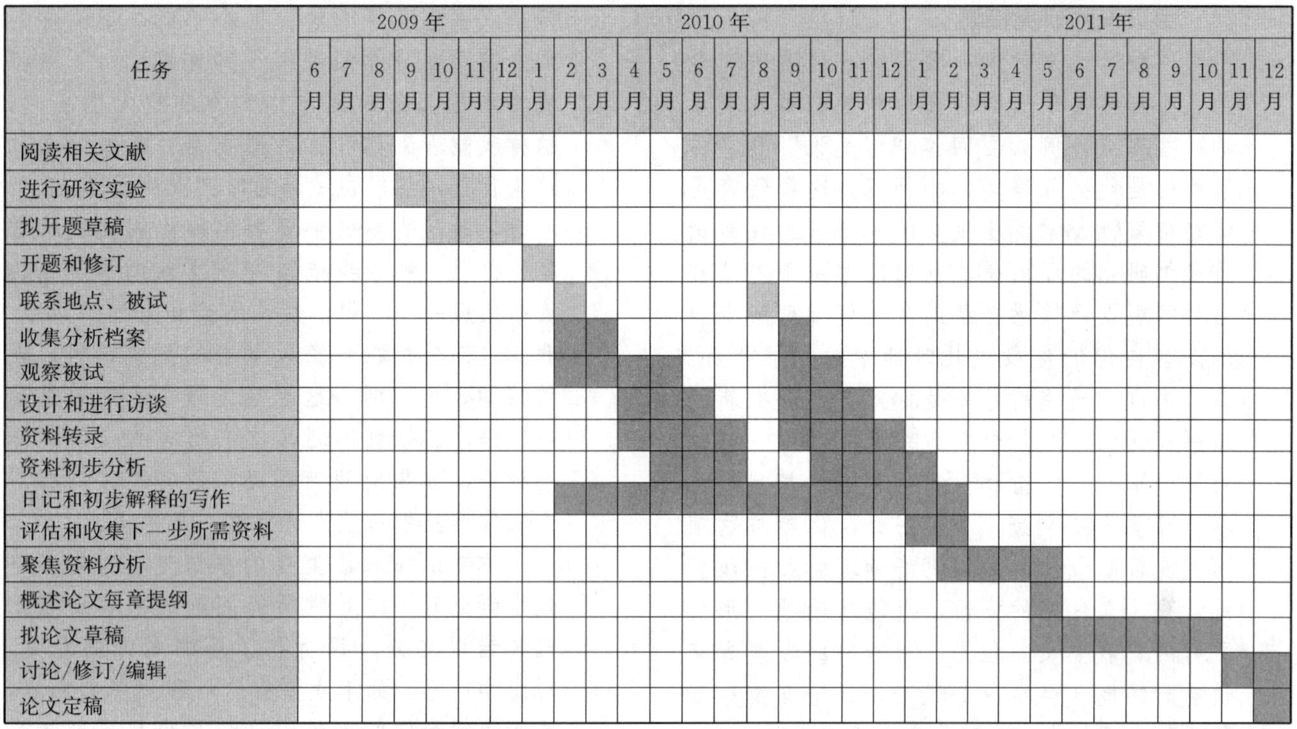

展示框 2—2 学位论文时间表

研究摘要

在没有完成资料收集任务之前，不能为你的研究被试提供最终版本的研究摘要，机构审查委员会（Institutional Review Boards，IRBs）经常把外行的摘要作为满意的摘要。研究摘要的写作或用词要能代表你的研究，它向研究被试解释你是谁、你正在做什么研究、你希望他们在你的研究中扮演什么角色等。一般研究摘要强调以下几点：

（1）你是谁。

（2）你正在做什么研究和为什么做这些研究。

（3）你要处理的研究结果是什么。

（4）如何选择研究地点和研究被试。

（5）被试可能的利益和风险有哪些。

（6）在适当情况下，向研究被试和所在地做出保密和匿名的承诺。

（7）你通常希望隔多长时间进行观察和访谈。

（8）你期望每一部分持续多长时间。

（9）记录观察的行为和语言（通过记笔记、磁带录音或录像）的要求。

研究摘要的写作不存在唯一的方法，但要依据你的研究背景和研究需要。你有责任告诉你的研究被试，你是谁、你要做什么研究、为什么要做这个研究、你如何实施研究计划和你将如何处理所获得的信息。

另外，你的研究摘要与你的研究被试会相互影响，这就要求在研究的其他方面也需要进行讨论。当研究者在教室后面观察某位教师的教学活动时，就需要向教师再次澄清研究者在教室后面做什么、研究者正在记录什么、这些记录会对老师有什么影响。访谈时更可能出现保密和匿名的问题。对于一些受访者来说，访谈就像一个测验一样，这会让受访者因不知道自己的回答是否正确而焦虑，因此要向受访者说明他们的回答没有对错之分。要告诉他们哪些做法是正确的，他们必须用语言描述他们的故事、观点和情感，在他们记不起一些事情或对一些问题无话可说的时候，还要让他们感到很舒服。

你应该准备那些被研究者可能会问的问题。例如：“我能看这些资料吗?”或：“我能要一份最后报告的副本吗?”要预先考虑到这些问题并能给出一个合理的答案和解释，要尽可能减少你讲话中存在的问题。

下面是丽贝卡给她的被试的一篇研究摘要：

丽贝卡的研究摘要

你被邀请来参加一项研究，这项研究是为了了解你关于女孩的友谊和她们自我发展的一些观点，例如要回答“你是谁”和“你喜欢的是什么”等类似的问题。这项研究是我在佛蒙特大学博士论文的一部分。我邀请你参加研究的理由是，我相信你关于友谊和自我的观点及情感会帮助我更好地理解女孩的友谊在你们这段成长时期中的发展状况。你参加这个研究的益处是你对自己会有新的了解和认识，你会十分高兴地与像你一样的女孩分享关于友谊和自我的观点和情感，你甚至可能会交到新朋友。另外，你参与这项研究能帮助我和其他人更好地理解如何能帮助女孩建立良好的友谊，也能帮助她们形成更好的自我感受。但是，对于一些参与者来说有时候也会存在一些风险，讨论友谊和如何看待自己的友谊会让你感到不安。

我将是唯一一个（除了你父母之外）知道你参加了这项研究的人。任何时候我使用你提供的信息时，我都会用一个冒充的名字来代替（如果你愿意，你可以决定我能使用什么名字）。在我访谈你的时候，如果要对我们的访谈进行录音、录像、照相、记笔记，我必须得到你的允许。我将是唯一一个能听到或看到这些磁带、录像、笔记的人，当我不使用这些资料时会把它们锁在抽屉里，也只有我一个人有钥匙。在我完成这个研究之后，我会将所有这些磁带销毁。但是我可能会照一些照片展示在我的博士论文里。如果我使用了你的照片，我将用一个冒充的名字标示你的照片而不会将你的照片与你关于自我和友谊所说的话联系在一起。当你参加研究时，你也可以选择不允许我给你拍照片。无论你是否允许我给你拍照和使用你的照片，最后都会经过你的检查并让你满意。

你的参与是这个研究整体中的一部分，我将要花几周的时间和你进行交流。我将先和你单独谈论关于友谊和关于你自己的一些问题。在这个访谈中我将问你希望和你一起参加这个研究的一个朋友的名字。之后我会安排你的朋友也参加这个研究，我将和你们两个人一起谈话大约一两个小时，谈论你们的友谊及其给你们带来了哪些感受。下一步我将要花几段时间与你和你的朋友在一起，这样我能看到你和你的朋友在一起做什么和谈论什么，我们在一起的时间大约是3～9个小时，时间的多少主要看你和你的朋友感觉是否舒服。然后我把像你一样参加本研究的女孩组成一个小组，谈论友谊和自己的话题，我想这部分将在我家以聚会的形式进行，大约持续3个小时。这可能是这个研究的最后一部分，但是我计划与你们所有的人都能进行讨论，如果对我有帮助，我会和你们所有人或你们其中一些人进行进一步访谈。

你要记住的最重要的事情是，当你参与这个研究时，你对我所提问题的回答没有正确和错误之分。我所要了解的是你的意见、观念和情感，如果我要你告诉我更多的内容，或希望解释你的回答，这都是我想要确信我是否真正地理解了你告诉我的内容。你始终要记住，在这一情境中你是专家和老师，你将向我解释你或像你这样的女孩是如何认识友谊和自己的。

你也应该知道你可以决定不参加这个研究，或者在研究开始后的任何时间都可以停止参加。如果你决定停止参加这个研究，你的决定将不会影响你在佛蒙特大学已经建立的任何关系。

机构审查委员会有责任审核来自美国基金资助并由机构执行的所有研究。这些基金包括卫生、教育和福利等部门特定的研究基金。世界其他地方也有不同名称的平行机构，例如英国的大学伦理委员会。机构审查委员会负责让研究被试相信并意识到参加研究既有潜在的风险也有潜在的利益。它会特别关注研究摘要、同意书、访谈协议书的样例、研究工具和对总体研究设计的评估等。（关于机构审查委员会的角色将在第六章中进一步讨论）

机构审查委员会收到了丽贝卡的研究开题、研究摘要和同意书。因为她要做青春期孩子的研究，她的研究开题要经过委员会的审核。委员会送她一个备忘录，让她做研究说明和研究摘要、同意书的修订等。特别是委员会成员要求她提供在访谈时所问问题的例子，还有通过《新月》杂志招募来的女孩，获得她们父母同意的方法是什么。他们也担心她如何使用这些照片并进一步声明：

> 被试和家长做关于是否同意使用照片的决定时应该注意这两点：在最初的同意书中，应该问她们是否同意拍照；在文本完成之后，在文献和展示中使用照片时应该让被试签名，而且你也要解释清楚照片将是永久性公开资料的一部分。

从丽贝卡向机构审查委员会提交她最初的研究开题，到她收到机构审查委员会的确认信，时间为将近 3 个月。这是因为她是对青春期孩子进行研究，委员会特别关注研究会不会给被试造成任何伤害。最后丽贝卡在每个方面让每个人都很满意，但这像任何一个研究一样，延长了未能预见到的时间。

另一个学生带着一个研究计划到我这儿来讨论，她要调查教师和家长关于孩子学习阅读的有关经历。当我们讨论的时候，非常明显，她真的很想去观察刚开始阅读的孩子，并要和这些孩子进行讨论。当我问她为什么不这样来设计时，她回答说："我听说如果对孩子进行研究要通过机构审查委员会的审核是十分困难的。"我回答她说这可能需要的时间会更长一些，但是任何一个好的开题都应该包括研究计划，无论被试是不是孩子，机构审查委员会都要看这些研究计划。因为你要做的研究针对的是分类为"潜在容易受伤害的人群"，研究的审核不会让你去改换你的研究主题，但这会是一个催化剂，让你的研究思考更细致，并能从伦理学的角度考虑得更稳妥。

试验性研究

一个试验性研究（pilot study）对于验证你研究的许多方面都是有用的。它能帮助你了解你感兴趣的概念是不是你感兴趣的被试。它能帮助你澄清研究陈述和研究问题。它可能开始挑战或发现你关于研究主题和研究背景的一些研究假设。最后，试验性研究的一个重要方面是试验研究方法。做试验性研究要尽可能接近真实要调查的情境和被试。理想的试验性研究的被试应来自你调查的目标人群。

研究者进行试验性研究时可能会采用不同的思想框架，但要采用他们在全面研究中所采用的那种思想。这些试验性研究不是去获得资料，而是要了解你的研究过程、访谈的问题、观察的技术和你自己。要向被试澄清你的试验性研究的目的，例如，我将要访谈哪些问题。接下来可能会问你自己下面的问题：他们清楚这些问题吗？他们适合被问这些问题吗？我还应该问什么问题？参加试验性研究的被试需要知道他们是试验研究的一部分，因此，他们的角色是回答你提出的问题，但你的目的是为了改善这些问题，访谈时要包括你所有的访谈问题。使用试验性研究来决定如何向被试介绍你的研究：是否介绍得太长或细节不够？人们还要知道什么内容？关于你研究项目的信息是否充分？这些信息足以让其他人清楚吗？

使用试验性研究来评估你的观察技术：那些被观察者是怎样反应的？你做什么会让他们感到更舒服？在你观察的时候你能做观察记录吗？当你观察的时候能够描写他们吗？与你清楚地知道自己的访谈问题相比，你对自己的观察的要点并不是很清楚。当你理解了研究背景的本质，就需要了解如何在此背景中表现自己。除了研究者之外，你能或应该扮演什么角色？研究者有多种角色，在特定的地方有特定的角色。从需要机构领导才能解决的严重难题到日常研究的管理，研究者都要减少严重问题的发生，但仍然要知道如何解决重要的困难。要了解机构的规则和期望、机构中的主要成员和禁忌，这些可以指导你个人的行为，帮助你有机会接近机构并能和机构保持联系。

最后，使用试验性研究是一个可以获得与研究主题有关的信息的机会。如何写你的研究陈述？还能提出新的研究问题吗？改变研究的焦点问题表明这个研究计划不好，但也能说明它可能是一个新的研究。正如卡罗尔做完试验性研究后指出："质性研究像旋转人的游戏，你旋转的刻度盘最后会停到其他地方。"对这些改变保持开放的态度是重要的，它也许能使研究者和研究被试之间形成最好的联系，研究主题也将由此而产生。

试验性研究为你收集资料提供准备。在试验

性研究中需要多少人？这又是一个没有特定答案的问题。数量和可变性应该充分到足以允许你探索类似的问题。同时也给你提供了选择被试人数饱和的标准。有了试验的结果，你可以修订你的研究陈述、研究计划、访谈问题和你展现你自己的方式。

在你的研究开题中，可以利用你的试验性研究来说明试验性研究如何影响了你的研究计划，但不能把试验性研究看作研究本身。我看到有的学位论文在开题中，引用了他们的试验性研究（APA格式）与一些已有的研究陈述，例如："以前关于妇女避难所的研究（学生的名字，2005）表明……"你不能从试验性研究中得到这样的结论，但你可以描述你的试验如何表明了你追求的特定主题或方向。试验性研究和你的研究备忘录能一起帮助形成你的观点、研究计划和应该怎样看你的研究等。

获得进入田野的权利

随着对这些基本任务的关注，你几乎可以开始进行你的研究了。但是，你必须获得进入田野的权利，有时这是一件简单的事情，有时却很难。这部分将讨论获得权利的一般过程。与质性研究的其他方面一样，它在实践中也要根据研究背景、研究者与被试的关系、研究方法的理论定向等因素而定。

获得进入田野的权利是一个过程。这包括获得你所要去的地方的权利，获得要观察的人、要去谈话的人的同意，获得你需要阅读的文献的权利，以及获得可以满足你研究目的的时间安排等各方面的许可。如果你接收到了全面的、无条件的同意，那你就获得了完全进入的权利。如果你进入的权利在某些方面是有条件的，那你就必须探讨这些条件对满足你研究期望的意义：应该重新界定你的研究吗？应该选择另一个地方吗？

如果研究中还包括一些组织和机构，那你首先要接触的是那些守门人（gatekeepers），就是必须获得其同意你才能进入研究情境的那个人或那些人，你必须和他们谈判允许进入的条件。可能有几个不同的守门人，这会使这种谈判变得很复杂，包括在不同的时间联系不同的人。例如，如果你要研究某个特定的小学，你首先要去找校长、主管，还是学校委员会中的某一个人？可以从任何地方开始，但如果你获得了被高层否认的那些底层人的接受，这就会让你冒着被学校高层拒绝的风险。获得了高层的接受也会存在风险，因为其他人会感觉到他们是被命令来合作的，可能会想象你与某个或某几个政治派系有联系。机构内部的人能够帮助你，他熟悉机构的每个人和谁牵涉于政治中。他能建议你如何做出进入的决定。

如果你对机构中孤立于任何机构团体之外的个体感兴趣，那你就必须与这些潜在的被试进行直接接触。无论是接近守门人还是其他的个体，你都想要让他们说："是的，你的研究好像很有趣，你是受欢迎的。"如果有一个中间人——守门人或一些潜在的被试认识并尊重的人来介绍你，你就更有可能获得大家的欢迎。其他人接下来用某种方式检验你，推测你是谁、你喜欢什么、你周围的人等信息。当没有中间人时，甚至有时候有中间人时，在第一时间可以接近一个研究地点中的人，这是最好的情况。只要是在他们周围参加活动，谈论一些事情，让这些人有时间来习惯你和了解你，这都是好的。这种方法比一个上司要求下属与你合作能获得更好的资料。例如，让校长安排时间表来访谈学校的老师，这是获得与老师合作的一种有效率的方法，但未必是一种有效果的方法。如果你做的研究将会在某些方面对你的被试和他们所在的社会产生有益的影响，那么你可能会更容易获得进入的权利。

当你遇到守门人的时候，要准备和他商谈你进入机构的事情。这包括展示你的研究摘要，听取和回应你关心的问题和要求，将包罗万象的问题进行分类。第一，要分清你的资料是田野记录还是访谈转录，归属于你还是归属于你和被调查者；声明这种所有权是在你许诺保护其匿名性和保密性权益基础上的。第二，要清楚你将会送给他们什么。这关系到你满足被调查者期望的责任。例如，他们收到的草稿包括他们可以审查和评论的最后的报告、关于某些问题的结论。第三，要清楚质性研究能够进行的可能性。换句话说，在研究过程中要确保守门人能够理解这个研究，可能出现的新问题能够得到更多的讨论。最初答应有进入的权利是一回事，而维持进入的权利是另外一回事。在研究过程中的任何时间，研究者和研究的期望、需要都可能会发生改变。

这个学生刚到达菲律宾的一个村庄，他将要在这儿生活并寄宿在当地一个家庭中。他需要了解哪里能去、哪里不能去，什么能做、什么不能做。他获得并维持了进入的所有权利，他将以什么方式归还这些权利呢？如果你在他的情境中，你会思考哪些问题？

正如研究陈述和研究问题可能在田野工作过程中发生改变，信任也会发生改变。在人们能够为你提供某种信息之前需要建立信任关系。例如，如果你对学术见习期的大学生感兴趣，接下来你可能要一直等到做完几个访谈之后，才可能开始请求看他们的学术文献。你不能把你的研究被试置于不舒服的位置，否则他们会对你说“不”，或你可能听到他们告诉你“不”。

尽管你极度地用心，但还是会出现拒绝的情况。当你提出访谈、坐在班级里或参加一个会议等要求而得到了一个否定的回答时，你容易出现过激反应或变得偏执。尽管否定的回答可能是真实的，但拒绝可能会包括不答应你提出的某些要求。这种拒绝可能与你已经做的和你能做的任何事情都不相关，但这仍然是反映你所做事情的一个信号，进而也许会促使你反思你的做法。

有时候拒绝你进入可能会变成一件好事，如罗尔娜对学校中有特殊需要的孩子进行的试验性研究：

> 我最初想要观察两个以上的学校。大体来讲这可能是不现实的，因为我太低估了项目包括时间等各方面的事情。但是，我没想到立即就遇到了进入的难题。我无法与楼房管理人取得联系，以致我无法进入学校进行观察。给机构打了许多电话都是与秘书进行联系的，没有与负责人联系上，这让我有挫败感。我最后放弃了，我将研究聚焦于其他两个班级。这可能是“因祸得福”吧，因为有太多资料的话会让我无法分析。

研究者的角色

作为一名研究者，你需要明确定义你的角色。这个定义是由情境决定的，还要依据你的哲学观点、研究背景、你被试的认同、你自己的个性和价值观。但是，质性研究者的研究倾向会将它们带入研究情境中。研究者的第一个角色是研究者。当你坐在医院护士站里做记录或访谈时，你是一名研究者；当你在研究中与一些人谈论杂货店的信息时，你仍然是一名研究者。你在上述地方与别人交流时，展现给别人的是一个研究者的行为方式。作为一名研究者，你要更多地意识到你的语言和非语言行为，要比平常更能理解你的行为及其他所产生的影响。这种意识水平可能让你管理自己并感觉到不舒服，特别是在你田野工作的早期与研究被试接触的时候。提高你的自我意识水平，让自己习惯于管理自己的行为及其后果，是有用的方法。你可以从你研究情境中值得信任的人那里获得反馈，这能让你看到自己以前看不到的自己。

尽管研究者的角色经常让你产生焦虑，但也能让你产生自我满足感。研究方法班的学生曾讨论如何处理他们作为研究者的新角色。在田野工作一段时间之后，他们发现自己对同事说：“好，我的研究表明……”他们被要求展示自己的研究，并开始收到一个文件夹的相关文章，同时会收到同事和朋友的警告。他们开始获得了作为研究者角色的快乐。

研究者的第二个角色是学习者。开始的时候有这种感觉很重要，学习者的视角将让你反思研究过程和研究发现的所有方面，还会建立一种特殊的相互影响。作为研究者，你是一个好奇的学生，要向被试学习并从被试那里获得你要研究的内容。你不能认为自己是一个专家或权威。如果你认为自己是专家和权威，你的被试就不会得到鼓励，就不会尽他们所能地来帮助你。作为一名学习者，别人期望你去听；而作为一名专家或权威，别人期望你说。两种角色的差异是显著的。

在资料收集的过程中，在收集或结束的时候，你会感觉你的资料收集不充分，你所收集的资料超过了你的处理能力，你没有收集到合适的资料，你收集的是大的资料，你不知道这些资料将会把你带到哪里去，或如何才能获得适合的资料。你研究的焦虑让你研究过程的每个方面都会发生改变。对如何才能把每个方面做得很合适的焦虑，会让你严肃地思考你所搜集的资料的意义。在编码和资料分析过程中，你仍然会对如何组织这些资料进行写作而感到焦虑。

各种形式的焦虑说明你的研究影响着你的生活。在这种研究焦虑较高的情况下，你将会把非研究地点看作研究地点。非正式的事件将促使你思考你的研究，你会把你周围的人看作另一个人。正如安德里娅所说："我了解了创造的混沌，在研究中我自己变得组织有序了，但我的家却全乱了。一天我带着没有穿鞋的孩子就去学校了。我的大脑中只有其他的事情。"

我不止一次被建议为质性研究过程提供一个"地图"，让一个初学的人能够掌握它所包括的内容。我拒绝了，因为用图解法经常会创建一个静止的或描述的过程，但这只是一个假象，质性研究可以有许多种形式。但是，我理解能在一页里看到整体研究过程的价值，实际上，我经常让学生把文献回顾或各个时间段对研究的理解用图表来表示。图2—2是我用来表示民族志研究的过程的。它被看作螺旋式上升式的，在关键的时间点上，不断地从一个地方转移到另一个地方。

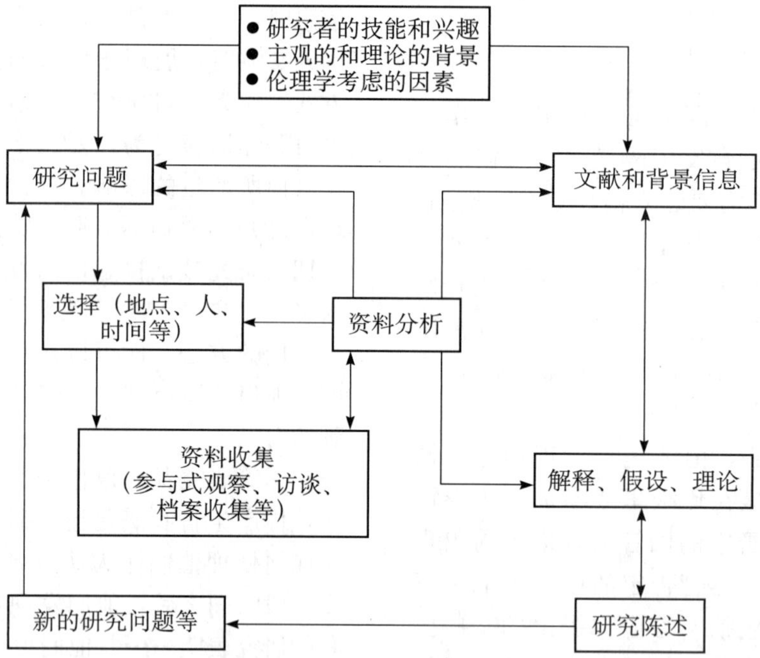

图2—2 质性研究的循环

这一章讨论了研究前的特定任务，这些内容在其他章中都没有。在你收集资料之前，你个人能够预测完成这个研究的可能性有多大，但这种预测会让人精疲力竭。如果你能详细地计划，你就可以舒心地准备而减少精疲力竭。在这样的研究中，你需要发现你自己的研究风格，还要了解你要做的工作是什么。这些准备并不是研究本身的结束，而只意味着资料收集的结束。下面两章将强调这些活动：参与式观察和访谈。

* *

推荐的阅读材料

Maxwell，J. 2005. *Qualitative Research Design：An interactive Approach*，2nd ed. Thousand Oaks，CA：Sage.

Schram，T. 2006. *Conceptualizing and Proposing Qualitative Research*，2nd ed. Upper Saddle River，NJ：Pearson Education，Inc.

练习

课堂练习

（1）这个练习是采用非正统的方式着手进行研究的，开始会面临寻找研究被试的难题。我建议不要把这个练习当成做研究的方法，但可以作为民族志研究技术实践的一种方法。可以以你的同学作为研究被试。现在一起合作来创立研究陈述，每个同学都可以贡献专业知识。将你的研究问题清晰地结构化，聚焦某种方法。例如，在班级中你可能要描述和分析非全日制的研究生如何看待、管理和设计他们的多种角色。或者他们可能决定去探索同伴学习在研究生教育中所扮演的角色。发展出你所思考的适合质性研究的陈述。这个陈述将作为本章中更多课堂练习的基础。

（2）以研究陈述［课堂练习（1）］为核心，发展出5个研究问题，然后提出研究主题。列出概念化研究背景可能的各个方面的问题。如果你能总结出这些研究背景，就可以指导你的研究综述。

个人练习

（1）用图表说明你感兴趣的一个研究问题和你现在对问题的理解（操作理论）。要弄清楚研究中有哪些重要的概念是研究兴趣的一部分，而且需要澄清这些概念之间的关系。接下来就要收集相关的文献。

（2）通过写一些研究回忆录，区分出你的研究陈述与研究目的之间的不同。努力去问你自己希望做的研究是什么和你的研究目的会发生哪些改变。然后问你自己需要理解的是什么，理解你研究陈述的效果可能是什么。

（3）起草研究问题，以进一步解释你的研究陈述。

（4）当讨论比喻时，比尔·鲁尔巴赫（Bill Roorbach，1998，126）引用了滑稽演员史蒂文·赖特（Steven Wright）的话："我获得一种想法像一个捕兽夹捕猎一样，在37个州里到处都可以发现过时的和不合法的现象。"下面的练习引自鲁尔巴赫的写作练习中的一个。

在一长段文字里，将你的项目与其他项目相比，你能使用你所能看到的作为明喻——学校像一个工厂，或实施一个新的项目就像修建一个建筑物。你可能比较少地使用这样的明喻——学校像马术竞赛会，或实施一个新项目就像钓鱼。当你提出关于研究主题的问题时，要尽可能广泛地使用比喻，尽管这样做可能是荒唐的。这里列出了鲁尔巴赫以获得思路就像捕兽夹捕猎一样的比喻方式提出的问题：

> 如果你的思想像一个捕兽夹，春天是什么呢？引发释放机制的钢板是什么？如果动物是观念，思想是诡计，那思想损害了观念吗？可以将观念和思想分开吗？观念可以在荒野中漫游吗？观念的毛发是什么？并告诉我：谁控制着捕捉夹的线？驱动链是什么？支柱是什么？

最后，写下这些比喻如何可能让你想到不同的内容或问出有关你研究主题的新问题。

第三章

在那里：通过参与式观察来深入理解

在一个闷热的、无风的傍晚之后，天气变得凉爽了。艾纳、爱丽加和马库斯刚进入我在加勒比山谷所住的屋子里，他们都曾去过曼戈山脊，而且还在那儿唱歌。有一个来自美国的传教士小组，这个小组那天傍晚也凑巧来到那个山谷里传教和传播福音。这是一个超出了常规的集会场合，有许多人参加了。艾纳告诉我们，一个年轻妇女问他是否已经接受耶稣作为他个人的救世主。艾纳回答说是的，并详细编造了自己改变信仰的故事。三个朋友都笑话这件事，也笑话其他人通过讲述虚构故事来说明他们对邪恶行为的忏悔。

我嘲笑他们之后却感到不安。因为在我在加勒比山谷生活了几个月之后，我突然怀疑起我曾经讲过的那些事情，我无法确定哪些是真实的，哪些是我编造出来的。艾纳、爱丽加和马库斯让我确信，尽管他们在最初和我的交流中，编造了他们的名字和工作，但是之后就再也没有编造过。我毕竟和他们一起生活在山谷里，我是“事实上的文森特人（Vincentian）”。

无论你在另一个国家的村庄里，还是在你家乡的学校里，参与式观察都给你提供了获得令人信任的机会。通过进入并成为社会情境中的一部分，你了解到了研究被试的行为与他们言语之间一致性的第一手资料，发现了他们的行为模式，以及没有预期或已经预期到的经历，并在研究情境中与其他人建立起信任、关系和义务等。通过观察来了解被试的行为进而设计访谈的问题，也能比较好地解释他们的回答。尽管参与式观察贯穿了资料收集的全过程，但在开始阶段特别重要，因为这一阶段能够让你判断你调查地点的选择是否合适、是否建立了较好的研究者与被研究者之间关系等信息。关于参与式观察的讨论将首先聚焦于它的过程，然后再聚焦于研究者。

参与式观察是个连续的过程

> 比如，临床心理治疗提供了不同的情境来讲述而不是组织退休者来聚会。
>
> (Gubrium & Holstein，2009，32)

“参与式观察”（participant observation）是个有争议的词。第一，它有不同的用法（O'Reilly，2005）。一些学者使用参与式观察作为“田野工作”（它包括观察、对话、访谈和档案收集）的同义词。其他人和我将参与式观察作为一种与访谈法不同的研究方法，尽管我愿意承认在访谈的时候研究者也常常进行观察，并也可能参与到社区的社会生活中，但差异更多地存在于与它们之间的相关技术和问题讨论上，而不存在实质性的差异。

第二，“参与式观察”这个词本身就是个麻烦，因为这个词本身是矛盾的，极力主张既要结合在一起还要保持距离，既要参与到其中还要分离开进行观察（Tedlock，2000，465）。参与式观察者站在一旁，就会让研究者本人、研究者和被试之间变得紧张。作为一名研究者，由于你扮演研究者和观察者的角色，站在一旁就会让其他人感觉你像一个间谍之类的人；而你的研究被试站在一旁，可能表明你们是亲密的，也可能表明他是不安的。对于一些质性研究的形式，比如合作研究和行动研究，参与式观察者的角色所带来的紧张情绪可以得到缓解，因为研究者是当地的局内人，或被邀请作为局内人来参加项目。观察和参与都有助于你了解研究地点、过程和局内人的视角。关于你选择要做哪种类型的研究、总计要有多少个被试和一个观察者需要观察多少个被试等，都要做出决定。

你可以将参与式观察看作从最大限度地观察到最大限度地参与的一个连续体。在收集资料时你可以只采用仅仅观察或仅仅参与的方法，也可以将两者相结合。尽管你在实际研究中你的角色可能会落在这个连续体的某个点上，但你很可能会发现你自己在资料收集过程中不同的时间点上，你也会落在这个连续体的不同点上。

心理学家在做研究时经常完全处于连续体的一端，即完全作为一名观察者。这个角色与实证主义研究范式相一致，在这种研究范式里，研究者与被研究者不会产生相互影响。例如，研究者通过单向玻璃观察大学白天托管项目的孩子。与此类似的研究是，观察者坐在城市公园的长椅上，手里拿着笔记本，观察城市广场中人们的活动。这两项研究中，研究者完全处于观察者这一端，被研究者根本不知道有人在观察他们。

参与观察者（observer as participant）是接近观察者这一端的。尽管研究者主要作为一个观察者，但已经与被试有了一些相互影响。当另一个研究生和我帮助阿兰·佩什金在信奉正统基督教的基督教学校进行一项研究时（Peshkin，1986），我们和那个学校的学生和老师都有些接触，但是我们在一个学期的时间里，都基本上是作为观察者在教室的后面记笔记。我们没有进行教学，也没有提建议，也没有帮助教师、学生或管理者。

与上面的例子相反，在圣文森特的一项研究中，把我的角色称为观察参与者（participant as observer）更合适（Glesne，1985）。我对非正规的教育感兴趣，在一个村庄一年长期居住的时间里，我与那里的人进行了广泛的接触。我帮助他们做农活，参与他们的社会活动，成了当地人中间的一员。毫不夸张地说，我成了一名调解人。当我更多地成为一个参与者而更少地作为一名观察者时，我会感到自相矛盾。当你是一名研究者但越来越成为当地日常生活中的成员时，你就会面临着越来越不能用外来者视角来看问题的风险；但是，你越来越多地参与，你就有了更大的学习和了解的机会。

完全参与者（full participant）是指那些在进行调查的同时也在扮演社区成员角色的调查者。你可能要已经是社区的一部分，或者你可能要加入社区。例如，为了了解政治和社会福利机构的工作，你可能要努力应聘成为这个机构的成员。正如开始介绍的，在你的社区里进行研究并非一件很容易的事，因为你不得不处理日常事务和研究这两件事，而且你会经常发生角色冲突。扬·尤尔斯（Jan Yoors，1967，47）在他的《吉卜赛人》（*The Gypsies*）这本书里，描述了完全参与者进退两难的境地："我在两个世界之间被撕裂了，我无法选择两个世界之间的事情，正如吉卜赛语所说的，'一个屁股无法坐到两匹马上'。"

你应该把自己放在这个连续体的哪个地方呢？答案要根据你的研究问题、研究背景和理论视角而定。其中，理论视角可以对过去的许多事情进行重新解释。质性调查中的资料哪些才是有用的呢？你所做的最好的研究是减少所谓的正确案例，而不是减少你自己判断适当的案例。像沃夫松（Woolfson，1988）一样，如果你对医生和病人在最初阶段、症状描述阶段的非语言交流感兴趣，你就需要尽可能以不引人注意的方式去观察。沃夫松采用的方法是在屋子外面用录像机去对准医生和护士的座位。

研究背景也能影响你在参与式观察连续体中所处的位置。因为佩什金和我都不是信奉正统基督教的基督徒，我们也从来不会进行欺骗，而是能公正地对待他人，所以我们在基督教走读学校的研究中从来不是完全参与者。佩什金（Peshkin，1991）在关于加利福尼亚高中种族地位的研究中，发现他自己离开了通常的参与观察者的角色，更多地扮演了观察参与者的角色，因为他更乐于并更容易融入当地人的生活。你在连续体中的位置取决于你的理论视角，如果你正在从事行动研究，那么与做传统的民族志研究相比，你更有可能成为一名完全参与者。

对一些人来说，观察和参与都已经进入了一个虚拟的领域。如同多个计算机游戏者进入了由角色扮演的要素组合在一起的虚拟领域。"龙与地下城"是一个经典的虚拟幻想世界，这样的游戏被认为是 MUD 游戏，即"多人使用的地下城"（后来变成多用户虚拟空间游戏）。下一个替换 MUD 游戏的是社会性虚拟世界如"魔兽世界"，在这类游戏中，有许多游戏者可以进行互动，并且每个人都有一个虚构的角色，这个角色让人习惯地进入虚幻世界。一些质性研究者关注这些虚拟世界中的各个方面，观察并参与其中。例如，人类学家弗兰克·沙普（Frank Schaap，2002）花了两年的时间，每天 16 个小时，参与到名叫"新迦太基"的虚拟现实中。他陈述说："研究新迦太基城市中公民的日常生活，就如研究任何其他城市中应有的所有行为。"（p.16）他称自己为一个名叫伊芙琳并居住在这个虚拟的世界里的女人，然后开始对自己的行为进行记录。记录如下："在这个暴力的城市里，我工作、饮食、睡觉、喝醉和恋爱。我爱过也失去过我所爱的人。我已经不想生存下去了，因为就连患精神病的黑帮头目们也很少有能够生存下来的。"（p.16）他的民族志研究聚焦在社会和文化的传统中，被试用这些来建构和表现他们的行为，具体请看他的著作《带领我们进入虚拟世界的语言：虚拟世界中的民族志研究》（*The words That Took Us There: Ethnography in a Virtual Reality*）。

参与式观察的目的

对一些人和一些地方，人们已经进行了大量的研究。外来者由于时间太短而不能理解当地人自己所具有的民俗风貌，因此会对当地人持有偏见。罗伯特·卡罗（Robert Caro）是一本关于林登·约翰逊的书的作者，他描述了自己进入人口稀少的约翰逊成长的那个郡的情景。开始时当地人不信任他。许多记者和新闻工作者在到达了一天或一个月之后，仍然不能正确描述当地人。卡罗（Caro，1988，227）说：

> 人们感觉他们是正确的，他们正在习惯那个地方，同时他们写的一些事情不能精确地反映和传递他们很喜欢的那个郡。当我搬到那里，我很快就说："我爱它并且我将要居住在这里，我将待在这里，直到我能真正理解它。"我对那个地方的态度真正地发生了改变。

与新闻工作者倾向于突然进入和突然离开相反，民族志研究者倾向于待上足够长的时间，直到可以进行全面的描述和深入地理解。

参与式观察的主要结果是去更好地理解研究背景、研究被试和他们的行为。这个结果需要时间和学习者的立场。海默思（Hymes，1982，29）陈述说：

> 在民族志研究中，我们努力探寻的是其他人已经有的知识。学习民族志时我们可以对每个人都具备的行为有更广泛的理解，也就是可以了解其生活方式的意义、常模和模

式等。

“与其说是研究他人，”我同意斯普拉德利（Spradley，1979，3）的说法，“倒不如说民族志研究意味着向他人学习。”

作为一名学习者，你不会在研究背景中去说教或评估，也不会为名誉或地位去竞争。你关注的焦点是研究被试和他们的认识与行为。站在这个立场上，你的视野就会变得开放和容易变通。玛丽·凯瑟琳·贝特森（Mary Catherine Bateson，1984，164）描述了她父母［格雷戈里·贝特森（Gregory Bateson）和玛格丽特·米德（Margaret Mead）］并将人类学的田野工作概括为：

> 当你带着要去回答的某些问题或对社会功能有某些预测时，一定会将你的注意从一个焦点转移到另一个焦点，这依据你遇到的事件所传达的信息以及你寻找某种行为模式的线索，你不知道要证明的内容是否重要，也不知道你的注意和你的反应是如何形成的。

通过参与式观察，你可能发现奇怪的事情变得熟悉了，而熟悉的事情变得奇怪了（Erickson，1973）。理解的过程可以使奇怪的事情变得熟悉。把熟悉的事情变得奇怪会更困难，因为你必须对你自己的假设和感觉不断地提出质疑，问你自己：为什么是这种方式而不是其他的方式？克服你原有的看问题和理解问题的方式，这些方式会封闭一些有价值的思想，但会让你感到比较舒服。哲学家雷蒙·潘尼卡（Raimon Panikkar，1979，20）将已有成见的假设和社会化的视角看作神话：“你相信的神话是由你认同的一组背景组成的。”作为一个参与式观察者，你要广泛地揭示和重新思考你所认定的一些假设，只有这样才能拓展你的观察和理解能力。潘尼卡将我们所相信的神话描述为“我们把我们对事实的经历放在了可以接受的视野里”。所以，你要拓宽你的视野。

最后，通过学习者的立场、你的变通性以及你对将奇怪的事情变得熟悉和将熟悉的事情变得新奇的强调会让你获得新的理解，即可以将新的优势观点融入更广阔的视野里，并对社会相互作用的一些方面用新的方式进行思考。

参与式观察的过程

> 我们被周围可见的事物包围着，“看”并不意味着一直要注意这些事物，也没有必要注意我们所见到的所有事物。但是，对艺术、学术、研究特别重要的事情就是去注意这些事物并要做笔记。
>
> （Weber，2008，42）

在日常生活中，你会观察人、观察他们的互动和事件等。但是与日常观察不同的是，参与式观察是在研究的背景下。对研究情境中的许多方面，研究者都仔细地观察、系统地去经历并特别详细地记录。进一步说，研究者为了寻求研究的意义和为个人的偏见寻求证据，就必须不断地分析他自己的观察。（我看见的是我希望看到的吗？我正在判断和评估吗？）最后，一个参与式观察者进行上述活动，是因为研究者就是达成研究目的的工具，就是说观察者出现在某个地方是有特定原因的。在你的日常生活中，你可能对你周围出现的互动是一个好的观察者，但是你并没有在特定目的的指导下，在一个研究背景中有意识地进行记录和分析你所听到的和看到的事物。

研究目的是经常变化的。无论什么特定的研究目的或一般的研究目的，都需要写出来成对研究发现进行交流。也许你正在收集资料以便可以让你写成论文或学位论文，或为基金会准备报告。你可能把文献收集作为研究的基础，从研究开始到研究结束都以思想交流为目的。小说家斯蒂芬·金（Stephen King，2000，103）将写作看作心灵感应的一种形式。一个人在一张纸上写一些话，描述一个情境或一个事件。在另一个时间、另一个地点，另一个人阅读了这些文字，如果转化和翻译得比较好，他就会看到或感觉到同样的事情。实现良好心灵感应是有可能的，当你经历这些事情时，你需要记录细节、进行反思并有相应的情感反应。如果不能实现心灵感应，你转化和收到的仅仅是模糊的边界，因而形成的只是模糊的形象。

田野工作的前几天

如果研究情境中的一些事情对你来说是新的，

那么在田野工作的第一天，当你问人们是否接纳你和你的行为时，你最有可能产生焦虑。田野工作的前几天你也可能因为有许多新的认识而十分兴奋，但是可能因为有许多情况并不了解而感到有压力。

在被全面允许去做研究之后，你可以计划居住在那里并开始了解那里的人，这时就不需要一定经过其他任何人的允许才可以进行研究。如果你在学校或医院做研究，研究的地点可能是自助餐厅、郊游野餐地或职员的休息室。在这些地方花时间去认识别人或让他们来认识你，这会让他们感到很舒服并欢迎你到他们的空间去。

如果做研究的地点你不熟悉，你可能会感觉到没有必要参与到每个人的生活中和进入到每个地方。你也许会发现开始的时候很容易，人们都很友好并欢迎你，你要花时间和他们在一起，让他们可以了解你正在做什么、你以怎样的方式出现、你可能展现你的哪些方面，这样你才能确信其他人能了解你。但是如果你不花许多时间和一群人在一起，你就会忽略那个地方的其他人。

要进入由一个人或一组人以某种方式控制的地方，可能要通过安排共同的朋友介绍才可以。你要去寻求行政命令式的许可才能进入封闭的机构，例如学校、诊所或办公室，如果能获得正式的进入许可权，你获得的就不是一般的邀请，而是由行政机构来安排，并来宣称你的到来。然后，他们还会发表致词来欢迎所有来完成你的研究的研究者，说明你要来到他们的空间，你不必经过他们的允许就可以进行研究了。

如果在学校，你第一次来到班级，就要介绍你自己并向老师解释你为什么来到这里。通过这些让老师和同学相信你到这儿是来观察的，而不是来判断和评估的。你可以更容易地与学生相互交流，因为他们知道你是谁和你为什么在这里。

最后，要警惕不要带着偏见开始你的观察。如果你自己就是一名教师、护士或社会工作者，然后你在熟悉的地方变成了一名参与式观察者，你就特别容易持有偏见。即使你曾经在那个地方待过，你也不能十分确定地假设你知道研究地那里的人们喜欢什么。所有的学校、医院和社会工作机构都是不一样的。例如，桑迪在一所学校教学，那所学校中十分重要的教师都是来自附近大学的教授。因此，当她开始在这个城市中的另一所大学里进行参与式观察时，开始犹豫她能不能在这所大学中认同自己。实际上她选择这所大学进行研究是因为与这所大学有较好的工作关系。不要假设你对学校、医院和乡村生活一无所知，但也不要假设你对特定地点和那儿的人有很多了解。

观察

随着你所采取的研究方法的不同，你观察的焦点也会发生改变。例如，如果你做叙述的民族志研究，而不是做一般的民族志研究，那么你将更关注你周围对话的细节和这些交流的意义（Gubrium & Holstein，2009）。下面的建议既可以适用于一般的民族志研究或案例研究中，也可以适用于其他的质性研究中。

当你开始扮演参与式观察者的角色时，要努力观察发生的每一件事情，做笔记或粗略记下一些想法，不要仅仅对与你特定研究问题相关的事情进行记录。要对情境（setting）进行研究，并运用你所有的感官，用语言或素描等对其进行描述。研究情境中的声音和味道怎么样？在你的研究中从一个地方到另一个地方，你的研究情境以什么样的方式在改变？例如，如果你在K－12学校做研究，那么在一年级和十二年级的班级里的情境有哪些相似，有哪些不同？要把熟悉的事物变得新奇。例如，如果你注意到班级的门是开着的或关着的，你就要问自己这意味着什么。

在研究情境中对被试进行记录。根据他们的年龄、性别、社会阶层和民族等来判断他们是谁，他们在做什么和说什么，他们在与谁互动。人类进行非语言交流的方式有许多种。他们通过穿着、发式、装饰品等来传递信息。和其他人站得近一些，并利用和周围人的空间，用这些人际距离学（proxemics）的知识来宣称和当地人的关系。记住“身体不仅是一个躯体的物体，也是社会的物体”（Sunstein & Chiseri-Strater，2002，295）。所以当你在做田野工作记录的时候，不仅要描述人们说了什么和做了什么，也要记录他们穿了什么，他们如何装饰他们自己以及如何使用和分享其他人的空间。

对事件（events）进行记录，要能区分出日常事件和特殊事件的差别，然后寻找这些事件中的行为。例如，在信奉正统派基督教的基督教学校里，每天的第一个事件就是教师会议，那么在教师会议中，教师们相互问候的种类有哪些？和什么样的人用这种问候？他们彼此之间非正式地谈论哪些问题？校长问了什么问题？换句话说，教师会议这个事件是由哪些行为构成的？

观察的另一个分类就是人们的姿势（gestures），包括他们的姿态、位置、动作（kinesis）等。学生们是如何表达热情和厌烦的？教师是如何表达热情和厌烦的？校长用哪些姿势来帮助他表达观点？哪些姿势一下吸引住你，哪些姿势让你认可他的观点，哪些姿势让你误解他的解释？当老师在说话的时候，如果有个孩子趴在桌子上，孩子是在睡觉、厌烦还是在注意力集中地听讲？

在跨文化研究中，无论是新的姿势还是熟悉姿势的新意义，你都需要去认识。一个低声的“嘘”在加勒比地区的语言中可能代表友好地说“你好”。吸气时气体穿过牙齿会伴随着头部向上运动，这并不代表一个人严肃地评论，它代表不尊重、不同意、鄙视。但是你需要到另一个国家去发现这些姿势在用法方面有什么不同，你要意识到你在那里研究的是一个边缘化的群体。与欧洲裔美国儿童相比，美国土著儿童选择合作来完成任务，而避免去追求个人的成功（Sindell，1987）。非洲裔美国儿童比白人儿童更可能寻求与老师的目光交流，在频率方面会有所不同（McDermott，1987）。一个教师，要有效地教学，需要意识到姿势方面的文化差异，研究者也同样如此。

作为一名参与式观察者，要有意识地去观察出现在研究地点的研究情境、被试、事件、行为、姿势等。在这个过程中，记录你的所见、所闻、所感和所思，开始寻找其中的模式，并抽象概括出个体和行为的相似与不同。例如，金妮选择在男性循环赛期间十分拥挤的服务机构的休息室里去实践她的观察技术。在一段时间的粗略记录后，她开始发现一个模式：

> 在比赛之后，比赛的获胜者习惯站在那里或四处走动，而失败者会立即坐下来并一直坐在那里。蓝队获胜了，红队就会坐下来，蓝队就会离开去找毛巾和水；金黄色的一组与玻璃色的一组进行比赛，金黄色的一组取胜后，玻璃色的一组就会坐下来，金黄色的一组四处走动并问负责人谁获胜了。

金妮继续用更多的例子，对在体育竞赛期间男性获胜者和失败者的行为特点进行研究。她能从个人的观察到对运动员行为的分析，并对更一般化的男性在体育活动中的行为进行思考。

沃尔科特（Wolcott，1981）认为有4种策略可以指导观察：（1）通过广泛的扫描进行观察；（2）对没有什么特殊之处的事物进行观察；（3）寻找自相矛盾的事物进行观察；（4）寻找一个群体面临的难题进行观察。

在广泛扫描的观察中，你努力观察和记录每一件事情。由于做到这一点是不可能的，所以你要开始选择你观察什么和记录什么，然后需要对你的选择进行反思。当你搜索毫无特殊之处的事物时，你开始的时候要记录哪些是突出的和哪里出现了不寻常的事物。当你搜寻自相矛盾的事物和难题时，你开始要深入地观察在你面前的事物之间的相互影响。以上这些策略能帮助你将熟悉的事物看作新奇的，将新奇的事物看作熟悉的，并将你置于研究背景中。

田野笔记

> 做田野工作和仅仅是居住在那里，两者之间的区别在于写作。没有写作，关于人们、地点和文化中敏锐的、深刻的细节就会在我们的面前消失。
>
> （Sunstein & Chiseri-Strater，2002，56）

笔记本的格式

田野笔记本是质性研究者进行初步记录的工具。它会充满对人、地点、事件、活动、对话等方面的描述，也会充满观念、反思、直觉，并记录似乎出现的模式。它还会变成探索研究者个人反应的记录。

田野笔记本的实际形式会随着每个研究者个人偏好的不同而不同。一些研究者按照时间的先后来安排每一件事情，并循环往复地在笔记本上记录，而其他的研究者用活页式的笔记本，这些不同种类的笔记本很容易区分。也有一些研究者在研究背景中尽可能直接在笔记本电脑上做记录，

如果有可能，在所有的时间段都要做田野调查笔记。你无法知道你在什么时候或在哪里会遇到什么事情、会和哪些人谈话或哪里有你要记录的思想。

这样可以减少将田野笔记转录成计算机文件的工作。选择哪种记笔记的形式并不重要，最重要的是你要坚持做田野笔记。

做笔记

有研究者（Lofland & Lofland，1995）区分了心灵笔记（mental notes）、摘要笔记（jotted notes）和完整的实况笔记（full field notes）之间的差异。当你拿出笔记本时还没有成熟的思考，这时所做的笔记即为心灵笔记，它只是由观察和讨论组成。在信奉正统派基督教的基督教学校里，佩什金、其他研究助手和我在教堂里没有做记录，只做了心灵笔记，之后才把这些写出来。摘要笔记可以私下地或公开地完成，它们由匆忙记下的少数几个词组成，这些可以帮助研究者在以后完成这些思考和描述时能回忆起来。完整实况笔记是全天不间断所做的笔记，但是有时根据情况，也会在观察之后再记录。

如果可能，在所有的时间段都要做笔记，并要认识到作为一名研究者，你还要在你的笔记基础上进行写作。此时，你的角色变成了记录器，你被期待迅速地记录下任何事情。当然，不是所有的情境都要自己记录下来。当在纽约市里做药物成瘾的研究时，阿加尔（Agar，1973）就不能做笔记，但在其他的情境下更容易记录。笔、纸和写字夹板是护士和医生的标准装备，即使研究者没有医学方面的训练，在这样的研究背景中，研究者经常发现他们记录的是他们期望观察到的行为。如果你无法确定如何来记录所遇到的事情，那么在你能决定什么时候和在哪里记笔记是可以接受的之前，你可能要花几天或几周的时间住在那里，来了解那个地方和那里的人。

所有的笔记都可能在当天晚上被扩充。当你回顾你的笔记时，你会增加一些你在研究现场没有时间记录的事情，也会增加你对所见到事情的反思。这些会帮助你反思你正在进行的研究的最初理论，并为你形成更多的观察问题指明了方向。一些研究表明，你一方面要有在白天忽略事件的能力，另一方面还要有能在之后的时间里将其回忆起来的能力，因此你可以在参与式观察之后的早晨做田野笔记。但是回忆起需要的田野笔记细节的能力随着时间的推移会迅速下降。

分配好田野工作时做笔记的时间。如果你只做心灵笔记，那么一些研究者建议要在田野里花更多的时间来做笔记。如果你做全面丰富的田野笔记，接下来就要留出几个小时从头到尾来阅读你的笔记，并进一步进行解释，还要增加你的反思和观点来扩展它。如果要做到以上这些，就要确保你具备对你的所见和所闻快速记录、观察和回忆的能力，而这些能力需要通过实践来提高。当你后来坐下来分析和写作时，你将会乐观地对待困难并准备将其克服，还会放大你的笔记。一个警告是：要求持续做笔记也许会让你感到不舒服，所以要在支持和拓展你的研究所需要的笔记和这些笔记可能会变成一种可厌的行为之间找到一个平衡点。

描述性笔记

你的田野笔记应该既具备描述性又具备分析性。在记录细节时，要力求精确而避免评价。确保你的笔记在一年之后对重要时刻、人物、情境和时间还能形象地再现出来。将观察概括为简单抽象的陈述将不会需要太多的工作。例如，在观察课之后，你可能会写道："课堂混乱和嘈杂。"

这个陈述并不能将班级描述为一幅清晰的图画，因为“混乱”和“嘈杂”的概念只是一个判断。下面的陈述是更具体的描述：

> 班级里有 15 个女孩和 12 个男孩。当我进入班级时，他们松散地集合在一起形成了 6 个小组。有一个由 4 个女孩组成的小组在看谁能用口香糖吹出最大的泡泡。还有一个由 5 个男孩组成的小组正在模仿功夫电影，那部影片是他们以前在电视晚会上看到的。

当你观察和描述事件之间的相互影响时，你一定会在你知觉到的嘈杂和混乱的现象中找到其中的模式。检查你的田野笔记，把模糊的形容词用一些更清楚的词来代替。寻找并替换掉传递评估印象的形容词，如“精彩的”、“平凡的”、“令人兴奋的”、“无事可做的”、“友好的”、“好的”等词，即把这些词用不是模糊的而是可以讲清楚的词来代替。

要对出现的对话进行记录。特别要关注当地人在情境中不断使用的独特之词。在访谈问题中用这样的词会帮助你成为局内人，或帮助你在最后写作时对被试进行分类分析。要注意熟悉的词可能会有与你通常的理解完全不同的意思。比如我在圣文森特花了一个月的时间才理解文森特人不用“country”（乡村）这个词来描述任何非城市地区，相反，他们“up country”来指迎风的或东部的岛屿沿岸地区。有一个住在首都金斯敦（Kingstown）的年轻人，他每周都去西部的岛屿沿岸（down leeward）去帮助在那儿生活的祖母，但他诚实地回答说，他已经不记得他过去曾在东部生活过。

素描会帮助你把研究背景形象化地展示出来。重点是展现空间里的人和无生命的物体是如何摆放的。有什么模式吗？这些随着时间而发生变化了吗？

特别是在早期的田野工作中，当你努力去勾画出研究背景和那里人的整体图画时，你的眼睛、耳朵和手一起工作，从而在你的田野笔记中描绘研究情境中的细节。通过记笔记，你可以思考适合你的研究问题的陈述，而且让你的研究焦点更加集中。然后，在开始的时候要根据你进一步澄清的研究目的来决定你要记录和忽略哪些内容。例如，如果你决定去强调在全程托管中心的来自不同国家的儿童是如何互动的，你就不需要去详细描述教师的课程表。但是，如果你要看宗教在基督教学校中所扮演的角色，你就要记录在课程表中宗教是不是课程的一部分。

下面是从我田野日志中选出的一个描述性笔记的例子，这个日志是我在圣文森特的一个早晨，从我租的房子向海边走了约 1.5 公里路之后所写的：

> 山谷从海边延绵地连接着 4.5 英里①长的岛屿，一直到内陆 3 000 英尺②高的山峰才消失。在 11 月星期天早上的 6 点钟，海湾里已经出现了悠闲活动的场景。当时下着小雨，一个老头儿走进了渔民用竹子做成的避雨的场所。一个人因为他的鸡而在咒骂另一个人。在河的入口，男人、女人和孩子聚集在一起抓鱼（这种鱼还没有一个手指甲长），在粗麻布袋里装上石头从而增加重量以便把它沉到水底，然后用灌木丛（树枝和灌木）把袋子盖上。小鱼把叶子当作避难所，当这些袋子突然从水中拉出来，小鱼就被抓住了。在黑色的沙滩上，年轻的女人和小孩坐在水岸相接的地方。年轻的男人游向渔船，然后爬上船，抛锚开向更远的地方，渔船随着海浪轻柔地上下漂动，他们在船上聊着天。一道彩虹从岸上的木头房子一直延绵到海中间的黄光上。另一个方向是绿色的、宁静的山谷，崎岖蜿蜒的山脉上飘着云彩。
>
> 一条小路沿着蜿蜒延伸的篱笆一直通向山谷。在水草丰茂的河口草地上，牛、马和羊混杂在一起。长满荆棘的掌状的树生长在悬崖上。它们很快被椰子、芒果、面包树和柑橘树等代替。在进入山谷 1 英里的地方有许多村庄，我忘记了海边茂密的各种树木，唯一能记起的是周围有环绕的山脉，经常是潮湿多雨的。村庄散落在 2 英里长的主公路边，最后一个村庄蜿蜒地进入山脉。向前走

① 1 英里≈1.6 千米。——译者注
② 1 英尺≈0.3 米。——译者注

不远处就是梯形的土地，这里主要种植着小芋头或香蕉。田地随着山地而陡峭起来，但接下来就被自然的植被代替了。

做这些笔记的目的是使描述更聚焦于观察和对话发生的背景。接下来我开始讨论生活在山谷里的年轻人的生活。这些笔记不去分析或努力解释正在发生的事情，而仅仅是进行描述。

除了描述情境或场景，好的描述性笔记还要捕捉到研究被试之间的互动。例如，依耶芙特正在研究在一个长期的或集中学习的群体中，成年学习者是如何认知、创建意义和彼此相互支持的。通过对核心课程的多方面观察，她将研究的焦点放在了两个不同群体的成年学习者是如何互动的：

1997年3月3日下午4点，博士组学生的观察

学生们来了，他们正在和同一项目组的同伴分享关于他们对项目的观点。在上一周大多数同学都坐在同一座椅上。（那么，学生们一学期都是坐在同一座椅上吗?）

教授将各种不同颜色的日程贴在了教室右侧的墙上。

学生K分发1997年某一学术会议书目的复印件，以作为写作的参考书目。

学生C与其他学生分享可以参加的当地会议的信息。

学生K传递一份关于妇女历史月的文件，学生们围成一个圈。（大多数是由黑色的午餐桌连接着摆放在一起组成了方形，外面围着黑色的塑料椅子，桌子在教室里摆放得很满。）

学生C让大家告诉她上个月她在哪一组。

学生D问大家关于她从来不知道的信息，因为她在秋天时无法结束学习。她被通知作为项目管理的助理。她不能理解她为什么没有得到这个信息。

学生L与大家分享关于未来千禧年的一本书。这组人听着但慢慢地被轻声的对话给打断了。

整组人都参与到关于这本书的讨论中，并开始与自己身边的人交谈起来。

一些讲义被传给圈里的每个人。一些学生为即将开始的发言做准备。

（复印的资料是这组人的学习资料，是他们学习过程、工作过程和班级活动的资源。高等教育文化和复印资料的意义是什么？每个人都知道这个传递的程序。）

尽管伊耶芙特的观察笔记主要是描述性的，但她也毫不犹豫地插入了一些自己的思想和问题。她的一些问题成为了正式访谈的一部分，其他的更多地成为了她非正式调查的内容。其他的问题能帮助指导接下来的观察。她所记录的“复印资料传递的程序”是将熟悉的事情变成新奇的事情的一个例子。当她观察的时候，她对她周围的日常活动提出了反思性的问题。

一些质性研究者使用观察的方法仅为了解研究背景的内容，或通过对话和访谈的方法增加一点对结构知识的了解。要把工作做到最好，一定要反复地用对话和观察的方法，并要留出一段时间来讨论，排除你所认为的事物是如何工作的假设和之前你对那些事情的理解。作为叙述研究者，古布里厄姆和霍尔斯泰恩（Gubrium & Holstein, 2009, viii）陈述道：

> 没有了实践的深度和细节，叙述就将转录的资料变得平铺直叙。没有讲述的问题与故事促使我们要考虑讲述时周围的环境。直接地思考故事讲述过程的特定环境就能辨别出这样的信息。

分析性笔记是深入探究过程的一部分，它可以探究在所见所闻的表面描述之下的内容。

分析性笔记

贝特森（Bateson, 1984, 165）说起她的母亲——玛格丽特·米德：

> 玛格丽特一直强调对第一印象记录的重要性，并保存田野笔记中的前几页，而不是由于后面复杂精细的记录，就忽略前面的记录而将其扔掉。因为当你对新奇的事情开始认可时，你能获得丰富信息，还会发现自己研究的盲点。她说，当有一些事情在你面前出现时，就要将它记录下来。

分析性笔记可以将那些出现过的事物记录下来，有时也叫观察者评论（observer comments），但是它们不只是评论。在每天的参与式观察之后，质性研究者应该花时间来分析和反思记录。这时要记下你的感受、解开难题、粗略记下观点和印象、澄清早期的解释、对正在进行的工作进行推测、对短期和长期计划的时间进行变通。当然，反思和分析的思想可能出现在参与式观察的过程中，也可能出现在其他时间。重要的是对这些思想也要进行记录，好让你自己能记住它（Glaser & Strauss，1967），正如伊耶芙特上面的例子一样。然而这些思想很容易流走，将这些记录下来在某种程度上使你更容易将其认同为你自己的思想和困惑。分析性笔记是全部研究过程中进行资料分析的一种形式，对你研究中问题的认同、问题的发展、理解模式和主题等都会有所贡献。

例如，以下是伊耶芙特的田野笔记，这是她在观察时间段之后的反思性分析笔记：

1997 年 3 月 25 日，田野反思

大组和小组成员的参与和互动模式有十分显著的差异。在大组里，对话经常是由提出陈述的同一个人建构的，这些陈述每次都以同一种方式对群体对话提出支持性反应。有一些人比其他人（马丁、亚历克西和迪伊）更能公开地说话，一些人（特拉维斯和梅尔）在对话结束的部分来证实或聪明地进行总结（但很少能有机会表达这些内容）。贝基对陈述的贡献是要求对任务和观点进行澄清。苏珊的陈述似乎有些风险，因为她清晰地表述了她所了解的那个实验，并让她的全组人来验证那个实验。贝丝还向权威提问。

有人很少说话，当环境安全时，在其他人已经建构了对话的方向时，他们才观看和回应。另外，在一个大组对话时，经常也会有轻声的对话同时发生（卡特里娜和贝丝）。轻声对话的内容是什么呢？随着时间和主题的变化，对话的模式也会发生变化吗？什么时候变化和为什么变化？

那么，接下来发生了什么？

（1）在一个大组中有指导者在场，成年人以公私双重身份进行谈判时言行表现如何？在阅读和减少重复的项目任务时会有不安和恐惧的情绪吗？没有人希望谈判时没有准备、缺乏才智，这些需要承担风险吗？

（2）除了几个习惯了在公共场合说话的人之外，其他的女性都很安静。一些男性控制着对话并对每个人的发言给予评论，而另一些男性很安静。

（3）由于时间紧张，一个雄心勃勃的项目就要减少长时间讨论的时间。由于这些学生有压力，所以在报告项目时，就会带着坏脾气进行彼此讨论。在这种情况下强迫他们去继续做项目，他们就没有时间进行全面的交流和深入的反思……

伊耶芙特的分析性记录超出了对同组人中的成员互动细节的初步描述，而是反思他们在互动中存在的模式，并提出关于这些互动意义的问题。

研究日记

研究日记不仅仅是观察者根据对所见所闻的思考而写给自己的评论和记忆。你的研究日记是一个自传式记录，记录在研究的全过程中你的行为和情感。研究日记不必是分散的，而是用来表达你的意愿的。你要花时间去记录你在研究过程中产生的思想。例如，你可能会考虑你作为内部人和外来者的不同，以及每一种处境所具有的优势和劣势（Hay，2005）。桑斯坦和奇瑟瑞-施特拉特尔（Sunstein & Chiseri-Strater，2002，95－96）建议你不断地问你自己并写出下面的问题：

（1）让你惊奇的是什么？（帮助追踪你的假设）

（2）激起你好奇心的是什么？（帮助你追踪个人的兴趣和立场）

（3）打扰你的是什么？（帮助你追踪紧张和可能的刻板印象与偏见）

要把写研究日记变成思考的一种方式，思考的内容包括你和你的研究被试如何共同创造了你的研究、行为和相互互动的结果是如何形成的、动力在哪里。日记也是反思困扰你的伦理问题的一种方式。并且，研究日记经常会变成一个发泄和表达挫折的地方，以及解决更多问题或设计新策略的地方。这些日记也经常会变成最后文本的一部分，即把研究者的故事改编成其他人的故事。

下面的例子是从我在墨西哥的瓦哈卡的研究日记中选出来的，是我到那儿 6 周之后在一个村子里写出来的。尽管我以前去过许多地方并在那里居住过，但是通过写日记，我才弄明白自己是如何处理一定程度的文化冲击的。通过写作，我意识到原来我不理解许多事物工作的规则。我感受到许多观察者和外来者对不知道如何成为瓦哈卡生活的一部分而感到焦虑：

> 凌晨6点我还没有睡。我打开了对着街的大窗户，让一些新鲜的冷空气进来。空气中夹杂着浓重的烧垃圾的烟味。我关上窗户想睡觉，但是睡不着。于是，我开始思考昨天在大街上看见的乞讨的人。似乎在周日有更多的人在大街上乞讨，我怀疑这是不是真的。或者是由于周日大街上相对比较空旷，这样乞讨的人显得更引人注目。我想也可能是因为周日的大街会让乞讨的人更舒服一些，或者在周日时人们更容易施舍。当我在路上遇到一个妇女和一个小男孩乞讨时，我没有停下来拉开我的背包去找我的钱包。这件事仍然萦绕在我的心头。那个妇女没有腿并且只有一个残肢。她在一个红颜色的小四轮车里，那个小男孩蹲在这个妇女的旁边，大概七岁左右。他正抱着头哭。是他拉着这个妇女（可能是他的妈妈）到广场附近的人行路上来的吗？小男孩要照顾那个妇女吗？那里还有其他人吗？他们是怎么住的？（我也怀疑我为什么如此同情这个小男孩）我想起当时我是如何对那个小男孩说的："来，向前走三个街区的拐角有个妇女正在那儿卖玉米肉卷，让我们去买一个给你和你妈妈。"
>
> 我为什么如此同情这两个人，而不是同情每天我都能看见的在面包店附近以歌唱乞讨的妇女，或是在露天小吃部拿着摇铃一圈一圈摇的男人，或是弯腰驼背走过来乞讨的老年人呢？我经常会给在博物馆外面演奏美妙音乐的两个男人（其中一个是盲人）一些钱，因为他们正在做的一些事情是如此美好；但是一个没有腿和没有胳膊的女人能干什么？我要努力去弄明白我一直都会准备几比索来给别人，为什么不能把这几比索放在那个妇女的衣服里，仅仅是几比索？为什么我不能再多给点呢？我会给什么呢？
>
> 我突然听到"砰"的一声，接下来是女人的尖叫声，某个地方还有狗的吠叫声。我立刻想到的是周六被打死在市场路边的那条狗。但是那条狗在周六并没有吠叫。女人的尖叫声还在继续，我重新打开沉重的木制百叶窗。我想知道要面对的是什么。但是我知道某个人已经被车撞了，可能是一辆公共汽车造成的。我能看见一个年轻的女孩从我身边一步步走向她的楼房。她正在沿着这条路看。我走进另一个房间并把窗户关上了。一个男人躺在路上，两个女人正在跪着爬向他，边哭边梳理着他的头发。几个人已经聚集在一起并站在周围。我的一个想法就是叫救护车。叫警察吗？我不知道。我能叫谁呢？但是我不能叫，因为我没有电话。一个女人站在那里脱下了她白色的衬衫并盖在那个男人的身上。我感到无助和无用。我感觉我与这一情境极不相称。

这些日记并没有集中在与我相关的任何事情上。尽管日记中提出了各种问题，但这些问题没有一个是我要去访谈的。然而这是一些我的问题，在那个地方我不知道如何行动和如何与其他人互动。对我的项目我没有任何信心，我不了解那里的人和他们的语言，但我要和他们长期相处。乞讨情境对我的人性发起了连续攻击，我感觉心里很冷而且心烦意乱。我继续生活在瓦哈卡，我不得不弄明白我将要如何处理乞讨和交通事故以及与他人的互动等困扰我的问题，我要学习如何能完全融入那个文化（自传式笔记和应用时需要注意的事项将在第五章中介绍）。

关于做笔记的建议

从某种意义上说，下面一些是指导参与式观察者的技巧，这些技巧要通过经验才能获得。参与式观察是用口语进行记录的过程：

（1）在记录本的一侧要留有较大的空白，这样可以将以后的思考记录下来。

（2）要确保记下每次观察的日期、时间和地点。

（3）要创造出你自己的一种速记方式来帮助你记笔记。例如，在基督教学校进行研究时，"Christian"（基督教徒）用"Xn"、"student"（学生）用"S"、"knowledge"（知识）用"K"、"teacher"（教师）用"T"、"school"（学校）用"sch"来代替。我也使用缩写的形式来代替熟悉的词和其他经常使用的词，依靠上下文的语境来区分它们。因此，"became"和"because"都用

“b/c”来记录，“with”用“w/”来记录，“without”用“w/o”来记录。如果你知道速记的方法，你看上面速记的内容就会觉得是无效的；如果你不知道速记，那么建议你发展出属于你自己的速记系统。

(4) 当你做摘要笔记时，即在你没有形成田野调查的完整笔记时，不要与其他人讨论你的观察。这样的讨论不仅会因你需要记录的观察和思考无法记录到纸上而造成浪费，而且会导致你修改你最初的认知。当然，这并不意味着你不将你自己的解释与其他人的做比较，但是你第一步得要记录你自己的观察和反思。

(5) 即使你已经整天在做详细的笔记，但你的工作不是当学校打下课铃或太阳落山了就结束了。要通篇阅读你白天的记录，填充已经记住的描述，澄清和扩展被简要记录的事件或行为，一般还要对一天的工作进行反思。

(6) 不可避免的、无法计划的重大活动会为你提供与你研究问题相关的资料，包括那些在田野中偶然碰到的人。质性研究不受时间和空间的限制，尽管我们会集中研究某一机构，如学校。资料的收集通常在固定的时间和固定的地点中进行，但时间和地点相对是有弹性的。

(7) 要不断地阅读和反思你的田野笔记。如果你能够让自己完全沉浸于田野工作中，那么每周通篇地阅读你的田野笔记，并将你在阅读中出现的思考记录下来。这是进行分析的一部分。你开始去发现主题和资料之间的相互关联。

如果一开始你觉得在你所在的研究地点有太多活动让你不知所措而无法聚焦你的研究，或者由于没有特殊的事情发生而感到失望，请不要担心。罗尔娜也有类似的体会，当她开始观察在主流的常规教室中有特殊需要的儿童时：

> 第一次观察让我完全不知所措。我立即被围在一群聪明伶俐的小精灵中，他们似乎挤满了所有的地方。有嘈杂的说话声，以及咯吱咯吱地咀嚼点心的声音，还不时有站起来、坐下、打哈欠、嘀咕、工作、听讲、离开、走动的人。最初我无法找到那种有特殊需要的儿童。看到所有的这些活动，我发现记笔记十分困难。我应该把什么记下来？我该如何聚焦？如何帮助请求我帮助他拼写的小男孩？尽管我要寻找有特殊需要的儿童的互动，但最初在正常的互动中我几乎一无所获。第一眼我除了发现一些影子之外，我没有发现在教室中有特殊需要的儿童的任何行为。我十分沮丧，我的决定是草率的，这让我的资料分析不会像我想象的那样简单，而会令人十分厌烦。当然，我的决定是错的。

罗尔娜不得不坚持观察一段时间，然后她开始发现在常规班级中的这些儿童相互同情、关怀和激励。

最后，我又重新确信了观察各种现象并不意味着对某人的观察是错的。新闻记者琼·迪戴恩(Joan Didion，1988)描述她和她的丈夫如何写了关于萨尔瓦多的两本十分不同的书，虽然在那段时间他们一直同在那个地区。对学生的研究在制度上和文化方面有较大差异。波尔(Ball，1985，28)说：“由于选择的山不同，在山上发生的特殊事件不同，所看到的风景也不同。”主观的偏好指导人们做各种各样不同的事情。这种多样性揭示了任何社会现象都有多种现实，将这些合在一起就会提供一幅关于人、时间和地点的整体图画。玛丽·凯瑟琳·贝特森(Mary Catherine Bateson，1984，164)观察到：

> 你仔细记录注意到的事物，这会让你观察到这些事物，你知道你无法看到所有的事情，其他的事情都可能是不同的，但是你对所能看到的事物进行记录，可以将它作为全部图画的一部分。

田野工作资料的联盟：视觉资料、档案和手工制品

视觉资料：照片、录像、地图和图表

一直到数码照相机出现之前，广泛地使用照相机和录像机的费用都是十分昂贵的。过去的录像机大而且引人注目，而今天的你能携带着纸牌大小的录像机。技术的提高巨大地扩展了在研究中使用录像机和照相机的可能性。民族志学者和其他的研究者在他们的研究中有时也使用地图和图表，但是这些方法在参与者导向的研究中以新的方式来使用。班克斯(Banks，2007，6－7)总

结了三种通常使用视觉资料的方法：

> （1）研究者制作照片和影像，或者绘制出社会情境中互动的各方面的资料或物质文化（material culture）资料。
>
> （2）研究者收集、分析或使用制作的图像或研究被试制作的图像，比如个人的相册、杂志或电视节目等。
>
> （3）研究者和研究被试共同制作和研究图像。

下面的部分是在使用这些资料时的注意事项。

研究者制作的视觉资料

人类学和心理学研究者在19世纪就开始使用照片，把照相机看作科学研究的工具，这个工具让他们能对个体和群体的差异进行澄清和说明。例如，将精神病院住院者的面部表情拍成照片，来识别和区分他们不同的特征。今天的研究者采用其他的方式来使用照片和录像，通常是为了广泛地观察。格里姆肖（Grimshaw，见Bottorff，1994）描述了照片和录像基本的优势是用于长期的集中的观察。通过胶卷收集资料的密度高于人们观察和用音频记录的资料，并且这些记录的本质特征是永久性的，因为这些资料可以重复观察。

在视觉人类学（visual anthropology）中，有研究者（Collier & Collier，1986，10）将照片描述为“一个抽象的观察过程，而不同于田野工作者做的笔记”。因为照片收集的特定信息“可以表明资格和背景的关系，但通常在转换成书写的笔记时就会丢失这些信息”。这对于姆诺兹（Munoz，1995，60－61）来说的确是真的，她年轻时生活在波多黎各，她认同和喜爱这里并在这里做研究工作。她反思了照片对她的研究的贡献：

在菲律宾的国际稻谷研究机构的种子库拍的照片。

> 照片是生动的，可以清楚地看出时间、地点、姿势和细节（她的面部表情是什么？他的眼睛在说什么？她穿的衣服是什么颜色的？他穿着衬衫吗？是什么材质的？她带着耳环吗？他们戴着结婚戒指吗？他们的头发像什么？他们的手像什么？）。所有这些联合在一起就形成了一幅图画。在一个特定时间照的一张黑白照片可以提供另一种让我们面对面地获得有关我们问题的答案的方式。

录像已经成为质性研究方法中无价的方法，比如本土方法论、事件分析和微观分析方法。录像带可以播放和重放，可以再设计分析框架。作为一种亲密观察的方式，其目的是发现人们日常生活中某些方面的表现。例如，帕特要去了解低收入的母亲是如何帮助她们的孩子学习的。她对这样的母亲和孩子在实验扮演的情境下进行录像，并一遍一遍地观察录像。然后她访谈这些母亲，用她的观察来指导提出访谈的问题。通过她的观察和访谈，帕特开发出了详细的编码手册，包括通过行为和认知的信息来分析录像。但是博托夫（Bottorff，1994）警告说，这种资料收集方式的限制包括缺乏超越记录的背景资料，并失去了以积极参与者的身份去进一步来验证他们发展出的理论的机会。过于依赖这种形式的资料收集，你可能会失去参与式观察中成为参与者的价值。

在全部的研究工作中都会产生地图和图表。例如，头脑地图（mind maps）是一个图表，它包括与关键的词和观念关联的或辐射出的观念、任务或其他词。它们是你能用来激起、聚集和分类思想的工具。你可能使用头脑地图或另一些种类的图表来帮助聚焦于你的主题，或者将在研究地点开始研究时所持的理论区分开。你可能使用它们来帮助你形成研究问题和分析当你做研究时出现的思想，你可能把这些包括在你最后的研究陈述中，这个陈述要简洁地挑选研究中的各方面来证明你的主题。正如提纲要比其他的方法更具有代表性一样，绘头脑地图的过程是值得一试的，它同样可以概括你的研究。地图和图表可以用视觉的方式来处理观察、思考两者之间的关系。另外，头脑地图被认为是创造重新表征的地图。研究者经常可以画研究地点的特征，例如，一个教师是如何建立她的班级的，或与人们的家相关的小块土地在哪里。图 3—1 是在圣文森特的某一小块农田里进行农业耕作的地图。

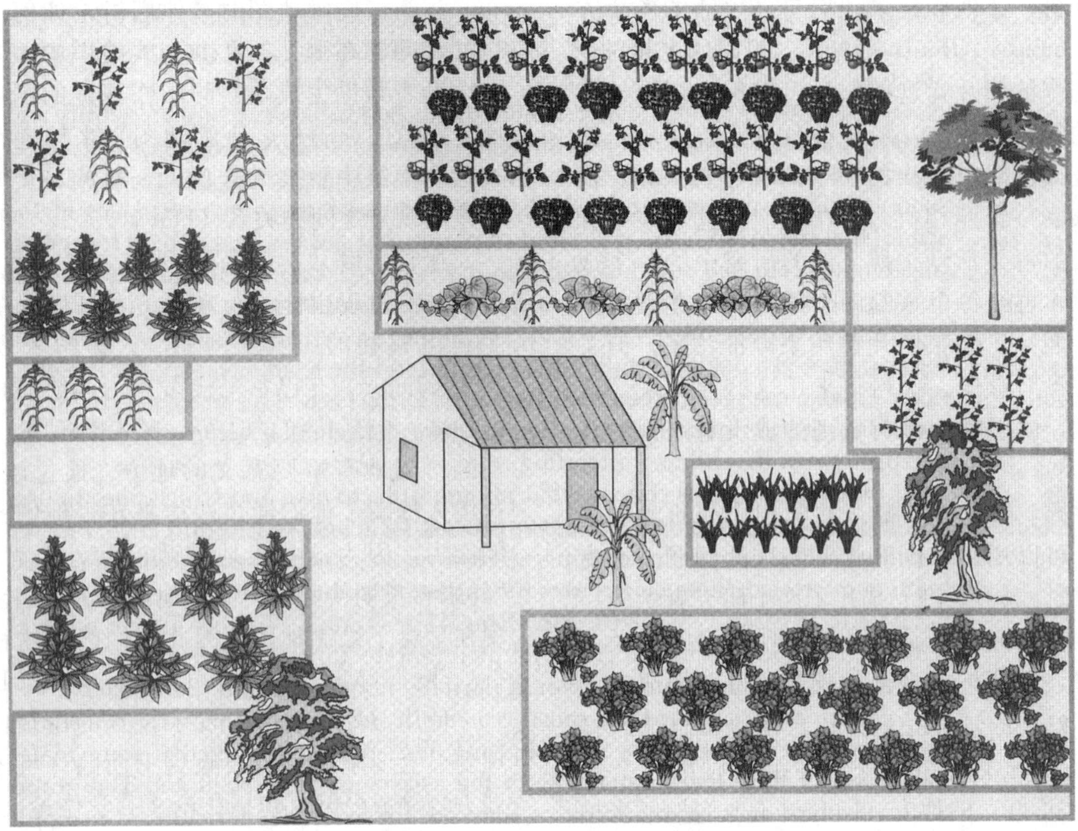

图 3—1 在小块农田里耕作的地图

资料来源：From Glesne，C. 1985. *Strugglin'，but no slavin'*：*Agriculture，education，and rural young Vincentians* (p. 71) Unpublished doctoral dissertation，University of Illinois，Urbana。

研究者所制作的视觉地图资料能在实证主义、解释主义和以解放（emancipatory）为目标的研究方法中使用。例如，它可以用来计算一名教师在某一特定情境中与不同学生互动的类型有多少种，也可以用来激发研究被试反思他们的生活与在当地和更大范围的背景中争取权利的关系。

被试制作或使用的视觉资料

研究交流和媒体的人员不断地使用研究被试制作的电影、电视节目等视频资料进行内容分析。分析的过程倾向于依靠质性研究技术和强调客观性与可靠性的实证主义研究传统（Banks，2007）。由于被试储存的照片可以为研究提供历史和文化的背景信息，所以对这些资料的分析更倾向于质性研究的类型。例如，佩什金（Peshkin，1978）请求农村学校社区的常住户给他看看他们的家庭相册，这些相册包括了可以追溯到 70 年以前的资料。这些照片不仅以某种特殊方式展示了过去，而且可以成为访谈的基础，如果没有看到这些照片，佩什金就无法思考他的研究主题。

“照片诱发”（photo-elicitation）这个词是指“使用照片来激发起在半结构访谈中的评论、记忆和讨论”（Banks，2007，65）。照片能帮助害羞的、沉默不语的受访者轻松地说出他们的一些事情，而不必一定与访谈者进行目光接触。这个技术对于儿童的研究有特殊的价值。尽管照片和图像有时在与被研究者不熟悉的时候使用，但质性研究者更有可能使用被试照的照片，如像佩什金所做的那样，因为研究者的目的是从被试那里了解他们的生活，而不是像在心理学实验室里做实验那样去研究他们对某一图片的反应。你可能要去思考被试制作的“自传式”照片和录像（Kopytoff，1986），因为它们可以使被试在你的研究中讲述他们的故事。

共同制作和研究的视觉资料

随着自动照相机的出现，一些研究者开始给被试照相机，让他们记录他们自己生活的各个方面（Mitchell & Allnutt，2008）。有时用上面讨论的被试制作的照片，这些照片可以用来更多地了解被试的经历。例如，特殊教育者布鲁斯对家庭中的其他成员对有残疾的孩子的看法感兴趣。他给每个家庭一个照相机，并让他们给这个孩子和家庭成员的每天活动拍照。他的研究中的一个成员建议说，再给每个家庭一个照相机并让家庭成员拍5张照片，每张照片都用来象征孩子，但是照片里并没有孩子。他接下来用这些照片来访谈家庭成员，来了解他没有看到的或没有问到的其他情况。

有时候，研究者和被试共同制作和研究的视觉资料，可以用来认同和强调特殊的问题。班克斯（Banks，2007，78）描述了两个研究者做的一个研究，在研究中，研究者给一些组里的小学儿童照相机，并让他们在他们感觉“好”的地方和感觉“不好”的地方拍照片；再由4个自己选择的学生组成一个小组，每个小组先讨论什么是“好”和“不好”的地方，同时讨论他们如何来拍照片。例如，他们想在照片中拍出学生、老师或者希望照片中没有任何人吗？然后，每个小组开始拍照片，并创造出一个姿势，来表明这个学生和这个组选择这个场景的原因。最后，每个组在班级里张贴他们的照片。从孩子注意到的视角看到如何把学校变成更好的地方，这个过程为此提供了大量的信息。

当被试选择拍什么样的照片和使用哪一些照片时，在研究的过程中就可以获得被试的声音（Mitchell & Allnutt，2008；Prosser & Burke，2008）。如果被试作为未来的观众，把视觉资料看作可以表达他们自己声音的方式，那么研究者就可能部分听到这些表达。例如，特伦斯·特纳（Terence Turner）在巴西的卡雅布工作，制作了当地人抵制政府修建大坝的录像，他们认为修建大坝可能淹没他们的土地（Banks，2007）。

参与式绘图（participatory mapping，也叫社群绘图，最近也叫民族绘图）指一组人一起对他们生活的某些物质方面进行绘图或制表，通常为了方便相互帮助。一组人走过一个地区，边走边绘图，例如，绘制农业的用水情况和由于社会经济地位、民族和获取资源不同而出现的住房的分布。当组员们画地图时，他们讨论如何才能画得更好和问题在哪儿。在参与式绘图中，人们通常由协助者帮助完成，共同制作视觉的图形（如绘画、示意图、表格、头脑地图）来传递在他们的社会和小组中重要的守门人、机构、资源或一些争议的观点之间的关系（Hay，2005，289）。

尽管以解放为目标的研究方法一直被使用，但参与的过程也作为行动研究和后殖民主义研究中获得权利的工具。例如，人类学家麦克蔡平（MacChapin）与巴拿马土著人一起绘制他们领地的地图，包括传统的边界，还有地理的、人们建构的对当地有重要意义的地方。通过绘制地图，这组人提高了他们通过法律来获得他们家乡土地的能力，因为这些土地被政府和外来者侵占了。“外来者长期使用地图而使他们成为受害者，他们现在学会了绘制地图，因此他们能用这种方法进行战斗。”（McChapin & Threlkeld，2001，21）

使用照片和录像引发了特殊的伦理问题。伦理委员会要求研究者要收到书面的许可才可以计划去复制或公开（包括在论文和学位论文中公开）这些图像。如果你计划去照相或制作录像，你将首先需要获得被试同意，其次要遵循保密原则。照片和录像是只有你（也许和被试）才有权使用的事物吗？被试将会放弃保密的要求，并可以让这些照片或胶卷变成公开的记录吗？如果是这样，使用这些图像可能产生的政治、社会或经济后果是什么？如果你用技术把他们的脸都弄模糊的话，被试同意这样做吗？

你需要仔细考虑如何使用这些视觉资料时可能对照片中的人是有害的，也需要考虑如何才能让这些视觉资料可以帮助被试。例如，谢弗（Schaeffer，1995）获得了对牙买加人的日常生活进行录像的许可。他设计了对被试和他的家庭、朋友的观察。这些观察是很流行的，并且变成了对所发生活动进行讨论和评价的工具。班克斯（Banks，2007，10）将照片和录像作为被试的礼物：

> 作为学术研究的被试，我怀疑他们几乎没有人能很高兴地收到一份专业的学术论文

> 副本，他们也很少积极地要求作者给他们论文的副本。与此相反的是，大多数参与视觉研究项目的被试，已经被制作进了胶片、照片和录像，所以如果他们能收到论文的副本就会非常高兴。当然也有一少部分被试会积极地要求研究者给他们论文的副本。

和研究者的语言相比，图片是个人的并且是更有意义的。

档案和手工制品

考古学家通过检验留下来的物质文化来重构过去时期的生活。物质文化是指由在某个古代背景下的人们所赋予物体或手工制品的历史和意义。这些手工制品为考古学家提出假设奠定了基础，这些假设包括古代人们是如何进食、穿着、居住的，他们和谁交流，他们是如何思考上帝和死后生活的。考古学家无法观察和参与到曾经生活在那一情境中的那些人的日常生活中，也不能访谈男人、女人和孩子。但是从那些人留下来的物质形式的记录中，考古学家能重新创造出他们可能的生活。

你做这些事情比考古学家更容易，因为你既能观察正在互动的人们，又能问他们这些行为的意义。你也能接触到已经写作出的文献，它们能提出你直觉到的问题，并因此能为形成新的观察和访谈内容指出方向。它们也能给你提供历史的、人口统计学的和个人的信息，这些信息是其他资料源无法提供的。下面一部分将简要强调如何使用历史性的资料和现代的文献和手工制品。

档案资料和历史研究

为了理解一个现象，你需要知道它的历史。从历史角度思考，你要寻找档案（会议录、信件、回忆录等）和照片或其他人工制品，这些人工制品可能是用其他研究方法无法获得的资料。从历史角度思考，你可能要通过寻找不同的被试或问不同的问题来获得口述史。收集历史性资料，你可能会发现不同的行为模式，这些行为模式是以当前资料为依据的，你可能会发现这些资料与以前假设无关的观点或事件存在关系。

历史性文献为你的研究提供了背景。在研究开始的时候，回顾一个城市的新闻和时事是一种好方法。一个城市的或大学图书馆的档案也是开始的好地方，正如历史博物馆、教堂和学校的档案一样。应很好地利用电子档案和利用网络搜索相关历史记录，通过这些方法寻找可能有用的信息。如果你能让别人知道你对旧的信件、剪贴簿、照片和会议记录感兴趣，你可能可以获得更有用的历史文献。这样的事情只有在网络时代才能出现，一旦你知道一些人因你的历史学兴趣而高兴，网络资源就会把你介绍给其他人。

特别是当你与参与到一些历史事件中的人进行谈话，并获得他们的口述史时，历史研究本身可能是一个质性研究项目。然而，尽管历史事件时间太久远，难以进行口述史研究（oral history research），但你可以获得档案资料和其他文献，这与你的访谈转录和观察记录是同一种方法。首先，你必须弄明白你的历史研究焦点。你是要提供一些社会问题的历史，如公共学校关于移民的政策及其随后的改变吗？你是要提供特定的人、机构和运动的历史吗？你是要努力展示与以前假设无关的事件和观念之间是有关系的吗？你是希望通过不同的理论观点对过去的事件提供一种新的解释（例如，学者们已经根据文化和经济霸权主义理论来批判西方国际化发展政策）吗？

当你弄清楚你的研究焦点之后，你需要描述你的研究范围。这一依据可给你提供档案资料的数量。你需要增加或减少以下的任何一个：地理区域、所包括的人、时间跨度和人类行为的分类。例如，在我寻找女性参与农业的历史文献时，我扩展了原来的地理区域，从中西部扩展到西部；我扩展了农耕的分类，把经常使用的词包括进来，如园艺、农家种植蔬菜和水果。

寻找次要的资料来源或与你主题相关的已经发表的书或文章，这些次要的资料源会帮助你决定你是否继续你的研究主题，是否有人已经用同样的方式写了你要研究的问题。这些资料需要你花大量的时间搜索，并且是原始档案如信件、回忆录和经济记录等。记住也要寻找与你主题相关的照片、胶卷、绘画和其他手工制品。

当你第一次看到你的箱子和档案资料的文件夹时，因为确切地说你不知道你要找什么，所以你需要把自己沉浸于这些资料之中，正如当你进入一个新的地点去进行参与式观察时沉浸在观察之中一样。在全面查阅这些档案资料时需要你的耐心、决心和时间，最后你要从这些资料中发展出一个故事。通过阅读、记笔记和反思，你将弄明白怎样在这些资料中进行聚焦，弄明白你要发展的信息和认识的分类是什么。

当前的文献和手工制品

由于社会生活中有写作出来的文字，因此我们有许多种类型的写作文献。如日记、信件、买卖通知书、涂鸦、笔记、在墓碑上的编年史、剪贴簿、成员的名单、时事通讯、新闻、计算机上的公告栏等都是潜在的有用资料。例如，通过对比信奉正统派基督教的基督教学校里的厕所门上的涂鸦（观察一整年之后，发现只有两种陈述，都是风趣但顺从的陈述）与社区公立学校的涂鸦（有许多种类），进一步证实了我们的观察、访谈所获得的对基督教学校学生的认识。

基督教学校的学生和其他学校的学生一样，也会在上课的时候相互传递笔记，然后把笔记弄皱并扔在后面。这些笔记变成了佩什金（Peshkin，1986）研究中的手工制品，并与他的其他研究发现是一致的。例如，基督教学校的学生（在下面第一封信里）与公立学校的学生（在下面的第二封信里）相比较，前者的信件中有丰富的信息：

乔：

我不是那种让男性老板围着自己转的女孩。我不喜欢任何小伙子对任何女孩这样做……

如果你在午饭时帮我占个座位，我将和你坐在一起……

我在骑自行车时在任何地方都不能遇到你，因为要是妈妈发现了，我就会遇到大麻烦。

另外，我感觉非常坏，因为我不得不说谎，不告诉你我将要去哪儿和想要做什么……以后和你说。

雷切尔

（Peshkin，1986，155）

弗兰：

在第三节课时，我想踢女孩妮基的屁股。妮基还有一张灵巧的嘴！我打算打她的嘴。

你要参加今天的班会吗？我可能要去参加三年级的舞会，我的妈妈将要买一条时髦裙子。

铃声刚刚响一会儿就停了。

丽莎

（Peshkin，未发表的信，1986年田野工作）

在这个壁画中，奥凡提克（Oventik）和契亚帕斯（Chiapas）都处于社会边缘和被压迫的社会区域，这里的人们走到一起并联合起来，这是主要活动于契亚帕斯省内的一群墨西哥革命运动者运动的预兆。这个壁画包括许多有很深文化内涵的象征，包括左边正在吹奏的男人的衣服和海螺贝壳等。

尽管你用文字写作很舒服，但不要忘记其他有用的手工制品。手工制品是有形的物品，在你的研究中代表着人们的文化和你要研究的情境。当你要读懂这些手工制品时，你就要努力获得与之相关的并能代表它的故事。思考时要考虑到它的形状、功能和象征意义，思考它们是如何制作的、如何使用的，以及它们对人们的意义是什么。一个物品也能同时具备传统中通常的功能和意义，以及脱离传统而创造出的新的意义。这些物品经常体现在文化运动的案例里。例如，要思考大众汽车与20世纪60年代的嬉皮士有何联系，或者在美国文身所代表的意义的改变是如何与过去10年的流行文化相一致的。

一个文化、群体的手工制品可能对于一个外来者来说仅仅是原料，尽管它是艺术并且是吸引人的。但是对于内部人来说，这些手工制品讲述了只有内部人能够读懂的故事。例如，世界上许多本地的人们仍然在穿他们自己本地风格的服装，使用难以理解的设计和颜色的组合。外来者经常收集这些服装，欣赏它的技术和美丽，但是没有必要知道这些服装所要表达的是什么。例如，内部人看一眼就知道，穿着纺织服装的人来自什么社区、是已婚还是单身，其精神信仰或祖先的传说等也都与特定的设计有关。

另外，观察、发现手工制品和文献，能让你形成新的文献：要坚持记日记、日志或其他种类的记录。如果你在学校工作，那么你要能够与老师合作来安排，同时也能满足学生、教师和研究者共同需要的研究设计。例如，如果你对学生的自我概念感兴趣，那么你要能够劝说英语老师让学生写出他们的自我描述，然后你来读这些描述。

在圣文森特时，我让发现我家是一个娱乐场所的孩子们画出他们想象中的自己长大后的形象。从这些画中我提取出一些主题，并把这些主题与从对年轻成人的访谈中提取出的主题进行比较。我也分析了在圣文森特演奏的雷鬼音乐和即兴讽刺歌（特别是圣文森特人为狂欢节谱写的），这包含着农业和教育的信息，我的发现与我对被试的观察和访谈中点滴搜集的预感相一致。涂鸦、壁画、绘画、笔记和歌曲等都可以进行增值测量（measures of accretion），这些事物都是人们创造出来的。同样你也可以采用磨损测量（measures of erosion），即通过人们损坏的事物进行测量，例如，大学校园草坪上被踏出的路，或流行的博物馆展览前面扶手上的光泽。正如斯托勒（Stoller，1989）渴望和思考的，使用你所有的感觉而不仅是视觉来收集资料。

视觉资料、文献、手工制品和其他不引人注目的测量可以为你的观察和访谈提供历史和背景维度的信息。这些资料丰富了你的所见所闻，支持、扩展和挑战了你的描绘和认识。这些文献和手工制品作为人们生活的一部分，使得你对问题现象的理解会随着你运用文献和手工制品的增加而加深。

表 3—1 总结了各种类型的可能成为你研究的一部分的观察资料。这说明这些资料可能被记录，也可能在你的整体研究项目中被使用。

表 3—1　描述、文献和各种观察资料的使用

资料	描述	文献	典型的研究应用
背景透露	研究的背景如何；人们的表情如何	观察笔记、田野日记（field journal）、绘画、图表、照片和录像	在最后的报告中介绍背景情况或人群的情况
行为	日常行为；某人做了什么	观察笔记、田野日记、照片和录像	提出访谈的问题；支持或挑战访谈资料；深描；模式分析；形成直觉和假设
事件	一系列行为，通常涉及更多的人和计划好或没计划好的一组时间（如会议或讨论）	观察笔记、田野日记、照片和录像	提出访谈的问题；支持或挑战访谈资料；深描；模式分析；形成直觉和假设
过程	外显和内隐的规则、规章，以及描述一个程序、机构或群体如何工作的仪式	观察笔记、田野日记、图表、机构文献	提出访谈的问题；支持或挑战访谈资料；深描；模式分析；形成直觉和假设
谈话	人们相互之间说了什么	观察笔记、录像、听觉记录	提出访谈的问题；支持或挑战访谈资料；深描
文献	来自调查点的会议记录、日记、信件、笔记、经济记录、照片、绘画等	档案研究（archival research）、图书馆研究、被试共同创造和分享的文献、被发现的文献等，所有资料都可以复印	提出访谈的问题；支持或挑战访谈资料；深描；模式分析；内容分析；形成直觉和假设
手工制品	涂鸦、壁画和其他由被试制作的制品，也包括一些堆积起来的可以进行增值测量的证物（例如，不同类型学生的住宿楼附近周末空啤酒罐的数量）	观察笔记、照片、录像	提出访谈的问题；支持或挑战访谈资料；深描；形成直觉和假设

资料来源：Table is an adaptation and expansion of a table in Holliday，A. 2002. *Doing and writing Qualitative Research*. Thousand Oaks，CA：Sage（pp. 71 - 72）。

参与式观察者的角色

当我居住在瓦哈卡时，我定期访问非政府妇女组织的成员。这些人中包括我遇到的来自美国的两个女律师，她们两个是研究乌干达、墨西哥和美国儿童权利的一个大项目组的成员。因为在本地的人群中墨西哥儿童的死亡率最高，她们不得不到瓦哈卡来更多地了解影响这些儿童的环境。与她们的对话大概如下。

妇女组织的负责人讲述了她们组织的工作："我们发现最重要的事情是让妇女经济独立。所以我们的工作就是帮助动员妇女发现资源、找到工作和获得经济保障。我们也帮助她们获得健康和教育的信息。"

"但是关于儿童的呢？"一个律师问。

机构里的一个人回答说："我们理解妇女和儿童之间的关系。我们的工作是提高家庭整体的条件；我们工作的焦点不仅仅是孩子。妇女要知道环境影响健康的基本信息，这样整个家庭才能是健康的。"

律师努力聚焦在儿童上，询问群体中的什么思想是导致儿童死亡的原因。一个瓦哈卡妇女的回答又一次聚焦于妇女和家庭上："妇女每天工作13到15个小时。她们自己有许多健康问题。并且她们必须应对家庭暴力。酒精是瓦哈卡男性死亡的直接或间接的主要因素。但是酒精影响着整个家庭，不仅因为影响着暴力的水平，而且因为男人喝酒会花掉家里的钱。"

当研究者继续提出儿童的权利怎样才能得到支持时，瓦哈卡的妇女还是说："我们要关注整个家庭，我们不能把儿童与家庭分开。"来自美国的妇女强调个体而非群体的文化，她们似乎没有意识到她们的思维方式在南墨西哥并不占主流。她们也从来没有问瓦哈卡人对人权、生活和死亡的观点。我发现她们希望将个体儿童权利在全球进行应用的目标对于本土的墨西哥人来说具有讽刺意义，因为这是一群在瓦哈卡和契亚帕斯有着更广的认识，为了他们共同的权利，决定为解决当地问题而斗争着的人们。

这些研究者像许多其他外来的善意的专业人士一样，有一个基金资助，他们会花几周时间与各种各样的墨西哥人进行交谈。意识到我在那儿居住了半年以后仍然有许多事情不知道和不理解，所以当我听到她们的对话时，我在笔记中批评了此事。我忍不住想，如果这两个美国妇女在墨西哥做一段时期的浸入式的参与式观察，她们的对话会有怎样的不同。

参与式观察者的角色必须以一种出现在日常研究背景中的方式来提升你对周围发生的互动的意识和好奇心。你要浸入你的研究情境、人群和研究问题中。有一种方法可以验证你在那儿是否适合，即看你是否发现你自己增加了决心，要以研究被试的视角来理解他们眼前的问题。这表明你已经能够将你自己的判断和关心悬置起来。用西格蒙德·弗洛伊德（Sigmund Freud）的话来说："我学会了限制推理的倾向……不断地观察同一件事情，直到它们自己开始说话。"（转引自Malcolm，1987，95）另一个验证是你是否看到了你以前从来没有注意到的事情。例如，在安德里娅开始她的社区研究之后，她写了下面的田野日志：

> 我去当地的饭店吃早饭，吸引我注意的是在早餐店里聚集着一群男人，我发现我自己立刻对下面这些问题感到奇怪：这些男人是谁？为什么他们来这里？我怎么以前从来没有注意到他们？我应该弄清楚他们是谁吗？也许他们代表着一些潜在的让人震惊的研究结果，而且是无法推倒的。我为这种新的观察力而高兴。

浸入其中的另一个好处是能将你的所见所闻联系在一起，至少能与出现在你面前的现象联系在一起，形成观念并把各种记录堆放在一起。当你返回自己的生活中进行研究时，还需要一段时间才能转换回来。

焦虑：一种伴随

浸入其他人的生活之中并与他人的生活联系在一起，难免就会出现紧张和困惑。当我在文森特人的村庄里找到一个地方住下以后，我在我的田野日志中这样写道：

> 我搬进了一间房子，房间里满是从污水沟的下水道中飞出的蝙蝠，杂乱厨房里的橱柜是蟑螂的公寓，在厨房的门下有一股类似

> 腐烂的东西发出的奇怪味道，每天早晨 4 点蝙蝠在天棚上赛跑，没有制冷设备，甚至于面包放一晚上就不成形了，还有一个漏水的厕所。
>
> 与走出房间到社区开始观察和访谈相比，搬进这间房间是容易的。我最后在大约上午 9 点时才强迫自己走出门，我觉得自己与环境格格不入、天真而又缺乏信心……

尽管我在另外一种文化里进行研究会伴随着新颖和奇特的感觉，但浸入与自己家乡不同的环境中会产生焦虑感。除了作为新来者会感到某些尴尬外，人们也会正常地怀疑你是谁、你为什么来、你将要做什么，你可能被证明是他们讨厌的人。

新的参与式观察者经常感到害羞，感觉自己侵入了其他人的领地，以及参与式观察者是多余的和没有必要的。除非你进行合作研究，否则这些是真实的——你既没有被邀请也是没有必要的。但是，如果你保持害羞，就会影响你的研究工作，因为你将对你到哪里去、见谁、问什么、花多长时间等有太多的限制。经过一些努力，并花一些时间再加一些技巧，这些尴尬就会过去，你就会开始感到自在了。你不得不适应当地的行为规范，并学会认同、尊重这些行为规范，进而对之产生兴趣。

一旦你被接受进入研究情境，你的焦虑就会变成新的担心：你与之谈话的是正确的人吗？观察的是正确的事件吗？问的是正确的研究问题吗？在加利福尼亚的里弗维尤开始关于种族特点的研究不久，佩什金（Peshkin，1991）在他的田野日志中这样记录道：

> 标题不断浮现在脑海中。在每个研究中这个过程都较早地开始。这不仅仅是一个游戏。我真的不知道我能、应该或要去说什么。这个地方支持什么故事？今天我第一次感受到了迷失的感觉。这个地方对我来说太大了，我不能掌控它。

他能够掌控它了，并至少了解了一些关于里弗维尤的故事。不同程度的焦虑一直伴随着我们：我们需要承认焦虑的出现，思考这些信息，接下来继续我们的工作。

除了焦虑，研究者还要面对由于过度工作而引起的思想和身体的疲劳，特别是由于过度处于某一状态，比如一直在舞台上因此要表现出最好的行为的感觉。研究者过久地在田野里工作之后，就会产生疲劳，有可能变得精疲力竭。无论是在田野工作内部还是在外部，当感觉到过度疲劳时，就该考虑通过各种形式的休息来缓解你的工作压力。

参与

前面讨论了在一个研究中你能或应该参与的程度是多少。霍洛维茨（Horowitz，1986，410）讨论这个问题时，表明研究者可以自由地选择参与的程度和形式：

> 我认为田野工作的角色并不是由田野工作者独自或更大程度来决定的，而是把其看作一个相互影响的过程，是研究者和被研究者不断谈判的过程。它是由田野工作者的素质和特点与研究背景及其成员的特点共同相互作用而形成的，不必去刻意创造就形成了研究者的角色。

无论你的研究兴趣是什么，你自己的个人特质可能是造成你无法接近研究主题或不能参与到一些事件中的原因。研究被试经常把研究者的角色与他们自己认定的概念框架对应起来。霍洛维茨被她研究的一群年轻男性看作“小姐”（这意味着她还没有结婚）和“记者”。这样的角色让她可以获得大量的信息，但也让她无法接触到一些讨论和观察。在圣文森特，我变成了在被试和政府、非政府农业机构之间传递信息的“农村妇女”。

你的参与成本和收益是平衡的。例如，如果一名教师问你在她教室的后面看到了什么，你以建议和强化作为回应，那你就将自己看成了专家，这样你就不可能再作为一名不做任何评判的研究者，这种不做任何评判的信誉也就会丧失。如果你被征召为一名自由的代课教师并且课讲得很好，那么你就会让那些正式教师意识到你教学的优点，也能让他们发现自己教学的不足。如果一个班级需要一个野地旅行的司机，而你却作为志愿者，那么你可能会把好人的角色做过了头，因为最后你所花的时间拖延了你的工作。但是作为一名野地旅行司机，你可能有机会观察不同于通常情境下的学生和教师的情况。除非你选择更多行动导向或更多参与导向的研究，你不得不思考你参与的程度，并与其他人也与自己谈判。

是边缘者还是学徒

在传统的民族志研究中，研究者经常被叫做"边缘的本族人"（Freilich，1977），因为尽管他们不断地接近研究被试，他们通常仍然是一个旅居者，在研究情境中生活，他们的身心都处于边缘地位。从身体上讲，研究者参加活动但还是待在外边、教室或会议室的后边。

尽管研究者和被研究者之间的互动是自由的，但互动通常都是在不过于亲密的情况下进行的。研究者不能充当或扮演改变者或判断者的角色，而应仍然停留在心理边缘上进行互动。保持边缘地位使得"当他们已经不再是朋友时，允许一个人花时间和另一组人在一起"（Horowitz，1986，426）。处于边缘地位的关键在于不能被注意到优势特点，不能以充分参与的方式出现，因此你可以自由而灵敏地关注到出现在你面前的事物。

但是，意识到选择保持边缘地位，在一些情境中就要疏远你的研究被试。他们可能把你当作冷漠的甚至是剥削的。在《无泪的死亡：巴西日常生活中的暴力》（*Death Without Weeping*：*The Violence of Everyday life in Brazil*）中，南希·舍佩尔-休斯（Nancy Scheper-Hughes，1992）描述道，作为和平机构的志愿者，她在巴西经济贫困社区花了很多时间。她积极给婴儿做免疫工作，负责青霉素注射，还作为社区的组织者创立了一个社区中心和白天工作的合作护理中心。15年以后，她作为一名人类学研究者回到同一个社区研究"母亲的爱与孩子的死亡"。一个老邻居和朋友欢迎她回来，但当她表明自己的角色时，她的老朋友变得厌烦了。他们希望她像以前那样帮助他们：

> 每次妇女们都带着她们的要求来找我，但我逐渐后退说："这件事情需要你来面对，我现在的工作不同了。在这段时间我因不能同时作为一名人类学家和朋友的角色而挣扎。"我保留了一些外来者的特点，而在巴西的社区中扮演了一个积极的角色。但我的观点似乎让我的耳朵变聋了，我无法获得新的信息。（Scheper-Hughes，1992，17）

舍佩尔-休斯继续做访谈并在社区中保持某种边缘地位，直到遇到了一个妇女：

> 为什么当她们如此愿意为我工作的时候，我却拒绝为她们工作？难道你不再关心她们个人、她们的生活、她们的苦难和她们的挣扎了吗？为什么我如此冷漠、如此被动、如此推辞……这个妇女给我一个最后的结论：下次我回到阿尔托，我要和她们在一起陪伴她们，而不是闲坐在那里做田野笔记。"这个人类学对我们来说是什么？"她们嘲笑道。（p. 18）

舍佩尔-休斯回去5年后，她想当然地将人类学家和朋友两种角色结合在一起了。尽管她发现这个角色的困难是难以平衡和"避免冲突"（p. 18），但当她证明她动人的民族志研究时，这个角色能丰富她对社区的理解。

当参与增加时，边缘的地位就下降，你就会开始经历其他人所看到的、思考的和感受的。这对你和你的研究被试来说是绝对值得的；边缘地位由于优势较少，无法替代参与时出现的感受。如何将参与和观察联合在一起，取决于你希望理解什么、你的理论立场和你的研究被试。

民族志学者经常与被研究的群体和当地协作者（local facilitators，有时指当地的咨询者或合作者）的一个或更多的人建立亲密的工作关系。以前他们被贴标签为"信息提供者"（informants），这个词有殖民的含义。从向研究者介绍潜在的资料源到回应研究者分析问题和思想，当地协作者可以采取各种方式来帮助研究者。一些地方的协作者是研究的合作者，因为他们在研究的全过程中或大多数方面都是研究者的伙伴。为了努力强调权力的不平衡，一些民族志研究者将自己看作社区中的一些人或是要去的研究地方的一群人的"学徒"（Tedlock，2000）。他们通常对同他们已经建立起一定关系的人进行研究，将外部人和内部人集合在一起对共同工作的事项进行谈判。当地协作者可能最后已经控制了从研究什么到能发表什么的每一件事情。我对志愿研究者的认识符合这个模型，因为研究者为一群人提供他的服务，并要与这群人谈判将要聚焦什么问题、如何进行研究和能够发表什么内容。

获得和失去自我

参与式观察经常将研究者置于其他人的生活中，适当地采用自我意识有助于进行研究。如果参与式观察仅仅是带着自己希望看到的内容去参观，过着快乐的时光，那么之后你就很少能了解当地人是如何生活的。研究者有观察的目的，但是刚开始时，在特定的研究背景中他们要隐藏这种目的，在研究地点隐藏研究目的可以指导研究者的行为。一个不可避免的事实是，研究者不仅在被研究者的其他正常生活情境中出现，而且还在研究中以最佳的资料收集方式来塑造他们的行为。

你已经控制了你的语言和行为，但你无法控制自己的其他方面，如性别、年龄、宗教和民族。但即使存在一些似乎无法改变的特征，如性别和民族，你也可以选择如何展现你自己。例如，丹尼尔（Daniel，1967，275）详细描述了 20 世纪 60 年代当她在军官中以一名女社会学家的角色进行研究时，她学会了适当地表现自己的行为：

> 某些行为被认为是不适合的，甚至某些女性的行为也可能被认为是无礼的：用力地鼓掌，面对面地直接目光接触，活泼的、效率高的气氛，平等地说笑话或开玩笑的行为都会起到相反的作用。最令人烦恼的是我天真地假设我们当然是平等的。重要的是学会等待，一直等到我被平等地对待。当我学会甜蜜地笑、保持我的眼睛向下看、无助地请求帮助、表现出了明显的女性行为时，我和睦有效地进行研究工作的能力就增加了。

大多数研究情境不需要这样极端的印象管理。在圣文森特，我一直穿着裙子，因为裙子比较短而且宽松。我并没有考虑适合的服装。在基督教学校，佩什金刮掉了他的胡须，并且我们俩都仔细地将我们语言中琐碎的诅咒语清除掉，比如“糟了”、“该死”、“啊”等词。研究者经常不得不为了能被被试接纳而工作，不断地表现出一种非侵犯的风格，正如洛夫兰德（Lofland，1971，101）指出的，变成一个“社会接纳的无能者”。你需要在多大程度上为了研究的目的改变你的行为，这很难来定义：诚实的边界在哪？什么时候调整的程度过大了？在日常生活中，你在不同的情境中展现你自己。尽管研究时要比日常的情境有更多的自我意识，研究是一个更需要你以新的方式来展现的情境；但是，某种程度上，这种印象管理变成了撒谎和已经越过了伦理许可权限的边界吗？

许多人通过秘密的参与式观察的方法收集资料，这样做要十分小心地监控他们的自我表现（通常不支持秘密地研究）。道尔顿（Dalton，1959）作为公司的管理者，秘密地调查公司的管理；霍曼（Homan & Bulmer，1982）把自己当作一名见习修道士，对圣灵降临教派和教友宗教小组进行研究；苏利文等（Sullivan，Queen & Patrick，1958）为了研究空军的招募者，减轻体重、改变年龄并启用“新的人格”；汉弗莱斯（Humphreys，1970）为研究同性恋现象而在公共卫生间扮演看门的角色。对有权势者、非法的、边缘的人群进行研究的人员经常采用秘密的方式来收集资料。

秘密研究充满了问题和困难，在伦理那一章里将更广泛地讨论（第六章）。一方面，一些人认为秘密研究对研究被试、研究者和研究的原则是有害的。另一方面，一些人相信当获得知识的收益超过伤害时，当通过保密和匿名的规则能将伤害最小化时，欺骗的方法在某些地方是可以接受的。

有准备的和变通的

学习成为一名有效的参与式观察者是需要付出一番努力的。第一，有关你的身份，如性别、年龄、民族或出生地等，这些都可能影响你接近被试和收集资料。一些帮助你展现你自己的方法能让你受欢迎吗？第二，通过做好前期工作并和“内部人”交流，来发现在你进入研究情境之前通常的服装和可以接纳的行为。在你的研究中与其他人互动时会犯错误，但是要对主要的犯错误情况做好准备。第三，当你开始进入参与式观察者的角色时，要寻找更适合的方法。这意味着当你要研究十几岁的儿童时，你需要重新学习最新的音乐；当你要在中西部地区以男性为主的教育公寓中进行研究时，你要持续关注足球赛的比分。第四，继续进行参与式观察，要意识到在同一背景中的不同群体，要仔细思考这些不同的群体是否组成了一个联盟。除非你的研究焦点很窄，只关注一个群体，比如运动员学生群体，那么这些群体并非形成了一个联盟。第五，注意避免一个自然倾向，即与对你所知道的内容感兴趣的人分享你了解的情况。因为谨慎而保持沉默是很关键的，与你谈话的人由此知道她或他能够安全地向你讲述任何事情。第六，当你通过参与和观察来了解情况时，要保持变通性并以开放的方式将你的研究计划变成有益的方案。

苦乐参半的时光：分离

> 做人类学研究的每个人都知道，这是一个公开的秘密，从田野回到家和到外面去调查一样痛苦，甚至可能更痛苦。
>
> （Berlinski，2007，273）

离开田野这段时间可能苦乐参半。你高兴地完成了田野工作并回到了你正常的生活，你终于能开始处理在你生活中被忽视的其他事情，你可以和你的家人、朋友共同度过一些时光。但你仍然是悲伤的，因为你已经对一些事情太投入了。你可能结束了一段良好的关系和美好的时光。即使你从来不接受其他人的思想意识，你也很有可能产生共情并喜欢与其他人互动。有这样一种悲伤的可能原因：你永远也无法回到田野工作的那一种情境中了。

当你重新回到田野工作前的生活时，你可能感觉生活十分混乱。毕竟，你曾经将自己调整成其他人的生活了。你可能感觉你自己与以前不同了，长期地浸入其他人的生活提高了你的一般自我意识。你因不必去长期观察而感到轻松，但你发现自己开始通过与研究被试生活方式比较来重新评估你的正常生活。你怀念那些人、那个地方和他们做事情的方式。当然，离开了加勒比地区的村庄不同于离开了你正常生活的城市中的学校，但离开两个地方都会让你苦乐参半。

思考

埃弗拉因和恩里克是墨西哥年轻人中的非正式领导人。当我们决定作为共同研究者一起工作后，我们开始讨论如何进行研究。我们创造了一种行动研究的陈述来描述我们的目的之一，即在偏远的墨西哥社区，对年轻人群体如何形成他们的生活观念进行纪实性的描述，并调查在埃弗拉因和恩里克所在的群体的形成过程中这些观念所起的作用。当然，我建议我们通过访谈和参与式观察来收集资料。我的合作研究者清楚被研究者的反应，他们既不想被访谈也不想被观察。

从他们的经验来说，有些人来研究他们，而不是和他们在一起，他们可能不愿重复那种模式。他们描述了一个来自美国的年轻妇女，她用一个学期在墨西哥进行研究，如果她花一些时间和他们在一起，就会对他们的组织有更多的了解。他们以热情好客的方式欢迎她。她来的时候带着一个笔记本，从野餐的地点到办公、会议、用餐的区域，不断地做笔记。他们建议她放下她的笔记本，参与到他们的对话中来，但是她拒绝了，说他们应该忽视她，她在那里仅仅是作为一名参与式观察者。

正如这一章已经表明的，这个女研究者决定与被研究的群体分离，当然这并不是参与式观察者唯一可以采用的一种方式，我与合作研究者的讨论让我更清楚地意识到被研究者对这种研究可能的反应。埃弗拉因和恩里克强调我们一定不能与我们要访问的年轻人分离开。他们建议不用参与式观察，而是通过和这些年轻人一起工作、与他们进行反思性对话和与其他的社区成员互动等来了解情况，因为年轻人与社区不是分离的，他们是社区的一部分。研究的目的不是让我的合作研究者和这些被研究者保持一定的距离，或被认为是与他们不同的人，而是要通过和被研究者做朋友来了解他们。

你可能在生活中无法陪伴被研究者，你受被研究者欢迎的程度取决于你的研究目的与被研究者思想的相容性。无论你是否需要和能够伴随你要去研究的那些人，对许多研究者而言，选择研究的方向都是一个十分重要的问题。

＊＊

推荐的阅读材料

Bogdan, R., and S. Biklen. 2007. *Qualitative Research for Education: An Introduction to Theories and Methods*, 5th ed. Boston: Pearson/Allyn & Bacon.

Emerson, R. M, R. Fretz, and L. Shaw. 1995. *Writing Ethnographic Fieldnotes*. Chicago: University of Chicago Press.

练习

观察活动

（1）至少有两个同班同学，参加一个能够做田野笔记的公共活动。对描述性的细节和个人的思想和问题进行记录。之后，与你的同班同学分享你的田野笔记，并记录不同的和相同的部分。你们彼此学到了什么？下次你要做田野笔记时会采用什么不同的方法？

（2）在你做田野笔记时，一定要积极地反思，在你的观察笔记本中间垂直地画一道竖线。现在选择一些你白天能看到的事情去观察，过一周的时间，这些事情发生了怎样的变化，比如，城市工人重新修建了你们街区的人行道或城市的图书馆晚上开放了。我从桑斯坦和奇瑟瑞-施特拉特尔（Sunstein & Chiseri-Strater，2002，93）的研究中借鉴了这个活动，一个学生观察写在公寓浴池上的字，并与其他几个同伴进行分享。想清楚研究的主题并每天留出时间进行观察。在竖线的左边记录你的观察，在右边反思改变的意义。你会想出什么问题？在周末对通过做这些笔记所了解的情况写一个短的反思。

（3）你的观察任务部分是锻炼你的描述技能。带着你的田野笔记本到你的研究情境中。只是全神贯注地观察研究背景。描述你看到、闻到、听到和感受到的事物。把你的观察写成一篇小品文，你还要注意读者的感受，并假设读者在学校、私立的疗养院、物理治疗诊所或任何一个你可能做研究的地方。与你的同班同学分享你的观察记录，问他们在研究情境中还有哪些需要并尽可能生动地进行记录。

（4）在记录观察的过程中要坚持分析和写作。为了分析和写作，你要在研究现场做更长时间的观察。然后通读你的田野笔记并思考行为模式。开始你能识别出一些行为模式吗？这是一个分析的过程，行为出现在什么事件中？谁愿意参加？互动的模式是什么？你可能在这个时刻对这些问题都没有任何答案，但是提出问题是你分析工作的一部分。现在，看你写出的描述。挑选出最能唤醒你的场景和活动。思考这些描述和模式，写一篇小品文以便给一个外来者一个简单的介绍。努力使用内部人的语言来代表内部人的认识。和同班同学分享小品文并一起为在你的研究现场对你未来的观察和对话提出更多的问题。

（5）在你的研究地点进行了几段观察之后，根据你的田野笔记写另一篇小品文。把你的小品文和观察记录带到你的班级和同伴来分享［这个练习改编自桑斯坦和奇瑟瑞-斯特拉特尔（Sunstein & Chiseri-Strater，2002，83－84）］。

● 彼此看田野笔记。观察的页数连续吗（如果这个笔记本的各页是没有粘好的）？每页都有日期、时间和地点的记录吗？

● 田野笔记能够表明有详细阐述的证据和在观察期之后的反思吗？

● 现在看小品文。让不熟悉研究背景的人理解研究关注的焦点需要什么背景信息？

● 让读者沉浸在当地日常的情况和典型的仪式中还需要其他什么细节？

● 你还需要更多地阅读些什么？

● 哪种类型的事情会减少信任？哪种事情能够增加更多的信任？

● 你了解观察者的情况吗？他的感觉好吗？你还需要去了解观察者的其他什么情况吗？

文献和档案活动

（1）用头脑风暴法来收集与你主题相关的资料，而不是通过做笔记和访谈来收集资料（如收集日记、学生的论文、研究被试制作的剪贴簿、拍的照片或让研究被试针对某些主题而拍的照片、绘画或请被试画的画）。与同班同学讨论观点并通过研究被试来验证它们。反思你所了解的并提出新的问题。

（2）沉浸在观察和访谈中，新的研究者经常会忘记寻找在他们研究领域中历史背景资料和先例。思考哪种历史文献（如政策文件、会议记录、信件、报纸文章、照片）将能帮助你定位历史背景。不要忘记图书馆的文件，在这里通常能收集到人们的个人档案（如日记、信件、付费日志），它们可能对你的研究工作是有用的。至少采用其中的两种资料来核查你的研究，并进入你的研究日志反思每一种资料对你研究的贡献。

（3）万维网对你项目的各个方面都是有用的。它能帮助你发现以下的内容：

- 潜在有用的书和日记类型的文章；
- 潜在的相关组织或个人的联系信息；
- 通过相关的聊天室、博客（blog）或新闻组等了解到的关于你的观点和理论的其他视角；
- 来自你的研究领域的成员制作的档案和其他的手工制品；

选择这些条目中的两个并寻找与你主题相关的信息。你用的信息来自哪里？它是如何影响你的研究方向的？

视觉资料活动

班克斯（Banks，2007，55）建议研究者："如果其他视觉形式都隐去，努力想象他们所选择的研究领域是什么。这可以帮助研究者去认同他们视觉想象所增加的信息。"记下班克斯的建议。根据你视线离去之后的感觉来写你的研究背景。你通过其他的感觉来了解它了吗？在下一个观察阶段你需要采用什么方式来增加其他感觉的信息？什么视觉图像尤其需要增加到你研究的焦点问题中？

第四章

让语言飞翔起来：通过访谈建立理解

记忆

纺纱的灰尘和碎屑，
当它们穿过白垩和废墟时，
就会被吸入其中。
热工、冷作而成的午餐桶，
好的马、坏的马都有它们的名字。
比马更好和更坏的骡子，
也有它们的名字。
那时马和骡子身上两边的锡
相撞发出叮叮当当的响声。
脱谷机轰轰隆隆地震颤着，
农夫们手里摇着粪便的吊具，
拖拉机的曲轴断了，
叔叔的手臂，在空中横扫着。
树屋和肮脏的机器成为了挡风的墙，
风将它的愤怒朝向了谷仓。
在那里奶牛踢翻了水桶，
灰猫也坐在了水枪上，
它的胡子因沾着厚厚的牛奶而交织在一起，
像交叉的鸡毛做成的笔，也像解开了的钩子。
农妇从最简陋的母鸡鸡窝里，
拾到了温暖褐色的鸡蛋，
然后转身离开。
在朝着房子的地方有台脱谷机，
稻谷去皮后，就可以做成晚饭。
稻谷堆到了屋顶和厨房的天花板，
弯下腰就能抓起稻谷。
叔叔和堂兄弟、奶奶、爷爷，
父母和孩子们一个接一个，
看上去像抱布娃娃那样抱着稻谷，
他们的脸上挂着憧憬，
然后回到自己的椅子上。
蓝色和白色的盘子里装着鸡肉，
还有火腿和土豆泥。
这些食物在他们面前依然热气腾腾，
与肉汁船和豌豆碗一起，

还有三种馅饼。
突然传来一声叹息，大家都立直了身子，
拥挤、轰鸣、尘土飞扬的漏斗，
那漏斗下谷物的顶部像一个钢笔笔尖。

（Ted Kooser，"Memory，" from *Delights & Shadows*. Copyright © 2004 by Ted Kooser. Reprinted with permission of Copper Canyon Press，www. coppercanyonpress. org）

想象一下把访谈看作让语言飞翔起来的过程。访谈不同于打棒球，因为击球手有时会无法击中投球手的球，所以投球手会从中获得快乐的感受。而访谈者提出问题，却希望击中受访者，并且希望这些问题能完美地击中资料库中的每一个细节，但如果对这些资料整理不好，这些访谈资料就会成为一些杂乱无章的词语。作为研究者，你希望能通过你的"投掷物"——问题，从重要的受访者那里提取到你所不知道的文字信息。你希望能像泰德·库瑟（Ted Kooser）诗中描述的关于"好的马、坏的马都有它们的名字"的记忆一样，能通过"笔尖"把这些信息转化为有价值的资料——如学位论文、学术论文和专著等。

让语言飞翔起来是这章的主题。将这一主题简单表述一下就是：对研究主题进行明确的定义，设计切合主题的访谈问题，运用熟练的访谈技巧提问，用充足的时间向乐于提供信息的、具有丰富经验和知识的受访者提出问题。就像投球一样，获得优质的访谈资料需要有丰富的经验。

访谈：一种交流

哪种类型的交流是访谈？访谈至少要有两个人在交流，其他可能的访谈类型还有一个或多个访谈者与一个或多个受访者进行访谈等。一次对超过一个人进行的访谈有时非常有效：儿童通常需要有人陪伴，从而能更勇敢地接受访谈，有些话题在小组中或在本章后面将介绍的焦点小组（focus group）中探讨会更有效。

在传统的方法中，访谈者经常要问对于他们而言十分重要的问题。受访者在回答问题时一定会受到他们自己的动机、价值观和需要等倾向的影响，研究者需要分析出这些影响，才能更深入地从他们通过提问所获得的资料中获得有意义的信息。访谈的问题通常由访谈者提出，或许这些问题在访谈开始前已完全被制定，而且在访谈过程中保持不变［结构式访谈（structured interviews)］。问题也可能在访谈的过程中呈现出来，并且可能增添新问题或可能替换之前的问题［半结构式访谈（semistructured interviews)］。问题还可能通过对话和交流，在现场由研究的焦点引导出来［无结构式访谈或对话访谈（unstructured or conversational interviews)］。通常来讲，质性研究者以访谈问题开始，在访谈过程中保持着改进和增添问题的开放性——本章中有建议的方案。

访谈中的问题并非是一成不变的，它是在与一定数量的访谈者进行访谈之前就需要进行充分准备的。不论你多努力来制定一些有效的问题，这些问题都应该是暂定的，这样才能够对访谈提纲或列表进行修改、废弃、替换或添加新内容。越多地或者从根本上改变你的访谈提纲，你就越有可能返回去找受访者询问新问题。总的说来，彻底告别受访者是不可行的，要留下返回去进一步做访谈的机会。

访谈可以以不同的方式出现在一个研究中。在实证主义的研究传统中，访谈是后续资料收集的基础，并根据访谈最后形成问卷。由于对感兴趣的现象了解不充分，研究者通常采用一个样本，根据样本中被试的反应来确定哪些内容放在问题和量表中是必要的。另外，在实证主义研究方法中，访谈者将受访者对问卷的答案作为对效度的检验。例如，当受访者选择"非常同意"和"非常不同意"时，这代表着什么？对一个小样本的受访者进行深入调查，调查他们对"同意"和"不同意"的理解，这样可以判断出不同的受访者是否对访谈问题有着相同思路的理解，同样，这种深入调查也会深入探讨受访者的回应。在解释主义的研究传统中，访谈是研究中独立的一种资料来源，也可以与其他方法如参与式观察法和文献法结合起来使用。

在民族志研究的面对面交流中，研究者对他感兴趣的事情在当场就可以提出各种问题。这种调查是在情境中即兴进行的，研究者没有对访谈的问题在时间先后顺序上进行正式的安排。半结构式访谈则恰好相反，它是一系列有意图的、更正式的过程。就像在口述史访谈和生活史访谈中，研究者可能希望了解到他没有看到或永远无法看到的经验和事件。例如，扬·米达尔（Jan Myrdal，1965）在《来自一个中国农村的报告》（*Report from a Chinese Village*）中，通过对一些人的口述史访谈，重新建构了从国民党政权到1949年后共产党政权下的中国农村是如何发生转变的。再举一个近期的例子，阿兰·维德尔（Alan Wieder，2004）套出了南非教师反对种族隔离制度的证词。口述史访谈聚焦于历史事件、技能、生活方式和正在改变的文化模式（Rubin & Rubin，1995）。生活史访谈则更关注一个人或多个人的生活经验。玛丽·F·史密斯（Mary F. Smith，1954）在《卡罗的老爸》（*Baba of Karo*）中，通过生活史访谈重新创造了尼日利亚豪萨（Hausa）部落的一个妇女的生活。

口述史访谈和生活史访谈都是聚焦文化概念的例子，"在文化的访谈中，研究者了解到一代族群成员如何将他们的规则、习俗和价值观传给下一代"（Rubin & Rubin，1995，168）。文化访谈中的问题是关于人们对记忆、经验和历史事件的理解。口述史访谈和生活史访谈，虽被主流文化忽视，却也是一种挑战和反驳"官方陈述"的目击事实（Wieder，2004）。观察可以让你从看到的当地人的生活状况中形成你自己的理解，但是你只有从访谈中才能获得当事人的经验和解释。

除了对人们过去的生活经验和生活事件进行访谈，你或许想要访谈他们对一些话题的观点、理解和态度等。例如，询问教师们关于在中学理科课程中对政府授权改革的观点：作为教师，他们如何理解这项改革在他们工作上的影响？他们对改革影响的态度如何？关于政府课程授权的实用性，你或许会着手做一个能够获取资料的访谈，这些资料会有助于明确教师对理科课程的理解和了解执行改革政策的障碍。这是话题式访谈的形式，这种访谈更多地聚焦于某个项目、某一言论或某个过程，而非聚焦于人们的生活。

质性调查中访谈的优势在于，你有机会对无法看到和无法了解的事物形成认识，并用这些认识来代替你对所看到事物的解释；有机会在你访谈的对话中出现与你原来预期相反的偶然发现。在聆听受访者的过程中，你可以了解到下一步需要提出什么问题。

发展出访谈的问题

问题的内容

何为访谈问题的来源？在民族志研究中，研究者在访谈之前作为参与式观察者而获得的经验通常是建立访谈问题的基础。因此，研究者感兴趣的人物和在环境中所看到的、听到的，就成为对建立问题有价值的信息。当然，参与式观察并非总是先于访谈问题的提出。那么情况是怎样的呢？事实上，应当针对自己的研究主题进行提问：这是不是我想知道的问题？什么问题是我必须直接询问受访者的？

有时新手会将他们的研究问题与访谈问题相混淆，以为可以把他们的研究问题修改成访谈提纲。"研究问题是根据你所希望了解到的事情而制定的，而访谈问题是为了对这些问题形成理解而向人询问的问题。"（Maxwell，1996，74）尽管研究问题和访谈问题之间有一定的关系，但访谈问题比研究问题更加情境化和更有针对性。设计访谈的问题"需要创造力和洞察力，而非机械地把研究问题转化为访谈的指南"（p. 74）。

在民族志调查中，访谈的问题应该扎根于受访者的文化现实中：问题应该源于受访者的生活。萨拉在访谈老师关于他们的课堂经验时，就知道要问什么。因为她参加了教师们的教学方法的备课，还观察了教师们上课的情况。她知道针对课堂中运用教学方法应该问什么问题，对教学督导教师应该问什么问题。在对这两种人的研究中，她都是先通过与她熟悉的人交谈，例如，与从前的教师和教师督导者交谈，还通过阅读与研究主题相关的文章，并且熟悉自己在田野工作时所持的理论等，然后以上述经验为基础去设计她的研究的访谈问题。

不论是内隐的还是外显的理论，都隐藏在一些行为之中，它是访谈问题的一个重要来源。例如，达伦计划调查他所谓的"重返学校的辍学者"——高中辍学但又重返成人教育项目继续学习的年轻人。他的问题起源于他的理论知识。一段时间后，他们通过小规模的试验，也通过与其他研究者、资料提供者的磋商修改了这些访谈问题。这反映出了他关于研究主题的理论思考。例如，他问：

(1) 重返者为什么离开第一所学校？（能反映出在前一次离开和这一次返回学校之间有何联系）

(2) 他们的父母对于他们辍学的决定是如何反应的？（能反映出在前一次离开和这一次返回学校上父母扮演了什么角色）

(3) 他们有没有朋友也辍学了？（能反映出同伴是否影响了他们离开与返回的动机）

(4) 他们是如何了解到成人教育项目的？（能反映出项目信息资源对这些人的可能影响）

(5) 成人课程与中学课程在对待学生的方式和指导的内容方面有什么不同？（能反映出成人课程与高中课程相比较的一些特点）

这些互不相关问题的累积并不能等同于理论；然而，它们能够直接指出对于重返学校这个复杂现象的理解，它们是理论的前身。简而言之，达伦通过辍学重返者提供的答案，提高了解释这一现象的原因的能力。

你对方法论的理论假设也会形成所要访谈的问题。例如，一个民族志的理论假设是，虽然社会行为有其多样性和情境的特殊性，但社会行为反映了一种文化的模式，并且这些社会行为可能足以解释这种文化模式。在这种理论假设的引导下，民族志研究者询问人们做事情时采取了哪种行为方式、持何种经验与态度，同时也要弄明白一些行为和认识的意义是什么。相比较而言，叙述调查的理论假设是，人们关于一些事情的叙述和故事是“人们如何在生活中建构经验和建构意义的一个自然的、明显的、真实的窗口”（Schram，2006，105）。调查的各种理论视角，会引导研究者聚焦于某一些完整的故事，这些故事是在特定情境下被调查者自然发生的，研究者通过访谈去记录这些故事。关于访谈的后建构主义理论假设是，如果访谈者站在中立的立场，那么“他们就与受访者之间建立起了一种等级的、非对称的（如父权式）关系，在这种关系中，受访者被当成研究的‘客体’”（Rapley，2007，19）。中立的立场则是研究者参与到进行合作研究的受访者之中，关注他们的对话、共同合作、与他们彼此坦露自己的内心。总之，你的问题很大部分是与你、访谈者、你的理论视角有关的问题，而不是第一眼看上去就十分明显的问题。本章集中讨论的是民族志的访谈。

设计访谈问题的方法

托德为了评估孩子在学校的表现，将访谈他们父母的看法作为一种评估方式。他说：“我解释每一个问题都要花45秒，所以我需要简化这些问题。”研究者询问的问题通常对他们自己而言很完美，但是对于受访者来说就不够清楚了。巴顿（Patton，2002）在他的《质性研究与评估方法》中，关于如何制定好的访谈问题有一些较好的建议。他谈到了许多种问题，建议研究者从不同的角度来提出问题。

巴顿（Patton，2002）描述了不同种类的问题，具体包括经验和行为问题、观点和价值观问题、情感问题、知识类问题、感觉问题、背景和人口学问题。通常说来，经验和行为问题对于受访者来说是最容易回答的，也是能让访谈顺利进行的良好开端。相反，知识类问题给人一种测试的感觉，受访者会感到窘迫难堪，至少在受访者回答“不知道”而你假定他知道的情况下是会这样的。如果知识类问题能够从相关文件或某个知情人如部门主席处得到，就应从那里取得这些信息，再相应地删减访谈列表中出现的此类问题。

巴顿（Patton，2002）还提示我们可以询问当前、过去和未来的问题。然而，对未来的假设所提供的资料在描述时既不“丰厚”，在资料分析时也不够实用。“你认为运动类药物诊所在未来10年内会怎么样？”这个问题只能获得一个愿望单。当然也存在例外。过去和现在的信息能让我们获得的资料更具有故事性、描述性和格言性。

“问题的遣词造句和询问方式会影响受访者的回答。”（Patton，2002，353）你不仅要考虑不同种类的访谈问题，还要像托德访谈父母一样认真准备设计问题。浏览一下你的问题，把“是”或“否”的问题（如“您是否参加志愿活动？”）改编一下，因为“是”或“否”的问题会引导受访者做出简短的回答。重新考虑多种类型的问题（如

"请告诉我您上次参加志愿服务的时间，服务了多久，还有您的感受如何"），因为受访者很可能会对其中一个问题描述很多而忽略了其他问题。"为什么"这类问题（如"您为什么参加志愿活动?"）也比较麻烦，因为尽管受访者可能会说很多，但不同的受访者会从不同角度回答，这些回答让你对此类问题的认识更为困惑（Patton，2002）。作为研究者，你要去调查受访者的主要类型和他们对问题的认识。例如，受访者可能会说她参加志愿活动是因为儿时的经历，也有人会说他需要回报社会，还有人会说志愿者的工作能让她接触到其他人。"为什么"的答案，会产生一个参加志愿活动的原因的清单。但是如果你询问受访者关于家庭社会化和他的道德信仰对他参加志愿活动的影响，还有他参加志愿工作的报酬等问题，那么你对志愿活动的理解或许会更加深入。

一种可考虑使用的是预先假设型问题（presupposton questions），即访谈者预先假定"受访者对这类问题有话可说"（Patton，2002，369）。访谈新手通常从可以简短回答的问题开始，例如："您对志愿工作满意吗?"接下来是更开放的问题："您觉得对哪些方面满意?"或："您觉得对哪些方面不满意?"你可以预先假定答案是"满意"，再开始这样的陈述："现在我要问您对于志愿工作的满意度，让我们从'满意'的方面开始说起吧。"

预先假设型问题是非常实用的，引导性问题则不是这样。有时候这两种类型的问题很容易混淆。在引导性问题中，访谈者已经做出了对答案的明确指示。想象如果你这样问问题："通常情况下很多人只关心自己，从来不考虑自然环境的问题、无家可归者和贫穷的人，除非是他们自己或他们的家庭也面临着类似的问题。那么志愿工作对于你来说意味着什么呢?"如果你以这种方式提出问题，受访者怎么会轻易地告诉你他在春天的假期到"仁爱之家"（Habitat for Humanity，一个帮助穷苦的人们盖属于他们自己的房子的组织）的主要原因是他女朋友报了名呢？相反，预先假设型问题，先假设志愿者工作对于志愿者有意义或无意义（或者用"满意"、"有用"等词），但不引导受访者用哪种特别的方式来回答问题。

接下来的讨论来自凯利·克拉克（Kelly Clark，1999）关于女学者的一项研究。这些女学者是工人阶级家庭出身，并是那个家庭里第一代上大学的大学生。她在研究中提出的问题是质性研究中典型的例子。这一研究也证实了在不同时间段向同一个受访者进行一系列访谈的重要性，这样有助于与受访者保持和睦一致的关系，也有充分的时间从受访者那儿获得信息。

克拉克以询问每名女学者的工作并描述她们典型的一天为初始问题。斯普拉德利（Spradley，1979）把这种问题称为"大旅行问题"（grand tour questions），这种问题要求受访者在语言上把访谈者带入一个地方、一段时期、一系列事件或活动、一群人或事物中去。"大旅行"可以让访谈有一个好开始，因为它询问受访者的是易于回答的经验性细节。

访谈中可能会出现一个普遍性错误，就是在尚未与受访者建立信任关系时，即还不能让受访者可以毫无保留地回答问题之前就询问受访者有关这些话题的问题。因此，克拉克在第一个问题之后设计了另一个关于女性学者的易于回答的问题："您是怎样投入现在所从事的工作的?"这个问题可以在第一次访谈里就使她巧妙地把话题转移到她感兴趣的领域中——她们所使用的语言和所表达的情感都会表达出她们作为第一代女性学者已经取得的影响的意义，也会表达出作为第一代女性学者未来持续的影响的意义。克拉克计划对每名女性学者进行三次最小型的访谈。在第一次访谈中，她设计了有关她们如何走进大学这一过程的问题，以及在成为女性学者的追求中有关自我反思性的问题。第二次访谈就进入了对某些人来说是比较痛苦的领域：机遇、选择如何影响了受访者个人和教育的支持系统。最后一次访谈则可以反映出受访者如何使自己与高等教育保持一致的细节。在第二次与第三次访谈中，克拉克可以询问比第一次访谈更难回答的问题，因为这时询问更复杂深刻的问题的基础已经建立了。

提出了含糊的问题而得不到全面的回答也是一个容易犯的错误。"在大学里怎么样?"是个太宽泛的问题，受访者回答这个问题时可能简单地说"很好"，也可能说些与主题并不直接相关的经历。你可以让受访者回想，并重新捕捉那些能使问题更加明确的信息。克拉克接下来的问题是："我想让您回到可能有时想不起来的那段时光，想想当您第一次来到学校是什么时候？您可能会想起第一天来学校的很多事情，当时想象的校园是什么样的？”这个思路能够给受访者提供回忆很久都想不起的事情的心境和支持。这些提问能够促进受访者回想起事情发生的时间、地点、意义和所引起的感受等信息。克拉克接下来继续询问有关过去的事情：“假如我现在和你一起回家去看望你的家人，我可能会看到什么？接下来会发生什么？请你描述一下你所能想到的事情。”

受访者乐意回答克拉克所提出的问题，这是因为回答这些问题可以让她们对自己的行为进行反思，并且可以让她们将自己生活中片断的回忆以某种方式整合在一起，这种整合方式以前从来没有过。因为克拉克自己就是第一代大学生，在第三个阶段的访谈中，访谈变成了口语化的对话，在这种对话中可以反复回忆彼此的生活经历。通过第三阶段的访谈，克拉克可以直接询问每一位受访者对生活的顿悟，这些顿悟可能是偶然出现的或是意识到的，“切开个人生活的内核而扔掉不能吃的外壳”（Denzin，2008，120）。这些是关于个人经历的故事，这些故事对访谈者和受访者而言往往都是最有意义的。

用一些主题（例如有争议或非常敏感的话题）可能更容易获得受访者个人的观点。在问这些问题时，对自己的语音、语调要仔细推敲，而且对直接提问和概括化提问的程度也要仔细推敲。你可以问：“护士喜欢你吗？”“护士在你的医院吗?”或者：“护士一般情况下怎么样?”声音会随着个人自我袒露程度的下降而升高。一旦你感觉到你的问题过于涉及个人隐私而不能直接提问的时候，你可以将它转化为一般化的问题，并假设相互对话的时间越长，就越有可能以更私人化的小声音进行交流。

要设计一些热身性的访谈问题，而其他的问题最好在问了这类问题之后再询问。当你把每个问题的内容和形式都设计得十分贴切时，同时也要注意到问题的顺序。哪些问题放在访谈开始的部分会让受访者更容易回答？受访者会感觉你最初的问题是可控的，并能确保他有安全感吗？放在开始部分的那些问题（因为这些问题是后面问题的基础）是否给你与受访者建立和睦的访谈关系留出了更多的时间？哪些问题要采取特定的顺序提问？哪些问题要尽可能分开提问？因为你希望对一个问题的回答不要影响另一个问题的答案，所以放在后面提问的问题最好是总结性的、结束性的、反思事物本质的问题。例如，斯图尔米勒（Stuhlmiller，2001，75－76）1989年在加利福尼亚的旧金山大地震时期对救援者进行了一个以情感为主题的访谈。在要结束每一个访谈的时候，她会问类似这样的问题：“通过你所遇到的人，你对自己有了哪些了解？”或者：“你对其他人提出了哪些建议？”正如她所陈述的：“这种对访谈者引导性的提问可以让受访者看到这些经历中积极的、促进个人成长的方面，这种思考可以在访谈之后还能产生持续的影响。”当然，我们都知道研究者自己最初设计的计划会发生变化。你问问题时的逻辑顺序要符合受访者回答你的问题时所出现的心理顺序。没有必要按照你设计的访谈问题的顺序进行提问，正如你看到的，你和别人谈话的时候可能自然就会涉及你的访谈问题中的各个方面，这些谈话根本没有按照你设计访谈问题的顺序出现。你接下来要学习设计与之相关的问题的新方法。

修订与试验性前测

应把访谈之前设计问题的过程看成一种持续的交流过程，研究是你的研究主题、访谈问题与协作者（能够在研究过程中在各方面帮助你的人）之间的交流过程。

首先，思考一下在试验性前测之前，研究者、试验性的研究主题和试验性的访谈问题这三者之间的相互影响。先试验性地确立你的研究主题和访谈问题——因为这样能够保持适宜的开放性，让它们更符合现实，而且访谈问题也将会有所改变。将这些访谈问题写下来，检查这些问题是否与研究主题相符，这时你可能会修订你的研究陈述，之后再重新考虑这些访谈问题是否合适。

其次，研究的协作者加入后，在试验性前测之前，就出现了四种因素相互影响的画面。研究的协作者或合作者是你认同的研究伙伴，他们会阅读你设计问题的初稿并指出你研究的重点。他们会以他们自己的逻辑来评估你的研究问题，给你提出建议，让你返回到电脑前重新设计更多的草稿。这样的协作者会指出你的语法是否有问题、表述是否清晰和访谈问题与研究主题是否相符。除此之外，某些协作者还可能具有你的研究主题中的人或现象所具有的经历，这样可以确定研究问题是否符合受访者的文化现状。毫无疑问，最有效的协作者是你的问题对他有意义的那些人。最大的挑战是设计出受访者觉得有价值的问题，这些问题能够提供给受访者以前未见到的新视野，能扩展受访者的思考范围，能让他们看到、接触到以前所忽略的事物。

最后，测试你的访谈问题。理想地来说，测试者应该来自你要研究的真实群体。使受访者在批判的框架里看你的访谈问题，这样一来，受访者不仅能回答问题，更重要的是还能够促进你反思这些问题的实用性。因为正式的试验性前测并非总是可行的，所以要设计的试验性前测应该包括实际的受访者，而不是专门找试验性的受访者来进行访谈。这样的一个测试，如果在正确的框架指导下进行——能够展现出访谈问题中隐藏的深层问题，就满足了测试的目的。西恩在反思如何对第一代大学生的大学经历设计访谈问题，他的反思可以反映出我们上面论述到的问题。

> 我是在实际的试验性前测阶段才形成了最清晰的访谈问题的。在这个过程中，我知道哪些问题需要我与受访者共同探讨，哪些问题需要更符合实际情况（包括发现访谈中的比喻和逐字逐句对访谈资料进行编码时，都了解到有些问题需要更符合实际）。试验性前测可以就第一代大学生的经历留下许多页研究资料，而且能给访谈者提供被试如何回应的经验。在提出比较差的访谈问题时，受访者可能回答："嗯，什么？"而一个好的访谈问题则需要受访者用较长时间来回应。

注意让一些访谈问题变成更符合实际的问题。展示框 4—1 中的例子来源于克里斯蒂娜关于南美女性争取合法权益的访谈问题。此处呈现的是她后续草稿中的一些问题，这样你就可以看出她是如何通过自己的努力、导师和同学的反馈意见、部分前测访谈来形成更好的问题的。

问题的遣词造句很重要。古布里厄姆和霍尔斯泰恩（Gubrium & Holstein，2009，46）举出了相似但不同的问题表述得到了不同回答的例子。"回首你的生命，有哪些里程碑呢？"这一引导性问题的焦点在于各种专业的里程碑。而"如果你要写一本自传，你的书里将会有哪些章节？"则会得到受访者关于生命故事的叙述。在克里斯蒂娜的研究中，修改草稿的过程需要时间、想法还有精力。然而她的研究得益于后续的问题。你得到的答案与你问的问题是成正比的。

安排访谈

在哪里进行访谈呢？你要找一个方便、可行、合适的地方。尽可能选择安静、舒适、私密的地方。要尊重受访者的需要，因为他们的意愿是首要的标准，所以要在你的能力范围内尽量采纳他们的建议。例如，如果选取了一个缺少隐私性的、开放的或者特别嘈杂的地方，那么可行的地点就失去了作用。如果见面的地方有电视或电台在播放，你就需要有礼貌地要求关掉它们，至少要降低音量。对于研究者来说，与学生做访谈时，闲置的办公室是个完美的地方。否则，你就要运用你的创造力来换一个地方。根据时间来选取——餐厅、礼堂、后台、校园野餐桌还有体育馆等任何可能的地方。访谈老师、咨询员和主管会比较简单，因为他们有自己的教室和办公场所。

什么时候见面呢？"方便、可行、合适"同样适用于对时间的要求。对于"合适"，我是指研究者和受访者都想交谈的时候。然后，还要考虑自己的情况与受访者的个人偏好。在学校里进行的访谈通常要符合教师的空闲时间和学生的课余时间。除了课堂时间以外，上学前和放学后、午饭时间都是可以的。会见咨询员和主管人员则需要顺应他们的日程，在他们没有会谈的时候会见他们。

访谈需要多长时间呢？通常来讲，一个小时的流畅交谈就很合适。也有例外的情况，比如，当受访者时间有限的时候。在你的能力范围内，试着达到地点、时间、访谈的时间长度的要求，这样在访谈结束的时候，你就可以对受访者说："下周我们还是老时间、老地点见面？"

访谈的频率如何确定呢？这是灵活的，并取决于访谈的目的。例如，关于生活史的访谈，一个小时是不够的。有些访谈需要很多时间（Atkinson，2002）。大部分主题性的访谈，需要多次的访谈才能得到可靠的信息。究竟需要多少次访

克里斯蒂娜的问题草稿	对每一草稿中问题的简评
草稿1，10月2日	草稿1
（1）你如何描述你们国家中妇女的经济和社会地位？	（1）第一个问题太广泛。这么大的问题让人无从谈起。
（2）我想和你谈谈你、你的母亲或其他女性获得财富的经验。你们是如何得到它的？	（2）同样的问题，从何说起？主体是谁——你、你的母亲，还是其他女性？“获得”是什么意思？“财富”又指什么？
（3）你怎么理解一名已婚妇女所拥有的相对于其丈夫而言的权利？	（3）第三个问题的确比其他问题范围小，但仍然很模糊。你会如何回答呢？
草稿2，10月9日	草稿2
在世界上很多国家，妇女的社会、经济地位都低于男性。较低的社会地位使女性很难实现婚姻和财产上的权利。请你首先描述一下女性在婚姻问题中的权利，再讲一下财产问题中的权利。	访谈的前面有一段叙述，使访谈更加富于对话性，它可以清楚地阐明克里斯蒂娜的地位，也能够引导受访者清晰地进行回答。
（1）在你的国家里，妇女在婚姻中享有什么权利？	（1）第一个问题依然很宽泛模糊，并且问题问的是普遍的水平，而不是引导受访者讲述她自己的经历。
现在我想和你谈谈婚姻问题。我将把这部分分为两个话题。首先我想讨论一下已婚妇女的权利，即她有权做什么，无权做什么。之后我想谈谈在离婚中是否有同样的问题。	克里斯蒂娜接下来的说明很有价值，它使访谈更加有对话性，也让受访者清楚要谈什么样的话题。但是“我想讨论一下……”和“我想谈谈……”并没有把受访者带到访谈中来。想跟紧问题还是很难的。
（2）针对已婚妇女，国家制定了哪些规定或法律？	（2）第二个问题和第一个问题一样，还是宽泛模糊。
（3）你有过怎样的了解已婚妇女法律制度方面的经历？	（3）第三个问题切中了妇女自身的经历。看看这个问题比第一稿中的第三个问题好在哪里。
草稿3，11月11日	草稿3
（1）如果要你概括描述你们国家中妇女的生活，你会怎么说？	（1）好的开端，但还是很宽泛，难以回答。
现在我想和你谈谈婚姻问题。我对已婚妇女享有的权利感兴趣，包括她有权做的和无权做的，及关于已婚妇女的制度或法律。这里的权利并非法律真实赋予的，而是指已婚女性自己所期望的。	克里斯蒂娜可以说“现在我想听听……”，这样可以在访谈过程中将她自己定位为学习者。她接下来要说的对于受访者很重要。
（2）针对已婚妇女，国家制定了哪些规定或法律？	（2）第二个问题还是在一个普遍的水平上，但是前述说明使得这个问题好回答一些。作为一个“知识性”问题，它可能被受访者看作让人不舒服的问题。
（3）你怎么看待这些规定和权利？	（3）第三个问题接得很好。我猜，从这开始，受访者的回答会很有意思。
草稿4，11月18日	草稿4
我想和你谈谈你对你们国家妇女的结婚、离婚、财产权利意识的认识。我对你关于这些问题的观点很感兴趣，而不是你对于这些法律的知识储备。我将访谈分成三个部分：首先是结婚，其次是离婚，最后我们来谈谈女性的财产权和继承权。	非常好，清楚地阐明了访谈的范围、克里斯蒂娜想了解的女性观点的种类，而不是她们对于本国法律知识的储备。
（1）请描述一下在你的国家里关于妇女和结婚的法律或风俗。（调查女性角色、男性角色，以及角色是如何转变的）	（1）第一个问题处在普遍的水平上，但却有清楚直接的提示。
（2）你在成长的过程中是如何建立关于婚姻的意识的？（调查母亲、父亲、同伴、学校、政府的角色）	（2）第二个问题问到了受访者的社会化。它可能会得到引人深思的回答。
（3）在女性和婚姻方面，你会如何教育你的孩子？（调查对男孩与女孩的教育的不同之处）	（3）第三个问题在获得受访者价值观方面，是个相当出色的问题。

展示框4—1　设计访谈问题的例子

谈取决于访谈日程的长短、受访者的兴趣和他们是否能清晰流畅地表达，还有访谈者的访谈技巧。你可以对你的受访者说："我希望见您至少两次，也可能会更多，当然这也要看您的意愿。您也可以——不必过多解释——停止和我见面或取消接下来的访谈。"接下来，让访谈不超过两次而又要具有一定的价值就是对你的挑战了，如果访谈真的需要两次以上，如何让受访者能够接受对你来说也是一个挑战。

一天应该安排多少次访谈呢？斯坦是一个刚毕业新参加工作的年轻人，他对学生和老师的新颖双语课程很感兴趣。他通过谈判，每周可以留出一天的时间不工作，而将之用于进行访谈。他计划坚持两个月。在这段期间里，他打算收集资料。在访谈开始的时候，他采用"一个接一个"的访谈方式，尝试着在学校的一天中访谈 5 个或更多的人。但是后来他很沮丧地来找我，因为访谈计划被延误，也因为计划时间甚至在最后一分钟都有可能发生改变。他决定在那个月的 4 个周五里完成 20 个访谈。我强调了他个人时间的限制，建议他修改资料收集的计划，延长一下计划的时间。不管他为访谈耗费多少心血，受限的时间总是对他的访谈不利的。一个接一个的访谈，使他没有时间对刚做好的访谈进行整理分析，也没有时间准备好下一个访谈。时间如此紧迫，他更关注的是问问题，而不是倾听、调查、思考应该如何询问新的问题。除此之外，他对时间的焦虑会影响到受访者，他们可能会很简短地回答问题，以便早点结束访谈。虽然我曾安排过一天三个访谈，但我还是同意凯伦·奥赖利（Karen O'Reilly，2005，143）所说的："我不敢相信有谁能在一天之内进行两个深入的访谈，如果访谈的时间非常长或者内容十分集中，就更不可能多安排访谈了。"

斯坦还可以考虑选用电话或邮件的方式来做后续访谈，甚至就用这种方式来做访谈。如果他和受访者有机会用有摄像头的电脑，那么他们也可以在网上做访谈，比如用 iChat 或 Skype。尽管这种方式没有面对面访谈那么理想，但是利用网络做访谈还是有一定优点的（Meho，2006）。它比电话访谈和当面访谈的花费要少一些，还可以使访谈者接触到其他地方的人或处于政治敏感区和危险区域的人。邮件访谈还有省时间的优点，还可以使访谈者接触到不方便见面的人，如某些特别的人（受创伤者或有语言障碍的人）、不易见的人（某些领导人）、语言不通者和天性害羞的人。一旦选择了以邮件的方式进行访谈，你就要做好多次互通邮件的准备，因为可能会延长计划的时间来深入分析受访者的回复并思考新的线索。

记录和转录

你如何将面对面的访谈记录下来呢？不论是用手写、录音、录像的方法，都和研究者的需要与受访者的要求有关系。手写记录与磁带记录的机会并不是等同的。用手写的方式（或笔记本电脑）录入，访谈结束时记录也会随之结束；这是它与磁带记录之间的区别。虽然停止手写时对于某些受访者而言会不那么显眼和紧张，但是要注意到，当你停止做记录时，受访者会猜想："看来这段不值得做记录。"当用手写记录时，你一边做记录，一边关注如何跟上受访者的语速（尽管这不太可能做到）。你只能断断续续地捕捉到受访者的眼神，以及语言上和非语言上的细节，由此会觉得对访谈失去了控制。受访者这时通常会变得谨慎，放慢语速，甚至停下来去等你把笔记做完。如果用录音设备，就可以使访谈被完整地记录下来，并同时还可以保持研究者对访谈的关注。

很多人会选用录音设备。考虑到某些话题的敏感性和受访者的不便之处，你需要在第一次访谈前得到受访者的许可，然后再进行录音。录音设备需要用电，虽可以使用电池，但有时也会有风险，所以要注意设备的质量问题。你也不必为访谈之后的文字转录而担忧，电子录音比老式的磁带录音机更有优势，它以数字的形式存储信息，你可以直接将它下载到你的电脑中，这比磁带录音机更方便管理、储存和转录访谈记录。很多录音设备都有内置的麦克风，它比外置的更为有效。最好的是那种可以夹在领子上的麦克风，它可以同时接触到访谈者和受访者。在访谈环境有杂音和受访者声音很小的时候，这种麦克风的效果尤为显著。

如果你使用模拟记录仪录制很多访谈，你可能希望借用或租用一个转录机，这个转录机带有一个耳机和一个用来倒带的脚踏板，这样你的手可以自如地转录。此外，当你停下来的时候，机器还可以倒一点带，你就不会丢掉磁带开始的那一两句。如果手工操作这一点，会很让人沮丧。罗尔娜反映了在她的转录过程中没有用转录机抄录的后果：

> 最严重的问题是在转录中逐字抄写。我在家里初步尝试过，但这样让我有些疯狂了。我几乎花了一个小时的时间来转录仅仅10分钟的对话。绝望之余，我雇了人来做这项工作。然而，在昂贵的转录中很多疑问、很多话语都会非常模糊……之后我不得不再次浏览整盘磁带，填补上缺失的部分。

然而，随着技术的进步，转录机很快就会因为复写机的出现而被陈列到博物馆里。如果你有数码录音机，你就可以把访谈记录下载到你的电脑里。免费的软件可以帮你抄写，当你在文本框中重新键入单词时，它会帮你暂停和重新开始记录（Gibbs，2007，16）。许多质性研究者都迫切期待着有一天语音识别软件能够将所有语音记录转录成文本记录。那时语音识别软件必须能够识别不同人的声音。这样，研究者做的就是一种即时转录，他们通过耳机来听取访谈记录，然后暂停下来，把听到的话录到安装过语音识别软件的电脑里（Gibbs，2007；Mears，2009）。虽然这种系统需要好的设备（硬盘里至少有1GB的空间），但大声复述访谈的每一句话可以唤起研究者深入的思考（简单的转写就不会这样）。卡罗琳·米尔斯（Carolyn Mears，2009）把自己描述成一个语音识别软件，她不仅做文字转录，同时还在访谈记录的文本上“做笔记”。她大声地读出访谈记录，软件则把它记到她的文档里。有待开发的语音识别软件包括Dragon NaturallySpeaking（Windows系统适用），IBM Via Voice（Linux系统适用），还有MacSpeech Dictate（Mac系统适用）。

从长远来看，转录时用大写字体键入受访者的姓名是很有益处的。这样不仅可以方便地看到名字，还可以方便地向前查找一个特定的采访部分（Gibbs，2007）。如果你在做一个敏感的研究（如药物滥用），在一开始你就得用化名来代替受访者的真实姓名；如果你的研究不是很敏感（如校长对教师保障的意见），你就可以更容易地使用受访者的真实姓氏，直到全部资料收集完毕。然后你可以编制出一个笔名列表，便于向前查找并且用笔名替换掉真名。有些研究者会用缩写或数字来替代受访者。但是与使用化名相比，这种方法对于我来说会让我觉得研究者、受访者、读者之间的距离很远。

转录多少与研究方法和研究目的有关。如果在做传统的民族志研究，关注点在于文化模式与理解方式，你就可以省略掉对话中很多的“嗯”、“啊”，忽略掉停顿和重叠的部分。然而，如果在做叙述民族志或对话分析，你就应该表述出停顿、重叠、沉默和努力表达的细节（Gubrium & Holstein，2009）。同时，对于叙述民族志和对话分析而言，在转录中列出受访者的问题也特别重要。

任何可以最大限度地减少转录磁带痛苦的方法——如模拟转录机，熟练的转录员可以用5个多小时来转录90分钟的对话记录——都应该被投入使用。收集资料时心情是快乐的，而转录时研究者就会处于低迷状态，心情随之变得阴云密布。应根据你的需要仔细地选择转录的方法。做完访谈后，重新播放磁带，浏览并判断一下它。提出假设，即你该如何转录以及转录多少。

不论你采用何种方式记录你的访谈，你都要为每个受访者做如下的工作：问题涵盖得是否全面；原有的问题是否需要详细解释；下次从哪里开始访谈；特殊的环境是否影响到了访谈的质量；提醒自己随后的访谈所需要的准备工作；看看一些识别身份的明显信息（例如年龄、性别、种族、社会地位、经历、工作），以便看你对受访者的选择是否合适。这些信息可以帮你对受访者有全面的了解，这样你就可以注意到哪些人还需要继续访谈。重新检查一下你的笔记，听听磁带，尽量在访谈之后立即将其转录出来。这样，你以访谈者的身份还能获取你所需要改进的地方、所需要学习的内容、所需要进一步探索的东西。如果你等全部的访谈都结束之后再听磁带（或看笔记），你就要过很久才会了解到访谈所给予你的东西。

在把差不多三个访谈和田野笔记转录成电子文件（包括日期、时间、地点）后，一个奇怪的现象发生了。由于担心失去收集到的资料，你也许会有类似妄想狂一样的想象。你的电脑可能被偷，你的公寓可能失火，还有可能你早上一醒来时就发现东西已经不在了。什么事情都有可能发生。而有了硬盘，就会更安全、更便捷。然后，你要记住的是，每次备份文件时，你都需要给文件重新命名。否则你下次用到它们的时候会很混乱。你需要携带着你的硬盘（我的钱包里有一个拉链兜可以来装它），这样，如果你的电脑有什么意外，你硬盘里的文件就不会丢失了。

访谈的本质

大多数研究者都有做好访谈的能力。尽管有些研究者能把采访进行得很自然、很熟练，但有些人则需要更长的时间才能变成一个经验丰富的访谈者。尤其是在学习如何探测问题、如何在沉默中等待方面，需要更长的时间。

访谈的过程与实践者实施访谈的过程不同，甚至比教学、诊断、咨询的过程还要复杂。它的多变性源于访谈者、受访者、访谈的主题、时间还有地点等因素。简而言之，访谈就是把不同的人、不同的人物特质综合在一起。性别、种族、国籍、性取向、年龄还有其他所有的问题，都能使访谈呈现出多样性。根据所讨论的话题、访谈的地点、对时间的控制和交流的情况等，访谈都会有所变化。如果你是一个欧洲裔美国研究者，在访谈一个墨西哥裔美国官员，访谈的话题是关于农场工人中的墨西哥裔美国人政治联盟的，地点是联盟的办公室，而那时又处于罢工的白热化时期，那么访谈可以会有些困难；但如果你是墨西哥裔美国人，你的访谈就会有着超乎想象的不同。尽管访谈的是相同的官员、相同的话题，在同一间办公室，但在和平的时候进行采访就会与罢工时期有明显的不同。

尽管所有的变量都相同，但只要研究者的性别、种族等有所变化，访谈的过程就不会相同——因为没有一个人是“令人满意”的研究者，就像没有一个令人满意的医生、教师、护士或者社会工作者一样。每一个研究者都有自己访谈的风格。正如在非研究性质的生活中，某些人在很短的时间内就会让人产生信任感，与他们可以放心地直接谈论一个敏感性问题；有些人可能在访谈中会发生失误，但这些失误可以一次次地被原谅，因为它显然是可以被原谅的；还有一些人能够创造一种让受访者通过访谈形成一种反思和成长的氛围。要了解你是谁、如何进行访谈、如何获取最好的访谈效果。不要期望所有的受访者都有相同的回答。通常来讲，人们的回答都会有很多的变化。这意味着你可能会做一些很精彩的访谈，但有些访谈可能没有什么帮助。当然，你不成功的访谈并非总是由于遇到了同一种类型的受访者。

访谈是一种复杂的行为。在访谈的早期，比起“我找到了我要研究的事物!”这样的结论，应该更容易得出下面的结论：“这一研究主题不适合我。”因为访谈中许多行为都需要协调一致，高效的访谈应该被看作：你应该找到改进的方法——可以有持续的进展，而不是为了做到掌控和追求完美。

在访谈的同时，很多事情都会发生。第一也是最重要的就是你的倾听。访谈者是典型的听众、能记录的机器。因为如果不通过听来获得资料，你就无法做出关于访谈的任何决定：带着你的研究目的去听，才能在大脑中将丰富的资料记录下来，才能判断你的研究问题是否能获得研究目的所需要的信息。如果这些访谈的问题无法达到你的研究目的，是不是在你的访谈问题中、在你的受访者身上或者在你倾听的方式上出现了难题？你提出的问题被回答了吗？要到离开的时间了吗？如果是这样，接下来要问什么问题？你应该现在试探还是过一会儿试探着提一下这个问题？你应该采取什么形式来进行试探提问？你需要进一步试探已经出现的结果吗？如果你提的问题所获得的回答越来越少，这种减少如果不是简单的回应，则可能是因为你的研究主题激怒了受访者，或是因为受访者太累了。访谈具有自发性和不可预测性，提前的试验性探测也无法将所有困难全部排除。你一定要边谈话边思考，许多与访谈相关的技能是通过实践而提高的。

在访谈的过程中你要一边听一边看，要意识到受访者既有语言的反馈，也有非语言的反馈。你观察受访者的身体语言，能发现你所提问题、探测和评论的效果。你看到受访者不舒服的迹象了吗？你访谈地点的物理条件或者你的研究主题是受访者产生不舒服的原因吗？你发现受访者厌烦、恼怒和困惑的迹象了吗？他们厌烦的原因可能是什么？你发现补救的方法了吗？迪克在他的研究日志中说，有一些让受访者不舒服的原因让他无法控制：

> 一天我到学校的时候课程已经被取消了，因为在寒冷的冬天上午7：30停电。校长担心过一会儿是否有可能来电，但是在他决定停课之前并没有来电。当孩子已经到校，父母会因为他们没有为孩子做出另外可以选择的安排而愤怒。

迪克需要决定是否按照计划进行他的访谈。

尽管倾听和观察是十分重要的，但是你必须记住访谈的内容，否则你就会丢掉所有访谈的收获。你不能不断地看你的访谈提纲，因此要记住你的访谈问题。而且当你按照访谈提纲的顺序进行提问时，一定不要放松警惕。你要通过自己或者受访者记住现在或以前的访谈中都说了什么。当知道你第一次提的问题没有获得你预期的资料时，你要去回忆你听到的内容，直到你可以记住过去的观点，这样你可以在这些观点之间建立起联系，并可以看出其中不一致和无法连贯的地方，可以避免问一些不应该问的问题，或者可以重新安排提问的顺序。当然，你在脑海中一定要记住你的研究目的，这样才能在你的研究报告中根据你的研究需要来对你现在所听的内容进行评估。

你也必须记住你要对受访者的访谈经历的满意程度负责。你访谈问题所涉及的各个方面不仅要让受访者满意，还要让受访者感兴趣。你的受访者的满意来源于与你谈话的满意，但你的问题也可能引起他们痛苦的回忆。受访者满意的程度会影响到他继续和你谈下去的愿望，也会影响到他们进行谈话努力的程度，还会影响到他告诉你受访者候选人的一些情况。叙述研究已经将注意转移到如何在访谈的过程中与受访者合作来讲故事：

> 无论合作有多么少，它都是有价值的。实际上，有时候在对话中降低参与的水平，就变得相互迁就，从而就会减少对话中的故事情节。这样会表现出对对方的谈话注意不够或兴趣不足，从而对任何故事的讲述都会形成障碍。相反，较多地参与可以促进故事的讲述，为了获得更广泛的故事内容，要让叙述者有一种掌控感，这样就可以让他对故事进行系统的阐述。(Gubrium & Holstein，2009，97)

当你是一名访谈者的时候，你要努力思考你在对话中扮演了陪伴者还是合作者的角色，这样的角色可以帮助其他人讲述他们的故事。

要获得与受访者经历相关的较好资料，一定要记住控制你的消极情绪。除非你是通过对话了解项目合作研究者关注的焦点，否则你需要时刻注意在听到自己不赞同、不同意的观点后的情绪反应。当博尼通过访谈一名护士了解到，受访者没有给她提供护士如何护理和对待老年病人和痴呆病人的信息时，她不能向护士发火，相反，她还要继续进行评估。如果博尼以一名护士的角色出现，她发火就是可以接受的，并且这与她的角色是一致的；但当她以研究者的身份出现时，发火就不能被接受了。将角色进行分离是很难的，有时候，当你要从与你的经历和视角不同的人群那里去收集资料时，能够将角色进行分离是十分重要的。进一步说，你可能因为受访者回答问题的质量差而感到失望，但是你不能表达你的失望，而是要寻找积极的方法提高你的受访者回答问题的质量。

最后，当你在一个时间观念很强的文化中访谈时，一定记住要留心时间。这会对你很有用，例如："今天我们已经了解很多了，我很感谢你让我了解到如此多的信息。在我们谈论下一个主题之前，我们下次还可以回到这里继续谈论吗？"以这种方式，你为下一次访谈奠定了基础。留心时间可以让你遵守只谈一个小时的许诺，避免过多的寒暄，也避免让受访者推迟他们自己的下一项工作。和受访者就时间问题进行谈判并且修正下一次相见的细节，而且每一次约会都要准时。

在倾听和观察时，你需要投入更多的注意来记住一些词。这意味着你为了访谈的需要而停止了生活中许多其他方面的事情。集中精力进行访谈到达一定的水平时，可能在身体上和情感上都会出现枯竭，特别是作为访谈者初期的几天更有可能出现枯竭。如果你在访谈结束的时候还不太累，也不要过分牵强地继续说，接下来可以考虑这段访谈的质量。

访谈并非必须在卫生的、正式的地点进行。要创造更多的机会让你能在多个地点与其他人交流，从而了解更多的信息。

访谈者的特质

下面的一些特质并不能确保你可以进行高质量的访谈，但当你要着手进行包括访谈的研究时，这些简单有用的特质是你需要考虑的。从某种程度上说，你必须掌握这些特质，其中有些是首要的，而其他一些则根据你的自身及访谈情境可能成为次要的特质。每一种特质都可以用来完成下面的句子："好的访谈者是……"

预测

作为一名好的访谈者，你要能提前发现并提问："这种情境缺少什么？"你研究的摘要就是一个例子，在摘要中你既要考虑到为了展现你自己和你的研究项目必须说的内容，同时也要考虑到你所说的内容会随着一种情境（儿科医生）到另一种情境（被诊断为自闭症的儿童的家长）而发生改变。你所需要的材料和设备与你访谈的阶段相一致吗？如果你是第一次遇到一个人，你已经了解到了什么信息，在访谈之前如何才能对这个人有更多的了解？你下一个应该看谁？根据你了解的和你还不了解的，在下一次访谈中应该如何来安排？对接下来的访谈情况进行预测，这项活动可以包括在每天田野日记的写作任务中，反思每一天的工作，以便为预测下一次访谈做准备。既可以广泛地根据你的调查进行预测，也可以根据你下一天的活动小范围地进行预测。

学习者

研究者能够将自己定位为特定学习者的角色是他们的良好品质。在你的大脑中必须提出，当你的受访者给你讲述了一些事情的时候，你要能够预期受访者可能表达的意思是什么，而不是寻求对他们所说内容的解释。你研究的危险经常是，你可能通过你的研究和个人的经验，对你的研究主题已经有了许多了解，那么你所知道的内容成为了你形成假设的基础，这就阻止了你去进一步寻求解释，也中止了你深入探寻的倾向。如果你再一次猜测你的受访者，你就有机会说："请告诉我更多的内容。"作为学习者，其困难在于如何简化与被研究者之间的关系。在你的研究能力范围内，你不需要不停地问"你的意思是什么"，但是你必须注意把自己作为一名学习者，而不是一名专家。

下面是帕特反思她作为访谈者和学习者的角色时所写下的：

> 我发现我在访谈过程中很开心，但是我必须仔细，不能因为自己表现好就将自己看作"访谈明星"。相反我必须意识到我只是一名"知识寻求者"。当我第一次开始访谈的时候，这种意识对我来说有着重要的作用，因为我已经关注如何才能成为一名访谈者，我不得不将我的注意力从我自己转移到我手头的研究主题上，我这一点做得很成功，我发现访谈是如此愉快并且如此有意义。

要将自己看作学习者而将受访者看作老师。对许多人来说，这是一个奉承的角色，但这可以提高受访者对访谈的满意度。并且当你作为一名学习者时，你获得了资料。

分析

分析并不是指研究过程中的某个阶段，而是指一个持续的过程，这一过程从你研究的一开始就开始了。那么接下来访谈的过程就不仅仅是投入地进行资料记录，同时也要思考与受访者的关系，注意信息突出的特点，寻求意义和进行解释——这些分析不仅可以提出新的问题，而且为你在资料收集结束时进行集中资料分析做了较好的准备。

格洛丽亚访谈了那些曾经停止了大学学习后来又回到大学的女性。一名妇女说，她离开家之后，她的丈夫参与家庭生活的程度发生了改变。听到这儿，格洛丽亚的大脑中应该响起警铃，因为该受访者的丈夫不得不对他作为配偶和父亲的角色重新定义。格洛丽亚需要将注意的焦点落到受访者丈夫的行为上：包括用什么问题提问，如何用这些问题来探测，这些对其他受访者意味着什么。不通过分析性的倾听，就无法进一步利用这些倾听所获得的访谈资料。

你要尽可能让你的访谈在良好的对话中进行。记住研究中的谈话与其他的谈话不同，因为研究中的谈话是在研究目的的指导下进行的。当资料收集完之后，你进入了长期的资料分析过程中，如果你一直以分析式的倾听方式来收集资料、不断地分析研究结果，并将其转换为还可以激发更多的思想和观念的进一步的问题和记录，你就会发现对资料的分析变得很容易了。

治疗

你很有可能对你正在调查的研究主题持有自己的观点。但作为一名民族志研究者，你要了解受访者的信仰、经历和他们的观念，而不是从你的视角和认识出发来劝说他们。这并不意味着你像一个木讷的人一样保持中立，也不是要求你从来都不分享你的观点。在一些案例中，要知道研究者所持的观点是预先假设的观点。而在其他的情境中（如对癌症病人中的幸存者进行研究），你就不要隐藏你自己与癌症有关的经历和情感。在有些情境中，实际上在访谈中需要让受访者自己有更多的自我表露和分享。无论在什么情境中，你的工作都是设定一种基调和建议良好的关系，让你的受访者能够像斑点猫头鹰一样受到保护，或者让他们像伐木工一样得到支持的权利。

在访谈过程中，如果能让受访者无论有什么感受都能安全地、毫无负担地说出来，那么这样的访谈就具有特定的治疗效果。这一效果由罗格里安进行了提升："你对那些事情感受如何?""有关那些事你能告诉我更多的情况吗?"好的访谈的治疗作用是让你能回报受访者。这就会让受访者不是像平常一样对你说几句感谢的话，而是在以后多个访谈阶段中都能够很高兴地与你分享他们的个人观点，这种分享是深入的、长期的。

耐心探测

对于质性调查者来说，访谈被看作为了获得对事情的深入了解而进行深入探测的机会。这样做会让你的研究主题变得更加复杂。质性研究者在调查过程中持有这样一种假设：他们要对他们的研究主题有全面、深入的了解。他们也可能由于缺少时间或者不能对特定的研究进行有效的概念化而停止了调查。然而如果仍然坚持进行调查，研究者就会问出"还有其他的情况吗"和"能告诉我更多的事情吗"这类问题。只有当你对前一个访谈问题已经有了清楚的了解之后，你才可以问在访谈提纲中的下一个问题。这时需要耐心的等待。

为了适当地、不引起特别注意地并深思熟虑地引出你要问的问题，你需要学会忍耐。如果你太匆忙，那么这个世界对你也会很匆忙；如果你希望受访者给予你满意的回应，你就要让受访者感受到你的期望很低。你说"告诉我更多的事情"，你的受访者就会学会如何相应地回应你。你将会发现探测得越好，你的访谈时间就会越长。访谈时间短或内容少通常是访谈者较差或经验不丰富的标志。随着经验的增长，访谈的次数也会增加。

对你的探测还有更多的要求：解释、澄清、描述、评估，并跟随被试所说的来进一步评估什么是最好的。探测可以采取多种形式，包括从沉默到发声、到一个单词、到一个完整的句子等多种形式。要了解哪种形式对你的研究是最好的。如果你能够忍受沉默，它就是最容易使用的。太少的沉默无法让受访者意识到你希望有更多回应性的谈话，但如果有太多的沉默，则会让你的受访者感到局促不安。合适的沉默应该是这样的："继续，花一些时间思考一下你加入到草根组织的原因。我不着急。"

沉默可以留出更多的时间思考。如果你无法让受访者继续回答，就要重新来安排访谈的问题，或者说"如果你的大脑中对此没有什么记忆了，我们就来回答后面的问题吧"。这种情况下沉默的方法比给受访者一个选择的菜单要好。要明智而审慎地使用沉默，沉默是一种有用的、较容易使用的探测方式，正如一组发声"嗯、啊！""嘿、哈！"一样，有时和点头组合在一起。

访谈的时间越长，越要多采用直接探测的形式。以下是一组可以用到的例子："我不太确定这样说是不是太直接了。你还能和我解释一下刚才那个问题吗？"和（要将你听到的内容进行一下简要地概括）："我理解得正确吗？"这两种形式的探测都可以帮助受访者重新思考，这些思考可以使访谈者获得更详细的解释。概括性的总结也可以在开始时使用："你可以对这个问题用其他更多的内容来补充吗？"探测可以是简单的问题："那是如何发生的？""是什么让你用那种方式来感受？"也可以用更复杂的条件性问题："如果你15年之前回到了学校，你现在的生活会有什么不同？"

展示框4—2是特里对大卫（她小学班级里的一名小学生）所做访谈的一部分。特里感兴趣的是学生的学习风格和孩子们是如何描述他们自己的学习过程的。在她对班级里的一些孩子进行访谈之前，她在班级里和学生说了有关学习的理论。在这个例子中，特里运用探测的方法，让大卫对他自己的学习有更开放、更充分的认识。下图中左栏呈现的是访谈的一部分，右栏呈现的是对这些探测方法的评论。

正如特里论证的，探测的形式并不是最重要的。你的目的是为了探测，而不是希望尽快结束访谈。这需要你耐心地去继续逗留和继续调查。你越紧张，你继续探测的耐心就越少，你就越难找到深入探测的机会。而失去了深入探测的机会，会让我们感到更加迷惑。当你阅读你的访谈初稿时，你会发现许多你可以深入探测但已经失去了的机会。如果你对一些观点太厌烦了，你就无法掌握受访者正在说的内容。既然是以探测为目的，必要的习惯和技能就需要提高，尽管你一直能够探测到的内容少于你本来能够探测到的内容（当你在重新播放你的访谈磁带或者重新阅读你的访谈转录稿时，你就会意识到这一点）。

无威胁

其他的各种品质都可以用来描述一名好的访谈者，无威胁的也是一名好访谈者的品质。塔迪夫（Tardif）说她在与一个叫杨（Young）的人谈话时有一种安全的感觉，这种感觉是杨通过站在塔迪夫个人的和专业的世界之外的方式传递给她的：

> 我发现和杨商量关于专业的决定时，很容易和她讨论我的思想和情感，这要比与我的同事讨论这些问题容易得多。在这些访谈中，我有了表达的自由，但这种自由的表达并没有出现在我每天的接触中。杨对我的任何专业感觉都没有威胁——我们已经讨论过的任何问题与她都没有重要的利害关系。（Young & Tardif，1998，8）

杨的优势是作为一名没有任何威胁的外来者，但是在你自己的工作地点，或者和与你已经建立了关系的人进行研究，这种情况是一种反面的例子，因为在这种情况下访谈者会威胁到受访者。

一名好的访谈者从来不能做任何事情让受访者看出或感觉到受到忽视。当受访者被访谈时，要调节他们的焦虑情绪。当努力去确定如何安排访谈，你将会发现受访者努力去解释他们受到的教育不多或者是他们了解得不多。其他聪明圆滑的受访者甚至会对他

访谈的转录草稿	评论
T：我想让你回到你在幼儿园上学的时候，那时候你可能还没有太多想法。	开始的介绍很好，问题可以让受访者轻松地回到过去的时光。
D：噢，对了，我能记起部分事情。	
T：你能记住一些过去发生过的事情吗？	采用“是/否”来回答或者“告诉我关于……”这一类问题可能会有更好的效果。
D：有一些事情我能记起来。我想起来当你正在研究城堡的时候，我想起了墙上有许多箭的洞。	大卫就某一方面给了较短的回答。
T：你是如何了解到这些的？	特里以开放式的访谈进行探测。
D：是老师说的。我想我们正在进行一场小讨论，老师在给我们讲一些关于城堡的事实。并且我也记得如何才能平等地分一些东西。那时我为什么能够顺利地分开……并且我学到了“said”的拼读技巧。老师说“用said来代替sed”。我记得每个早晨，或者几乎每个早晨，我们都会在地毯上玩一种打赌游戏，一直到我们能记住我们的字母。我记得第一天我读了一本书，书名叫《电梯里的短吻鳄》(*Alligator in the Elevator*)。那是我读的第一本书。我记得在那以后我读了幼儿园里所有的书。并且接下来我的阅读水平越来越高。到了一年级我就开始阅读成人的书。我阅读的第一本书是人猿泰山系列书中的一本。	大卫能突然记起许多事情。但是他并没有真正回答“如何了解”这样的问题，除了说明了特定的事情是从老师那儿获得的。
T：你是否记得你第一次阅读是什么时候？	尽管这是个用“是/否”来回答的问题，但是特里是将关于阅读的问题作为一个领域来探测“如何”之类的问题。
D：阅读这件事我一直都在进行。我记得我开始学习走路的时候就开始阅读了。那时我并不在真正地进行阅读，我只是不参与活动，就在那儿读一会儿书。我做事情时通常都会比较慢。例如，我从来都不是一个蹒跚学步的小孩……我开始走第一步的那天，我就走了一圈。除了绊倒或滑倒外，我从来都不摔跤。关于阅读，我喜欢看符号，一开始了解一点儿，接下来我开始试着读一本书，过了一段时间我就能完整地读这本书了。	大卫强调了“如何”的问题。

展示框4—2　在访谈中使用探测的例子

们的不同表现解释说：“我不知道这些是不是你希望了解的资料。”

受访者可能把你的提问看作测验，他们认为这种形式的提问像学校里对学生的提问。你不谨慎的提问方式或者对答案反馈的语调都有可能表明你正在进行测验。因此你需要消除受访者的疑虑，一方面在你进行访谈安排时就要消除疑虑，另一方面在访谈过程中要让受访者感受到他们的信息对你是有帮助的。当受访者做出“我不知道”、“我没有什么看法”或者“我甚至以前从来没有想过这样的问题”等类似这些回答时，你也只有让他们消除顾虑，他们才能继续回答你的提问。

对权力和社会等级的意识

在女性主义者和后建构主义者的研究工作中，访谈过程中社会等级的差异尤其会遭到挑战。丰塔纳和弗雷（Fontana & Frey, 1994，370）陈述道：

> 要允许访谈者和受访者之间建立亲密的关系，尽量弱化地位之间的区别，在访谈中不要出现传统的等级地位。访谈者在回答问题和表达情感方面都要表现出他们人道的一面。

然而，当在每一天的相互交往中都能感受到研究者角色的差异时，缩小地位之间的差距就是困难的。在讨论通过访谈收集关于妇女生活的信息时，戴维伊斯（Davies, 1996，584）强调，尽管你的工作可能是去进行访谈，但是“妇女们的逻辑和观念都植根于和妇女的谈话中”，而访谈与谈话不同，“访谈不是对讨论中的共同信息进行分享，受访者的经历才是访谈的中心”。

在你建立的访谈关系中减少社会等级地

位的影响，主要取决于你的哲学和理论的立场和你的研究目的、研究主题和研究被试的需要等。由于行为主义、批判主义和后结构主义的调查某种程度上都把研究被试看作合作研究者，因此对话过程对于了解彼此看问题的视角是有内在价值的，并经常被看成研究目的的一部分。在传统的民族志研究中，一些主题更容易让受访者分享更多谈话。在布希尔（Busier，1997）对从神经性厌食症中恢复过来的妇女的研究案例中，她分享了自己曾经患神经性厌食症的经历，这让她接近了那些原本不愿意谈论她们经历的妇女。然而在基督教学校的研究中，我们表达自己的信仰和观点则可能会起到相反的作用，这样会让我们无法进入那个学校。

质性研究者既不是在研究过程中一直控制情绪和不表达情绪，也不是一直开放式地表达自己的观点和寻求合作。但是在所有的质性研究中都应该注意在研究相互影响的过程中彼此之间等级地位的差异，在研究过程中要尽量缩小这种差异。想办法让研究被试更多地参与到研究中，他们就更有可能在研究中获益。最后，如果对传统调查中等级地位分层的特点感觉到十分不舒服，可以选择允许或者可以更多地进行自我分享的研究主题，或者研究那些对研究被试有要求的项目，或者去探索有关行为主义、批判主义和后建构主义的研究项目。

关注和感激

当你回想到付出的时间、努力、合作和被试给你提供的语言资料时，你最后要以欣赏被研究者的态度来进行交流。在你访谈之后要留出时间表达你对被研究者的感谢和一些其他非正式的话语。实际上，在这样非正式的时间里（关掉录音设备），当你了解了许多内情之后，你可能会偶然了解到更多的信息。

你要感激你的受访者参与到了你的项目中，一种感谢的方式是在你的研究项目中也就是在你的能力范围内来感谢。当然，尽管这一般是访谈的副产品，但也不一定都在你的掌控范围内。一个年轻的男性在访谈的过程中对我说："我告诉你的事情是我从来没有对自己说的事情。"既然质性研究者在被研究者身上花了大量的时间，那么研究的经历也必然会影响到被研究者的思想和行为。提问题的时候要意识到这些。要让被研究者了解他们自己、了解你和你的研究。

研究者说他们在进行访谈的时候是十分高兴的，正如格伦所说的，一名参与到一个教育项目的受访者曾经说："每个访谈都比过去的访谈提供了另一个角度和更多的思考。我开始意识到访谈增加的资料越来越少，就像跑步之后的内啡肽一样越来越少。"并且研究者说他们在所遇到的新的受访者那里可以获得新的信息，而且可以通过他们来了解我们见不到的那些受访者的想法。安德里亚评论说：

> 最令人高兴的是，发现这些受访者至少愿意参加访谈，这是所有研究发现的基础。虽然我可能因某种原因被迫离开，但我很高兴我们在一起度过了快乐的时光……我在我的研究日志里写道："人物零距离，这些人并不像我以前遇到的那样，他们已经不再尽可能远离我了。"

如果你的访谈过程对你来说是快乐的，甚至有时是兴奋的，那么这一过程对你的受访者来说也可能很好。要向受访者表达你的谢意。

一些典型的难题

幸运的是，并不是仅仅在第一次访谈的时候才能做一些安抚的事情（或者我们相信他们是需要安抚的）。海伦反思了她在开始访谈的时候所用的忧郁语调：

> 事情并不是一直按照你计划的方式发展的。我花了一个月的时间才能接近这一人群。接下来当我到了研究地点，了解到访谈的方向，就不再迷惑了。我通过校长认识了一些了解情况的老师，并发现校长已经告诉我可能遇到的各种人的简单情况。从第一个访谈到第三个访谈，我才意识到我的录音设备还按着暂停键。

将最难协调的时间利用好，通过时间的管理来尽力补救访谈的遗憾。至少一有机会就与你的受访者聊天来了解他们。

记住在你访谈开始时要检查你的录音设备是否正常工作。大部分访谈困难的原因是由于你是研究新手并初次做访谈，而其他的困难是任何人在任何时间都可能遇到的。例如，你的受访者不回答你的问题，你接下来怎么办呢？其实原因仅仅在于受访者很单纯（没有隐藏任何信息），那么这时就可以找些其他有趣的事情来聊聊。即使他们的话题已经离开了你的研究主题，你也要像他们正在谈论你的研究主题那样得体地倾听。接下来你损失的信息可能会通过提高受访者回答的质量来弥补。在质性研究中，丰富的资料都是通过意外发现获得的，因此跑题的话可能会带你进入一个你以前未曾意识到的相关领域，为你开放一种新的理解途径。或者仅仅是因为你的问题不清楚，或者是你的受访者太紧张而无法使注意力集中。寻找一些其他合适的词来重新提问。如果重新提问没有帮助，就接下来问其他的问题，而不是在与受访者并不充分了解的情况下建立关系。

不回答某个问题的原因，或者是因为受访者把谈话的主题转移到了自己的主题上，或者可能是更复杂的原因。当珍妮弗一边提问一边思考着户外活动有什么优点时，受访者却将话题转移到了护士学校的安全问题。在那个时候珍妮弗意识到她的受访者参加她的户外活动项目的时间很短，如果接下来不停地问受访者有关户外活动的问题，在接受访谈的时候受访者就会感到尴尬，因此他就把话题给转移了。在许多次访谈之后，珍妮弗意识到她需要把访谈的问题表述得更清晰，她原来对户外活动的陈述太散乱了，以至于无论受访者的回答是否谈论护士学校中课程中运动的问题，这些受访者都会感觉他们回答得很好。

所以在提问之前的说明是十分重要的，因为如果你对一些事情提了许多问题，受访者就会自然得出结论：你一定认为这些事情更重要。这可能是真的，但是你没有必要把自己变成一个倡导者。你作为一名倡导者出现的程度越高，你的受访者就会越想防御，或是受访者告诉你希望听到的话。努力向受访者解释，这样无论是成功的教师还是不成功的教师都会强调户外运动。因此你无法判断他们做得是否成功。你需要了解户外运动的地点，或是要了解在护理学院的课程中是否缺少户外运动这样的问题。如果课程中有户外运动，原因是什么呢？如果没有，原因又是什么呢？

当受访者的回答偏离了你提出的问题，他们可能在模糊地暗示而不是直接地表达：“我不想继续这个访谈。”其他对访谈的阻抗形式还有，错过了约定的时间或者只是简单地回答。这种阻抗可能是表面的，也可能是真实的。表面的阻抗可能是由于受访者沉迷于他们自己的困难而无法把注意力集中到你的访谈上。如果他们希望讨论自己的个人难题，你要帮助他们清理这些难题，他们才能回到你的问题中来。缩短你当前的访谈或者推迟下一阶段的访谈，过几周可能会回到正常的状态中。不要过早地下结论：受访者的阻抗就是说明他们希望停止所有进一步的访谈。这也可能是你的问题碰到了受访者敏感的难题，他们不愿意与你讨论这个问题。这时要柔和地引导，如果你观察到了阻抗，这样来问：“我感觉到你有些不舒服……有哪些方面的问题你不愿意谈论吗？”你甚至可以问：“你希望我们停止访谈吗？”如果你没有听到回答“是”，那你可以继续访谈并且判断你所听到内容质量如何。如果回答的质量不好，就要缩短你的访谈提纲中的问题，并尽可能控制访谈甚至结束访谈。

除了阻抗这种难题外，就是受访者不断说话的难题了。受访者关于你研究的主题不断地说会让你感觉很高兴，但如果不是回答你的研究主题，你就需要学习重新引导这种谈话。保持沉默或者使用身体信号，例如一个轻轻的不赞许的手势，就可能停止受访者的谈话，你可以因为你打断了他的谈话而向他道歉，并且从受访者说的话题中选择一个问题继续探测。或者总结受访者所说的话，作为一个桥梁来引出你要问的问题。这样就可以避免离受访者谈论的话题太远，以及让话题的转换太突然。

访谈和普通的对话一样，会出现自相矛盾的陈述。要思考这种矛盾可能意味着什么：受访者对某一主题的思考有了进步，受访者对这一主题是迷惑的，受访者对这一主题两种矛盾的说法都认同。主题中产生了矛盾的理解值得进一步澄清吗？如果值得澄清，你需要进一步探测受访者最近的陈述；并在下一阶段的访谈中再提出这一主题，以便了解受访者关于这一主题更多的想法。你也可以将这样两个矛盾的观念放在一个问题中，像下面这样来提问："我听一些人说……我听其他人说……对这两种说法你是怎么看的?"当受访者已经回答了这个问题，你还可以接着问："这两种说法可能都是正确的吗?"重要的是，当你问问题时，特别是问复杂的问题时，你不能顺理成章地期待完成访谈，要认真思考已经获得的回答。如果你给受访者足够的时间来思考，你就会得到更多反思性的回应。也有可能受访者的回答最初像是自相矛盾的，但当他们解释之后，这些回答根本就不矛盾。

尽管从某种意义上说这些并不像前面所陈述的那样，但你可能发现，判定一个访谈——一个特殊的或完整的谈话过程——是否进展顺利也会遇到麻烦。从某种意义上说，"进展顺利"意味着得到了合适的对于你提出的问题的答案，也意味着这些回答可以作为你即将写成的文本的一部分；仔细倾听才能看出这一标准的合适性。从另外一个更严肃的意义上说，"进展顺利"意味着创建了信任和联系，以至于可以深挖被表面事情所隐藏的深刻内涵。研究者和受访者之间的信任会随着时间而增强。很明显，对一个人越信任，这个人所说的就越充分，表达得也越坦诚。因此，最初对访谈进展得怎么样的判断应该是尝试性的，最初你感觉访谈很好是因为谈话是容易的、顺利的、无障碍的和达到了目标的。但是后来当你与受访者的关系得到了进一步的发展，并且你从其他的信息源中获得了资料的时候，你就会更加确信这是否符合你最初的判断。

焦点小组访谈

为了促进对某一主题的深入讨论而选择一群人来进行的访谈也被叫作焦点小组访谈，它在近些年来开始流行起来。但是，将一组人聚集在一起回答某一主题的问题，并不是一种新的资料收集技术。例如，在第二次世界大战期间，焦点小组研究就已被发展为部队有效的训练工具（Morgan，1997）。在二战后直到 1980 年前后，焦点小组主要用于市场研究。当健康研究者开始把小组访谈（group interviews）发展成对避孕和艾滋病预防等健康问题的研究工具时，它变成了一种更好的教育方式。其他学科也不断地把焦点小组研究的形式吸收进来。小组访谈在行动研究和教育研究中特别实用。在小组访谈中，参与者可以对同一经历表达不同的看法，如对某一特定政策和课程的实施表达不同的看法。焦点小组在试验性研究中也是有价值的。如果参与者来自正式研究的地点，并且知道他们的部分目的是帮助创设研究计划，这些参与者就能帮助你了解研究地点的各个方面，如语言、规范、习俗等。另外，这些参与者能帮助你设计全面的研究问题、选择被试和收集资料的策略。也许这种研究方式会对被研究的社区和团体有更大的贡献和帮助。

我倾向于将焦点小组和小组访谈互换使用，尽管有时候两者有明显的区分。正如布卢尔和伍德（Bloor & Wood，2006，99）所说："小组访谈像一个一问一答的过程，这些问题是由研究者提出的。而焦点小组的特征则是参与者自己有更多的相互争论，并且可以通过焦点联系促进这些争论。"根据这些定义，研究者设计小组访谈是为了节省时间和旅程，在同一时间内访谈更多的人，期望每个受访者轮流回答同一个问题。相反，使用焦点小组的研究者是为了更好地理解一组人是如何讨论同一个问题的，在这一过程中引出对同一问题的多种看法。我认为用这种方式来定义小组访谈并不是一种理想的做访谈的方法，不能在对话中建立信任和轻松的氛围，也不能像一个个访谈那样可以在多个方面进行探测。这样看来小组访谈在某些情况下可能仅仅是一种资料收集的工具，这种方法创设的背景既不能像逐个访谈和焦点小组那样达到一定的深度，也不像那两种方法那样可以集中地讨论。

摩根（Morgan，1997）在其写的一本书《质性研究的焦点小组》（*Focus Groups as Qualitative Research*）中，提供了如何理解焦点小组研究的讨论。他建议"评定焦点小组是否适合你的研究项目最简单的方法，就是去问如何才能让参与者积极地、容易地讨论感兴趣的主题"（p. 17）。计划焦点小组研究需要一些不同的设计决策，而不需要逐个访谈：你与这个小组要在哪里见面？谁能被每个组都邀请参加？每个组应该有多少人？你一共要有多少个组？摩根对每个问题都给出了较好的建议，这些建议在展示框 4—3 中总结出来了。如果你在研究中计划用焦点小组收集资料，你就要读摩根的这本书。

在哪？	焦点小组访谈经常在社区的办公室、大学的教室进行，偶尔也会在某人的卧室这些地方进行，在三分之二的情况下，焦点小组通常都在公共的空间里进行，也常常在户外进行。
谁？	根据你的研究主题，根据性别、年龄、种族或性取向等组成同质性的小组，因为在同质性小组中成员们可以更自由地表达、更放松地谈话，这种自由轻松是在不同类型小组中搜集到资料的基础，并且还能进一步促进分析性概念的发展。不过摩根（Morgan，1997）警告说，你要求的同质性可能是有潜在影响的背景变量，但是这种影响并不一定对研究主题有利。焦点小组通常是由陌生人组成的，但是在一些情况下，例如在大多数行动研究和评估研究的项目中，研究被试可能是工作中的合作者、同班同学或者其他彼此认识的人。
一组有多少人？	较小的组 6 到 10 个人最好，如果是一个大组，最好是分成几个较小的组进行讨论，不过这样可能不太方便记录。
多少个组？	项目通常会计划有 3 到 5 个焦点小组，但是正如摩根（Morgan，1997，44）所说："最保险的建议是在研究计划阶段决定出小组的数目，但是如果实际需要更多的组，这一数目是可以变通的。"
一个焦点小组应该持续多长时间？	通常焦点小组的时间表是 1 到 2 小时，摩根（Morgan，1997，47）建议设计焦点小组的时间是 90 分钟，但是告诉被试的时间是计划 2 小时。这样如果对话比较集中的时候可以延长讨论的时间，也可以帮助控制较晚开始的情况或有人希望早离开的情况。
需要有多少个问题？	在结构性的焦点小组阶段，4 或 5 个好的问题就足够了。在非结构性的访谈阶段，可能提出一个或两个比较广泛性的陈述主题或问题就可以了。

展示框 4—3 设计焦点小组访谈

焦点小组访谈非常依赖促进者和仲裁者的技能。正如在逐个访谈中，研究者设计问题的目的是获得更多的回答。但是焦点小组与逐个访谈不同的是，讨论不仅仅发生在访谈者和受访者之间，而是主要发生在于小组内的受访者之间。讨论也是由研究者的问题激发的。研究者变成了一名仲裁者或讨论的促进者，在开始的时候为这个小组设定规则（在同一时间一次只有一个人说，允许其他人接下来再说，等等），接下来可能必须一次次提出或重新提出一个问题，保持按照设计的时间进行提问，这样各种问题都能得到强调。正如个人访谈一样，焦点小组促进者一开始也提出一个试验性的问题让每个人轮流回答，这样促进者的作用是不仅可以获得受访者基线水平的试验资料，还可以让每个人在谈话中都很舒服。有时候在最后又要求每个人发言，总结他或她对主题的理解。摩根（Morgan，1997）提供了一系列好的技能，这些技能是用来促进参与水平的变化，进而调节焦点小组的进程的。他强调，如果你的焦点小组是由教师和组织的成员（习惯于管理小组组员）组成的，那么，不用任何指导，他们将帮你掌控这个小组。

记录焦点小组的讨论可能是一个挑战。除了受访者他们自己进行讨论之外，你一边调整小组的访谈一边记录是十分困难的。用磁带进行记录通常是必要的（可能要用两台录音机在两个不同的位置进行记录，因为如果一台录音机记录到的声音比较小，还有另一台可以作为备份）。有时候研究者会请一些人帮助粗略地记录下发言者所说的几个单词，这样就能够记住这些信息并将这些信息转录出来。

网络技术也可以简化记录的问题，一些焦点小组的研究者可以同时进行焦点小组的在线调查。研究者提出的问题和受访者的回应都可以通过网络传递给全组的人。人们同时也能回应任何一条信息。这种访谈的优点是每个受访者讨论的内容都有文字记录，并且来自不同地域的人都可以组成一个视频空间进行讨论。通过视频将人们召集在一起会比面对面的焦点小组访谈费用少，并且更容易安排。其缺点则包括没有能力促进讨论，这是因为人们会快速地同时反应，这样同一时间就会有许多不同的信息。有时候人们打字的速度会决定讨论的情况，或者决定讨论的方向（Mann & Stewart，2000）。

在线的焦点小组有可能进行真实的视频，这样也就具有了闲谈小组的缺点。每个参与者来到这个视频的世界，选择一个虚拟头像，有时候把他们自己面部的相片传上去。用大的桌子和椅子组成一个空间（或用原木点燃的篝火作为背景），当每一个参与者加入到视频世界中，他们的头像就出现了，真实的行为和谈话的互动就开始了。

没有时间时，焦点小组仍然能够进行。这个过程更可能通过电子邮件来进行，因为向所有的参与者提出的问题都可以通过邮件发出，当方便的时候，每个人都可以回答这些问题。这一方法的优点是能够让人们在不同时间段参与到讨论中来，而且可以进行较长的、反思性的评论，还可以让大部分人参加（Mann & Stewart，2000）。缺点是这种方法会失去小组互动的本质，而这一点正是大多数焦点小组研究的优势。建立一个博客也可以组建成一个非现实的焦点小组，“这样允许研究者建立一个视频社区，在这里可以分享他们更专业化的信息……”（Runte，2008，314）事先建立的博客也可以是从另外的视角来看待主题的一个信息源。例如，一名护士想在老年护理的专业方向上获得博士学位，她发现了《纽约时报》上一个叫“新老年时代”的博客栏目下有丰富的资料（http：//newoldage. blogs. nytimes. com/2008/）。半私人的博客能够用来公布早期材料的草稿，并且可以从选择的一组读者中获得反馈。半私人的博客也可以检验你的分析和作为写作的开始。

总之，焦点小组访谈可以有效地利用时间，因为它可以在同一个时间段获得一组人的观点和看问题的视角。除了能了解研究的主题外，焦点小组访谈还可以在试验性研究中使用，可以帮助决定在个体访谈中提出哪些问题比较适当，或者弄清楚在哪个地点进行参与式观察可能获得的资料最多。这也是一种十分实用的方法，可以通过分析个体的访谈对某一问题有更深入的理解，并且通过你的小组成员的回答来检验你这一理解的正确性。如果讨论时出现沉默的情况，或者在讨论一些个人反思、个人成长和知识形成等话题时，焦点小组研究也能提高访谈的质量。

焦点小组访谈也并非没有缺点。特别是有关保密方面的伦理难题和研究决定不能不涉及相关的主题。尽管在多个阶段进行的小组访谈可能也会获得较深入的资料，但研究者不要期望获得像个人访谈一样对某人了解到个人深层次的信息。尽管小组讨论能够产生一些研究者期望获得的小组成员新的经历和观点，但是与大多数人的观点不同，一些小组成员可能保持沉默。相反，一些人也可能提出一些极端的观点，这些观点可能比通常情况下反对某一观点的看法还要极端。最后，建立一个焦点小组需要调整小组成员的讨论，要努力平衡小组成员参与讨论的机会，并且还要引导小组讨论的方向，这些工作可能会让研究者精疲力竭。

思考

在这一章里强调的访谈类型是半结构式访谈，即你已经有了你要问的特定的问题，但你还保持开放的态度，并会在访谈中随着没有预想到的情况而提出新的问题。同时你还要进行深入探测，对你的兴趣点提出这样的问题：“能告诉我更多的内容吗?”或：“能再解释一下吗?”这种访谈的目的是了解那些已经过去现在看不到的事情、将会发生的事情或者应该出现的事情，以及受访者对这些事情的看法和感受，他们是如何解释这些事情的。这是一种广泛调查的方法，它可以直接理解现象中包含的各种可能的复杂性。通过你所听到的详细回答，可以发现深藏在受访者认识中的情感和观念。

访谈是研究者和受访者之间在一种情境中的互动过程。质性研究因为缩小了研究者与受访者之间的距离，为研究者与受访者形成较融洽的感情提供了许多机会。感情的问题是研究关系中包括的一个问题，是与受访者建立和睦关系的关键，包括研究者的回应和对他们获得的资料进行的反思，还关系到主观性和变通性的问题（这个问题在第五章讨论）。但是在下一章的讨论之前，我对访谈的过程得出了一些结论性的思考。

我、学生们和其他几个工作人员组成一组来到印度洼里族（Warli）的村庄，我们将要在那里待一段时间。洼里族人像印度其他的土著人一样，在为森林里的土地权利作斗争，这些地方是他们一直以来居住的地方。我们一组人有 34 个睡袋，并且将这些堆积起来，形成一个社区建筑，外表面是用大量的板条建成的夹灰墙，地面是用胶合板铺成的，这样能阻止地上的灰尘进来。吃了一顿米饭、马粟豆和绿菜之后，我们的向导翻译说，村子里的女性和女学生可以在我们放物品的屋子里访谈，而村子里的男人和男学生要在村子外面的大树下进行访谈。

作为国际教育项目的一部分，项目聚焦在文化、生态和公正上，我们在8个月的时间里在5个不同的国家居住并进行研究。另外除了其他的安排，每个学生还要做一个主题的比较研究，他们自己选择一个研究主题，如在农业地区妇女的角色与军队中的妇女角色有什么不同，迁移对妇女有何影响。因此，学生们在与当地人接触的时候，不会丧失提问题的机会。尽管并不是一直有较好的问题可以得到希望得到的回答，但是学生们开始感觉到如果提出范围较大的问题，回答起来不大容易。我们渴望当地人回答我们的问题，却失去了彼此交流的热情。在一晚上或者一周的时间内，我们要尽可能地待更多的村庄吗？我们的问题是如何限制了我们所要了解的内容？我们所问的问题是如何为我们与受访者之间的相互影响打下基础的？这种相互影响是我们控制的多还是受访者控制的多？如果我们没有问题或没有日程表，会发生什么情况？

我们在不断地提出上述问题。过了一会儿，学生们把木板递给了乔，她的研究关注生殖健康问题。她问："当妇女怀孕的时候会遇到什么难题？"我们的翻译既是我们工作的宣传者，也是村民中的活动家，她建议改变这个问题的问法，比如问每个妇女生了多少个孩子，有多少个现在还活着。于是，妇女们一个个回答道："5个，2个还活着"；"9个，4个我还带着"。当每个妇女简单地回答这些问题的时候，经常带着一个孩子和我们一群人坐在很脏的地上。将她们的生活与我们自己的生活相比，当了解到她们的身体和情感生活的复杂性时，我们会感到震撼。当学生们渴望更多地了解这些妇女的生活时，以前设计的问题就不再问了。"为什么她们的孩子死了？""当一个孩子死的时候发生了什么？""她们的丈夫在孩子抚养的过程中扮演了什么角色？""妇女们每天必须完成的任务有哪些？"既然许多男人为了赚钱不得不移民到其他的地方去，那么对妇女的生活有什么样的影响？妇女们笑着听着我们的问题，并且一直有礼貌地回答我们的问题。当一个妇女笑着说道："好吧，男人离开了，我很高兴，他们不在这里我们就不会挨那么多打了。"我们又一次感到很困惑，不仅因为她所说的内容，而且也因为她边说边笑而感到困惑。我们不知道如何对这一现象进行解释。我们缺少对这些背景知识的理解。

同样，她们也要问我们，并且当她们以这些问题问我们自己时，似乎她们对我们的回答也感到惊奇。我们现在是20岁以上的妇女，是生育孩子的年龄。那么我们现在有多少个孩子，有几个已经死亡了呢？回答却是我们现在没有孩子。然后她们就问我们结婚的年龄是多少，她们通常13岁结婚，我们的结婚时间一般都比她们晚。事实是我们都没有结婚。她们想知道我们种过哪些庄稼。尽管我们在农场中待过一段时间，并且我们其中的一些人也喜欢花园，还喜欢花园里夏天的蔬菜，但我们当中没有人是在农民家庭中长大的。她们问我们的问题我们从来没有思考过。我们晚上唱什么歌曲？我们一起跳什么舞？在不断地彼此交流后，我们开始感觉到，作为外来者，尽管我们有许多经济方面的优势，但是在文化实践和社区联结方面却处于"濒临破产"的状态。我们根本不知道洼里族妇女们的想法，她们其中的一些人真诚地表达了对我的同情，把我看作一个长着灰头发的妇女，以及一个既没有丈夫也没有孩子的妇女。

研究者可能会考虑问陌生人一些有关他们生活的问题，这是从20世纪发展过来的一种实践，也是一种反思的实践，并且每个人的看法对知识和民主的信念的完善都是有帮助的。根据古布里厄姆和霍尔斯泰恩（Gubrium & Holstein，2002）的观点，访谈研究的发展和被接纳是现代化的一部分。来自西方国家的研究者习惯于通过调查和访谈来收集资料，但如果只有填问卷和花时间回答问题而并没有很多深入的思考，就不能发挥其最大效用。访谈不仅是在西方文化中被接受的研究方法，也是娱乐节目的主要信息来源，无论是公共广播中的特里·格罗斯（Terry Gross）还是电视中的奥普拉·温弗瑞（Oprah Winfrey），都是用访谈的方法来做节目的。

因为这种知识民主化（和自我现代化一样）的出现，另一种首先发生的变化是：自我个人化。"边界的、独特的自我，或多或少地都会被整合到意识、情感、判断和行为的核心中，成为个体最近期的看法。"（Gubrium & Holstein，2002，6）在许多其他社会中，集体自我是由家庭、社会或部落组成的，它处于一个权威地位而不是个体的自我概念。集体自我在一个以个体为中心的社会中是很难出现的。

访谈主要被用作质性研究资料收集的技术，尽管它是由多种视角的声音所构成的资料，但也被看作研究中的一种殖民化的方法。研究者处于典型的控制地位，他们来设计问题，并因此决定了互动的方向。访谈者保持典型的开放的态度，并且尽量不通过他们的语言或身体语言来影响受访者。因此受访者某种程度上被放到了被动的位置上，被看作知识的容器，是研究者要来挖掘的矿藏。尽管研究者控制着彼此的互动，但他们某种程度上也是被动的，除了设计问题之外，研究者对受访者可能具体说什么也很难做出预测。

正如后建构主义学者挑战传统的研究实践一样，访谈过程本身就是在仔细观察的条件下进行的。我们是如何共同建构访谈的呢？我们是如何相互了解并形成一种动力的呢？这种动力使得即使没有人提出问题而其他人还是在不停地说。换句话说，我们是如何建构了这些知识的呢？当我们做访谈研究时正在讲述谁的故事并且研究的目的是什么？在不同的研究情境中需要不同种类的访谈实践吗？什么时候需要？我们如何来决定呢？

在本章结尾的部分提出了这些思考，这并不意味着你应该忽视前面有关解释主义研究范式中有关访谈的内容。每个学科都在不断地发展（以跟上当时的潮流）（Lincoln & Denzin，2000），一些学者将一些新的观念集合起来，将其中一部分内容吸收到一种研究范式中，也抛弃了其他一些内容。质性研究并不是一个静态的过程，我们这些实践者希望它永远都不要变成静态的。当前所面临的挑战，让质性研究这种动态变化的过程更多地受到研究者个人兴趣的影响，当我们这些质性研究者要决定自己是哪种类型的研究者时，我们更多地受到道德的影响和挑战。

通过这些思考，我也是要提醒你哪些是我们该知道的，无论是把访谈看作"收集资料"还是"共同建构"，都只是强调了访谈的一个侧面或一个部分。我提到过当我们在洼里族妇女的社区中时，男学生和职员们在屋子外面和洼里族的其他男人在一起。我们女学生组当了解到当地女性的生活时，出现了抑郁的情绪，而男学生却兴高采烈。他们和洼里族的男人讨论如何让社区共同自治。他们共同分享了这些观点，并发现在联络、友谊和兄弟情谊需要方面他们有共同之处。在同一个村庄里，同一个晚上，我们重新结束对话组成一个大组时，我们对洼里族人的生活有了非常不同的理解。

* *

推荐的阅读材料

Gubrium，J.，and J. A. Holstein. 2009. *Analyzing Narrative Reality*. Thousand Oaks，CA：Sage.

Gubrium，J. F.，and J. A. Holstein（eds）. 2002. *Handbook of Interview Research：Context and Method*. Thousand Oaks，CA：Sage.

Morgan，D. 1997. *Focus Groups as Qualitative Research*. Thousand Oaks，CA：Sage.

Patton，M. 2002. *Qualitative Research and Evaluation Methods*，3rd ed. Thousand Oaks，CA：Sage.

练习

课堂练习

（1）下面的活动改编自伯格（Berg，1995，63）。求助于同班同学，并让他们决定谁是演讲者、谁是听众。教师设计一个学生了解、但并没有进行过深入探索的主题，例如他们对大学教授的任期和晋级过程的看法。演讲者就这个主题进行30秒的演讲，接下来听众重复他们所听到的内容，并用演讲者的语气来说（用第一人称“我”来陈述）。接下来学生互换角色重复练习。然后教师安排更多个人的话题，例如“第一次对种族歧视的意识”，并且把每个人演讲的时间增加到1分钟。学生们轮流地重复上面的过程。在练习结束的时候，讨论这两个场景中身体语言方面的特点：身体语言的差异有哪些？声音高吗？是别人说话的语调吗？哪一个主题可以更好地发展成一个访谈？另外还要注意正在听别人说话的同时，访谈者应该观察哪些事情。

(2) 回到你关于研究陈述的课堂练习中，这些内容在第二章结束的部分提到过。如针对一个班级设计5个访谈问题，这些问题可以帮助一个人选择主题。通过彼此的访谈可以探测出这些问题好不好。每个学生都既可以扮演访谈者也可以扮演受访者。作为访谈者，学生应该对访谈的内容做笔记。作为受访者，学生应该对这些问题进行反馈并提出重述、增加或删掉一些词的建议。在访谈之后，每个组对访谈的问题和过程进行反思。把访谈的内容转录出来作为家庭作业，并将记起来的事情填充进去。为了以后的练习，要把转录的内容保存好。

个人练习

(1) 这个练习改编自鲁尔巴赫（Roorbach，1998）写作练习的一部分。在你的头脑中一定要有你的研究主题，想象你是一个受访者，在你的对面就坐着芭芭拉·沃尔特斯（Barbara Walters）或特里·格罗斯。你的面前没有任何记录，打开录音设备并进行访谈，既扮演访谈者也扮演受访者。芭芭拉会问哪种类型的问题？难回答的问题会是什么？在哪儿会出现令人内心温暖的时刻？哪里会让人震惊？每个人明天将会谈论什么？继续进行访谈直到获得一个满意的结果。将访谈进行回放并转录所有的问题。严肃地思考每个问题对你研究项目有可能起到的作用。

(2) 在你对自己进行访谈之后，为你的研究项目设计5至10道开放性的访谈问题。和你的同班同学试探着问这些问题，或把你的同伴看作一个受访者，问你设计的问题。你们一起修改这些问题，然后用这些修改后的问题来问与你的研究人群有相似经历的人，或者问那些愿意与你合作共同修改访谈问题的受访者。在思考这些问题有什么作用、没有什么作用并能提出什么新的问题之后，再来修订你的访谈问题。

第五章

个人的维度：田野关系和反思性

> 当我不在的时间太长时，他们唠唠叨叨地责备我并冷落我。当我被完全不公平地对待时，（并且甚至有时只是）由于我注意力分配的问题，我为此付出了巨大的代价。
>
> （Myerhoff，1979，27）

这十几年，关于质性研究者应该与被研究者之间形成怎样的关系，以及怎样和为什么研究者要探究这些关系已经出现了戏剧性的变化。解释主义的研究者和更近期的理论研究视角曾经对田野关系（field relations）重新形成了概念和成文的法则，实证主义研究者关心客观性。在实证主义研究中，研究者渴望采用"在一旁静静观望"的方法保持中立和无偏见地处理被试，以使研究者不会影响到他们的行为和反应。研究的主要目的是对科学共同体的知识做出贡献，而不考虑研究被试的兴趣和需要。研究者和被研究者被看作两个分离的实体，一个作为询问者或调查者，另一个作为特定知识体的容器。调查者的角色是发现或发掘知识（笔记里隐藏着的象征意义）和将原始资料加工成研究共同体能够使用的知识。

无疑这样的研究方法被许多研究者看作剥削的和殖民的。后结构主义、女性主义和本土化的学者已经在最前线向早期的认识提出了挑战，这些认识包括研究过程中的研究目的、田野关系、权力的角色和反思等。这一章中向你介绍的是有争议的一部分内容，这些争议在田野中和在研究机构里还在继续。

田野关系

> 我们的信息提供者告诉并展示给我们他们所做的事情，是因为他们在研究情景中作为个体和我们在一起；一定不能将通过这种方式形成的知识和偶然遇到的人看作客观的，因此通过我们所收集的研究资料来理解其主观性是十分重要的。
>
> （Pink，2007，367）

质性研究经常与田野工作这个术语互相替换。作为一名研究者，你是在一个地方或一些地方（包括虚拟的地方）而不是在实验室的背景中开展研究工作。在那些地方，你要同在那里居住和在那里发生相互影响的人发展关系。你要获得进入的权利，建立和睦的关系，发展相互信任的关系，引导你自己的伦理观念，最后你离开并用你所了解的内容来做研究。你的研究不是独自完成的，而是通过与研究地点中其他人的关系来完成的。这些关系的本质是这一章前半部分讨论的主题。

在几十年之前，正如前面提到的，在许多田野工作还在被实证研究思想影响的时候，这一研究范式就在各方面接受着挑战。提到田野的关系，田野工作者努力将偏见从观察和互动中排除掉。另外经常使用隐喻，这包括进入田野时头脑中不要有任何“候选人的名单”。进行研究时不能将研究者自己之前对该问题的任何看法带到他们的调查中。换句话说，“客观性”和公正无私的科学精神让许多研究者获得了成功。今天的一些研究者不仅对在田野工作中是否能够做到客观提出了挑战，而且提出了这样的问题：“客观的立场是为谁的利益服务的？”例如，罗塞尔·毕晓普（Russell Bishop，2008，171）认为科学共同体强调的效度、信度和客观性已经“被解散了、边缘化了或被其他的声音所控制了”。他接下来说，选择做质性研究并不意味着自动地转变了“客观性”的立场。当研究者没有清楚地说明他们的研究兴趣和所关注的问题，而是表现出中立的态度，并监控所有的主观性，以防止其代替了客观性时，就是在继续“殖民化地控制其他人的声音”（p.171）。萨维亚赛奇（Savyasaachi，1998，90）是一名印度的学者和行动家，他认为这样的中立“不鼓励不同的对话和演讲，阻止观念的交流，变成了一种资本积累和垄断的象征”。这些研究被试继续被看作被研究的客观事物，而不是被看成与研究者正在对话的一个人。

在这一章里，在讨论变通性之前，我将首先关注建立和维持田野关系的过程和这些工作的复杂性，并介绍在研究进程中对自我和研究的关系进行批判性反思的过程。

建立和维持田野关系

和睦

“和睦”（rapport）和“信任”（trust）是用来描述在质性调查中理想的田野关系的两个概念。词典里把“和睦”定义为“和谐、遵从、一致、密切的关系”，也被看作“在催眠术、心理治疗或智力测验中需要配合的被试对操作者的信任”（*Webster's*，1986）。从二手车的销售人员到婚姻咨询师，和睦是对各种职业都有帮助的特质。但是它有各种功能，例如，咨询师与来访者建立和睦的关系能让他在说出自己的信息时感到十分舒服；咨询师最后的目的是满足来访者的需要，让来访者弄清楚这些问题。研究者建立和睦的关系，从传统来讲最终目的主要是为了他们自己的需要。正如弗雷利奇（Freilich，1977，257）所陈述的：“研究者……是设计方案并在情景中通过研究获得资料的人。”女性主义研究者、后结构主义研究者和其他研究者对和睦具有的帮助作用提出了挑战，这些研究者认为研究者一方面想建立和睦的关系，一方面又希望通过中立保持一定的距离，并将自己对该问题的认识悬置起来，这是自相矛盾的。

和睦经常通过信任来相互交流思想，尽管一些研究者在仔细区分这些差异。维德尔（Wieder，2004，25）认为“和睦是研究的工具，信任是一种现存的关系”，这是说“信任”而不是“和睦”有利于人们讲述他们的故事。根据词典里的界定，“信任”是“坚信或自信其他人和事是诚实的、正直的、可信的、公正的，等等”（*Webster's*，1986）。对许多研究者而言，质性研究在问题调查中应该走入信任才能一起工作。但是，和睦经常意味着先行者建立了信任并获得了进入研究现场的权利和“适合做质性研究”的资质。

适合做研究的资质

马林诺夫斯基强调田野工作需要同一代的人类学家、社会学家和后来的健康护理者、教育家以及在其他各种自然情境中希望弄清楚“内部人”观点的人一起研究。田野工作文献和口头传说所描述的完善的研究者是敏感、耐心、友好和和善的。他们有幽默感，对模棱两可的事有高度的忍耐力，并学习其他人的语言，穿合适的服装，保持自信。这些因素使得研究者有资质做研究。

米索尔（Measor，1985）讨论了外表在研究中的作用，并分享了她在一个英国学校收集感兴趣的资料时发生的故事。她发现教师和学生对她来说都是非常重要的，但她们对什么样的服饰得体有不同的认识。这就给米索尔出了一个难题。结果米索尔找到了一种妥协的方法，即从服饰中展示自己有时尚意识，但又不能显得太时尚。这个例子说明弄清楚如何最好地管理外表或行为并不一直是件容易的事。戴维斯（Davis，2001）对护士的计算机使用情况感兴趣，并安排在医院做民族志的研究。对她来说，观察的时候公开地记笔记是件容易的事，因为医院有记笔记的氛围。她的身份是研究者，本来可以轻松地适应这一研究背景，但事情却变得复杂了。当她坐在办公区域时，病人把她误解为一名接待员，当她继续记她的笔记而不帮助病人时，病人变得生气了。当她坐在接待室记笔记时，仍然会出现困惑："一个心脏病患者问我是不是排在他前面要找医生看病的人。"（p. 43）

只有对陌生人进行研究，你才能找到适应机会，至少在一些情景中，你将不得不以某种方式而不是以其他方式表现自己的行为。否则你将不能胜任研究者的角色。这可能意味着"变疯了"或"导致不安"，正如佩蒂格鲁（Pettigrew，1981）在旁遮普（Punjab）的锡克教（Sikhs）工作时发现的那样。当一些人做出诽谤的评论时，她不能通过容忍或漠不关心的态度来忽视这些诽谤。为了与文化规范相一致，她不得不表现出相反的一面来维持尊重与和睦。相反，当佩蒂格鲁目击了喧嚣的性别歧视者对妇女的歧视时，她不能反对，否则她就不会被允许待在那里。怀特海和康纳威（Whitehead & Conaway，1986）的书《跨文化田野工作中的自我、生理性别和社会性别》（*Self，Sex，and Gender in Cross-Cultural Fieldwork*）包括了许多例子，研究者管理他们的行为与外表来建立和维持和睦。瑞加娜和奥博勒（Regina & Oboler，1986）在肯尼亚的南蒂（Nandi）工作时，认为发展和睦意味着不能公开地表达彼此的情感，例如在某一情境下：

> 当人们赞许地评论我们表现出与南蒂人一样的举止时，我们感到很高兴。这意味着他们认为我们与以前他们见到的欧洲人不同。（p. 43）

你有意识地反思你的行为，那些不习惯研究者出现在他们生活中的人将会对你的出现感到轻松。

对研究被试来说，要他们能接受你的外表、语言和行为并不意味着你要扼杀你的人格进而把自己变得柔和，也不是将自己研究者的身份赶走；而是意味着要学习和尊重你要调查的那群人的风俗和期望。当然，这就要求你要比其他研究者有更多的思考。佩什金（Peshkin，1986）和我在基督教学校进行研究时，我们积极地加入保护平等权利修正案的联盟中。研究者不仅关心和睦问题，而且要维持进入这个学校的资格，我们不能被看作不赞同基督教中那些核心的、基本信仰的人。因此，和睦对研究者正常的互动和表达也是有些限制的。

然而，你没有必要为了适应研究被试而一直迎合他们。有时，当研究者问研究被试的看法时，如果是公开的对话，研究者无法获得多样性的信息，一般会获得在本组中被接纳的信息。克莱曼和科佩（Kleniman & Copp，1993，40）陈述说："田野工作者担心被试将把不同意理解为不公平的批评和拒绝，因此他们之间的关系就可能出现裂痕。但是如果和一个人交流，他所表达的思想可能是他的亲身经历，这时就会与研究被试建立亲密关系而不是疏远的关系。"研究者何时不同意以及何时坚持自己的观点依赖于其他因素，如你调查的方式、你的研究主题的本质和你已经建立起来的这种关系。

发展和维持和睦的关系在一个时间里很明显不能仅仅考虑一个人，还要意识到被试之间的社会相互作用。研究者是以证明被试是有价值的方式来进入社会系统的，这些价值是他们那个时期被欣赏的价值和被关注的焦点与联盟。因此，如果在研究时你对研究被试分配不公平，你可能就会遭遇挫伤感情或毁掉关系的风险，正如梅尔霍夫（Myerhoff，1979）的观察被公开地引入本章。

在研究地点，你可能保持中立以便不参与到政治事件中，但这样做既无法了解你需要知道的政治情况，也不会让你避开那些意想不到的困难。维持和睦与能否了解到你研究背景中的社会和政治结构的信息相联系。清楚正式和非正式的权力地位问题、了解容易激发愤怒的问题和明白正在形成当前形势的历史因素等绝不是一件轻松的事。所有这些都是发展和保持和睦关系的一部分。

王觉飞（Juefei Wang，1995）是一个来自中国的教育研究者，住在佛蒙特州。他对关于美国和中国和睦关系的发展问题进行了反思。他认为，不同文化在建立和睦关系的过程中差别是非常大的。在简短地向被试介绍了他的研究之后，大多数佛蒙特的被试愿意开放地与王先生讨论，也愿意参加他的研究，但是一些人也会简单地婉言谢绝说“不，谢谢你，我不感兴趣”，或拒绝回答某些问题说“我不知道”。他对比了中国人与美国人的反应：

> 在中国，被我做过访谈的人加在一起可能超过100人，但我从来没有遇到一个案例能够快速地建立信任。即使是年轻且性格开朗的人，我都花了很长时间来建立信任。我不得不找到一种方法让受访者相信我是他们其中的一员。他们谈论起他们的家庭，我问一些关于他们父母、妻子、丈夫和孩子的问题，同时也告诉他们我的情况。他们抱怨他们的收入低，我告诉他们我的收入也不高。这是一个建立信任的过程。我花了太长的时间，但是一定要长时间坚持才能建立信任关系。
>
> 在中国，我从来没遭到合作者的拒绝。大多数中国人都不会像坦诚的美国人那样说“我不知道”…… 他们给我留面子，并不拒绝我；但是他们又总能找到借口不提供任何有意义的信息或不提供信息。(p. 2)

王先生描述在中国他怎样花了一周多的时间来获得一个学校校长的个人信息，在美国他用较少的时间就获得了。他陈述道：

> 谦虚仍然是中国的美德。但当研究者要努力发现受访者在组织中的角色时，这些美德就让调查变得十分困难。受访者谈论了其他人的贡献而没有谈论他自己的贡献。(p. 3)

研究者的部分角色就是去学习在文化上以适当的方式来发展和维持和睦的关系，并在你自己的期望和行为之间建立一座文化的桥梁。

建立信任

和睦并不一直都能形成信任关系，但是建立信任关系之前要建立和睦的关系。当你被问到“怎样才能知道什么时候你已经建立了和睦的关系”时，我的学生在我的质性研究课程中回答说：

- 访谈的方式能表明是否建立了和睦的关系。当受访者不断地看表，你就明白你还没有建立良好的和睦关系。
- 当受访者在访谈中能有所收获时，和睦的关系就产生了。一个人告诉我：“以前没有人问我这个问题。”在一个好的访谈情境中，受访者开始思考他们以前从来没有放在一起思考的这些问题。在访谈过程中他们获得了自我了解。另一个受访者告诉我：“我认为我的收获比你的大。”那你的感受就会非常好。

第一个学生描述了如何通过被研究者的身体语言来了解你的研究关系，尽管一些人只是为了看时间而并没有表现出厌烦。第二个学生介绍了在研究关系当中互惠原则的概念。如果双方都能在互动中获益，那么和睦、信任的关系就容易达成。被试经常发现他们对部分研究感兴趣，并欢迎这个研究，因为这能让他们有机会反思对他们来说重要的事情。

有时，在原本期望最少的地方能发现乐意参加研究的被试。安德里娅收到了在第一次相遇后一名受访者的一封信。这个受访者真诚地表达了需要再一次相见，以便可以提供他们讨论的相关信息，并因过于热情而道歉。他赞赏安德里娅对一个偏远小社区的变化进行调查的行为。这个受访者在访谈中获得了成长。但安德里娅因为怀疑自己保持开放、感兴趣和学习者的视角的能力而推迟了这次谈话。具有讽刺意义的是，安德里娅发现她自己沉迷于受访者必须说什么内容和他表达其观点时清晰的、逻辑的、敏感的方式。很明显，她已经获得了和睦的关系。

通常，一旦和睦转变成了信任，人们将更愿意谈论一些个人的或他们曾经知道的敏感问题。在大多数情况下，这意味着给被试时间去了解你是那种可以信赖的、诚实的、愿意仔细倾听的和能参与到另一个人事情中的人。迪克讲述了对一名有抱负当校长的教师所做的访谈。迪克制定了一个人的一个半小时的访谈时间表。他曾在访谈前说："这些人不会告诉陌生人所有的信息。"但是这个受访者是个容易交谈的人，并且迪克的反应很适当。在45分钟之后，当迪克认为他正在获得很好的信息时，受访者问道："由于我了解你，我们能回到前面的问题吗？"迪克十分高兴他能发展出十分和睦的关系，能让受访者十分舒服地揭示深层的信息。他也了解了现存的许多层资料。尽管单独的访谈为他的研究目的提供了足够的资料，但与多样性访谈所获得的资料相比，他正在获得的资料还是较为单薄的。

费尔德曼、贝尔和伯格尔（Feldman，Bell & Berger，2003，36－38）讨论了承诺行为（commitment acts）如何去培养信任。在你身上就具备承诺行为，作为一名研究者，你为正在研究的社区花时间和精力本身就是承诺行为。你所做的可能包括从安排普通的事情（如在通往学校路边的田野对学生进行监护）到全面的事情（例如，制作一段录像，与以前保持沉默的一组人分享对问题的一些认识）。这些行为"为一个陌生人提供了一个机会，可以在研究者和信息提供者之间建立一种信任的、开放的、和睦的关系"（p. 37）。通过承诺行为，你证明了你花时间与研究被试进行互动的价值，并创造了与这些人彼此了解的机会。尽管接触了较长的一段时间也无法确保能建立起信任的关系，但时间依然是决定性的条件。时间允许你来证实你是否能实现你在谈判进入调查地点时所做出的承诺，并且时间允许你和被试培养彼此之间的关系。

与儿童和青少年发展和维持和睦与信任的关系为研究过程增加了另外的维度。研究者在与儿童的关系中扮演着监督者、领导、观察者、朋友等角色，这些角色影响着信息的收集和和谐、信任关系的发展。凡尼和桑德斯罗姆（Fine & Sandstrom，1988，14）通过儿童与成人之间积极地接触的程度和成人对儿童权威指导的程度两个维度，区分了研究者与儿童的关系。特别是，他们可以探索一个成人与儿童做朋友的含义是什么。

丽贝卡在她的学位论文（关于青春期女孩的友谊在她们生活中的地位）中发现自己与这些女孩形成了友谊，与她们的接触是十分积极的。她带着艺术品来到这些女孩的家，带她们到冰淇淋店，加入到她们的讨论中。她还被请求为她们提一些个人的建议。尽管当这些女孩和她在一起时她需要对女孩们负责，但丽贝卡并没有表现出管理她们的权威。她发展出来的与这些女孩们的联系让她意识到，当她收集完资料时，不能简单地说"再见"。丽贝卡还要在研究之后继续和她们接触。

研究的关系经常包括要一起做一些与研究主题无关的事情。

休息一会儿

"一旦感觉我们已经与我们研究的人建立起联系了，我们就会认为我们必须一直感觉他们很好。"（Kleinman & Copp，1993，28）一直都感觉你的被试很好，这不可能是一个事实。由于有田野工作的压力，维持一种关系有时需要休息一会儿。沉浸于陌生的环境中，你可能需要周期性地离开研究地点，去找认识你的人或与和你有相似信念和观点的人一起讨论。你可能需要将愤怒发泄出去或者只是离开几天，这样才能不破坏已经建立起来的和睦关系。

田野工作并不要求必须进行明细的记录，但笔记或日志还是必要的。马林诺夫斯基（Malinowski，1967）与特罗布里恩群岛上的居民一起生活时写的日记就是个众所周知的例子。日记变成了一个他发泄情绪和陈述自己不再怀念所居住的社区的对象。专注是有价值的，但是也不能过度。短暂的休息可以提高你在研究中对日常生活作出决定的能力。通过各种方式如旅游、阅读和个人日记等来了解远方的事情，有时是十分必要的。记住，你不必喜欢所有的被试，你也不必被所有的被试所喜欢。不过你的研究工作倒是会倾向于对所有派别，以及那些和你能相得益彰的人都有好处。正如瓦克斯（Wax，1971，373）所说：“一个人能从不喜欢的人和不被喜欢的人那里学到许多。”

田野关系中复杂和丰富的动力

友谊、联系和权力的问题是田野关系中涉及的方面，这些方面既能够丰富研究中的相互作用，也能让解释变得复杂。下面这部分内容强调与研究中发展的友谊及权力关系相关的可能性以及出现的问题。

田野中的友谊

> 它不是漠不关心的，而是关心、关注并投入情境中，持续地保持与人们礼貌的交流和为调查研究建立起合法性而奠定基础。
>
> （Savyasaachi，1998，110）

说到从质性研究的文献中来区分和睦与友谊之间的差异，在过去，主流的倾向是警惕不要形成友谊关系，因为这样可能会有样本偏离和损失客观性的风险。这些风险与过度识别相联系，也叫过度和睦（over-rapport）或入乡随俗（going native）（Gold，1969；Miller，1952；Shaffir，Stebbins & Turowetz，1980；Van Maanen，1983）。正如特德洛克（Tedlock，2000，457）所写的，研究者是“去培养和睦而不是友谊，共情而不是同情，尊敬而不是相信，理解而不是认同，赞美而不是爱”。

友谊通过三种方式与资料选择的偏见和客观性的降低相联系（Gans，1982；Hammersley & Atkinson，1983；Pelto & Pelto，1978；Zigarmi & Zigarmi，1978）。第一种情况是，资料选取的偏见可能是由于某种程度上无意识的主观选择造成的。研究者可能倾向于与自己喜欢的人或找与自己政治观念相同的人谈论。如果他们受这种冲动的影响，那么“参与式观察的乐趣会显著增加，但是对人和地点的取样……可能会受到很大的扭曲”（Gans，1982，52）。研究者可能和各种人进行交谈，但是他们也有可能对一组人过度认同，那么他们就会听这组人所讲述的，而很少充分地听取其他组所讲述的。因此，他们可能在审核自己访谈的人选时，会避免选择那些他们不是过度认同的人。

第二种情况是，研究者虽然能够意识到一些人是他们最好的资料源，但是由于他们的交际圈而拒绝去接近那些人。“一旦与特定个体或群体形成了坚固的社会关系，就会有封闭的可能性，并可能与社会中与之竞争的部分人群断然隔绝”（Pelto & Pelto，1978，184）。在加勒比地区，我企图同时去接近被疏远和未被疏远的青年人、政府官员和土地所有者。我发现我自己要向未被疏远的群体不断地解释我与疏远群体只有很少的时间在一起。

第三种情况是，研究被试过度地认同研究者。在这种情况下，研究被试就会按照研究者希望的行为方式来表现出他们的行为，或者为了给研究者留下深刻的印象而表现他们的行为。范·马南（Van Maanen，1983）引用了他研究警察的一个例子，这些警察过度地使用了侵犯性的侦查战术，这是为了在观察者的眼中增加他们的价值。总之，友谊被认为是可以影响研究者或被研究者的行为、影响资料收集与结果分析的一种事物。因此，研究者应该在研究现场避免形成友谊，至少与被研究者不要形成友谊。

用传统的思想关注分离和客观性在研究中会遇到困难，一些研究者认为友谊是一种理想的研究模式。特德洛克（Tedlock，2000，458）认为反对友谊的惯例超过了西方科学对客观性的执著。她将友谊放在殖民的背景中，从和睦到友谊，再到爱，这是一种文化，也是种族的“退化”或者说“回归原始”。纵观历史，一些研究者已经形成了友谊、陷入了爱河，并且完全变成了新社会的一个成员，但他们那时却不能像现在这样自由地将这些写出来。

女性主义研究者已经站在了宣传和睦、共情、平等和友谊研究的前线。但是，大多数研究者认识到建立真正的非等级的关系是十分困难的，除非进行参与合作研究。正如贝哈尔（Behar，1993，297）陈述的：

> 女性主义民族志研究者发现他们自己被抓进了背叛他们自己的内部网络中，他们十分清楚地意识到他们正在寻求与当地的被试建立亲密的关系和友谊，最后，书将作为他们写作的产品，以使他们能在学术界接受评价。

温卡珀（Wincup，2001，28）反思她对等待实验的妇女进行的研究，并反思她如何与研究地点的不同的人建立了不同类型的关系：

> 尽管我与一些妇女建立了和睦的、移情的关系，并且与其他人形成了亲密的研究关系，但在田野工作中我也对一些人存在负面的情感。虽然我在法庭里遇到的大多数妇女被指控有较小的经济问题，但我也遇到了一些被指控有暴力行为、虐待儿童和谋杀的妇女。另外，我还遇见到了一些恐吓、欺骗其他妇女的妇女。

亨利（Henry，1992）提到当她雇用她的日本朋友作为她的研究助理，后来两个人形成了 18 年的友谊。她追述当友谊变成了一种拖累时给她带来的困惑，因为友谊的要求与研究的要求相互竞争。尽管她感觉到这种情景最后对更深层地理解被试是有帮助的，但在研究过程中她对这种良好的关系却感到迷茫。

友谊和亲密关系是混乱的、情绪性的，也是重要的。无论你多想实践“关系伦理”（Flinders，1992），无论你的友谊超越了多少调查，利用和背叛的感觉都可能在研究者和被研究者那里一次又一次地爆发。然而，他们自己的友谊并不是一直没有痛苦的，也并不是永远持续的。

田野关系和权力

> 当我们至少感觉我们有了权力之后，我们最有可能乱用我们的权力。
>
> （Kendall，2009，115）

权力对传统的质性调查方法而不是合作研究提出了各种不同的挑战。这一部分先强调研究者的权力和在制度上的被动性，接下来将更多地讨论合作研究的方法。

传统的质性研究者并不一直处于权威的地位，特别是如果研究是调查那些精英和政治权力者的生活和行为时。但是通常来说，如果研究者做了大多数研究的选择，比如关于他们要访谈谁、要观察什么、如何分析、为谁分析和如何写资料，他们相对于研究被试来说是有权力的。研究者通过各种互惠原则的模型来强调权力的不平衡。如果访谈者对研究被试是有意义的和能够给予指导的，他们就可能帮助受访者更好地理解他们自己生活中的某些方面。一些重复访谈和小组访谈不仅能支持被研究者个人的反思，也能赋权于他们。研究者也能通过提供时间和劳动力来提供各种形式的帮助。

莱斯利·布鲁姆（Leslie Bloom，1998，35）强调权力并不是你必须有或者没有的事情，而是要“将权力放在多数人能了解的关系中来考虑”。她对一些争议进行了有意义的观察，这些争议来自对研究者的权力的讨论，即它是来源于研究者的权力与研究者的责任相统一，还是来源于研究者的责任与研究者的探究相统一：“这表明研究者收集资料、解释资料，并且将这些资料制成文本的权力，从本质上讲这是一个剥削行为，甚至是研究者对受害的被试的暴力行为。”（Bloom，1998，36）当然，她也指出，研究者具有使用研究获得学术成就的权力、要求研究被试反应的权力，以及与被试建立关系的权力。

在田野工作中，合作的方法经常既涉及社区内部的人，也涉及社区外部的人。在合作调查时会有权力转移的问题，权力经常被平等地分配，或者有时权力会更多地被所调查社区的合作者所掌控。研究目的和问题的识别与聚焦，某种程度上都是由在研究中的那些参与者来帮助完成的。当人们为了共同的目标和目的一起工作时，特别是当强调了不平等而形成边缘化的问题时，来自不同文化和种族背景的合作研究者就变成了在研究中挣扎的伙伴，因为他们之间的关系既不是内部者之间的关系，也不是外部者之间的关系。阿兰·维德尔（Alan Wieder，2004，25）反思了他与南非教师一起参与过的口述史研究：

> 当我以一名美国学者、一名外来者的身份帮助实施最初的访谈时，我与南非同事的关系，还有与住在开普敦的我所访谈的教师的关系，让我向内部者连续转变，因为我们都是教育者并且都是人类，我们的共同因素让我们联系在一起……

维德尔（Wieder，2004，25）认识到文化、政治和个人的因素帮助形成内部人和外部人的差异，但他极力主张：

> （研究者）对内部者和外部者要保持一种开放的态度，因为它们是一对相互转化的角色，当研究者作为证人（进行口述史研究）

时，两者的关系变得更近了。口述史有利于证人出示证据来发出他们的声音，这些证据可以将他们的经验和深层的意义联合在一起，从而变成了与之对立的叙述的一部分。

联系

类似于维德尔反思时将人类与南非教师联系在一起，马莉恩·普加奇（1995年的个人通信）在写到研究关系时，提醒我们关注和联系是十分重要的：

> 去年3月我第一次开车去北部，在“猫头鹰”餐馆吃完我的最后一个红番椒芝士汉堡之后，避开山脉，向东开向我在威斯康星的另一个家。今天，我以前的女房东告诉我，一年前我离开的那天，我的一个好朋友去世了……这是巨大的震撼，我还无法接受卡门已经去世了。她是第一个不让我把对话进行磁带录音的人，但是她分享了河边的旧西班牙社区中最不寻常的故事……
>
> 她曾经告诉我居住在城外对儿童可能是好的，她把一个孩子放在城里养而把另一个孩子放在村子里养。那番话让我对出租这里的房子有了更多的自信，因为这间房子在丝兰、牧豆树、走鹃、响尾蛇之中。但我不认为她知道这些。在早饭和午饭时，我们经常在我喜欢的墨西哥餐馆见面……我确信我没有能力将她真实的语言全部记录下来；我们的相遇超越了研究和友谊之间的界限……
>
> 我们上一次谈话是在11月，那时正是她儿子的婚礼之前。我送了她一个圣诞卡，我一直都不知道她阅读了《动物之梦》（*Animal Dreams*）的副本，这个副本是我送给她作为8月份我们在一起的礼物的。当然那不是研究的关系。我去黑文研究以便讲出一些故事，但是真实的故事是你无法与在那些岁月里一直欢迎你的人分离。我要讲的是丽莎，是告诉我卡门去世的那个人。这不是研究的任务，是我出于自己的需要来了解在边境地区的生活……我离开那个地方时带着不舒服的感觉，因为那是我进行研究的地方，并且我在那里待过一段时间，如果希望与被研究者建立关系，离开时就会有一种真实的负债感。这不是一个以行动的目的来做合作研究的例子……这是一个友谊的例子，这是并没有培养许多年但却很深的友谊，因为你认识到你作为朋友是有意义的，即使并没有进行任何研究；它只为友谊的产生创造了一个简单的机会。
>
> 将质性研究带入你自己的家庭领域，可以把你从潜在的责任义务中解脱出来；你继续保有你的朋友和你的社会背景，并且你踮起脚尖就可以看到你原来居住的地方。在一个新的地方集中地进行田野工作会遇到问题。这不是我现在需要努力理解的权力关系的问题。取而代之的是它反映出一直困惑我几个月的问题：没有精彩的、长期的友谊，你能够做民族志研究吗？你要的是什么？……卡门帮助了我，确实，我也只能感谢她对我的贡献。但是我真正的愿望是她仍然在那里，在大农场中，无论什么时候我回到黑文，她都能为我讲述故事，我在那里的房间已经准备好了。没有人能回答我这部分的问题。

马莉恩的反思证明了研究关系如何能超越公共领域从而进入私人领域。她的故事感动着我们去思考我们如何去经历可能进入研究的多种类型的关系。她建议我们要以开放的、诚实的和尊敬的方式互动，而不要戴着面具来建立和睦的关系或和他们之间隔着专业这堵墙。马莉恩呼吁我们要真诚地互动，并以真诚互动的结果为荣。

后现代的辩论让真诚这个概念更复杂了，但是，由于研究者变化的、片面的、不稳定的主观认识会对研究者与被试之间的互动产生影响，所以在这种背景下，质性研究真实和透明的可能性就会遭到质疑。在下面的部分中我们将讨论反思性。

反思性

> 批判的主观性涉及在已有观点的基础上进行反思。
>
> （Reason，1994，327）
>
> 反思性是一种在行动的情境中的自我意识和一种在情境中建构自我角色的自我意识。
>
> （Bloor & Wood，2006，145）

反思性（reflexivity）在20世纪80年代的重

要性增加了，女性主义学者、其他为解放思想工作的学者和一些对文本代表性提出疑问的后现代主义学者都对传统研究提出了挑战（Bloor & Wood，2006）。尽管反思性在质性研究的写作中由于多种原因而被使用（见 Pillow，2003），但通常包括对研究者、研究被试、研究背景和研究过程等如何相互作用和相互影响进行的批判性反思。这包括“检验一个人个体的和理论的责任，去看他们是如何作为一种资源来为生成特定的资料、为行为的特定的方式……和发展特定的解释而服务的”（Schwandt，1997，136）。你自问在研究互动中的各种问题，从评论一个调查项目到分享研究发现。你问自己这些问题，并在你的研究日志中记录你的反思。你问其他人关于研究过程的问题并仔细听他们的回答，记录他们的答案，也会改变调查的过程。你听研究被试问你的问题，并思考这些问题如何表明了他们的关心和期望。你尽可能充分地回答然后检验为什么你以这种方式来回答。你在问你自己的问题中，找一些关于社会文化政治背景的问题来问。从某种意义上说，你同时做两个研究项目：一个研究关注你的研究主题，而另一个研究关注你自己，以及瑞艾森（Reason，1994）所重新解释的你所站的立场。

研究者倾向于一方面查问他们自己的偏见、主观性和装满价值的视角，另一方面调查他们研究方法论和研究方法的适当性，包括关于资料收集、形成解释和研究的代表性，并通过这些调查来讨论反思性（Madison，2005，124 - 125；Potter，1996，188）。他们不断地带着让他们的研究更精确、更合法、更有效的目的来反思这些内容，尽管这个目的对于后现代主义思想仍然是有争议的。尽管反思性不是一种“治疗”，尽管一个人从来都无法充分地了解自己、批判自己，但是反思性的工作还是有用的。这一章主要通过讨论主观性、情绪的作用、地位和人格等个人的维度来说明反思性。

主观性

> 任何一个对其他人的研究也是对自己的研究。
>
> (Sunstein & Chiseri-Strater，2002，xiii)

> 我们能穿过边界，但我们不能抹掉这些边界；我们要与这一边界在一起。
>
> (Behar，1993，320)

在实证主义范式中，客观性（objectivity）是要实现的一个目标，主观性（subjectivity）则是不需要的东西。在某种意义上，主观性等于偏见，并被看作在研究中要控制和减少的影响。这个词已经长期被赋予了消极的含义。在最近的一个时期，许多研究者特别是后结构主义学者，已经解释了主观性和客观性这一对相互对立的词不再是有用的了，因为没有人能摆脱主观性，也没有人能获得客观性。客观性被认为是既不可能也不需要的。女性主义研究者已经长期指出，女性通常被认为是主观的，而男性被认为是理性的、更客观的。

在 20 世纪 80 年代和 90 年代早期，研究者根据解释主义范式开始对把主观性看作消极的概念提出了质疑（Denzin & Lincoln，2000；Oleson，2000；Peshkin，1988b；Wolcott，1995）。这些研究者认识到主观性可以将解释主义的研究从决定研究的主题到选择分析的框架进行整合。主观性不是偏见，他们将主观性看作历史上个人的自我形成的原因，并开始宣布使用这个词。例如佩什金（Peshkin，1988a，1988b）的一篇文章题目为《正直的主观性：参与式观察者的自我》，另一篇为《探究主观性：一个人的自己》。在质性研究者的视角中，有人认为主观性是偏见，要获得更可信的研究就要监控主观性；也有人认为主观性来自个人的历史和冲动，它可以对研究做出贡献。质性研究者认为他们无法摆脱自己，他们也不愿意这样做。佩什金是第一批探索主观性的质性研究者之一，他努力去弄清楚主观性在研究中出现的方式有哪些差异。

佩什金[①]将主观性看作参与到不同研究情景中的自传式的情绪状态。他开始反思他的各种研究项目，并反思这些项目如何引出了各种主观性以进一步透视它。当他在曼斯菲尔德——一个中西部偏远的小镇做研究时，他通过团体共同感获得

① 这里佩什金关于主观性的反思引自本书第一版，具体摘自 Peshkin，1982a，1988a，1988b。

了进入的权利。他喜欢曼斯菲尔德这个地方和这里的人，不希望他们失去对团体的感情。他的下一个学校团体研究是在一个信奉正统基督教的基督教学校进行的，这个学校有伯大尼浸信会教堂和伯大尼浸信会学术委员会。当他在那里的时候，他没有出现对社区敬仰的感受，因为他高度地警惕其他的情绪。他写道：

> 我对自己在伯大尼浸信会学术委员会（反对这一研究的机构）的经历感到厌烦，并且很快对我广泛出现的厌烦变得警惕，因此我把生气和苦恼记录下来。相应地，我不能赞美伯大尼的社区，而且这还是个比曼斯菲尔德更充满了粗鲁气息的社区。为什么不是好的呢？在伯大尼我更加厌烦。我不在伯大尼时，就不是一个冷静的、没有热情的观察者；在那里，我作为犹太教徒，在18个月的田野工作期间直接和间接地成了戏剧化的另类。

当佩什金进入里弗维尤市的学校团体研究时，他计划去了解种族在学校和社区中、在学生和父母生活中是怎样影响他们的。他决心去寻找他自己主观性的例子，因此他对感受和环境进行了记录。他将他的反思与他所描述的一系列“主观的我”（Subjective I's）合并在一起。当在曼斯菲尔德时，“社区维护我”（Community-Maintenance I）出现了，但是在里弗维尤市的研究情景唤起了他以前没有的情感状态，例如他所记录的关于“教育学的和社会改良论者的我”（Pedagogical-Meliorist I）：

> 这……是一个防御性的自我。这时的自我站在学生的立场上，代表学生这一群体。我进入同学们的教室去观察他们。教他们的老师学问并不丰富，对他们的关心也不够，不能对他们的生活有所改变。在课堂时间，学生和老师很少有机会评论，直到下课铃声响起来他们才从没意义的课堂中解放出来。在这种环境中，一般是很遗憾的，与我在其他学校观察到无能的教师让我产生的烦恼相比，这所学校的教师让我产生的烦恼更多。在里弗维尤市的高中里，这样班级的学生通常来自少数族群，他们来到学校会有两大惊奇等着他们。我发现我自己正在做我以前从来没有做的事情，当我坐在教室的后面时：在听完正观察的课之后，我在制订新的计划——关于让这些学生的生活有所不同的再教育指导。

追溯你主观的自我，正如佩什金描述他的那样，在你的大脑地图里描述出重点。但是这些点无法形成一个完整的地图，因为没有研究能激发起你所有的情感和地位。一些认识在其他的研究中将继续出现，正如十分确定其他的一些认识也会在其他的研究中出现一样。极其相似的是，没有两个人在做同一个研究时会有同样的个人反应出现，尽管许多教育者和从事社会服务的人有相同的一个“公正的我”和一个“关心的我”，借用佩什金的研究，他们反思情感的反应是由他们自己的研究项目激发的。洛兰提供了一个例子：

> 我是通过几个镜头对物理治疗师如何给痴呆老年人看病的情况进行调查的。第一，我所做的大部分调查都与自己的成长经历有关，这些调查就是我了解自己的个人镜头（personal lens）。从个人镜头来看我自己的过去，以及来自我和我外祖母的关系。第二，我通过公正镜头（justice lens）来看这个主题。我看到了老年人被健康看护者给予了不公平的对待；甚至当他们有相同的困难时，他们没有受到和年轻人同等的对待。第三，我通过看护镜头（caring lens）来看这个研究。我已经有强烈的兴趣对在我们社会中的老年人进行调查，看他们是否受到了尊重和被有尊严地对待。我要社会中的每个人知道在我们老年社区的成员中有哪些资源。
>
> 为了强调个人镜头，我必须追溯我童年的个人经历。当我出生的时候我的父母就已经比较老了，已经是我同伴的祖父母的年龄了。实质上我跳过了一代。因此我发现我自己被两边家庭中的老年人包围着。对我最有影响的人是我的外祖母。我外祖母患有多种疾病并且痴呆。她由一个地方诊所中一个低素质和低教育水平的职员进行治疗。在她死亡之后我了解到，一定要有为老年人进行特殊服务的机构和职员，这是一件不能忽视的事情，我一定要大声呼吁。
>
> 我个人对老年病人兴趣的基础植根于我

> 和外祖母的关系，还有我对外祖母在生活中最容易患病的情况下所接受护理的认识。但是我也发现个人镜头与公正镜头是相互联系的。我已经对那些被压迫和被剥夺权利的人十分敏感。我认为那些老年人，特别是那些没有经济来源和没有呼吁者的老年人，是我们社会中最容易受伤害的成员。在许多方面他们比儿童更容易受到伤害，因为大多数儿童都有强烈的呼吁者，即父母。老年人有多种需求，这些需求经常被忽视或经常被占用。
>
> 最后，我发现我关心的焦点与个人镜头和公正镜头都有联系。我和每个老年人都花了许多个小时在一起。我很好地意识到不得不为他们提供服务。我认为老年人是有价值的。我把他们看作聪明的、有丰富经验的及有趣的人。老年人值得有尊严地被对待。

继续追踪你主观的自我然后探寻它们的起源，正如洛兰所做的。这些不仅能让你意识到你自己的视角，而且能了解这些视角如何影响了你问的某些问题（而不是其他的问题）和对研究情境中的互动做出某些解释（而不是其他的解释）。后结构主义和其他的学者，在佩什金的早期工作中，就对质性研究中主观性的作用有了更复杂的理解。他们断言主观性不是由你可以戴上或摘下的“透镜”组成的，而是由我们每个人生活中复杂的和不断转换的身份类别的交集组成的，这些类别包括种族、阶级、性别、性取向、年龄、健康状况、国籍等。例如，在一些研究情境中，一个人的性别可能更重要；在其他的研究情境中，可能一个人的年龄更重要。在任何情况下，无论是研究者还是研究被试，他们的主观性都是不稳定的。

情绪的作用

你个人的看法和视角部分是一致的，它们与你的情绪也是一致的。不是努力去压抑你的感受，而是你使用这些感受来探寻你的假设，并且通过重新检验以前的视角来形成新的问题。“忽视或压抑感受是情绪工作策略，这些策略将我们的注意从那些最后能帮助我们理解我们研究内容的线索中转移开了。”（Kleinman & Copp，1993，33）例如，清（Tsing，1993，68）报告了她是如何从她的情绪中进行学习的：

> 有一次玛·萨拉姆的母亲努力挖苦我说我不是来工作而只是来旅游的。我的第一个想法是去攻击她，并要为我的勤劳而争辩，在美国不工作是没有价值的。但我很快意识到我是错误的：在默拉图斯，“工作”就是去做重复的看护活动，而“旅游”是一个提升个人经历和物质得以丰富的过程。

当你感到愤怒、高兴、兴奋或悲伤的时候，你要能确信产生这些情绪是由于你个人的观点在起作用。目的就是探索这样的感受，让你意识到这些感受与你的行为、反应有联系，与研究被试的相互作用、与你现在正想了解的有联系，与你可能一直对自己的认识和了解等也有联系。温卡珀（Wincup，2001，29）描述了在分析和写作的过程中，她如何利用她对等待做实验的妇女进行研究而被激发出的情绪：

> 慢慢地我开始意识到我自己的情绪可以用来建设性地提高我那些无法重新开始的研究，这些情绪还可以帮助我进行分析和解释。鲜活的调查经历可以让我的研究资料生动起来。我的情绪意识鼓励我更进一步来听我所访谈的妇女的叙述，以及更仔细地思考当我创造我的民族志研究时，我能以更公正的方式来对待妇女们的故事。

通过做笔记，你能开始意识到你个人的历史如何参与到你的研究中。在你的研究中，反思你的研究如何将研究变成了自传。通过这些反思，你就能对在研究中采用了哪种视角找到线索。当我让学生做这些作业时，我强调我不是要听他们的故事，但是要知道他们的研究主题是如何与他们的生活交织在一起的。他们的研究方法对他们自己说明了什么？他们为什么对他们所提出的研究陈述感兴趣？

在第四章里我们已经讨论了克里斯蒂娜的访谈问题，她计划去访谈来自非洲的妇女，了解非洲妇女对妇女结婚、离婚和财产等法律权利的认识。一开始她认为自己已经选择好了研究主题，由于她正准备和她的丈夫一起去非洲东部住几年，为了她论文的要求她需要了解非洲妇女的生活。但是当她考虑到她的研究主题如何成为了自传体时，她意识到她对主题的选择有更深的根源：

我对妇女权利的兴趣开始于九年级时，我参与的我母亲和一个妇女权利激进主义分子的谈话。这个激进主义分子讲述了她在摩门教的教堂被抚养大，她奋力支持“平等权利修正案”，因此最后被摩门教徒逐出教会并且导致她离婚的事情。直到那天晚上，我相信对妇女的歧视是过去的事。我能清晰地回忆我母亲曾对我说：“你认为对妇女来说不会有任何障碍，但你将会看到它。”她的陈述让我警惕起来。我是一个成功的学生，我正计划去一个有竞争力的大学以追求法律或商业的职业。但是我开始关注妇女问题，特别是那些在男性和女性之间高度不平等的问题。

我的父母在这件事一年之后就戏剧性地离婚了，他们的离婚重塑了我对妇女和婚姻永恒的观念。他们已经结婚20年了，在离婚之后我父母刚开始都挣扎着，我父亲在经济和情绪方面都恢复得更快些。我母亲某种程度上在婚姻中投入得更多些，最后她发现自己成了“赤贫者”——帮助她开始新生活的资源比较少。我认为我父母之间不平等的责任（母亲主要负责我、我弟弟，以及整个家庭）限制了她的工作经历，这让她重新开始新的生活更困难。从这时起我开始敏感地意识到在许多家庭中妇女通常都承担较重的负担，我认为这种意识帮助我聚焦了我对非洲妇女关于结婚、离婚和财产等法律权利的研究兴趣。

她的研究主题某种程度上是她的自传体，当克里斯蒂娜开始对非洲妇女进行访谈时，她能更多地意识到她自己对结婚、离婚、财产和妇女权利等问题的态度和情绪投入。

记录和反思你的情绪反应，因为这些与你是谁、你的历史和经历相联系的情绪反应是十分重要的。监控这些主观的感受并不是控制它们。当你追溯这些情绪时，你对你自己的价值、态度、信仰、兴趣和需要等能有更多的了解。你了解你的历史和经历在互动中是你的行为和解释的基础，也是你能够讲述故事的基础，它们都是你建构出来的。这些历史和经历让你成为了一个个体和一名研究者，从主题的选择到写作过程的强调，让你形成了你自己的视角和你作为研究者所形成的见识。

马克描述了他如何追溯他的情绪从而帮助他以新的视角来看问题。他正在研究矫正机构的工作人员对他们牢区教育的态度：

在研究过程中，最不希望出现的事情就是我改变了自己的想法。几个田野日志能识别出我是不是站在公正的立场来关心工作人员。我意识到我必须认识到这些，并且一定小心地注意“不要有任何以前的限制来影响以后的研究结果”（Patton，1990，41）。在田野日志中，我提醒自己“在这个研究期间我不是一个改革者”。现在让我惊奇的是，我变得更尊敬这些工作人员在囚犯室里所做的日常工作。通过他们的思想和经验，我了解到许多信息，并因此修正了我的想法。他们也正在用他们自己的方式帮助那些处于困难之中的诉讼委托人，帮助后者克服大量的障碍。我对此十分高兴。

在你的研究过程中，你要努力去认识你的理论和你个人的有关思想。尽管不可能完全记录你的价值、情绪和认识，但你可以将你自己变得与特定的研究情境相一致。你能反思、调查，并负责向你作品的读者传递这些“自我”。你可以直接或间接地做这些事情。例如，你可以清晰地陈述你解释资料所使用的理论和你在研究中与被研究者形成关系的类型，或者你还可以用直接的方式写出你创造分析方式所用的各种方法（见第九章）来向读者表明你个人的信念和思想的混乱。

在近期，主观性的语言已经被包括在反思性的讨论中，并伴随着强调追踪、提问和分享，以及我们的主观性形成的或被形成的研究过程。例如，古鲍和林肯（Guba & Lincoln，2008，278）陈述道：“反思性强迫我们不仅对研究问题的选择进行了认识，以及对我们在研究过程中的投入情况进行了认识，而且对研究背景中的代表我们流动自我的多种身份和我们的自我也有所认识。”他们在这里指出，不同种类的、与研究相关的自我被舒拉米特·雷恩哈茨（Shulamit Reinharz）识别出来（转引自 Guba & Lincoln，2008，279）：“以研究为基础的自我带来了自我（历史的、社会的和个人创造的自我）和情境创造的自我。”他们继续说，反思性“要求我们询问我们的每一个自我，这些自我塑造和影响了我们的研究”（p. 279）。

具身化、地位和人格

我们每个人都有固定的特质，这些特质与社会文化历史背景相联系，并影响着在这个世界上我们如何行动和其他人如何反应。这些固定的、无法也很难改变的个人因素是指身份范畴（identity categories）或具身化（embodiment），包括肤色、性别、年龄和身体残疾（Sunstein & Chiseri-Strater，2002）。这些身份范畴不能被看作有实质性的意义，而是对每个地方所有的人来说都是事实，或者把其看作特定的行为和反应。他们以复杂的方式与其他的特质、历史和背景相互影响。

地位（positions）一般是指一个人作为个体不必体现的各方面，包括归属特征（国家、祖先）和成就特征（受教育水平、经济水平和加入的机构等）。例如通过简单地看一个人，你没有必要确定一个人的教育水平。主观地位（subjective positions）包括你的生活史和个人经历等各方面，这些能帮助你形成你的价值观（Sunstein & Chiseri-Strater，2002）。伴随着即将到来的公民权利运动的时代，主观地位成为了重要的部分，无论你是什么肤色，它都影响着你如何看待这个世界。但是最后可能是这个主观地位以不同的方式与你的肤色相互影响。因此，具身化和地位是相互影响的，它们也影响着你的关系结构（positionality），或者说研究者的"社会和思想的定位与研究的项目和其他的参与有关"（Hay，2005，290）。

研究者很少能控制身份，而是局限于控制他们的地位（例如国籍或教育水平可能被不道德地表达或公开）。研究者无法控制身份因为它是由其他关系决定的，但是他们可以做出一些选择来影响这些关系。例如，带着开放的、好奇的和需要的心态进入研究，以及努力以合作的方式与研究被试相互影响，可能会导致不同的关系结构，这样做比一个研究者具有保持一种权利、自我中心和控制的心态要好。麦迪逊（Madison，2005，9）陈述说："我们的关系结构需要指导我们的注意超越个体的或主观的自我。取而代之的是我们的主观性要与其他的信息协调一致，我们的主观性也要与我们参与的和代表的其他人的信息协调一致。"关系结构不是固定的，也许该是复数形式的，因为关系的变化随着人们和时间的变化而变化。

正如我们已经习惯了自己的关系结构一样，我们也已经习惯了自己的主体间性（intersubjectivity），即主观性是如何指导着研究的过程、内容、理想和解释的。正如梅尔霍夫（Myerhoff，1979，26－27）在下面的引文中所表明的，她在对犹太老年人进行观察和访谈时激活了他们的情绪，进而塑造了他们的行为：

> 老年人真诚地对我感到满意，他们是宽宏大量的、亲切的，但是也会发泄出他们的愤怒。我的存在使他们不断地回想起许多痛苦的事实：本应该是他们自己的孩子在那里听他们的故事；妇女长期渴望能获得她们的家庭、职业，但是这些从未实现。

在另一个例子中，莱塞尔和史密西斯（Lather & Smithies，1997）观察了艾滋病支持小组，并对小组中的妇女进行了访谈。他们的工作持续了几年，以至于对许多被试来说变得十分重要，正如下面引用中说明的：

> 我为你写了这本书而感到十分兴奋，并且我希望你能立刻将其出版……对于访谈和听每个人的故事等许多材料，我们不能在组内谈论，我们不能谈论你对这些材料的真实感受是什么。（xxvii）
>
> 你什么时候要将其出版？你知道我们中的一些人已临近死亡。（p. 169）

莱塞尔、史密西斯和携带艾滋病的妇女建立起了关系，在开展项目的过程中他们笑过、哭过并重新思考了她们的生活。妇女们渴望得到她们的故事，这些促使莱塞尔和史密西斯出版了他们的书的早期版本——《烦恼的天使：和艾滋病一起生活的女人》（*Troubling the Angels*：*Women Living with HIV/AIDS*）。

当研究关系发展时，主观性的谈判是一个持续的过程，并通过研究过程使得研究者和研究被试在价值观、态度和理解方面都发生了改变。反思研究者与被研究者之间的相互作用，在本质上是要理解研究关系是如何影响田野工作和解释的。正如韦尔奇（Welch，1994，41）陈述的："我们创造了我们的故事，但我们仅是作为合作者创造的。"

思考你自己的主观性、具身化、地位与研究被试的相互作用有助于资料的解释和表征。事实上，你的立场也是“文本中的立场”（Madison，2005）。问问你自己如何将研究地点中的内容反映到你的解释和你的语言中。你当时的解释具有家长式的作风吗？研究被试是来自一个维度的群体吗，也许他们是被压迫的、无权利的受害者？或者，浪漫化会导致你可能忽略了“深藏着的矛盾、详细的有象征意义和困难的问题”（Madison，2005，126）吗？表征如何会失去我们所研究的生活的复杂性？努力站在被研究者的立场上，并把你当作被研究者来阅读你的文字，思考这些文字对被研究者的意义和影响。反思包括诚实地、开放地摆正你的地位和在研究中的地位，反思你的观察和解释两者是如何相互作用的。

结论

为什么要如此多地关注田野关系和反思性？你是否只需要做与研究有关的事情？为什么要将已经描述出的内容看作有可能成为“中心关注”的资料？苏丹娜（Sultana，2007，376）是孟加拉国的一个研究者，她陈述了关于水资源管理的田野工作：“我不相信一个研究者反思自己的关系结构会变得自我沉迷，但是我相信反思研究者纠缠于权利关系中，而且这种纠缠会影响到研究方法的选择、资料的解释和建构……”最后，这些对研究的个人维度所进行的思考和批判能导致更多的伦理工作，这是下一章的主题。反思的思想有助于你思考个人的性格、价值观和地位与研究情景中的其他因素的相互作用，从而影响你对研究方法的选择、使用和你所做的研究解释。它强迫你思考更多关于你如何与研究被试建立关系的问题。它能帮助你利用你个人的冲动和力量来更好地理解，你所生产出的知识是共同建构出的还是偏见。皮洛（Pillow，2003）认为“不舒服的反思”（p. 188）即“不是希望寻找舒心的、超越的终点，而是留下不舒心的现实来做质性研究”（p. 193）。

巴顿（Patton，2002，66）提供了一个示意图，名称是“反思性问题：三角调查”。图中说明了反思性问题的种类，一个研究者可以以这些问题问自己、研究被试和受众。图中还解释了在社会文化背景中的每个人的具身化、地位（“文化、年龄、性别、阶级、社会地位、教育、家庭、政治实践、语言、价值观”），这些因素相互影响并为不同的认识提供了“荧屏”。下面的问题是根据巴顿的分类设计的，但这些问题比巴顿的分类又有所扩展：

调查者

- 我做研究的理论和哲学信仰是什么？它们怎样引导我来做这种研究？
- 我的什么自身经历将我带入了这个主题？
- 在研究中我为什么要选择每个特殊的人？
- 为什么我形成了我所使用的特殊访谈问题？
- 为什么我在那个地点进行观察？
- 我和研究被试发展了哪一种关系，为什么？
- 我需要哪一种关系？为了什么目的需要这种关系？
- 我认为我了解了什么内容？我如何知道我了解了这些？
- 什么价值观和经历形成了我的研究视角和研究决定？
- 当我分析和解释资料时，我选择了什么资料和忽略了什么资料，为什么？
- 什么变成了重要的分析主题？为什么我能思考那些主题？
- 我和什么立场的人分享了我的认识？
- 我多大程度上将自己描述进了文本之中？当我描述的时候又是如何将自己呈现出来的？
- 我做了什么并发现了什么？
- 我选择的结果是什么？

被试

- 他们是如何知道他们所知道的内容的？
- 什么形成了或已经形成了他们的世界观？
- 他们如何看我，为什么？我是如何知道的？
- 他们给我讲述了什么故事？
- 他们讲述了研究过程中其他方面的什么故事？
- 他们对我所写的内容会有怎样的反应？

受众

- 他们会如何解释我给他们的内容？
- 他们以什么视角来看我所呈现的内容？
- 他们如何感知我？
- 我如何感知他们？
- 这些感知如何影响了我说什么和怎样说？

上面这些问题是用来指导你在田野笔记本中需要强调的问题的。最可能的是，你（和你的读者）不会仔细思考最后报告中每个问题的答案。但是最后需要提供你做这些决定的背景，以便读者能更好地理解这些问题和你所做的解释。你也可能理想地详细说明你自己的信念系统（社会的、政治的、思想的、理论的），并且能说明它们是如何与你所采取的行动联系在一起的。解释主义者经常声明将"理解他人的视角"作为一个研究的目的。反思性挑战你能够了解其他人的能力，也许还能够帮助你在与他们互动的关系中来理解你自己。

阅读研究关系和反思就像阅读研究过程的其他方面，它可以让你更清晰地理解你的关系结构，但是你不得不对在全部研究过程中遇到的个人内部的自我和其他因素进行研究。当你意识到有一些事情要去探索、去发现和去质疑时，你就要准备通过研究经验来获得这些信息。

* *

推荐的阅读材料

Pillow, W. 2003. Confession, catharsis, or cure? Rethinking the uses of reflexivity as methodological power in qualitative research. *International Journal of Qualitative Studies in Education*, 16 (2), 175 - 196.

练习

（1）反思在你的研究中最理想的研究关系的本质。发展和维持和睦的关系意味着什么？如何发展和维持信任？

（2）以自传体的形式在你的田野日记中写一些关于你的研究主题的内容。深入地思考这些问题：为什么你在所有可能的问题中选择了这些研究问题？这些问题能说明你自己的什么情况？

（3）阅读民族志是一种好的方法，它可以促使你广泛地思考你所做的研究和写出的田野日记。在这个活动中，分成 4 或 5 个组，每个组阅读不同的民族志。当你阅读一本书并决定就这本书的特定内容进行讨论的时候，计划好阅读次数（你也可以做周期性的课堂汇报）。例如，你可以让一个组集中讨论作者是如何将观察和访谈包括在文本中的，而另一个组集中讨论对民族志的组织和安排。跟着这一章的主题，反思研究者是如何在研究中定位他们自己的。你发现了作者的什么信息？你发现研究中形成了什么样的田野关系？你还想知道其他什么事情？为什么？

第六章

伦理问题：考虑什么是“正确的”

> 中立不是多元的而是帝国主义的……用它自己的术语再次进入议程。
>
> (Christians，2000，142)
>
> 研究本身是一种强大的干预……它在传统上有益于研究者以及社会上占支配地位群体的知识基础。
>
> (Tuhiwai Smith，1999，176)

随着一些学生进入第二个学期，他们开始学习质性研究方法课程，他们反思试错法在他们学得最好的课程中的作用。欧尼想知道：“是否可以通过试错法来考虑学习研究伦理的可能性?”随着对伦理问题的了解的增多，他们仔细斟酌了伦理困境问题，并对他们在研究中的意外后果感到疑惑。

这些学生意识到，对伦理问题的思考应该贯穿到质性研究每个方面的规划、思考和讨论中。当你要满足大学伦理委员会以及其他研究活动的守门人的需求时，伦理问题是不能忽略的。它也不“仅仅是关键情形下的一个孤立选择问题”(Cassell & Jacobs，1987，1)。相反，伦理问题是和你与研究参与者、你的资料的日常互动分不开的。

伦理决策对质性调查来说并不是特殊的。关于伦理行为的指导方针来自医学以及其他一些侵入研究，并导致了人们对知情同意、避免伤害以及机密性的强调。不同的认识论体系产生不同的伦理关注（Lincoln，1990；Scott，1996)。实证主义的调查强调研究者与被研究者之间的分离；而在许多解释主义研究中，研究者和被研究者之间的互动则是很常见的。研究者与参与者的距离并不能更有助于一个研究达到伦理标准。实际上，一个中立的立场本身就被看成一个伦理问题，因为它意味着他人的客观性。所以，质性研究中许多伦理讨论和思考都和研究参与者的关系性质有关。

许多女性主义者、批判者和本土研究者认为，研究目的和它们本身都是一个伦理问题，这些目的掩饰“当前的人类需要和权力的滥用”（Christians，2000，144）。这种观点要求研究者必须和研究参与者持续地协商研究目的和研究过程。这样，由什么构成伦理问题，是通过相关情境的对话来决定的。因而，你对主题的选择、你对研究方法的设计都被看成一个伦理问题，因为你选择什么来研究以及你如何设计调查，是和你关于研究目的和性质的哲学与伦理立场相关的。

总的来说，这一章主要关注质性研究方法中研究者和被研究者关系的伦理问题，不讨论那些属于所有研究类型的伦理问题，如伪造结果或者没有取得合作研究者同意的出版。前面的章节难以提供关于什么是“正确的”或者“错误的”行为方式的明确建议。这里提出的问题则可以让你警觉到那些需要深思熟虑的领域，这样就可能避免通过试错法来学习伦理课程。

伦理规章

纳粹集中营和原子弹破坏了科学是价值中立的、可以自动为人类福利做贡献的印象（Diener & Crandall，1978）。美国的某些医学研究导致的对主体的身体伤害（如塔斯基吉梅毒实验）和社会科学研究引起的心理创伤（如米尔格拉姆电击实验）导致了由不同的专业组织和学术机构促成的伦理规章的形成。到1974年，联邦政府授权在所有涉及人体的、接受联邦政府研究基金的大学成立机构审查委员会。其他国家也成立了类似的组织（如英国的大学伦理委员会、澳大利亚的人类研究伦理委员会）。在审查申请人的提议时，有5个方面的原则指导着机构审查委员会：

（1）研究主体必须有足够的信息来作出参与一个研究的决定。

（2）研究主体必须在研究的任何阶段都能够退出，而不会受到惩罚。

（3）必须排除对研究主体的所有不必要的风险。

（4）对主体和社会的益处，必须超过所有潜在的风险。

（5）实验应该由有资格的研究者来进行。

不同的职业群体在他们的学科中形成了自己的伦理准则以适应研究。美国人类学学会（AAA）采用的伦理准则强调了民族志研究要特别面对的那些问题。美国人类学学会的伦理准则在多次润色中得到改进，最近一次所修正是在1998年，并被其成员所采用。如下部分是从他们的5页陈述中摘出来的（参见http：//www.aaanet.org/committees/ethics/ethcode.htm），这部分主要关注研究者对所研究的人和动物的责任：

> （1）人类学研究者对他们研究的人、物种、材料，以及与他们一起工作的人都有基本的伦理义务。这些义务可以取代寻求新知识的目标，并且当这些基本的义务和其他责任——如对赞助商和客户的责任——相冲突时，可以做出不承担或者中止一个研究项目的决定……
>
> （2）人类学研究者必须尽力保证他们的研究不会伤害到他们与之工作、进行研究的人的安全、尊严和隐私，进行其他职业工作的时候也是这样……
>
> （3）人类学研究者必须提前确定他们的信息提供者是否愿意保持匿名，或者接受识别，并且尽力满足他们的愿望。研究者必须告诉他们的研究参与者这些选择的可能影响，明确表示尽管他们尽了最大的努力，但匿名仍然有可能泄露，或者是识别难以实现。
>
> （4）人类学研究者应该提前获得被研究的人、提供信息的人、拥有或者控制被研究的材料的人的知情同意，或者那些可能被研究影响其利益的人的同意。不用说，知情同意需要的深度和广度取决于项目的性质，或许受到其他的规则、法律以及所从事研究的国家和社区的伦理的影响。而且，需要了解的是，知情同意过程是动态的和持续的，这个过程应该在项目设计时就开始，并在与被研究者对话和协商的整个过程中持续……为了达到这个伦理目的的知情同意，并不必然意味着需要一个特别的书面或者签字的形式。在这里，重要的是同意的质量而不是格式。
>
> （5）人类学研究者，不管和提供信息的个人发展出了多么亲密持久的关系……当他们小心地和尊敬地协商关系的界限时，也必须坚持尽到公开和知情同意的义务。
>
> （6）当人类学家个人可能从他们的工作

> 中获利时，他们不准剥削个人、群体、动物，或者是文化的和生物的资料。他们应该认识到，他们对他们工作于其中的社会是有责任的，他们有义务以适当的方式回报他们所研究的人们。(AAA，1998，2-3)

美国人类学学会的伦理准则包括了研究者对学识和科学、公众、学生和实习生以及应用工作的责任。其中的许多原则是普遍性的，且可以做出多种解释，尽管如此，它们提供了一个反思田野工作的框架，使你对那些需要认真思考才能作出决定的领域更为敏感。

根据今天的伦理准则，很多1950年代和1960年代之后的研究都不会获得认可。这些主体一般来自低权力群体；在某些个案中，他们提供信息，不料这些研究结果竟被有权者用来反对低权力者自身的利益（Punch，1986）。伦理准则有助于减少这类事情的发生。但是，如一些研究者所观察到的，伦理准则也能保护那些有权者。例如，威尔金斯（Wilkins，1979，109）指出，在有人想在监狱做研究之前，囚犯的权利从来都不是官方所关注的问题，实际上，官方可以以保护国民为幌子来保护他们自己。需要明确同意的制度通常有详细的审查策略，以使研究偏离敏感性话题。加里赫（Galliher，1982，160）问道："不揭露政府或者工业部门的腐败的、非法的隐藏活动不是社会学的失败吗？因为假定的职业道德的禁令等同于支持这些活动。"

另外，伦理研究准则的很多方面也是建立在文化的基础上的。利普森（Lipson，1994）指出，西方的伦理准则关注对个体及个体权利的尊重，而"在许多其他国家，个体的界定依据一个人所在的部落、社会群体，或者村庄"（p.341）。她引用她所研究的阿富汗难民的例子来说明"阿富汗人不认为他们自己是一个拥有自己的权利或者自治权的个体，他们只是家庭中的一个成员"（p.342）。因为在世界上的许多地方，人们是根据社区而不是个人来进行思考和行动的，因此豪伊特和史蒂文斯（Howitt & Stevens，2005，38）建议，非本地的研究者有伦理义务去获得基于社区的正式的或者非正式的研究协议，这可能远远超出了机构审查委员会的指导方针，因为这个社区可能会涉及"确定适当的研究目的和问题，探索知识的适当的路径（文化上的特性、适当的方法论），以及分享研究结果和知识的适当方式"。

考虑到跨文化研究的困境，一个委员会提出了这样一个问题，即美国人类学学会是否有道德权威来创建伦理准则，如果它也信奉文化相对主义（cultural relativism）的话。他们提出质疑，如果不同文化的道德准则能够看作道德上平等的，美国人类学学会是怎样形成一种从事研究的道德规范的？在他们的讨论中，这个委员会得出一个结论，尽管文化相对主义对在一个文化之内理解实践是一个重要的智力上的立场，但这并不意味着研究者必须赞同被研究者的任何或者所有的实践。例如，尽管奴隶制通常被看作错误的，但这种实践仍在一些地方继续存在并且是值得研究的。这个委员会最后同意，制定一个伦理准则对于做田野工作的人来说，是非常重要的。伦理准则可能妨碍某些特定类型的或者基于文化的研究；但是它也指出了，在质性研究中，伦理上的标准是如何随着你的研究视角的扩大以及你的参与性的增强而变化的。

知情同意

尽管知情同意既不能阻止研究结果的滥用，也不能在研究者和被研究者之间创造出一种对称的关系，但它能对研究参与者赋权。然而，随着质性研究者关于伦理准则的讨论，知情同意的适当性，尤其是书面的同意形式，成了一个有争议的话题。通过知情同意，潜在的研究参与者被告知：（1）参与是自愿的；（2）研究的任何一个方面都可能影响到他们的福利；（3）他们可以自由选择在研究的任一阶段停止参与。知情同意最初适用于生物医学研究，现在适用于参与者可能被暴露其身体或者情绪上的风险的研究。

有些时候书面同意的要求是很容易被接受的，如在研究幼小的儿童之前获得父母的同意。在其他案例中，如机构审查委员会所认识到的那样，如果讨论敏感话题（如犯罪、性行为、毒品使用）的话，同意文件中留下的记录可能会把个人置于危险的境地。在某些跨文化的情形中，同意形式可能被看作西方官僚跟踪制度的一部分。一份没有签名的遗嘱，在后殖民国家会被理解为可疑的形式，特别是那些需要签名而没有签名的。另外一个窘境是，质性研究计划总是在变化，尤其是在长期的研究中，这会导致在研究开始时一次性同意的标准存在着潜在的问题。

玛格丽特·米德指出：“人类学研究没有主体，我们是在一种相互尊重的氛围中和信息提供者一起工作。”（转引自 Diener & Crandall，1978，52）田野关系持续地经历着非正式的协商，伴随着尊重、兴趣，以及研究者和参与者彼此之间的接受性的增长或减少。随着关系的发展，研究者或许可以把参与者引入他或她所希望的方式中来，但不可以在刚开始的时候就寻求路径（从秘密的仪式到经营的高尔夫球场）。当研究成为协作的、合作的、积极的支持时，共同掌权可能超过知情同意的要求（Diener & Crandall，1978；Wax，1982）。实际上，在质性研究的田野工作中，合作和伙伴关系比是否签订知情同意书这一形式和伦理的评估更为相关。

研究者的角色和伦理困境

在解释主义研究项目的最初阶段，初学者倾向于把他们的角色看作一个资料收集者。随着他们更多地涉入田野工作，他们发现他们扮演着多重角色，这取决于研究目的和过程、他们自己的个性，以及研究参与者的个人特质。某些角色可能折磨研究者；而另一些角色则吸引着研究者，但在和他们的资料收集目标的关系上他们感到困惑。这部分将强调质性研究者较容易承担的一些角色：剥削者、介入者/改革者、支持者和朋友。每一种角色都伴随着不同的伦理困境。

剥削者

> 埃斯佩兰萨给我讲述了她跨越边界走私的故事。如同墨西哥农村的劳动者输出他们的身体仅仅是为了美国的石油而劳动一样，埃斯佩兰萨只给我说了出口的事……问题是，在我没有成为最坏的那种不法分子，以及不带她跨越的情况下，我是否能作为她的文字上的经纪人。
>
> （Behar，1993，234）

剥削的问题，或者说“利用”你的其他人的问题，一般在你沉浸在你的研究中，开始为所获得的丰富资料而高兴时出现。你是充满感激的，但是你或许开始感到愧疚，感到自己得到那么多，但对他们的回报却似乎没有。让我们好好考虑一下这个问题。许多研究者，作为未被邀请的外来者进入一个新社区，开采未加工的语言和行为的材料，然后撤退，把那些材料加工成一个产品，这个产品对他们自己有用，也可能对他们的同事有用。研究参与者通常是匿名的。相比较而言，研究者可能获得地位、声誉，以及来自出版社的稿酬（Plummer，1983）。研究者有时候用具有欺骗性的承诺来为自己的行为辩护，例如，“通过把这个告诉其他专家（特殊教育者、护士、社会工作者），我们将有可能帮助像你这样的人”。今天，一些人把这种类型的研究称为殖民研究（colonial research）。

剥削涉及权力和控制的问题。如果你不是从事合作性研究项目，那么，如果你正在“利用”你的参与者时，你会如何决定？米特茨开始对无家可归的母亲就她们孩子的学校教育问题做访谈时，她为剥削的问题感到极度痛苦：

> 我能给这些参加访谈的无家可归的母亲们什么？这看上去非常不公平，这个中产阶级的有特权的人在“利用”这些贫困的人们……避难所里的某个人能告诉我他们没有时间吗？特权使我对他人的回应（没有时间）是可以的。对他们来说，这种回应则是可疑的。

迪克在他关于第一任校长的研究中，感觉他“利用”了他的关系，“利用”了他在这个州的联系人以及他的朋友来收集资料。

米特茨和迪克都提出了困难的问题。他们都在做论文的研究，都感到好像他们得到的比他们付出的更多。他们或许是这样。但是，有人可能要问，他们以什么方式回报这个社区？米特茨和迪克以尊敬的态度来对待受访者。这就是伦理。他们认真地倾听，确信他们理解了他们所听到的。这就是伦理。米特茨在一个社会服务部门工作，迪克在公共教育部门工作。两人都计划整合自己在工作中所学到的东西，并且和其他人分享。这就是伦理。两人都没有对参与者承诺能解决他们的问题，而只是倾听他们的故事，使他们的声音被听见。这就是伦理。

如果伦理的标准是解决提供资料的人群的困难，并且是马上解决的话，那么，许多研究注定是从来不会开始的。然而，关于剥削的问题需要认真对待，这个问题导致许多研究者决定从事更具有合作基础的研究。请回答下列由史密斯（Linda Tuhiwai Smith，1999，173）提出的问题：

- 谁来界定研究问题？
- 这个研究对谁有价值？和谁相关？是谁这样说的？
- 这个社区能从这个研究中获得什么知识？
- 研究者将从这个研究中获得什么知识？
- 从这个研究当中可能有什么积极的产出？
- 有可能有什么负面的产出？
- 研究者对谁负责？

如果你的答案很清楚地显示是你做了所有的决定，并且收获最大，那么，请认真考虑修改你的研究设计。

介入者/改革者

不像剥削者这个角色——研究者溜达进去了但是却想回避，介入者或者改革者这个角色是一个研究者可能有意识地决定要承担的。作为从事研究的一个结果，研究者可能会去纠正他们认为是错误的，去改变他们认为不公正的。通过对一个动物园的观察，南茜变得越来越多地关注自己所认为的不人道对待某些动物的行为，并苦苦思考可以用她的信息做些什么。

在做研究的过程中，研究者通常获得那些对某些人有潜在危险的信息。唐对一个教育研究组织的历史感兴趣，当他做访谈时，他叹息道："我听到了这样一些信息，这些信息是关于他们的态度和关系的，这是我既不需要也不希望了解的东西。"这个过程对唐来说变得复杂化了，因为他正在调查一个他自身也涉入的组织。

当我对年轻的加勒比农民做关于他们的实践的访谈时，我意外地知道了非法耕作和大麻交易。在佩什金对学生做关于他的伦理研究的访谈时，他了解到如下信息：

> 你知道住宅区附近的商店，对吧？不知道？天啊！他们对任何人都出售酒，任何人。我和我的朋友去那儿买一些薯条，那个站在柜台后面的家伙说："你们喝酒吗？我卖给你们一些冷酒器。我不会告诉你们的父母，别担心这个。要不要一些冷酒器？"

当研究参与者信任你时，你总是接受了这个特权，能够了解这样的事情，这些事情从好的方面说可能是有问题的，从最坏的方面说可能是有危险的。

你的伦理困境涉及如何处理危险的知识。你应该继续保护研究参与者的机密到什么程度？如果你知道了非法的行为，你应该揭露它吗？如果我们中有人在上述案例中把我们了解的情况告诉官方，我们将危及的不仅是我们在这个方面的持续研究，还可能包括随后的项目。我们中没有人会和其他研究参与者讨论我们的知识，也不会进行个人干预。如果你所了解的事和你的研究有关，探索一种稳妥的方式来传达这些危险的知识，这样你可以完全保持你的来源的匿名性。对机密的持续保护通常是最好的策略（Ball，1985；Fine & Sandstrom，1988）。

在他们的著作《了解孩子》（*Knowing Children*）中，凡尼和桑德斯罗姆（Fine & Sandstrom，1988，55）讨论了青春期孩子"不仅表现出那种不知不觉有危险的行为，而且也故意有意识地做出那些成人的规定范围之外的行为"。随着研究者和孩子们的信任逐渐增加，孩子们的言行可能对研究者造成伦理困境。例如，一个孩子可能表现得像个小霸王或者做出性别歧视的评论。凡尼和桑德斯罗姆（Fine & Sandstrom，1988，55）总结道："孩子应该被允许做出成人研究者认为是不妥的某些行为，或者说某些话，更进一步说，在一些案例中，研究者必须表现为默默地支持这些不妥的行为。"

然而，问题是，在你对意外获得的知识进行干预之前，这个情形是多大程度的"错误"。例如作为一个研究者，你觉得这是一种对孩子的持续虐待行为，如果你的工作使得你和那些在街角商店被提供酒的孩子接触的话，你是否会有不同的反应呢？后者难道不也是一个构成儿童虐待的案例吗？你如何划分以下两者的界限，即出于道德义务的干预和继续作为一个资料收集的研究者的义务？

许多问题都没有确定的答案，并且，判断是在语境因素和个人强制的混合的基础上作出的。但是，某些预防性措施可以帮助避免这些困境。一位护士在一个医院进行她的研究工作。她担心，在她作为研究者的角色期间，如果她观察到医疗事故，她应该怎么做。最后，她在一堂质性研究方法的课上，和同伴们讨论了她的焦虑。在认真对待这种焦虑并且通过许多方案之后，他们要求她去见她的守门人以及她所观察的护士团体职员，访谈他们并听取他们关于如果她观察到医疗事故时应该如何继续的建议。

发展出某些类型的支持群体来讨论焦虑和困境是研究过程中非常有价值的一个部分。一些研究者在他们的研究设计中建立了专家组。学生论文委员会可以起到这个作用。但是专家组和论文委员会并不必然知道如何处理质性研究中出现的伦理问题。最理想的是，研究者有这样一些由其他人组成的支持群体，这些人尽管可能在实质上涉及不同的主题，但都努力处理类似的方法论问题。

支持者

支持者好比干预者，因为他们决定对研究过程中所了解的某些问题采取一种立场。不像改革者试图在研究现场之内改变某些东西，支持者支持一个目标。如林恩在访谈大学保管人员时，她尝试成为一个支持者：

> 我不停地问自己，研究应该在多大程度上改善保管人员的处境。这一点被我如下的感觉在某种程度上放大了，我感觉我是这个过程的参与者，并和保管人员一起提出一些到现在为止已经达成协议的问题，或者提出对某些善意的结果的期待。尽管我的研究是以理解而非“修理”为目的，一个人怎么能够在走近一个被认为是糟糕的情境之后又逃走呢？我不停地问自己：“我有没有一个解决方法或者至少给他们一些安慰？”我的答案总是：“没有。”但是我又不停地问自己同样的问题，也许因为我不喜欢自己的答案。

林恩的研究增强了她对所研究的保管人员的福利的关注，并且“收集了资料就跑”的做法让她不安。在解释主义的传统中，支持可以采取不同的形式——展示和出版是最容易做到的。林恩需要决定这些形式是否适合她的关注，或者，在她的能力范围之内，有没有适合这些保管人员的其他形式。她很好地表达了一些质性研究者的动机，这些人想获得更多的合作性或参与性的行动研究。

芬奇（Finch，1984）在发表她对托儿所的研究中所收集的资料时经历了一个困惑。她发现，工人阶级妇女和中产阶级妇女对儿童保育的标准是不同的：

> 我担心，这个证据可能被用来强化关于工人阶级妇女是不够格的儿童培育者的观点。我又一次感到，我不愿意进一步增加对那些环境比我差得多的妇女的损害，实际上有一会儿，我感到自己不能写任何关于这个托儿所研究的这个方面的东西。

芬奇是通过区分这些妇女所处的结构位置和她们在这个位置上的自身经验来解决这个困境的。这使芬奇“看到了妇女成功地适应她们生活中不同的结构特点，一点也不改变她们置身于其中的社会结构的基本的剥削特点”（Finch，1984，84）。她由此描述了工人阶级妇女的育儿实践，是如何在一个不公平和不平等的社会中给予她们支持的。芬奇没有修改她的资料，她没有通过解释来消除她所发现的差异。她的伦理敏感性使她将研究置于具体情境中，所以，两个群体的妇女的行为是由她们不同的生活现实所构建的。遭遇伦理困境也可能引发更有效的解释。

朋友

研究者总是和研究参与者有着友好的关系，在某些情况下，这种关系是一种友谊。不管是友谊还是亲密关系，都可能带来伦理困境。你可能在友谊的背景下而不是因为你的研究者角色而获得取得私密信息的途径。你应该使用这些资料吗？汉森（Hansen，1976）对丹麦人生活的研究以及丹尼尔斯（Daniels，1967）在一个军事环境中的调查都是依靠个人友谊作为信息渠道的。汉森（Hansen，1976，127）表达了她作为研究者的角色和作为朋友的角色的不便之处：“我所得到机密信息是通过我的朋友角色获得的。然而，我还是一个人类学家，我听到或观察到的任何事情都潜在地和我与丹麦人互动的动态有关。”汉森（Hansen，1976，129）提到了一个妇女告诉她的一个特别机密的故事：

> 那天晚些时候，我将要独自一人转录这个对话，在我作为人类学家的角色中没有她的知识。在我作为调查者的角色时，这个对话变成了“资料”。关于这个或其他更私密的主题，她是不是说得太直接？她是否理解我是作为两种角色在倾听的，而不仅仅是作为朋友？

随着她继续收集资料，汉森开始关注将如何保护她的受访者的匿名性，并和如下思想作斗争，即对行为的公开描述是否侵犯了个人的隐私权。她和丹尼尔斯都经历了发表研究结果将可能使他们的朋友不安（如果不暴露他们的友谊关系的话）的伦理困境。

汉森和丹尼尔斯都需要问，他们的叙述是否真的需要包括所有他们的朋友告诉他们的事情。如果这些棘手的东西被排除掉，这个故事是否能支撑？这些棘手的东西能否以一种更不棘手的方式来表达？最后，当我们把已经写好的东西提交给我们的朋友时，我们应不应该让他们判断？

在布希尔等（Busier et al.，1997，165）的文章《研究中的亲密关系》中，作者们认为亲密关系可以作为“理解的路径”。但是它伴随着责任和关心，包括对友谊性质和影响的反思、对关系中权力角色的分析，以及对关系伦理的协调。在关系伦理中，“道德行为的来源和权威不在于这样的规则和义务，而在于我们对他人的依恋和尊重……”（Flinders，1992，106）以信任、关系以及合作感为基础，关系伦理处于研究的核心位置，在其中，友谊关系是受到欢迎的。

研究者—被研究者关系

不管质性研究者如何看待他们的角色，他们都和研究参与者形成关系。不同于前面所述的友谊关系，传统的研究关系通常是不对称的，权力不成比例地体现在研究者这方。所以，伦理准则指导研究者有意识地考虑和保护参与者的隐私权、反思和减少研究中虚伪的方面，并且考虑互惠问题。

隐私权

在讨论研究参与者的权利时，隐私通常是首先涉及的。当参与者允许你观察和访谈时，他们有权利预期，你将会保护他们的秘密和保留他们的匿名性，并通过不和任何人讨论你看到的和听到的细节来尊重机密。当一个校长问你从教师那里得到什么时，你可以这样来回应：

> 我非常享受和你们的老师的谈话。他们对待他们的工作和我的研究都很认真，所以对我有很大帮助。现在了解我从收集的资料中作出的结论还为时尚早，但是我希望有机会和你讨论所形成的一些主题。你有时间吗？

这样的回应从特定个人身上转移出来，指向了一般概念的讨论，这既尊重了校长对你的研究结果的兴趣，同时又没有违背你对老师的承诺。这样的讨论必须平衡你对老师们的无条件的义务和你对校长对你的研究结果的自然兴趣的感激。你也可以利用这个机会对你的分析范畴进行参与者反馈或者“成员核对”（Lincoln & Guba，1985）。

研究者有时候争论，不引人注目的方法（甚至在公共场所）是否侵犯了隐私权。这个讨论通常包括关于隐蔽式观察的使用的争论（这将要在下一部分“欺骗”中讨论）。一种立场是，在公共场所的隐蔽式观察是允许的，因为人们在公共场所通常是观察和被他人观察的。相应地，社会科学家应该也能观察。与此相对的一种立场是，当这样的观察是系统的、被记录的和被分析的时候，它们就不再是普通的了，所以侵犯了隐私权。

类似的争论围绕着更少被讨论的不引人注目的资料收集方法展开。迪纳和克兰德尔（Diener & Crandall，1978）描述了一个研究，在美国亚利桑那州的图森，研究者使用了两种调查方法调查垃圾袋里的东西，以发现人们买了什么、丢弃了什么，以及浪费了什么。研究发现穷人比收入更高的人更少浪费食品，并且在关于酒消费的自我评定和垃圾中的瓶瓶罐罐的迹象之间存在一个显著的矛盾，尽管垃圾的内容并不和特定的家庭相联系，但被检查过的垃圾袋里总会有写着名字的信封。这样的研究是否侵犯了隐私权？

在质性研究过程中的写作阶段，隐私问题再一次出现。为了保护研究参与者的匿名性，研究者使用假名并且有时候改变描述的特征，如年龄或者头发颜色。但是，假名并不能必然地保护参与者。以下是两个经常被引用的案例：韦斯特（West，1945）的《美国的普莱恩维尔》（*Plainville, U. S. A*）以及维迪奇和本斯曼（Vidich & Bensman，1968）的《大众社会中的小城镇》（*Small Town in Mass Society*）。尽管采用了化名，但是这些小镇很容易通过它们的特点和位置被认出来，并且小镇的人们很容易在个人的描述中识别出他们自己。在这两个案例中，研究参与者都被关于这些小镇及其居民的描写所扰乱。例如，有批评（见 Johnson，1982，76）指出，韦斯特以一种城市的视角聚焦于负面的信息，并且使用了冒犯的和判断性的词语，比如“乡巴佬”或者“像动物一样生活的人”。

普卢默（Plummer，1983，142）指出，尽管“机密可能似乎是生活史研究的先决条件，但这经常地成为一件不可能之事”。他引用了一些例子：在进行了初步研究的 50 年之后，肖（Shaw，1930/1966）的作品中的主角杰克·罗勒准备再做一次访谈，一个报告者在经过一个月的侦探工作之后，通过奥斯卡·莱维斯（Oscar Lewis，1963）的《桑切斯家的孩子们》（*Children of Sanchez*）找到了受访者。除了侵犯隐私之外，这些例子也阐述了在遵守“做到不伤害”（doing no harm）这一伦理原则时潜在的困难。尽管在研究过程中可能可以做到“没有伤害”，但是伤害可能在公开研究结果的时候产生。在出版研究结果时，研究者需要考虑手稿会如何潜在地影响个人和团体。如果关于个人的特定的信息被发布，这是否将导致他/她的痛苦？如果关于一个团体的集体信息被发表，这是否危及它的声誉或者社会地位？如果研究者的分析不同于参与者的分析，那么，应该出版其中的一种或者两者的分析，还是两者的分析都不出版？尽管被调查者倾向于同意他们团体的一些方面是准确的，但研究者应该把这些信息公开吗？总而言之，在出版研究结果时，研究者对研究参与者有什么义务呢？

斯科特（Scott，1996）对开放式专制研究（open autocratic research）和开放式民主研究（open democratic research）做了区分。在开放式专制研究的情况下，研究者对研究参与者公开研究的所有方面，并且在研究解释时听取他们的反馈，但是不给被调查者否决的权利。在开放式民主研究中，通过研究者和课题参与者之间的一系列协商，参与者不仅有权控制哪些资料是可以收集的，而且可以控制哪些资料是可以在研究报告中被包括的。在第一种情形中，权力在研究者这边；在第二种情形中，团体的权力和政治影响着什么可以被研究和被报告。这两种立场都可能有问题。

尽管担心保护匿名性问题是事出有因的，但研究者还可能不得不处理匿名被拒绝的情况。雅各布斯（Jacobs，1987）讲述了一个写过关于美拉尼西亚的一个社区的人类学家的故事，她通过使用假名隐瞒了村民和他们的位置。三年之后，她回到当地分发她的手稿复印本给对她帮助最大的人，并想得到他们的允许做进一步的研究。人们非常喜欢这本书，并且觉得其中的解释是正确的，但是告诉她，她把村庄的名字和村里人的名字弄错了。他们告诉她在下一本书中要更精确点。当她的第二本书完成以后，她送了一本副本到这个村庄，并征求意见，询问他们是否仍然想要使用真名。当她没有得到对她问题的直接答复时，她在第二本专著中使用了同样的假名。

在另外一个拒绝匿名的例子中，一位应用医学人类学家在一个非洲裔美国人社区工作了三年。在发表她的文章之前，她请社区成员阅读、评论并批评。他们称赞她的精确性，但质疑她把小镇的名字、医疗中心以及“那些试图为我们改善医疗保健的”个人的名字使用了假名（见 Jacobs，1987，26）。这个人类学家解释了隐私约定的原因，告诉他们公开名字如何可能导致伤害。最后，她删除了这个医疗中心的实际名字和它的位置，但是她在答谢部分把成员的名字放在脚注里。这是经过双方协议的一个决定。

对机密的强调，可能从其本身来说反映了西方的偏见。在某些国家，如坦桑尼亚，对研究项目的一般预期是受访者的名字将出版在附录上，并且“不按这个程序办的话可能会被看作要么是混乱要么是傲慢”（Ryen，2007，221）。但是，正如上面所指出的，公布所有参与者的名字也是有问题的，尤其是如果这个研究是关于敏感问题的，以及如果参与者的观点和处于权力位置的人的观点相冲突的话。

隐私和网络

使用网络作为资料收集的一个场所给隐私权带来了新的伦理挑战（Mann & Stewart，2000；Robson & Robson，2002）。这种技术的使用使得从广泛的人口中收集资料变得相对容易，且不用做费时费钱的转录工作。同时，一个研究者可以很容易地和参与者分享并接收关于研究结果的反馈。但是，还没有明确的伦理指南为研究者使用电脑为媒介的通信铺平道路。这里存在的一个问题是，网络环境既不是私人的也不是公共的，而是一种在私人和公共之间的连续体（Elm，2009）。例如，一些调查者对在线社区进行观察，或者在聊天室里进行访谈。这样的地方是公共场所吗？应该从所有聊天室、新闻组、发送文件清单中的参与者当中获得允许吗？如果研究者使用来自这些地方的信息并且想得到允许，那么他们必须考虑如何做这些，因为参与是零星的并经常变化的。在网络交流中承诺保密也是更为困难的事，特别是对聊天室的使用者。你可以在发表的文章中使用假名，但是如果文章中包括了引用语，就很容易通过搜索这个引语追踪到来源。

有人（Robson & Robson，2002，95）建议研究者不仅要注意从事社会科学研究时的伦理准则，而且要关注在网络交流中形成的行为准则或者说网络礼节。例如，计算机社会责任专家联盟（CPSR）提出了一些隐私指南，包括个人需要了解关于个人信息的任何收集，并且这些信息将如何被使用。在2000年，网络研究者协会指定了一个工作组，他们的任务是为网络研究提出伦理指南（见 www.aoir.org/reports/ethics.pdf）。这是一个有用的指南，但是技术变化很快，网络环境的变化也带来了网络使用的诸多问题。

随着对所有研究方面的广泛的可得性和存储的可能性的增加，更多和计算机相关的隐私和准许问题出现了——从访谈记录到录像带。许可可能允许研究资料用于当前的使用，但是，许可能不能被参与者从来没见过的某人用于某些未知的将来用途呢？这种由技术带来的困惑和网络研究使得研究者有必要认真思考的不仅是伦理指南，而且要考虑在特定研究背景下对参与者的伦理问题（Baym & Markham，2009）。

欺骗

> 这真是有趣，甚至是讽刺的，社会科学家赞成某些通常与道德上有争议的职业相关的技术，如警察和间谍，并享受那些职业中的某些道德上的矛盾情绪。
>
> （Punch，1994，91）

克里斯对研究大学校园里的同性恋团体很感兴趣。他以参与式观察者的身份参加了一个同性恋联盟的会议，并悄悄地做了简短的笔记。因为这个会议是面向公众开放的，他开始觉得没有必要公开他作为研究者的角色。但是，在第一次会议之后，有一种欺骗和内疚的感觉折磨着他。最后，他停止了做笔记，并且决定和这个组织的官员见面，获得以研究者角色参加会议的许可。

按照惯例，我们把欺骗看作错误的。然而，它在研究中的作用一直有争议。欺骗很容易进入研究的不同方面，并且它既可以采取故意委任的形式，也可以采用忽略的形式。例如，在隐藏式研究中，参与者永远不知道他们是一个研究项目的一部分。一些研究者歪曲他们的身份，伪装成他们不是的那种人；还有一些人表明自己是研究者，但是不充分解释他们正在研究什么。后者的实践被称为忽略，或者浅层隐藏（Fine，1980）。隐藏通常可以确保研究参与者做出最自然的行为。

庞奇（Punch，1986，39）提出了关于在研究中欺骗的作用的两个问题：(1) 有没有这样的地方，在其中收集资料时，某些欺骗手段被证明是合法的？(2) 不正大光明的手段在应该曝光的制度上是合法的吗？这些问题概括了关于使用故意欺骗的争论。

隐藏式研究得到了那些主张对有权者进行研究的人的最强大支持。在调查型的新闻业中，不进行欺骗，是不可能进入某些群体的工作中或者有权力的机构中去的。范·登·伯奇（Van den Berge）说，在他对南非的研究中，“从一开始，我就决定我应该没有什么顾虑去欺骗政府”（见 Punch，1986，39）。如果你像范·登·伯奇一样，把一个机构看成“本质上不光彩的，道德上可恶的并且有害的”，你会为了避免欺骗而忽视它，然后研究更能被公众接受的事情吗？杰克·道格拉斯（Jack Douglas）——一个功利主义或者“目的决定手段”方法的有力支持者——认为：

> 社会研究者是……有资格的并且是被迫采用隐藏的方法的。社会行动者在处理彼此关系的时候使用谎言、欺诈、诡计、欺骗以及敲诈。所以，社会科学家为了达到科学真相的更高的客观性，有正当理由在必要的时候使用它们。(Punch，1986，39)

从功利主义的视角看，研究中的欺骗已经被更大的社会潜在利益证明是正当的。道德决策是基于如下基础的，即道德行动导致最多数人的最大利益。这个视角和实证主义的信仰密切相关，即价值中立的科学是可能的，并且理性思想和科学能够解决世界上的问题。对这种立场的批评认为，尽管成本和利益可以被估价，但两者都不可能被预知和测量。再者，当某件事是为了社会的更大利益时，谁来决定，谁设定标准？谁来界定什么是“好的”？这种观点忽略了制度的权力和意识形态（从制药实验室到美国议会），它支持许多已完成的研究并且从而决定什么是“好的”(Christians，2000)。

对大多数解释主义者来说，功利主义的立场——人们做一件事情必然是为了更大的利益——是被道义论道德立场所遮蔽的，它假定，道德行为可以独立于结果而被判断。道义论的(deontologial）框架提出了一些标准，如公正、尊重或者诚实，并通过这些来评价行动。这种立场改变了研究者—被研究者关系的性质，轻易地把研究者的如下行为看成不道德的，例如，研究者伪装自己的身份来获得进入现场的权利（否则的话难以进入)，或者故意歪曲他们的研究目的。例如，布卢默尔（Blumer，1982）认为隐藏式的研究不是伦理上正当的、实践上必需的，或者是为了社会科学家的最大利益。他认为，主体的权利高于科学的权利，所以应该限制那些可以从事研究的领域。布卢默尔建议，对于隐藏式方法的需要被人们夸大了，并且，公开进入可能比人们通常假定的更容易协商（Blumer，1982，250)。

即使你对你的研究的性质尽可能地做到诚实和公开，你仍将会在田野调查中遇到伦理问题。许多问题是受到环境限制的，以至于在每个研究中的具体情况会不同。例如，知情同意表明你应该对潜在的参与者公开所有必要的信息，使他们对参与做出聪明的决定。但是这样做在质性研究中是很困难的，因为你通常并不完全了解你正在寻找什么、在哪些人群中，或者有哪些可能的风险。“研究者处于一种错综复杂的情境中，”埃里克森（Erickson，1986，141）指出，“他或者她需要对环境完成一个民族志研究，以便预先考虑风险的范围以及被研究者可能涉及的其他负担。”尽管你的知识的片面性并不排除知情同意的适当性，但它确实可能使得这种实现是有问题的。

互惠

在某些研究中，互惠被认为是对研究主体付出的时间在金钱上的回报。尽管在质性研究中，参与者有时候获得了报酬，但互惠的问题还是随着所卷入的时间以及双方关系的性质的发展而变得更为复杂。受恩惠的程度在不同的研究，以及不同的参与者那里都是非常不一样的，这取决于研究主题、研究者和参与者所花时间的量和类型，以及合作的程度。

格拉泽（Glazer，1982，50）把互惠界定为“好感和承诺的交换，以及建立相互认同的感觉和集体感”。随着研究参与者面向研究者敞开自己的生活——花费时间、分享私密故事，并且通常包括他们在公共和私人场合的事物和活动，研究者变得矛盾，一方面为收集的资料而高兴，另一方面又为感到不能提供足够的报答而焦虑。在我对加勒比人进行研究时，我做了如下反思：

> 如果民族志学者的写作成果只是有限地惠及资料收集者，以及可能惠及他或她的团体的话，那么，他们所做的就是文化偷窃。这也被称为“资料剥削”或者“学术帝国主义”（Hamnett & Porter，1983，65)，这个过程让人回想起过去的考古学家从“异国他乡”拿走石头、黄金器物，到考古学家的家乡分析和展览。所以，应该给被观察者什么确实是一个问题。(Glesne，1985，55－60)

研究者不想把人们看作达到他们选择的目的的手段。然而，在非合作的质性研究工作中，他们总是培养关系，以便收集到符合自己目的的资料。在这个过程中，研究者可以以不同的方式进行报答，但他们所付出的和他们所获得的是否对等，是很难断定的——如果不是不可能的话。

用对等性来判断你的回报是否足够，可能是一个错误的标准。你可以为那些让你花时间坐在他们教室后面的教师做什么？或者可以为那些一周又一周来参与你的访谈的护士做些什么？其实，他们的时间对你来说是没有价值的。在你传达的手段中，有没有你的研究参与者觉得对他们来说没有价值的东西？可能没有。他们通常和你不具有这种关系，你所拥有的是他们的价值，是表示感激的手段，通过表达感激他们的时间、合作以及语言是如何重要，通过表达你是多么依赖于他们所提供的一切，并且通过表明你和他们相处是多么愉快。当你陪伴值班老师，帮助参与者给他们的花园除草，或者当你对当地的扶轮社说话时，这表示你没有把你自己当成一个冷漠的外来者。

访谈的过程尤其提供了一个互惠的场合。通过认真严肃地倾听参与者，你给了他们一种重要和特殊的感觉。通过给他们提供反思和回答你的问题的机会，你帮助他们更好地理解他们自己的某些方面。如果你的问题识别了对受访者很重要的问题，那么，受访者总是会对他们作为信息提供者的身份感到高兴并觉得有价值。通过你的倾听，你提供了一个让你的受访者进行个人探索的语境。

尽管研究者并不是有意地承担治疗师的角色，然而，他们使用有显著治疗效果的访谈过程。和访谈的治疗性质相伴随的是责任。自我反省会带来至少是预期中的痛苦，访谈者可能突然面对一个正哭泣的受访者。眼泪并不必然意味着你刚才问了一个坏的或者好的问题，但是它们迫使你在没有扮演精神分析师的角色下，敏感地和建设性地处理这种没有解决的情感。如果适当的话，你可以对人们、组织，或者可能有价值的资源提出建议。接下来你可以通过信件或者谈话来帮助这类受访者，使之对个人表露的程度感到舒服。当迪克访谈第一任校长时，当校长倾诉他的压力和挫折时，这位校长开始哭泣。当艾琳访谈黑人学生在以白人为主的校园里的经历时，其中一个年轻人在谈论起自己离开他的家庭所在的社区时，也开始哭泣。最初，迪克和艾琳都不知所措，但是他们后来富有同情心地倾听。最后，他们对一些人和组织提出了建议，这些人或者组织可能会对受访者有兴趣并且对他们有帮助。

研究者和研究参与者之间的关系越亲近，越会出现更多的特殊的责任和期望。例如，卡塞尔（Cassell，1987）讲述了一个人类学家的故事，这个人类学家在她最初的田野调查期间和接下来的夏天，是以一对年长的西南部印第安人的孙女的身份被接受的。他们的孩子及其配偶把她当成姐妹看待。一个夏天，当这个人类学家回到旅馆时，她得知她那有衰老迹象的“祖父”酗酒十分严重，并产生了幻觉。他的孩子和他们的配偶在她到达之后很快就离开了，说他们已经照顾了他整整一年，现在该轮到她了。尽管照顾他需要全职，并且她计划的研究工作也没有完成，但这个人类学家感到她没有别的选择，只能接受“偶然亲属”的身份。但是，她也觉得她是这个家庭的一部分。在另一个例子中，传记作家罗森加滕（Rosengarten，1985，113）写了他与内德·科布（Ned Cobb）的工作，以及他的回报形式：“内德·科布的家庭同意让我研究的一个特殊原因，除了我们之间的感情之外，那就是我和内德的工作恢复了他的生活意志。”

回报可以采取多种形式。这是一个学生在沿海地区帮助英国国民信托成员清理非本地植物的场景。在你的工作中应考虑到你可能的回报方式。

访谈和其他资料收集方式也可能形成对不那么亲密的关系的预期。当研究者长期地问人们关于他们的问题和渴望时，可以引导人们说出自己的不满和梦想。在这个过程中，他们可以鼓励人们期待有人将缓解他们的困境。作为一个研究者，如果你的计划仅仅是出版你的研究成果，那么，你必须在整个资料收集过程中向研究参与者说清楚这个情况。但是，通过书面报告，质性研究者总是通过正义、斗争和痛苦的故事表达了他们的互惠。互惠也包括明确安排对于出版时的稿酬的分享。

文化思考

我在墨西哥的瓦哈卡遇见了派翠西娅·马丁（Patrcia Martin）。在我们分享彼此的研究故事时，我们发现我们自己独立地关注了瓦哈卡社会的三个重要方面——社区、公共自治以及好客。我们观察到这样一种方式，在其中，这些文化价值指导着瓦哈卡人的行动及互动。并且，在我们谈论的时候，我们开始反思这些观念如何可以成为我们特殊的研究过程以及一般的质性研究的伦理框架（见 Martin & Glesne，2002）。我将使用“好客”来作为一个例子。

我和派翠西娅通过讨论我们如何回应作为我们研究现场的社区对我们的好客开始。有意识地把更多的互惠（尤其是分享食物和时间）带进田野工作的日常进程中，毫无疑问是我们更好地回应好客的一个方面。当我们把好客作为研究的一个伦理框架时，我们开始看到和我们之前对研究关系中权力作用的强调非常不一样的东西。好客的透镜不是聚焦于试图在关系中平衡权力，而是迫使我们注意到关系、同情和慷慨的交换。好客使我们看到了关系中包括但又超越权力不平等的方面。它也要求我们作为研究者以一种文化友好的方式来行动。新西兰毛利社区中的一个研究伦理准则（Tuhiwai Smith，1999，120）支持了这种观点。它包括了和好客相关的文化上的特殊观念：

- 显示“对人们的尊重”。
- “使自己和人们面对面。”
- “看、听……说。”
- “和人们分享并招待他们，慷慨大方。”
- “小心谨慎。”
- “不要践踏人们的神圣的（基本的）义务和权利。”
- “不要炫耀你的知识。”

好客的透镜也建议，作为西方的研究者，我们需要超越个人研究的范围，让我们的工作沉浸在学术界中。我们如何把自己的社区变得更友好？如果好客是西方学术界的一个伦理，在其中，外国人、陌生人和“他者”被给予一个“我们”的位置（Esteva & Prakash，1998，87），那么，其他知识立场在学术界也是完全受欢迎的。

表述的伦理

当研究者写作和出版他们的著作时，他们需要考虑已经提及过的伦理问题，如对隐私和匿名的承诺，也要考虑互惠以及可能的合作方式。这部分讨论以艺术的方式（如戏剧、小故事、诗歌、影像）来表述研究，这些方式对研究参与者、受众以及呈现者都具有特殊的伦理含义（Sinding，Gray & Nisker，2008）。在基于艺术的表述中，参与者的语言和形象比学术出版物更有可能被公众（包括那些和研究参与者居住在同一社区的人）看见。一个普遍性的伦理指南是，在面向更广的公众之前，研究参与者应该能够阅读、观察，或者某种程度上参与到这个艺术之中并且讨论它的表述形式。研究者需要“预期他们的表述可能伤害那些亲眼目睹它们的人，尤其是那些深受主体事件影响的人”（Sinding，Gray & Nisker，2008，462）。例如，用戏剧表演对失去过一个患癌家庭成员的人们进行刻画，可能不仅使提供故事的被调查者感到沮丧，而且也会使具有类似经历的受众有同样的感受。在这种情况下，研究者应该考虑为受众提供一个机会参与演出后的讨论或者其他一些参与形式。呈现者可能受到表述过程的影响：“艺术地表述这些的过程似乎存在一些东西——破坏熟悉的语言、使用新的话语、提取这些经验作为图像、具体表达它，这些东西特别有力量，也特别具有破坏性。”（Sinding，Gray & Nisker，2008，460）呈现者个人如果认同眼前的主题的话，他们会特别容易受到伤害。基于艺术的研究鼓励我们更深入地钻研伦理问题，而不仅仅限于机构审查委员会所提出的那些。

没有简单的解决方案

由于其性质的关系，伦理困境反对简单的解决方案。研究者们在继续争论某些人或者某些领域是否能被研究，如果能，该如何做。他们质疑田野工作是否不可避免地是欺骗性的。他们讨论田野工作中有意识的欺骗和忽略的作用。他们提出关于关系中权力使用的伦理问题，尤其是对于经济上贫穷和“偏差的”群体。他们质疑准则和规则是否可以成功地塑造研究伦理。实际上，对研究伦理和研究关系的关注，使得许多质性研究者在他们的研究过程方面都超越了机构审查委员会的规则。意识、对目的的持续反思、研究者的角色、关系，以及政治牵连都是这个方面的所有部分。

普卢默（Plummer，1983，141）确定了两种伦理立场：伦理绝对主义立场和情境相对主义立场。绝对主义立场非常依赖职业伦理准则，并且寻求建立严格的原则来指导所有社会科学研究。相对主义立场认为，伦理困境的解决方案不能通过绝对指南来规定，而是“由当时的具体情境来决定”的。普卢默指出了两种立场的不足之处，并提出了一个结合两者的建议：在宽泛的伦理指南下，留出一定的空间，使研究者可以做出个人的伦理选择。伦理准则当然指导着你的行为，但是你的研究在何种程度上是道德的，取决于你在研究中和研究参与者之间的持续交流和互动。单单研究者一方是不能成为这个关键的研究话题的仲裁者的。

为机构审查委员会和其他委员会设立了标准的伦理传统，经历了又一种新的社会伦理——有时候被称为“女性社群主义”（feminist communitarianism）——的挑战。它被描述为“共产主义的、平等主义的、民主的、批判的、有同情心的、参与性的、实践性的、社会公正导向的”（Lincoln & Denzin，2008，542）。这种新的伦理创造了一个团体，它的特点是“质性研究者身上的道德义务，即对参与者、被调查者、研究消费者，以及他们自己作为质性研究者的责任和义务……是（并且要求）一种民主的、互惠的以及交互的立场，而不是客观的和客观化的立场”（Lincoln & Denzin，2008，543）。不同于功利主义伦理（utilitarian ethics）努力创造一个道德判断的中立原则，这种新的视角提倡一种植根于人类关系、关照和社会历史背景中的伦理：“什么值得被看成‘好的’不能由个人单独说了算，而仅能在特定的社会情境中被确定，在那里，人类认同得以形成。”（Christians，2008，201）从这个视角看，“社会科学研究的使命是使社区生活更成功”（Christians，2008，201），并且，目的和方法变得是合作性和参与性的。

针对这种新的伦理，以及权力和公正等话题，研究者采取积极道德立场的趋势，对研究伦理提出了新问题。特别是，我们必须问：在什么样的基础上可以采取积极的立场？研究者对谁负责？怎样负责？这些讨论把我们带到一个比满足机构审查委员会的需求更为复杂的领域。随着我们在社会科学中批判、研究和了解的方式的多元化，我们不得不锻造建构伦理的新方式，这种方式主要关注特殊的情境、参与者，以及所涉及的所有关系。

* *

推荐的阅读材料

Christians，C. 2008. Ethics and Politics in qualitative research. In N. Denzin and Y. Lincoln (Eds.). *The Landscape of Qualitative Reasearch*, 3rd ed.（pp. 185 - 220）. Thousand Oaks，CA：Sage.

Flinders，D. 1992. In search of ethical guidance：Constructing a basis for dialogue. *Qualitative Studies in Education*，5（2），101 - 115.

Howitt，R.，and S. Stevens. 2005. Cross-cultural research：Ethics，Methods，and relationships. In I. Hay（Ed.），*Qualitative Research Methods in Human Geography*，2nd ed.（pp. 30 - 50）. New York：Oxford University Press.

练习

（1）选择如下一种伦理困境（可以个人完成，也可以以班级小组的形式），并且反思如果你是研究者你将会如何做。

a. 你正在访谈患厌食症的女大学生（但是她

的厌食症状已有所缓解）的校园生活情况。你已经安排了在连续的两个学期中对每一个参与者进行五次访谈。在对其中一个参与者进行第三次访谈时，即刚好是在寒假之后，你开始怀疑她的厌食症又变严重了，因为她明显的体重减轻以及她的一些话。当你问她身体状况怎样，她回答说她感觉很好时，你会怎样做？

b. 你正在研究一个深受欢迎的大学校长的思想传记。你的大部分访谈都针对这位校长，他先前也已经同意你写一本思想传记的要求。你正在阅读他所有的出版的著作，并访谈一些家庭成员以及重要的同事。在这个过程中，你揭露了一些关于他的私生活的潜在的诽谤，或者，至少是不那么令人好感的信息。你会怎么做？

c. 你正在一个南方小城市调查一个难民再安置计划，尤其对教育方面和社区参与感兴趣。通过和睦关系的发展和自愿花在这个项目上的时间，你开始了解到一个早期移民和最近的难民相比如何拥有财政上的优势。这些难民为信息和服务付出了代价，而这些本应该由再安置计划及其工作人员提供的，而不是试图使他们的需要符合这个计划。你想保护这些新难民不被剥削，并且报告早期移民的行为，但是你也担心可能你并不完全理解在文化上发生了什么。你会怎么做？

（2）以小组的形式，查阅一个特定的学科或组织的伦理准则（每个小组采用一个不同的学会）。思考从事研究的不同哲学取向（如实证主义、解释主义、批判主义）。这些准则如何反映不同的取向？组成一个大组，讨论这些准则的相似性和差异性。

以下是你可能想要核查的一些网页：

美国人类学学会：www. aaanet. org/committees/ethics/ethcode/htm

美国心理学学会：www. apa. org/ethics

美国社会学学会：www2. asanet. org/members/ecoderev. html

美国民俗学学会：www. afsnet. org/aboutAFS/ethics. cfm

网络研究者学会：www. aoir. org/reports/ethics. pdf

英国教育研究学会：www. bera. ac. uk/files/guidelines/ethical. pdf

英国社会学学会：www. socresonline. org. uk/info/ethguide. html

专业期刊学会：www. spj. org/ethics. asp

（3）反思你的领域里，在你的研究中可能会出现的潜在的伦理问题。你可以怎样来减小它们的潜在可能性？面对你的伦理关怀，你将会做什么？至少和一个同学进行讨论。

第七章 发现你的故事：资料分析

我不再拖延这些不可避免的事情。现在，我回家已经3个星期了。我发现我在编码时很容易分心。我组织了我的文档，开始研究并且做了基本的重新组织，所以我可以摊开越积越多的材料。我阅读、思考，并且以之作为一种方式真正地开始了。我取出我在11月份写的计划书。在我在现场的最后一个月期间，我在我的计划书文件中贴了一些记事贴，记了其他重要的模糊的观点，我将修改原计划的结构。今天我想打印出一张初步的章节提纲贴在墙上（又一次拖延编码?）。我开始打字，我发现什么了？都错了，一点都没有捕捉到我脑子里思考的。这让我头疼。我试图重新组织章节，但是我发现这也不行。所以，我写了我在睡觉时、开车时、烹调食物时思考的大主题……那就是我要开始的地方。

（马莉恩·普加奇在1994年3月31日的个人通信）

质性研究者用不同的方法处理资料。例如，语言学传统集中于语言和对话的分析，把文本“看作分析本身的客体”，并且使用正式的叙述分析、话语分析和/或者语言分析作为理解资料的工具（Ryan & Bernard，2000，769）。来自更多社会学传统的研究者倾向于把文本“看作人类经验的窗户”（Ryan & Bernard，2000，769），并且广泛使用主题分析作为资料分析的手段。主题分析涉及编码和为了进一步的分析与描述而分开资料。本章主要关注这种方法，尽管在下面的部分也会介绍一些其他的分析形式。

分析的不同形式

资料分析涉及组织你所看到的、听到的以及读到的，这样你可以理解你所了解的和所经历的。处理资料时，你描述、比较，并形成解释，把你的故事和其他的故事联系起来，并有可能提出假设或者发展理论。当然，你如何做这个，可能会差别很大。这部分向你介绍一些方法，你可能可以用这些来理解你的资料。你选择的分析形式和其他方法论决定有关，包括理论取向、研究问题和资料收集。将这些不同的形式呈现在这里，是想增加你对理解质性研究资料的兴趣，以及鼓励你更广泛地阅读可能引起你共鸣的模式。这部分先介绍源自语言学传统的对话分析，接下来介绍结合了语言学和社会学传统的叙述分析形式，然后介绍源自社会学传统的符号学（semiotics），最后是主题分析，这在本章的其他部分会有更深入的讨论。

对话分析

对话分析（conversation analysis）起源于一种民族志方法研究。

> 对话分析研究普通的日常谈话中对话参与者采用的不同实践。这包括参与者谈话中的重复和中断，不同的失败（如倾听和理解问题）在互动中是如何得到处理的，对话是如何开始和结束的。（Bloor & Wood，2006，39）

一般地，对话分析研究的资料就是日常发生的谈话，所以这些资料不是通过访谈而是通过磁带或者录像对对话进行记录而获得的，如在课堂上。对话分析关注对话的细节，如说话的时间间隔、对某些话语的强调。对话分析使用一套转录系统，用不同的符号表示对话的非语言方面。例如，可以用对话分析来研究医院为提高病人的治愈率而实施的行业间交流和团队协作。通过对话分析，研究者将从参与者的谈话中研究医生、护士、技术人员以及助手的角色是如何形成的。

叙述分析

跨社会科学学科的研究者通常将叙述分析（narrative analysis）用于不同的目的。如布卢尔和伍德（Bloor & Wood，2006，119）所说："语言学家可能研究叙述的内在结构，心理学家可能关注回忆和总结故事的过程，人类学家可能要看故事在跨文化方面的作用。"叙述可以在原地通过录音或者录像来收集，或者通过访谈来收集。如果是通过访谈获得的，这个过程通常是一个提问宽泛的、开放式的问题（如"告诉我关于……"）的一部分，然后让受访者讲述他的故事，这个时候尽可能不打扰他。这个分析过程不是把故事解剖成不同的主题和模式，而是关注故事本身以及故事的讲述。

关注所讲述的故事是接近转录的一种方式，在其中，受访者的谈话基本上是来自他们的生活的。例如，如果你对遭受失去孩子之痛的妇女进行访谈，倾听她们如何理解这种失去，并如何从这种失去中痊愈（或者没有痊愈），那么你可能对每一个叙述的转录都要一遍遍地阅读，记录每个故事中的事件、所表达的情感和互动、每个妇女对她的故事的意义理解以及所有解释（Gibbs，2007，63）。

你也可以关注故事讲述的语言和修辞形式。通常，故事是根据开端、中间、结局这几个方面来分析的，但是，讲述也倾向于符合一种或者更多的特定的戏剧形式——悲剧、讽刺作品、罗曼史、戏剧（Gibbs，2007，67）。如果你的受访者的所有故事都或多或少是以同样的方式讲述的，那么，你将要反思这个特殊的被访妇女群体为什么会这样。如果故事有非常不一样的结构，你就要反思并分析为什么会这样。古布里厄姆和霍尔斯泰恩（Gubrium & Holstein，2009，69）主张，人们的叙述通常具有"不同的情节结构和主题"，它们是被忽视的，"除非研究者在开始的时候就知道成分分析"。叙述分析着眼于故事讲述者如何把经验和环境联系在一起以构建意义，但是也意识到环境并不决定这个故事将怎样被讲述，也不决定由它构成的意义。

得益于社会学传统，古布里厄姆和霍尔斯泰恩（Gubrium & Holstein，2009，xvii）强调叙述的需要胜过转录："故事以及故事讲述者的感觉受到叙述的社会因素的影响。"换言之，叙述者叙述故事的具体环境会影响叙述者说什么以及如何说。谁问了那些引发了一个故事的问题？为什么一些故事是令人气馁和沉默的？例如，通过我为美国国会图书馆退伍军人项目进行的访谈，我父亲告诉我的关于他参加第二次世界大战的故事，很可能不同于他在2008年退伍军人节那天和其他二战老兵在华盛顿聚会上所说的。古布里厄姆和霍尔斯泰恩（Gubrium & Holstein，2009，22）把他们的研究称为"叙述民族志"，并且把它描述成

“一种关于程序和分析的方法，涉及在表达和交流过程中对环境、它们的行动者和行动的密切审查。这需要直接观察，并关注故事的形成”。

符号学

符号学关注标志和符号，但从根本上说关注拥有信息的任何一切。书面或口头文本明显地利用了能够传达信息的符号，但是，符号也可以是一顶红帽子、一个穿孔的舌头，或者装有墨西哥面饼的袋子，在具体环境中，它们每一个都传达一定的信息。某些东西要成为符号，需要有一个能指（signifier）或者某些载有信息的事物（红帽子），以及所指（signified）或者一个被传达的概念（一个老年妇女红帽子协会的成员）。在符号学分析中，关注点是符号在特定的语境中是如何形成或者引起意义的。一个完整的符号系统产生一个社会代码（social code）。“符号学的目标是揭示表面意义或者浅层表述以及被明确表达的潜在的含义。”（Madison，2005，63）例如，西尔维娅是沃伦威尔逊学院的一个大学生，从事对大学校园中的学生团体类型的符号学分析。她做了许多访谈以了解学生对这些团体类型的看法，但是她的大部分研究是由观察所组成的，包括观察人们穿什么、他们的装饰品以及互动行为。她尤其对不同的方式着迷，在这些方式中，不同的学生团体使用特别的符号把他们自己和其他团体区分开来，并且和其他学生沟通身份问题。所以，符号学不仅和一个符号表示或代表什么有关，而且和这个符号在特定的文化情境中表示什么或者“意味着”什么有关。

在考虑符号如何和建构意义相互联系时，罗兰·巴尔特（Roland Barthes）和其他人调查了意识形态和权力制度，以便建议其中的某种符号被看成“自然的”——作为事物本来的方式或者应该的方式。例如，许多来自美国的人假定世界上其他地方的人都追求美国人的生活方式。他们把“三分之二世界”的人们看做是“贫穷的”并且有时候是“懒惰的”。这种看法至少部分基于这样一种意识形态，即如果你努力工作的话，经济增长就是“进步的”和“自然的”。一些批评指出殖民和新殖民历史抢劫了许多国家的财富并且维持着不平等的模式。但是，这些批评的大部分还是持续关注如何使他者更像美国，就好像美国是仿效的标准。符号学研究者可能分析“好生活”在世界上的不同地方的符号和标志，并且把它们和文化背景下的意识形态联系起来。

主题分析

在主题分析（thematic analysis）中，研究者把分析技术放在搜寻资料以提炼主题和模式上。这个工作的一个重要方面是编码。通过编码，你以同样的方式阅读所有已编码的资料，首先找出什么居于编码的中心。然后，你思考所有以同样方式编码的资料，看它在和其他因素关联时是如何变化的。最后，“你可以探究由代码代表的类别或者主题观点如何在案例与案例之间、现场与现场之间或者事件与事件之间变化”（Gibbs，2007，48）。

扎根理论研究使用一个寻求主题和模式的研究来建构理论。这种研究形式对编码有明确的规定，如果你从事扎根理论研究的话，你必须熟悉这些。但是，那些不称他们的工作为“扎根理论”研究的研究者发现，许多由扎根理论者提出的概念和实践对他们自己进行主题分析是非常有用的。持续的案例比较（constant case comparison）就是这样一个从扎根理论借用过来的概念。如果你实践持续的案例比较，你就要探求你的每个案例是如何根据如下因素变化的：事件、参与者、现场或者使用的语言。你可能选择和比较极端的案例，寻求突出的方面，这在其他方面是发现不了的，或者，你可能寻求同样案例的细微差别。

一种可以帮助你进行比较的方法是创建表格，在其中，你把案例在页面上一行一行往下排列，在页面上方排列你所选择的已编码的方面。在每一个对应的单元中，你归纳出这些编码的材料，有时候可以使用部分引证，但要使它简短，在这个时候，仅仅关注主要观点。比较这些单元可以引发关于你选择的那些方面的关系的问题，以便你再回到你的资料或者制作其他类型的比较图表。制作这些图表是分析过程的一个部分，它们并不意味着被包括进你的最终论文中，尽管它们当中的一些版本可能会有用，如果它们合适和特别生动的话。

作比较是在某些主题中确定模式的一个分析步骤。寻找那些关注文化或场景的统一方面的模式，关注人们通常做什么、他们一般和谁进行互动，等等。主题分析应该超越对普遍性或常规的认同。质性研究的力量在于它能帮助揭露潜在的复杂性。所以，你的一个任务是了解所存在的张力，了解人们在哪里以及为何不同于常规。有时候你的参与者使这个变得简单，因为他们很容易表达他们的不同，或者很容易和其他参与者讨论。其他的张力或者差别就没有这么明显，或者甚至对你来说是隐藏的，这是由于你自己的假定、价值观和视角的原因。当在加勒比农村做田野调查时，我假定在这个女性—领导家庭占主导地位的地方一切都是好的，直到有一天，一个十几岁的研究参与者心烦意乱地来到我住的地方，因为他好几年没见面的父亲突然出现在他家的门阶上，想要得到经济支持。当你在研究过程中觉得受到触动或者矛盾时，在你的反思日记上记下来。写下你的观点，然后写下别人的观点。当你发现了特殊的模式时，检查你资料中矛盾的地方。它们是如何得到表达的？通过谁？什么时候？本章剩余部分将描述主题分析更完整的步骤。

早期资料分析

在收集资料的同时进行资料分析能够使你随着研究的进程而逐步聚焦和形成你的研究。如果你坚持反思你的资料、努力组织它们，并且试图发现它们要告诉你什么，那么，比起你在资料收集之后把资料分析看成一个独立步骤来做，你的研究将会更为相关，还可能更深刻。奥赖利(O'Reilly，2005，187)给出了一个关于她在研究从英国到西班牙的移民时，她是如何在收集资料时持续地进行资料分析的例子：

> 我注意到，当两个英国人见面时，他们倾向于亲吻对方的脸颊，如同西班牙传统那样。这在我的田野笔记中从来没有被写下来，因为我不觉得它重要，直到我看到很多这种现象。我开始更密切地观察并记下类似的事情。我渐渐知道只是英国移民这样做，旅游者不这样做，并且当移民和旅游者在一起的时候，他们更可能这样做。然后我开始注意到，在陪伴游客时，当他们互相交谈时，移民将使用特殊场合的西班牙语，这使我思考移民和游客的关系，直到那时，我关注的是移民和西班牙人的关系。从那以后，我在田野调查中开始仔细分析移民和游客的关系，以及他们彼此之间的行为和态度，因为一旦我离开这个地方就没法这样做了。我开始对我收集的笔记和资料进行分类，赋予一些事情一个新的标题——“游客/移民关系”，并且发现了许多我之前没有注意到的新事件。

如奥赖利所描述的，那些观察和联系需要还在田野的时候就进行。写备忘录、列出分析性档案、应用基本的编码方案、写每月报告，都将帮助你开始理解、形成新的想法或者新的问题，并且组织你所收集到的信息。

写备忘录

通过要求自己写备忘录或者反思日记，你形成了自己的思想。通过把你思考的思想记录下来，不管怎么开始或者以什么样的形式，你开始了分析的过程。写备忘录也可以为你心中的新思想和观点留下空间。“当我思考的时候，”大学生雅娅说，“我把它记在一张卡片上。我也许会忘记这个想法，但我不会丢失它。它在晚些时候可以帮助我思考。”甚至当你对你的资料很熟悉时，你也不能确定它们将告诉你什么，直到完成分析和写作后。当你处理资料时，你必须对新观点和新思想保持开放。另一位大学生戈登说道：

> 我发现，在我实际上没有处理资料的时候，我的分析也在进行。当我在做其他事情时，顿悟和思考这些资料的新的方式出现了。获得这些洞见的最有效果的地方可能是在驱车去教室的途中，以及在那些我的心没有真正参与进去的冗长乏味的会议中。

当这些分析性思想发生时，及时捕捉它们尤其重要。在车上放一个录音机可以帮助你无论在哪里都可以简略记下你的思想，不管白天还是黑夜。如果你等到最后才开始写，你的工作将不会这么丰富、完全，以及具有综合性。在你的田野日记中仅仅记录观察和访谈笔记是不够的。要尽可能经常地和及时地反思你的田野笔记，这样你可以对它们作出澄清或者补充。如果你不反思你的田野调查，那么在 9 月份对你来说很清晰的东西到了12月份就不一定是这样了。写作帮助你思考你的工作以及思考新的问题和联系。另外，当你开始着手针对你的手稿写第一遍草稿时，所有这些写作就可以加起来——你就有许多写在纸上的思考了。这些作为田野日志或备忘录记录下来的评论和思考把你的资料联系起来了，从而可以把它们并入分析性档案。

分析性档案

分析性档案（见 Lofland & Lofland，1995）在你收集资料时就建立起来了。你可能可以通过常规分类如访谈问题、人物和地点等组织这些档案。这些档案提供了帮助你了解有用信息和思想的途径。随着你的资料和经验的增加，你将创建调查中和社会进程相关的特殊档案，如同其他的分类一样，如反思性、标题、导入式思考以及归纳性章节，以及文献引用。

每一种特殊档案都有一个特定的目的。例如，反思性档案对你而言，是一个可以记录你的观察、思考和问题的地方，可以记录作为一个研究者，你的研究进程是如何与研究参与者互动和影响的，反之亦然。在你理解你的资料时，需要考虑到你的主观性和你的互动性质之间的关系，你不能有意地把这两者分开来（尽管你可能忘记这两者的关系）。但是，通过跟踪你的观点、感受和互动，你可以理解那些形成你的资料分析的观点。

标题档案包含了你想捕捉和你的叙述有关的东西的努力（Peshkin，1985）。尽管你的研究课题有一个规定的中心点（你的每一个研究建议），但你并不一定真正知道在诸多可能性中，你要讲述的是什么样的特殊故事。把这些标题作为已经收集好的资料是一种提炼不同重点的方法，所有这些都可以用作你的资料的最终表现形式。在一个整体的意义上，尽管直接的应用可能浓缩你的资料收集，但随着你追求一个特定焦点的含义，这些标题使你的心里对正在做什么感到清晰。简而言之，你对标题的寻求就是一种解释行动。标题抓住了你所看见的和研究密切相关的东西。但是随着你对研究的承诺发生改变，标题也会发生改变。

与介绍和结论有关的档案把你指向每个研究中的明显的两个方面——它的开头和它的结尾。不管你给你的引言和结论性章节取什么名字，你都要给你的研究一个框架——提供必要的来龙去脉、背景以及概念模型。你在结论性章节要通过总结来结束，至少，要通过说明从你的资料中提取的意义，即使这意味着提出更多的问题或者阐明多元的观点，而不是仅仅提供答案。在你工作的开始或者结束时进行反思都不算早。在你收集资料的时候，许多作为这些章节的正式准备似乎是一个遥远的梦。从观念上说，这些档案的存在使你注意你可能在研究过程中错过的东西，它们促使你关注，就如你的标题可以在将来的文本中作为一个结论。只有等到文章实际上完成了，你才知道哪些是需要留下来的。

引用性档案包括那些你在阅读时觉得有用的引用语，它们可以起到相关文献所起的一些作用。它们将逐渐地在章节中被分类。其中一些作为题词，被放在章节开始处，因为它们可以给读者提供关于这个章节包含什么内容的有用线索。在你通过自己的资料的新颖基础寻找你的方式时，其他的引用语将是权威的点缀。通过灵活地使用引用语，你会明白，世界不是在你的领域中重新生出的。引用性档案如同其他档案一样，意味着一种提醒，提醒我们阅读时应该总是提出问题：例如，说了什么，这些话说到了我的研究吗？

分析性档案帮助你储存和组织你自己的思想和其他人的思想。资料分析就是根据你越来越复杂的判断来组织和分类资料的过程，也是意义发现的解释过程。通过它，你的研究得以具体化。理解你处于学习的模式之中是非常重要的。它告诉你熟练不需要一蹴而就，而是需要逐渐地应对分析的挑战。它提醒你，你在资料分析上的任何努力，都可以增强你进一步分析的能力。

基本的编码方案

> 这个经验给“丰满的资料”（fat data）这一术语增添了一个全新的意义。我甚至不能想象阅读我所有的东西，但是我知道我需要这样做。然后进行编码？并且你一直在写，而事件仍然在社区展开，你真的不能忽视它……所以你并没有真正地停止收集资料，是不是？你仅仅是开始了编码和写作。
>
> （马莉恩·普加奇的个人通信）

当马莉恩·普加奇写下这些笔记时，她仍然在研究现场，并意识到她需要开始组织她所获得的资料。你可以从把你的资料归类到分析性档案中时开始这样做，这样，你就形成了一个基本的编码方案。

随着你继续命名和定位你的资料，你的分类在一步步细化。但是，不要仅仅满足于早期简单的编码方案，要知道，随着对它们的使用，它们将相应地变得复杂。在资料收集的早期，编码可以帮助你形成一个更明确的焦点或者更为相关的问题。例如，出于对农村社区的学校委员会的作用的兴趣，辛迪通过观察一个农村学校委员会的会议和访谈它的成员开始了试验性研究。在15小时的资料收集之后，她重新阅读并对所收集的资料进行了编码。在这个过程中，她重新概念化了她的问题陈述（problem statement）：

> 我最初的问题陈述是如此宽泛，以致很难进行研究。编码和组织编码的过程帮助我决定加强对一种新的问题的陈述方法，这将引导我聚焦于对学校委员会进行两个方面的探讨——财政和素质教育。

与松鼠为冬天储藏橡子不同，你一直收集资料不只是为了晚些时候吞食它们，而是定期地检查你的资料以确保你的“橡子”代表了不同的种类或者你所希望的种类；况且，它们是“金砖”，值得你努力。

为你的研究确立一个边界可能会有持续的困难。社会互动不是整齐且孤立发生的。戈登反思了他的工作：

> 我是否真的掌握了这个研究，我一直觉得这是有问题的。当我自己沉浸在资料分析中的时候，我开始确信我没有掌握。我不断地发现自己转移到新的方向，并且坚持我最初的（但是修正了的）问题陈述是一个意志行为。

要完成任何项目，你都必须建立边界，但是对这些边界的确立同样是一种解释性的判断，它取决于你对你的资料的熟悉程度及其可能性。把你的问题陈述和许多最近的工作标题粘贴在你工作地点的上方，这可以帮助提醒你接下来要做的工作。辛迪将打印出的工作标题贴在桌子旁边的墙上。这个标语可以引导她的工作，无论她什么时候抬起头来思考或者反思都可以看到。

月报告

在资料收集过程中，为自己、社区成员或者资助机构写每月田野报告是一种系统的检查方式，它可以检查你做到了哪里，以及你应该考虑走向哪里。月报告要简明扼要，这样它们不会成为你写作或者读者阅读的负担。诸如这样的我称为“3个P：进展（progress）、问题（problems）、计划（plans）”的标题可以帮助你简便地回顾你的工作，并且做出实际的规划。在反思研究过程和资料收集的时候，你形成了新问题、新想法，某些时候还有研究的新方法。月报告也为你提供了一个和其他有兴趣者交流研究过程的一个途径，使他们知道你正在做什么，是如何做的，并且给他们一个投入的机会。

保持某些控制

> 当人类学家、社会学家和其他人谈论田野资料的“丰富性”的时候，这也意味着他们收集和储存的资料的多样性与复杂性。
>
> （Dicks et al.，2005，2）

当你完成资料收集时，要预期你可能会被大量的资料所淹没——这些资料包括笔记、卡片、电脑文件、马尼拉文件夹以及档案。你真正地获得了“丰满的资料”；它们的绝对容量是很吓人的。你总是收集比自己的需要更多的资料。如此大量的资料会使得你拖延，而不是面对集中分析的任务。

如同制作一个优秀的半小时纪录片需要大量的胶卷，质性资料收集的方法也会很自然地使它们超量。你所收集比你要使用的多，因为你不能像修剪一样精确地明确你的研究，不能狭窄地确定调查路线。质性调查的开放性质意味着你要获得比你最初预想的更多的资料。你要做大量的分类和储存工作——一种在某种程度上是机械的但是大部分需要解释的工作，因为每次你决定删除一个和你的研究不相关的资料，或者把它放到另外的地方时，你都是在做判断。戈登反思了他对资料进行分类的经验：

> 对资料分类实际上没有我想象的那么难，所以本应不值得我在开始之前就担忧及由担忧而拖延，这些担忧和拖延使得我落后于预定计划。在我开始之前，这项工作看起来巨大而无止境。但一旦开始了，我发现，这并不是一个巨大的任务，而是一系列小的、具体的任务。

处理大量的资料需要方法上的组织。在资料收集过程中保持资料组织可以使资料的容量不那么吓人，并且更容易安排，正如戈登进一步观察到的：

> 在每一次访谈和观察之后，我把笔记转录到电脑上。当我发现我的资料的一些实质性部分不是那种容易使用的形式时，这个警示激怒了我。三个月之后我不得不回来打印我的笔记，因为我发现使用不容易阅读的资料是非常难的，是件苦差事……

和资料保持联系涉及把访谈和观察笔记转录到电脑档案中、制作分析性档案、给自己写备忘录、形成初步的编码方案。

在某一时刻，你停止了收集资料，或者至少停止了对资料收集的聚焦。知道什么时候结束这一阶段非常困难。它可能是在你用尽了跟主题相关的所有资源的时候——没有新的情况需要观察，没有新的人需要访谈，没有新的文献需要阅读。但这样的情形是很少的。也许你停止收集资料是因为你已经达到了理论上的饱和（Glaser & Strauss，1967）。这意味着对来源的继续检查是多余的，并且使得你认为这些资料是彻底的和完整的。但是，认识到理论上的饱和是需要智慧的。例如，你可能从所有的被调查者那里听到同样的事情，或者没有发现什么矛盾之处，因为你对受访者的选择太受限制了。通常，资料收集工作不会在理想情境下结束——钱刚好用完或者截止日期刚好到了。在制订研究计划时，尽量计划不要把金钱、时间和精力都用完，这样你可以获得一种收集到了完整的资料的感觉。

后期资料分析：进入代码矿藏

在资料收集的早期，充满了大量故事。受到这些故事影响，你诉说它们并且重复它们。你可能有时候甚至允许它们假定一种重要性，这种重要性超过它们对项目的价值。把这些故事作为一个整体的意义是更为困难的。你不必停止讲述故事，但是在主题分析中，你必须在这些故事中找到联系：这些故事阐明了什么？如何联系？你的资料有什么主题和模式？编码可以帮助你回答这些问题。

当大部分资料已经收集好了，就到了关注分析性编码的时候了。尽管你可能已经形成了一个已分类的编码方案，但你现在必须进行集中分类。你要准备进入“代码矿藏”（codes mines）了。这项工作有点乏味，但也有点令人愉快，因为它为你面前的大量文字提供形式和可能的意义。

马莉恩·普加奇（1994年5月3日的个人通信）描绘了进入代码矿藏时的矛盾心理：

> 我准备结束第一部分关于教师的记录而开始学生的。这可能意味着要面对一些新的代码……因为这是一个新的群体。我希望代码本（codebook）能面对这个压力。最为困难的一件事情是接受做编码工作是一个长达一个月的主题。当我母亲问我是否做完时，我知道她并不了解我所做的工作……

“编码是你如何界定你要分析的资料。”（Gibbs，2007，38）这是一个分类和界定的过程，并且界定和分类那些收集到的资料（如观察笔记、访谈记录、备忘录、文献以及来自相关文献的笔记）是否适用于你的研究目的。通过把反映同样理论和描述观点的资料放在一起形成资料丛，你开始形成一个主题组织的框架。

“编码”（coding）这个词对某些人来说是令人困惑的，这通常是因为他们第一次熟悉这个词和它的使用是在定量研究中，在那里，开放式回答倾向于和计算的目的分类在一起。结果是，例如，定量研究可以声称：“63%的父母担心安全问题，但是仅12%的父母认为更高的税收应该是解决方案的一部分。”计算在质性研究中不是一个主要目标。质性研究者用代码识别主题、模式、进程，以及进行比较和建构理论解释。

一些质性研究者更喜欢用“编索引”（indexing）和“分类”（categorize）而不是“编码”这个词。从某种意义上说，质性研究是将所有的笔记和转录编成索引。只要意识到质性研究中的编码目的和在定量研究中的编码目的是不一样的，你就会对该用什么词变得不那么确定。

我们一行一行地转录或者对田野观察进行编码。尽管你试图把指导你的研究的理论框架放在一旁，但那些视角会倾向于找到它们自己的方式从而进入你选择的代码中。那是期待中的。你想要避免的是强加一套先验的代码在你的资料上。随着你一页一页地阅读、在页面空白处写下可能的代码、尝试提炼出代码词汇、把它们从资料中稍稍删减，一页一页地编码帮助你沉浸在资料中，并发现它们所提供的意义。例如，你的田野笔记中有这样一段话："威尔逊夫人让学生坐到他们的座位上去，并且停止谈话。在教室安静下来之前，她拿过自己的椅子安静地坐在自己的座位上至少有三分钟。"这些话，可以编码成"控制学生"或者一些其他的代码，这取决于研究目的。关键是，你的代码是一个活动的分类，而被编码的片段是一个例子。

在质性研究的编码过程中，你要逐渐显示出事情之间的关系。为了帮助你找出什么是要编码的，以及如何编码，你要问自己一些问题，看你的资料可以引起怎样的归类关系（Gibbs，2007，75)：存在不同的类型、原因、结果、态度、策略等。在上面的例子中，威尔逊夫人的要求和等待可以看成一种控制学生的策略。对这些话进行编码可以使你寻找到其他可以使用的策略。当你在阅读或者编码的时候，也要寻找参与者谈论他们的世界时使用的特定词汇。这些词汇可能会成为有用的代码。

按一定的层级编排代码是分析过程的一部分，所以，要处理好你的代码。你能不能把它们编排在一定的类别或次类别中？你有没有看到哪里可以合并一些代码？有没有哪个地方的代码可以拆成两个或者更多的代码？在同样的文档中尝试你的新编码方案，看看会怎么样？然后，把它用在另一个转录或者观察笔记中，看看增加了什么新的代码。像这样反复做几次，直到你不再增加实质上更多的代码为止。要意识到随着你继续编码，将有可能增加更多使你返回来寻找之前文本中的代码的其他表达。

作为你对资料进行编码的结果，你为你的资料创造了一个关系范畴的框架。例如，你开始看到，关于对待必需的阅读计划，老师和学生的互动有着不同的结果。你可能开始看到模式，并关注这些东西。例如，新进来的教师和在这个学校好些年的教师对待这个阅读计划的反应是不同的。随着你形成代码，你开始发现，之前你没有放在一起的事情可能适合放在一起。

除了分析你所有的已编码的资料的关系之外，你也需要认识到：哪些资料是以某种方式没有说出或说明的？什么类型的事情被看做理所当然的或者没有被讨论？使用不同的理论讨论，你能不能提出一些问题，即为什么一些主题或视角（如种族、性别、阶级）可能被忽略了？如吉布斯（Gibbs，2007，145）所说：

> 有许多关于贫困学生工作的例子——以及出版的著作——它们……简单地被组织成一种描述，或者关于资料中每一种主题的总结……你需要超越这个。重新检查你的资料，从所说的或所做的当中找出那些不必明显表现出来的现象。

编码和组织资料是一个分析性步骤，但对资料分析来说不是结束。你的代码是一个开始，从这里你继续"寻找模式、进行比较、产生解释和建构模型"（Gibbs，2007，78)。

黛安娜是一个大学生，她之前一直在对盲人进行访谈，其中既有男性也有女性，这些盲人毕业于一个高等教育项目，这个项目为了帮助他们过渡到独立的成人生活，提供复原训练以及学业辅导，包括就业以及/或者更高的教育。黛安娜也是盲人，她对盲人学生经历中希望（hope）的作用，以及希望的形成、表达和使用的方式感兴趣。她通过文献回顾得到一个关于希望的理论，以及它在复原上的应用。同时她还编出一个量表，并列出了和希望相关的因素和倾向。黛安娜考虑使用这个理论作为分析她的资料的框架，但是又决定先对她的访谈记录做一个主题分析，以增加关于希望理论方面的讨论，因为这个理论符合她的资料中的故事。

她的初步编码（如展示框 7—1 所示）引导她识别出 5 个主要的主题或代码，每一个都有几个次级主题或次级代码。随着她处理资料中每一个重要的主题，她将很可能在其他标题下重新放置一些资料，如码号的合并、更细微的划分、重新编排到其他地方。写作是编码过程的持续，不管是某一代码的指派还是代码的名字本身，都不是不可亵渎的。当你认为这可以帮助你组织和理解资料时，你可以重新命名代码和重新编排资料。毕竟，除了和一个研究队伍一起工作之外，代码是为了促进理解的个人创造。

为了促进形成和处理一个编码方案，可以做一本代码本。给每一个主代码以自己的数字和页面。在主代码下面，列出次级代码的数字以及次级代码的名字，并且对这个次级代码进行解释。写下这些解释将帮助避免吉布斯（Gibbs，2007）所说的“定义性偏离”，即你早些时候编码的材料和不同时间进行编码的材料的意义有微小的不同。例如，在我和瓦哈卡年轻人的工作中，“反抗”（resisting）是我的一个代码。在早期，我把“反抗”定义为一种语言或者行动的形式，表示不同意政府规则。随着我的工作的进展，“反抗”变得更为复杂，我开始觉得它和另一个我称之为“维持原住民自治”的类别有着更紧密的联系。

在开始收集资料后不久就应该开始制作代码本，这样可以反思你的手稿的形成和发展结构。这项工作是高度个人化的，适合你这一点非常重要，它不需要对其他任何人有用或者清晰。也许，对每个人的资料分析进程来说有一个共同的特点和一个共同的内容，但最后，这还是一个特殊的事情。你的编码方案的证据从字面上说在于你的手稿。你的手稿给人怎样的感觉，它读起来怎么好，很大程度上取决于你的分析框架。因为编码是一个逐渐展开的过程，建议在早期的时候用一支铅笔在资料和代码本上进行标注。你想要学会判断什么是重要的，就不要错过从田野中学习的任何机会，不要过早地决定哪些是和你相关的，哪些是和你不相关的。通过给某个部分做记号并给它们一个名字，你可以判断哪些是相关的，从而把它们放到同样的主代码之下。同样的次级代码（如针对本书的代码本中的焦虑，或者理论，或者伦理）可能会在一些主代码之下出现。这些主题的迹象可能贯穿这个研究，使你可以在其他标题之下敏锐地判断它们存在与否。

一个关于盲人学生的希望的研究中的代码和次级代码

（1）操纵变化和挑战

a. 形成自我概念

b. 寻找和探索选择

c. 挑战外在期待（家庭态度、同辈、社会）

（2）沟通需要

a. 提问

b. 协商关系

c. 过滤输入（指出什么是需要的，什么是不需要的）

（3）自我管理

a. 做决定

b. 创造机会

c. 教育他人了解自身的能力和需要（自我支持）

（4）实现独立

a. 培养技能

b. 寻找工作

c. 管理时间

（5）获得自信

a. 获取资源

b. 他人的影响

c. 对他人做贡献

展示框7—1　展开的代码和次级代码

当你对所有资料都收集好了并完成了编码，把代码本摆在面前的时候，就可以进入资料分析的下一步：把你的主代码丛编排得符合“逻辑”的顺序。你可以先在心里问自己，哪些代码丛，或者哪些代码丛的部分，在你最终的手稿中是属于一个部分的。通过这样的分析，你对所获得的资料进行分类，这样你就可以集中用资料写文章了。

编码、分类和主题搜寻的过程不像先前的描述那样机械。这是一个这样的过程：思考你的资料、反思你所学到的、进行新的联系、获得新的视角，并且想象最终的写作将怎样呈现。让我们再一次听听马莉恩·普加奇（1994年5月3日的个人通信）是怎么说的：

> 我现在有了一本规范的代码本，包括一些主代码和次级代码……并且我已经明白，在编码过程中，随着你完成越来越多的分析，你会看到代码是怎样展开、瓦解，以及增加的。我也意识到了，你永远不可能真正地处于一个纯编码模式中。这是一个非常奇怪的动态过程。你发现你自己处于一个似乎极具技术性的过程中——画括号，为次级代码标数字，一页页地翻页，并且你发现你自己需要记下一些故事来支撑一些你之前没有

的观点，或者来确定思考某件事情的新思路。对我来说，一个好的例子是这些教师如何谈论他们自己的语言学习能力……这些对话突然变得比我曾经在黑文时想象的重要得多。并且他们有他们自己的节奏，一种我在那儿的时候并不知道的节奏。在这个时候，我知道事情发展得很顺利。

资料转换的艺术在于对洞见和深思熟虑的解释进行系统的合并。

在数小时的田野调查之后，安德里娅第一次经历了编码和分析的过程，并且进行了反思。在她的描述中，你可能可以看到你自己的努力、成就和反思。

我第一次尝试编码时，在心中把自己想成要从"代码矿藏"开始。这个开始的过程真的像要下到矿井中去。要落入访谈的黑暗、寒冷的深渊以及数不清的反思的念头使我在这项任务面前退缩。也许，在这些混乱的资料中，我将不能理出任何意义。也许，在几个月的资料收集之后，我将发现在我的矿藏内没有智慧的金块。也许，像矿工一样，为了更好地进入我的笔记和田野日志的内部，我需要更好的准备。

因此，我有意识地采取了一系列的逃避方式，它使得我在白天的阳光之下，让另一个星期又飞逝而去。我完成了最后三盒磁带的转录。我备份磁带，重新编排档案。我决定对之前的反思进行更多的反思。我甚至浏览了我熟记过的手册，我有了一个借口，也许某一天我会找到一种独创性的方式来安排我的代码。于是我在木材火炉里生了一堆火，来挡住我在骨骼里感到的寒冷。

最后，截止的日子到了。我不能再拖延了；实际上，我已这样不安地等待了如此长的时间。我着手处理我第一学期的访谈笔记，就像托尔金（Tolkien）笔下的比尔博·巴金斯（Bilbo Baggins）进入怪物古鲁姆（Gollum）的洞穴似的。我必须重新得到宝贵的魔戒，或者不再返回课堂和甘道夫（Gandolf）教授那里了。我打开我第一次访谈的笔记本，把它放到我的新的、有明亮颜色的代码本旁边。

在探索未知的过程中，期待大大地超越了事件。3 页的代码很快就从第一次访谈中提取了出来。它们是熟悉的词语，是纸上、磁带上重复的词语，并在我的整个研究中一直在我心中。如同巴金斯与他的魔戒一样，我也有好几个小时沉浸在我的访谈中。

在最初的大量编码之后，每一次访谈只增加了很少几个代码到我的列表中。这是令人欣慰的。我感觉这个列表是有用的。第二次访谈只增加了一页新的代码，第三次增加了半页。在那之后，每一次访谈提供一个新的代码，并且通常能阐述或澄清之前的一些代码。在我完成之前，这些令我困惑的词语在我心中自行地组织起来。我换了一张干净的纸，开始粗略记下伞状结构的短语，来收集在它之下的次级代码。

我不再是一个宾夕法尼亚的煤矿工人，害怕生活中的工作。我不再是仅仅只有一个宝贵魔戒的巴金斯。现在我坐在一座从我的访谈中偷来的珠宝山上。但是，它们在我脚下是散乱的，并且难以做出解释。所以今天的任务是组织我的珠宝，我也许知道在我继续之前我拥有什么。这项任务稍微容易点，因为我在进行编码的时候做了一些笔记。我开始把我的代码合并到更大的类别中去。它们被放进整洁的文件中，仅有一些例外。所以对我来说，终于结束了对威胁生命的矿藏的可怕的想象。我手头还有许多真正的工作要做，但是我已经不再担心通不过考试了。

展示资料

迈尔斯和休伯曼（Miles & Huberman，1994）创造了一个综合性文本，是关于在质性研究的分析工作中使用资料展示的。他们把资料展示看成"一种对信息的有组织的集合，允许作出结论和采取行动"。他们声称，就像"你吃什么就像什么"，"你能理解你所展示的"（Miles & Huberman，1994，11）。矩阵、图表、流程图以及其他一些视觉表述形式都可以用来解释资料的意义。同样，它们也有助于呈现那些空白或者需要更多资料的领域。所以，资料展示是质性调查中的另一种持续性特征。你或许还会发现，视觉表述形式在形成研究陈述、收集和分析资料，或者在呈现研究的很多方面时是有用的。

随着你开始通过研究陈述和资料收集计划构思你的研究，资料展示帮助你识别你的研究中的要素。随着你了解得越来越多，展示会发生变化。在资料收集开始之后，迈尔斯和休伯曼（Miles & Huberman，1994）绘制了图表来反映某些风险，即使用单箭头来表示潜在的原因和结果。这样做可以促使你开始分析所研究的社会现象。图 7—1 是彭妮·毕晓普（Penny Bishop，1998，171）所做的一个主题资料展示的例子。她绘制这个图作为帮助她理解和呈现主要概念的方式，这些所涉及的主要概念来自她对中学教学中有效的合作伙伴团队的调查。

在开始被计算机制图展示研究所吸引之后，安德里娅取笑另一个学生的长达 61 页的笔记："想要我把它做成一个好的图表吗?"资料展示给你提供了工作框架。就好像从卫星上观察地球，允许你看到地球上的地质结构的总体模型以及人类对这种结构的适应一样，资料展示可以帮助你看到你的研究中的总体模式，而不会丢失某些具体细节。

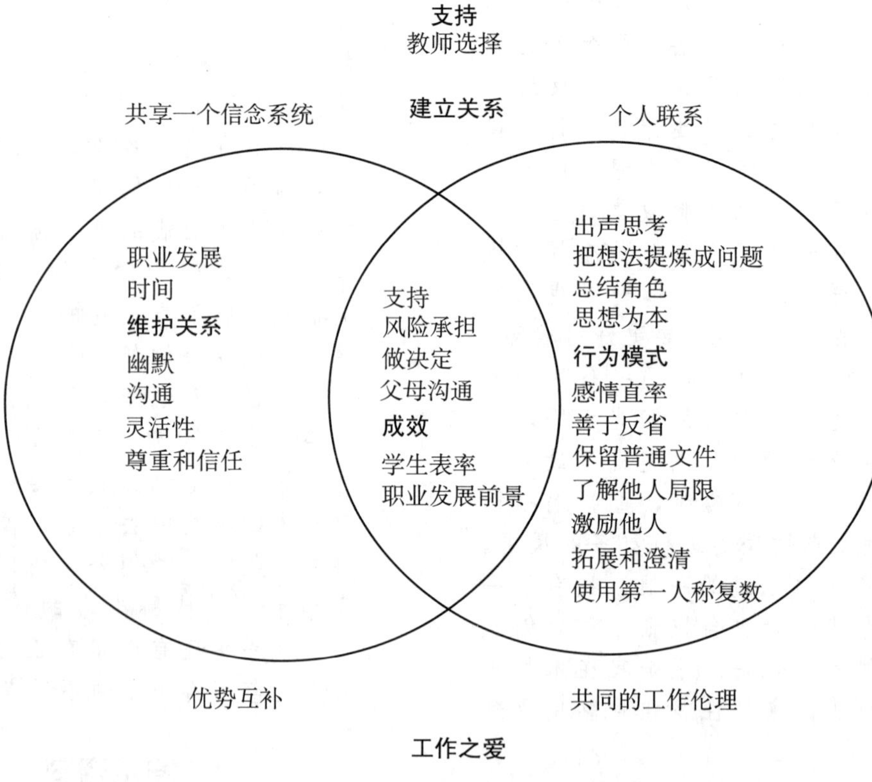

图 7—1 合作团队关系

资料来源：Bishop，P. 1998. *Portraits of Partnership*：*The Relational Work of Effective Middle Level Partner Teachers*. Unpublished doctoral dissertation（p. 171），University of vermont，Burlington。

当思考如何展示你的资料时，试着用不同的形式。表格可以提供细节，但柱形图和线性图通常可以描绘更为生动的模式。如果你要比较两个以上的群体，那么线性图在实践上更为有用。在矩阵中使用诸如"＋"和"0"这样的符号，比数字更能体现模式。例如在 6 个农村学校调查对有效教育的感知的限制，在一轮访谈之后，你或许可以形成一个类似于表 7—1、表 7—2 那样的表格。

有了这两个表格，你可以寻找模式，并且利

用你对每一个农村和学校的了解，开始对接下来该做什么形成一些想法。例如，你注意到学校2、学校3和学校5都认为它们的计税基数是一个限制，而学校和社区的沟通则不是。学校1、学校4和学校6的情况刚好相反。回到你的资料，你要考虑到可能的解释。尽管这些社区在大小上是相似的，但你会注意到，学校1、4、6所在的社区的非本地人的比例相当大，这些非本地人是最近几年搬来的。而学校2、3、5所在的社区的情况就不是这样。然后你或许可以假定，这些新来者给这个小镇带来了更多的资金；与之相随的是，他们与学校的管理决策作斗争。在仔细考虑分类中关于信息通道和专家通道的回应的可能原因时，你可能会想知道，这个州最远城市的距离是否会产生差异。你可以发展出一个新的矩阵，如表7—2那样，标示出你的想法。这种矩阵创建工作可以帮助提出新的问题，或者对调查的人群或地点提出建议，也可以帮助理解所收集的资料。

借助自然科学，认知人类学家使用分类学来帮助展示社会现象。在这个方法中，研究者尝试去理解他人是如何对“认知领域”进行分类的，或者是如何对这个世界的突出部分进行分类的。结构式访谈可以用来引出个人分类框架。每一个类别都分成次级类别和次次级类别，直到受访者的分类框架完全地被绘制出来为止。例如，雅内·戴维斯（Janet Davis，1998）调查了八年级学生，以对她称为“孩子们在学校做的事情”的“认知领域”进行分类。她通过访谈，发现主要的类别包括捉弄其他孩子、在教室里坐着、对教师友好以及调皮。戴维斯继续调查次级类别，如学生“对教师友好”的所有方式。然后她调查次次级类别，如学生是如何得到教师的宠爱的。展示框7—2是从戴维斯（Davis，1988，115－116）关于“孩子们在学校做的事情”这个领域的分类表中提取的。分类表可以帮助研究者分析一个特殊的认知领域，使他们知道他们了解了什么，还没有了解什么。

佛蒙特大学的一个学生调查了学校里注册的大学生类别。尽管类别不是必然互相排斥，但访问者发现，根据受访者的情况，有预备生、摇滚乐手、外州人、佛蒙特人、爱吃即食麦片的人、爱玩鱿鱼小英雄游戏的人、书呆子、聪明人以及运动员。这些类别中的许多有次级类别，如积极的和消极的运动员。这些信息导致它自身形成一个分类表，这可以用来作为指导这个认知领域的讨论的一种类型。

数学在决定模式时也是有用的。在谈到人类学中数学的使用时，阿加尔（Agar，1980，132）评论道：

> 人类学家比其他社会科学家有更多的数学恐惧症。我最喜欢的一句俏皮话是，当人类学家给他们的页码编号时，他们被看成数学人类学家……我需要弄明白的大部分东西都是用简单的频数分布来完成的。如果这是你所需要的全部，就在那儿停下……如果你在你的系统考察中选择不使用统计方法，那可能是因为你了解得足够多，知道它们是不合适的，而不是因为这个想法导致你这样。

表7—1　一个关于6个农村学校有效教育的限制的矩阵例子

学校	计税基数	和社区的沟通	州政策	信息通道	专家通道
1	0	+	+	0	0
2	+	0	+	+	+
3	+	0	+	0	0
4	0	+	+	+	+
5	+	0	+	+	+
6	0	+	+	+	+

注：“+”表示被学校部门看作一个限制。“0”表示不被学校部门看作一个限制。

表7—2　一个关于6个农村学校有效教育的限制的模式和研究想法的矩阵例子

学校	计税基数	和社区的沟通	信息通道	专家通道
本地人/离城市近（3）	+	0	0	0
本地人/离城市不近（2，5）	+	0	+	+
混合的/离城市近（1）	0	+	0	0
混合的/离城市不近（4，6）	0	+	+	+

注："+"表示被学校部门看作一个限制。"0"表示不被学校部门看作一个限制。

进行测验
在教室里坐着
对教师友好：　做教师让做的事情
　上交作业
　说话友好，使用合理的语法
　轮流说话
　在课堂上不说话
　（和老师相处时）尽量成为老师宠爱的学生
　做额外的工作
　　自愿者
　　扫地
　　赞扬

展示框7—2　关于"孩子们在学校做的事情"领域的部分分类

资料来源：Reprinted by permission of Waveland Press，Inc. From J. Davis，"Teachers，kids，and conflict：Ethnography of a junior high school." In J. Spradley and D. McCurdy（eds.），*The Cultural Experience：Ethnography in Complex Society*（Long Grove，IL：Waveland Press，Inc.，1972 [reissued 1988]）. All right reserved。

简单的频数计算可以帮助你识别模式。例如，想象你已经完成了调查加勒比地区的年轻人对于农业的态度。通过和85个人进行访谈，包括25个城镇里的受雇者、50个在农业领域工作的人，以及10个居住在农村地区但不从事农业活动的人，你得到对"年轻人如何看待在土地上工作"这一问题的不同答案。你的第一次频数分布（通过表7—3呈现出来）显示，年轻人对农业工作不大感兴趣。这样，通过倾听访谈和重新阅读访谈资料，你形成了一个想法，即态度是和土地占有有关的。你重新回到你的访谈，并且重新进行频数计算，考虑每一个被访者和土地的关系。这一次你的频数分布说明了态度和从事农业工作二者关系的一个确切的模式（参见表7—4）。数字帮助你形成了一个关于对农业的态度的更为具体的假设。

表7—3　对于从事农业工作的感知态度的频数分布

	积极态度	消极态度
城镇雇佣者	4	21
农业工人	21	29
其他农村人	0	10

表7—4　受访者关于不同土地占有状况的农业工作的感知态度的频数分布

	积极态度	消极态度
没有土地可工作	0	25
农业劳动者	0	13
在家庭土地上工作	5	5
分享农作物和租金	2	17
在免租金的土地上工作	10	0
在自己的土地上工作	8	0

使用计算机

质性研究者主要把计算机作为一个帮助收集、安排、分类和呈现资料的工具。他们逐渐意识到，在这种新方式中，计算机能够提供资料的新来源，这提供了一种共享研究的令人兴奋和强大的方式。这部分包括对质性研究中计算机使用的综述，并对一些有助于处理质性资料的软件作一个简要介绍。

计算机使用概观

计算机使我们处理定量数据的方式发生了革命。而质性研究者处理的是词语而不是变量，他们最初发现，把这种技术应用于词语是有困难的。随着计算机在我们生活中越来越普遍，以及更多可使用的软件的发展，更多质性研究者希望计算机能有助于研究过程。

计算机几乎在质性研究的每个方面都能起作用，甚至是在最初的、挑选参与者的阶段。彭妮在她研究的开始阶段使用电子邮件向某一个国家的专业从业者小组请教，以便形成一个关于有效的中级伙伴团队的概况。她继续用电子邮件和她的研究参与者联系。电子邮件的使用不仅使这个过程变得更为便利，而且提供了沟通的书面材料，这其中有一些是使用电话所不具备的。电子邮件可以在研究过程中促进研究者和其他人的沟通。

计算机可以帮助保留田野调查活动的记录，还可以记录收集资料的日期、地点、时间、受访者或者所观察到的现象（见表7—5）。从这个方面来说，记录的不仅是资料收集的过程，也可以是一些空白，因为人们很容易发现在哪里、和谁、花费了多长时间这样的情况。在手动的文件制作中，研究者需要在储存资料和保护参与者的隐私时非常小心。计算机使得研究者非常容易在一个文档中的任何地方把真名改为假名。并且，通过在你的计算机中使用密码进行登录保护，你可以进一步保守机密。

计算机可以系统地记录田野笔记、访谈转录以及观察笔记。一些研究者把他们的手提电脑或者笔记本电脑带到田野，不再用手动的方式记录观察甚至是访谈笔记。在粗略记下的笔记的基础上编辑和展开的过程，或者把访谈从磁带转录到计算机上的过程可以使研究者熟悉资料，并且使他们在档案中记下新的问题和想法。因为计算机会促进我们对资料进行组织，所以它提供了持续反思的机会。在计算机文件夹中存储的资料很容易进入初步分析，这会进一步引导资料的收集。使用计算机时所需要的具体性和专一性需要研究者对他们的决定和回应非常清楚和明确，这在某种程度上激励了迈尔斯和休伯曼（Miles & Huberman，1994）以及其他质性研究者描述他们的分析方法。使用计算机可以帮助启发质性分析并且有助于它的可说明性。

表7—5　访谈记录举例

日期编号	访谈日期	受访者	转录	时间（小时）	角色	主题	备注
18	4/8/09	C. 佩雷斯	4/10/09	1.5	教师	数学	—
19	4/9/09	D. 布朗	4/10/09	0.5	行政人员	—	迟到，没有完成
20	4/9/09	M. 莱文	4/20/09	1.0	教师	历史	—

在资料分析中，把资料记录到计算机档案中比用手动的方法来记录资料容易多了。计算机可以帮助分类、引用、计算、编码和展示资料。不同类型的程序，包括文字处理机、资料库管理器、制图工具、电子资料表以及质性软件都能被使用。但是，初学者应该小心使用，以避免不适当地使用计算机质性工具，因为计算机几乎是不费力气地进行工作的。例如，它可以很容易地比较出在两个不同群体的访谈中一个特定词语出现的次数。这可能很有趣，但是很可能不是特别有意义。当然也有例外。计算词语次数有时候在质性调查中是有用的。例如，一项研究要求父母描述他们的孩子，研究者计算了不同的描述者使用词语的次数，并且按照父母的性别来对这些进行分类（Ryan & Weisner，1996，777）。母亲们比父亲们更可能使用“朋友”、“创造”，或者“诚实”这样的词语，而父亲们则更可能使用“好的”、“幸运”、“学生”，或者“独立”这样的词语。这使得研究者做出了一些初步假设，即母亲的关注点和父亲的关注点是不同的，母亲们关注人际，父亲们关注个人本身或者成就导向的属性。

无须争论的是，计算机使得写作和修改过程变得容易。从存储和分析资料的文档中把资料摘录出来，就可以插入报告中，而不用把这个长长的部分重新敲一遍。计算机同样使研究者通过超文本和超媒体思考他们的资料的表述形式。通过这些技术，“读者们”能够和文本、资料以及适用的文献相联系，可以随心所欲地移动，从叙述到田野笔记、访谈的音频复制、图像、方法论笔记。只要点击按钮，读者就可以选择一种了解这个研究的独特途径。

计算机软件

这里的计算机软件通常指质性资料分析软件（CAQDAS），或者计算机辅助的质性资料分析软件、程序，它们最初用来帮助研究者对资料进行编码以及之后用来便捷地检索资料。自从出现这些早期的CAQDAS程序以来，又发展出了许多其他软件，它们的功能超越了简单的编码和检索。尽管CAQDAS很强大，但是这些程序仅仅是工具。一些对CAQDAS程序不熟悉的人认为，好的软件能够抽出主题，或者能生成代码并且把代码应用到他们的资料中。但情况不是这样的——研究者仍然是做决定者和解释者。他或她需要对资料很熟悉以便知道让软件做什么。

CAQDAS可以帮助你做什么呢？它们能在如下方面提供帮助，即“搜索、标示、衔接以及重新组织资料，表述和储存你自己的反思、观点并将其理论化”（Weitzman，2000，806）。计算机化的速度使得研究者能够更好地处理资料，能比手动的方法更好地进行分类和提炼想法。分析性程序也提供了清楚的审计跟踪，那有助于分析的可信度。一些人主张，分析性程序鼓励了更多的精确性，因为它们很容易显示负面的案例，而那些案例在别的情况下可能是被忽视的（Seale，2002）。在做一个访谈或者做田野笔记时，计算机化程序的有效性取决于坐在这个机器前的那个人的技巧。

韦德曼（Weitzman，2000）根据功能对能有助于质性资料分析的程序进行了分类，总结如下：

文本检索器

这类程序可以使你做许多事情，你可以在某些特定的方面，寻找词语或者短语或者一些短语的组合。你可以把不同的段落整理成文档，以便作进一步的分析。这种对资料的分类倾向于被看成编码或者编索引。

基于文本的管理器

这些是资料库程序，它们“擅长存储文本以及相关的信息，可以以不同的方式对你的资料进行快速的组织和分类，并且可以根据不同的条件进行检索”（Weizman，2000，808）。塞尔（Seale，2002，655）提供了一个例子，他比较了男性和女性所说的话，内容是关于对不同的症状的卫生保健的满足情况。这种程序使得矩阵的形成变得容易，从而可以进行统计学上的分析。基于文本的管理器程序包括askSam、Folio Views、Idealist，以及其他一些。

代码和检索程序

这些由质性研究者发展出来的程序倾向于进行质性资料分析。通常，它们支持将代码应用于文本。然后程序会根据代码检索并编辑资料。大部分程序允许不同类型的布尔检索法（“和”、“或者”以及“不”）。例如，在一个关于移民的研究中，一个研究者可能有如下代码，如“在城市工作”、“从事农业活动”、“计划两年内居住到主社区”、“至少五年后居住到主社区”以及“持有工作签证”。人们可以检索到所有的情况，通过代码如“在某一城市工作”和“计划两年内居住到主社区”以及“没有工作签证”，与其他的配置进行比较，寻找相似性和差异性。一些代码和检索程序包括HyperQual、QUAL-PRO以及Data Collector。

以代码为基础的理论建构器

这些程序类似于代码和检索程序，因为它们有类似的功能，但是它们也支持理论构建。一般而言，它们能用图标表示代码结构和模式，展示代码之间的关系，并且形成分类的层级。其中一些具有大量的超文本链接的特征。一些以代码为基础的理论建构程序包括AQUAD、Atlas/ti、HyperRESEARCH以及QSR NVivo。

概念网络建构器

这些程序帮助建构理论，通过网络展示的发展和表述说明概念间的关系。

计算机使得储存、分类、检索和展示资料变得容易，于是一些研究者开始调查超媒体技术，它可以使研究者和“读者”在不同的媒体，在研究过程的不同时间、不同的声音、不同的描述之间移动（Dicks et al.，2005）。例如，通过超媒体技术，你可以提供访谈转录、报纸剪辑、会议记录、照片、访谈的录音带和视频的入口，等等。尽管关于机密的伦理问题大量存在，但超媒体允许一个“文本”的创造可以以不同的方式进入和解释，形成一种与连续性文本非常不同的研究表述形式。随着计算机技术的发展，质性研究的使用也在明显地扩展。

你应该在你的研究中使用CAQDAS吗？“当然，你可以不必使用软件。”吉布斯（Gibbs，2007，40）在他的书《分析质性资料》（*Analyzing Qualitative Data*）中提醒我们：“对上世纪的大部分人来说，那些从事质性分析的人没有或者不会使用软件。大部分使用质性研究的传统研究是在没有使用电子技术的情况下完成的。”如果你正在做一个大型的项目，有大量的受访者，并且想要从主题上进行分析，那么，CAQDAS将可能非常有用。如果做口述史研究，只有几个被调查者，或者要创造性地表述资料（参见第九章），代码和检索程序就很可能一点儿用处也没有。你需要决定程序能帮助你干什么，然后再看是否值得花时间去学习如何使用这个程序。文章和书籍将帮助你作决定，如同使用计算机网络搜索一样。展示框7—3提供了一些开始做的地方。

一些人争论，CAQDAS帮助研究者编码和打乱资料的整个过程，反映了“一个含蓄的假设，即资料的减少和聚合取决于任务的核心是什么”，并且“导致质性资料分析的准实证主义”（Dicks et al.，2005，13）。你选择的分析资料的方式需要适合你的研究问题、资料的特点以及理论上的倾向。在寻找主题和模式，或者形成理论、分析模式方面，CAQDAS经常被用到，但它既不是唯一的一种也不是必需的适当方法。

总的来说，计算机是一个工具，可以使得研究者的工作不那么乏味，以及更精确、更快捷、更完全。但是，它不能代替研究者思考。研究者决定什么是要输入计算机的，需要计算机干什么，如何使用计算机的机械操作结果。计算机辅助分析的结果也仅仅只是资料，因为思想是需要靠人去探究的。

www. atlasti. com	ATLAS. ti	文本、照片、视频和音频资料
www. qsrinternational. com	NVivo	以文本为基础的资料
www. qualisresearch. com	Ethnograph	以文本为基础的资料
www. researchware. com	HyperRESEARCH HyperTRANSCRIBE	用于转录音频和视频文件的文本、图表、音频和视频资料
www. code-a-text. co. uk	C-I-SAID	文本、音频和视频资料

你可以通过以上网址下载一个说明文件来尝试许多程序。但是，这绝不是一个详尽的网址列表。塞奇（Sage）出版公司制作了一系列研究方法软件。一个找你最需要的软件的简便方法是到网上的质性研究讨论群里去咨询。可以尝试qualrs-l@listserv. uga. edu，这是由佐治亚大学主办的，它有1 700个订阅者。

展示框7—3　质性资料分析软件网址

建立联系

> 如果你不能向一个酒吧侍者解释你的理论，那么这个理论可能不是一个好的理论。
>
> （天体物理学家欧内斯特·卢瑟福，转引自Roorbach，1998，53）

质性研究者使用许多技术（如编码、资料展示以及电脑程序）来帮助组织资料、分类资料和寻找主题，但是，他们仍然必须找到建立联系的方法，这些联系无论是对他们自己还是对读者都具有根本的意义。沃尔科特（Wolcott，1994）讨论了描述（description）、分析（analysis）和解释（interpretation）这三种资料转换（或者说从组织到意义的移动）的手段。描述需要离资料很近，就如它们最初被记录的那样。你利用田野笔记和访谈记录，允许资料在某种程度上“为它们自己说话”（p. 10）。这个方法回答了如下问题：“这里正在发生什么？”（p. 12）对于描述性分析的叙述通常“像变焦镜头一样移来移去”（p. 17），选择和描绘那些符合研究目的的具体细节。

弗尼在一些公立小学研究特殊教育改革的执行情况。她在整个文本中使用了描述这种方法来传达她的跨个案分析的发现。下面的例子来自一次对指导支持小组（Instructional Support Team，IST）会议的观察（Furney，1997，97）：

> 他们在腿上摆好午餐托盘（不知为何，那个自助餐厅有热狗、苹果沙司以及从来没有变化过的微温牛奶的味道），安迪和达尼埃尔描述着上个星期发生的关于凯文的积极的方面。他们告诉我们凯文学会了使用正确的语言，他最近在一次电脑游戏中赢了一位同学，以及他们和凯文如何在操场上解决了一

个问题。凯文描述了他最近去镇里的伍尔沃斯商店的情况，在那里，他和他的朋友乔治详细考察了通道，寻找能让凯文花钱的途径，这些钱是凯文在学校的教师房间里通过补充冷饮出售机上的货源挣得的。

弗尼的叙述包括了一些仔细选择的细节，以便让读者更好地了解学校的指导支持小组会议的背景。

沃尔科特（Wolcott，1994）把分析描述为资料转换的第二个范畴。在沃尔科特看来，分析就是在研究中以及它们的关系中识别出关键因素。这种方法以一种系统的方式很有代表性地把描述扩大了。它可以识别基本特征以及这些基本特征的互动方式。详细的编码方案、资料展示、与某一标准进行比较以及其他识别模式化的规则的手段在分析中都是有用的。请注意，在这里，"分析"这个词的使用有一点点让人混淆，因为研究者（包括我自己）通常把描述、发现模式以及解释都看成资料分析，而不是资料转换。然而，沃尔科特（Wolcott，1994）的讨论是有用的，并且我推荐他的一本名为《转换质性资料：描述、分析和解释》（*Transforming Qualitative Data*：*Description*，*Analysis*，*and Interpretation*）的书。

弗尼（Furney，1997，142）的研究提供了许多贯穿于文本中的分析的例子（如沃尔科特所描述的）：

> 这三所学校的指导支持小组的进展引发了一些有趣的要点。一方面，三位校长在最初的和接下来的访谈中，都谈到了自然发生的合作性结构的积极方面，这种结构似乎减少了对更正式的指导支持小组结构的需求。另一方面，他们又认为，某种程度上更为正式的指导支持小组的结构随着时间的发展变得必需和总体上更为积极。

这种对校长们关于指导支持小组的观点的考虑从描述转向了资料的模式或动态识别。

解释是沃尔科特（Wolcott，1994，36）的资料转换的第三个手段。他指出，当研究者"超越事实资料，小心地分析并且开始探索从中能得出什么时"，解释就发生了。他讨论了一些进行资料转换的策略，包括扩展分析、使用理论来提供结构、和个人经验相结合，以及探索表述资料的可替代手段。

弗尼（Furney，1997，174－175）的研究再一次提供了一个关于这种资料转换模式的例子：

> 简言之，在关于"230号法案"的研究中，这些学校帮助证实了我的想法，即对学生的关心应该成为教育的核心目的，并且指导着它的变化……在把学生置于学校改革的日常活动的中心时，许多相关的变化变得显而易见。关心学生的挑战意味着需要促进社会公正并处理多元化问题……把关心放到学校的中心也需要建立一种参与性的领导形式，进而产生一种分享责任的感觉，并且能坦诚地面对变化。

在这个例子中，弗尼把描述和分析转向了探索关心的框架。由于她主张关心的作用是教育的主要目的，因此她对她的研究发现进行了解释。

请注意，在上面的例子中，弗尼把她的评论和她研究中的学校结合起来。很多文章认为，不能在被研究群体和现场之外使用质性研究方法进行概括。也就是说，你需要小心不要概括外在于你的研究的其他东西，但是可以概括你研究中那些有着同样伦理、年龄、性别或者性取向的群体。也许你的研究包括对10个白人教师和10个非洲裔美国教师的访谈和观察，通过资料分析，你发现，这些教师对于他们的经验的看法是和肤色有关的，这就是不同的模式。作为你研究的结果，你可以对更大人群会发生什么做出一个假设。但是你不可以声称"白人教师倾向于经验X，而非洲裔美国教师倾向于经验Y"。然而，你可以说，如此这般是你的研究中的模式。搞清楚你从中做出判断的人群，尽可能精确。把"十分之三"改成"33%"既没有意义也不适合质性研究。记住你的目的是阐明可能性的范围，把你的资料转换成有用的形式，它可以和你的研究发现中的承诺联系起来。这些形式包括（但是远没有穷尽）描述、分析、解释、评估以及理论化。

霍利迪（Holliday，2002，100）介绍了一个描述性的示意图，题为"从资料到文本"，阐述了资料转换。在这个示意图中，资料从"混乱现实的合理化的部分"转到"资料的主题化组织"，再到“资料分析部分或者篇章的文本”。这个示意图追踪了来自“现实”的资料的距离。来自“现实”的距离对一些人来说是存在问题的，他们认为，资料应该尽可能按照自然状态来呈现。持这种观点的人中，有的认为保持访谈记录中的每一个“嗯”都是有必要的；有的追求用计算机技术来提供访谈、田野日志、文献和照片的公共入口；有的提倡更多的资料分析的整体形式，而不是把资料打乱成人工建构的范畴。不管你选择什么类型（或者有多少）的分析，你需要认识到，资料，不管以什么形式呈现，都已经远离且不同于它们所来自的社会现实。最后，很少有读者对研究项目的大量的原始资料感兴趣。分析使得资料可以被感知并且是可以接近的，这是研究者工作中非常重要的一个部分。不管采用什么样的方法，资料转换都是感知结果的必经之路，这个结果使得资料之间建立起联系，并有助于进一步的意义理解，或者说，它至少描述了更多的问题。

你的解释的可信度

霍洛韦和杰弗森（Hollway & Jefferson，2000，55）确定了研究者在处理资料时应该问自己的4个核心问题。每个问题都和分析性解释的可信度有关：

(1) 你注意到了什么？
(2) 你为什么注意你所注意到的？
(3) 你如何解释你所注意到的？
(4) 你如何知道你的解释是“正确”的？

你注意到了什么

“你注意到了什么”意味着当你注意一件事情的时候，你可能没有注意到其他事情。问问你自己：“我没有看见谁？我通常不经常见谁？哪里我没去过？我更不经常去哪里？我和谁有特殊的关系，并且在什么情况下，他们可以解释所发生的现象？还有哪些数据收集资料的手段我没有用到，而这些手段可能可以提供新的视角？”利用一种以上的收集资料的方式，以及一个以上的被调查者可以在某一主题上带来更复杂的视角。有意识地和持续地寻找（在研究计划、资料收集和资料分析期间）负面的情况可以帮助找出你可能忽略的观点。“我没有证实我所有的观点，这是非常好的。”安德里娅在她的社区研究的总结报告中说，“也许我所发现的有一定的效度。”

你为什么注意你所注意到的

“你为什么注意你所注意到的”意味着你需要根据你所观察到的和所听到的，反思你的主观性，并且从总体上批判性地思考研究过程。对你自己的偏见和理论倾向保持警觉（参见第五章）可以帮助你得出更有信度的解释。反思你的承诺是如何以一种特定的方式引导你的行为和解释的。同样，反思你所注意到的现象是如何通过研究场景和参与者与你的互动形成的。研究参与者想要你看见什么，以及为什么想让你看见这些。

你如何解释你所注意到的

强调“你如何解释你所注意到的”这一问题，意味着时间是一个非常重要的考虑因素。林肯和古鲍（Lincoln & Guba，1985，304）把长时间参与（花费足够的时间在你的研究现场）和持续的观察（集中于那些和你的研究最为相关的具体细节）看作高可信度的关键：“如果说长时间参与提供视野，持续性观察则提供深度。”你在研究现场的时间、做访谈所花费的时间以及和参与者建构良好的关系的时间对你的资料的可信度都是有用的。

持续地提出和回答反思性的问题——如那些在第五章中所指出的问题，也可以使你的解释更具有可信度。当你持续性地挑战你自己的过程和假设时，你更有可能反思你的文化立场（如男性、欧洲裔美国人、工人阶级、异性恋）是否强加于他人身上，不管是问及还是听到不同的观点时。你也就更不可能把从一个或者几个被调查者身上总结的情况推论到所有人。

你如何知道你的解释是“正确”的

“你如何知道你的解释是正确的”这一问题指出了他人提供反馈的问题。和研究参与者分享解释过程是一种成员检查的形式。获取你的研究参与者对你的研究草稿的反馈虽然要花费时间，但是它可以做到：(1) 核实你是否反映了他们的观点；(2) 对你的章节提出建议（如果出版的话，不管是个人的原因还是政治的原因，这些章节可能是有问题的）；（3）帮助你形成新观点和解释。例如，当彭妮把她的参与者观察笔记编成一个有效的中级伙伴小组中的“生命中的日程”时，她与小组成员分享了最初的草稿。他们指出了描述中的精确性问题，并且注意到了他们以前还不了解的自己的行为模式。在她的田野笔记中，彭妮写道：

> 我非常高兴我有机会和丽莎、霍普分享我的写作。他们真的帮助我感到自信，我对他们的相关工作的看法以他们的标准看来是精确的。我想他们从中也得到了一些东西，因为他们大笑着，注意到了他们倾向于用问题来表达他们的观点，而这无意识地促进了课堂讨论的简易循环，以及完成对彼此话语的理解。

通过分享研究草稿，研究者和被研究者都从对他们身边的现象的解释中得到了成长。

为了帮助你解释，请不要忘记朋友和同事的帮助。请他们和你一起完成资料中的某个部分——形成代码、应用你的代码，或者解释田野笔记以扩展你的视角。为了提高可信度，林肯和古鲍（Lincoln & Guba，1985）提出了一个方法，即让一个局外人来“听”田野笔记，然后进行分析和解释。对于学生的论文和毕业论文来说，你的委员会成员就是你的研究的逻辑上的听者。我让学生做三个方面的笔记，并制定一个如展示框7—4那样有具体内容的笔记。形成这样一个笔记不仅使得“听”田野调查更简单，而且促成了一种组织过程，而这有助于处理“大量的资料”。

最后一个问题“你如何知道你的解释是正确的”促使你去思考你解释你所注意的现象时所采用的框架。来自一种以上框架（理论的三角）的分析工作可以增加你的解释的可信度。但是，这个问题也是有争议的。存在“正确”的解释吗？任何社会互动都可以用多元的框架来检查，包括那些你可能没有发展出概念性理解的框架。阐明这些多重的解释正是质性工作特别迷人的方面，当你学会思考和发现，以及帮助他人以新的方式思考和发现时，它就是潜在有用的。

局限性

在阐明你的资料的可信度的同时，也要意识到你的研究的局限性。你的责任是努力在特定环境中解释。详细描述那些可以帮助读者理解你的资料的性质的环境。讨论什么文献、人群，或者地方是你得不到的。讨论你的现场中和所选的被调查者中的独特方面，这可以帮你阐明在某些情况下（而不是其他情况下）令人感兴趣的现象。

描述你的研究的局限性可以提供一部分背景。局限性在社会学研究中是和人的认知的局限性相一致的，阐明你的局限性可以帮助读者了解他们应该怎样阅读和理解你的工作。

你在研究中描述的现场和场景以及所有的词汇本身并不具有内在的意义，而是你的分析和解释使得它们具有意义。正如斯克拉姆（Schram，2006，13）所说：“通过你解释的这些意义的联系总是可协商的和不彻底的。最后，它变成了一个如何把你的观点呈现给他人，并且如何使你的案例具有令人信服的意义的问题。”在一篇关于詹姆斯·阿吉（James Agee）——也就是《让我们来歌颂那些著名的人》（*Let Us Now Praise Famous Men*）的作者——的文章中，约翰·赫西（John Hersey）用伯勒斯夫人（Mrs. Burroughs）的一句引语进行了总结。伯勒斯夫人是阿吉书中描述的一个妇女：“当我把它带回家时我全部看了一遍，当匆匆看完之后我还给她，我说，‘好了，里面的所有事情都是真的。他们在那里所写的都是真的’。”（Hersey，1988，74）当得知伯勒斯夫人证实了他对她的生活的解释时，詹姆斯·阿吉应该会很高兴。要想让你的解释具有可信度，或让你的研究得到像伯勒斯夫人一样的证实，你也可以通过你的同事做到这点。他们可能使用你的研究，并以使用可信结果的方式来描述、证实、扩展和告知。

思考

在雅基族（Yaqui）人那里，成为kia polove就是表示对“事情”没有渴望。对于一个没有比较的公共社会来说，他们没有“贫穷”这个概念。仅仅当一个雅基族人与白人或者墨西哥人相比较时，他才会被认为是“贫穷”的。

（Véa，1993，31）

使用你可以在其中标注类别的笔记本，以便组织资料和提出想法。下面是一个大纲，是追踪你的研究资料和过程所必需的。你可以选一种你喜欢的方式来组织，但是要包括如下列出的所有方面。

(1) 关于内容的表格（清晰和具体）

(2) 田野工作计划（给所有版本标上日期，并按年代编排）

a. 田野工作的目的。

b. 概念地图。

c. 研究陈述和研究问题。

(3) 访谈问题（给所有版本标上日期，并按年代编排）

(4) 参与者观察笔记

a. 记下日期、地点，以及每次开始和结束的时间。

b. 互动发生时尽可能完整地录音。

c. 当进行观察时，你可能被这个过程中的一些想法所触动。粗略记下它，但是要以一些方式标注你的观点、判断或者问题。

d. 在完成一个观察之后，读一遍你的笔记。把书写潦草的内容改得易辨认，增加记下的但是省略了的描述。在你还记得的时候尽快做这项工作。把观察笔记输进电脑文件通常能帮助你处理这些记忆过程。

(5) 访谈笔记

a. 记下日期、地点以及每次访谈开始和结束的时间。

b. 如果没有录音，尽可能逐字记录。在完成了一个没有录音的访谈后，尽快读一遍你的笔记。把潦草的内容改得易辨认，增加记下的细节。你或许可以使用不同的颜色来标记，这样你可以很容易地知道哪些是现场记录的，哪些是后来加上去的。这也可以在电脑上完成。

c. 如果对访谈进行了录音，需要做笔记和进行转录。

d. 访谈之后，你可能被某些想法触动，或者有了更好的访谈问题。赶快记下。

(6) 反思日记（在研究过程中的所有的思考和回应都应该被记录下来，而不是在你的研究结束的时候。主要目的是反思当你正在做的时候你做了什么。记下所有的进入现场的方式）

a. 在你设计你的研究项目时就开始写你的反思日记。形成关于你的研究主题的目的和意义的思考。找出什么是你想要学到的，为什么。

b. 做持续的记录，记下在你的田野工作中提出的所有问题。这可以包括你想问其他人的问题、实质性问题，或者方法论上的问题。

c. 记下你作为研究者及对你的假定的思考，记下你和研究参与者的互动以及你对他们的感受。思考哪些领域的主观性在你的田野工作中被唤醒了。你认为自己对资料收集有何影响？对什么事情你可能会有不一样的做法？

d. 记下你在田野工作过程中可能会遇到的所有问题。思考关于这些问题的解决方法。

(7) 分析

a. 组织和扩展你通过资料收集引发的思考。这是分析的开始阶段，因为你在反思你所看见的，并对所发生的事情形成预想。

b. 代码（保留所有版本，标上日期并按年代编排）。

c. 展示编码过的资料（这可以在储存之后就完成）。

d. 记下所有潜在的主题和模式的版本。

e. 将工作图表、图纸和矩阵包括出来。

展示框 7—4 田野工作笔记本用法说明

在公共汽车在弯弯曲曲的盘山路上行走了 8 个小时之后，我和我的朋友派翠西娅到达了欧特拉，这是一个沿着瓦哈卡北部的一座山脊延伸而出的村庄。我们去那里是因为我们想从各自的研究项目中出来休息一下。我们两人都是第一次来到这个地方。第二天，我们沿着山路漫步，看到北方一层层的锯齿状起伏的山脉。当我们返回小镇时，天几乎要黑了，我们已经错过了瓦哈卡当地正常吃晚餐的时间，餐馆不再提供便餐。我们非常饥饿。最后我们找到一家餐馆，在那里我们可以买到瓦哈卡当地的巧克力热饮，它有很多泡沫，浓浓的，还有玉米饼和奶酪。

餐馆的主人拿了我们点好的菜单，然后给我们食物，并且问我们他是否可以和我们一起坐。根据我们的谈话，我们了解到，他同时也是当地一所中学的校长。为了不把我的研究抛在脑后，我开始形成一个问题。出于对我调查中的年轻人如何改善他们的社区环境的好奇，我请他描述一下欧特拉的年轻人对环境的态度。他停顿了一下然后回答："我们并不真正地谈论环境，而是谈论和谐（Harmony）。"他继续描述"和谐"，并将此作为所有事物之间的联系，包括那些看不见的东西。每一片土地、每一棵树、每一块岩石以及每一条河流都有一个守护者，传统上，人们在砍一棵树或者搬动一块岩石之前都要报答给守护者，都知道冒犯某些存在的可能性以及所承受的相应的后果。

他的话——"我们并不真正地谈论环境，而是谈论和谐"——打碎了我假定的范畴。尽管我以前听人说过自然精神，尽管我曾经阅读过"和谐"在瓦哈卡的重要性，尽管一位巫师曾经给我"展示"过我的守护神，但我还是按照我读到的和听到的以及体验到的，即西方的人类、动物、环境、宗教/精神等范畴来理解。这位校长的话最后打碎了我的范畴。它们汇合到一起，混合起来，模糊了我的观点。我知道我还不能完全理解许多瓦哈卡人心中的"和谐"这个概念，但是我对自己的洞察力的神秘性有了更好的了解。并且，尽管我继续回到我的旧的范畴，但是我知道它们是人为的。我已经看到和感到了一些不同的东西。

分类的过程既是资料分析的一个优点也是一个问题。我们分类是为了理解事物，以帮助我们看到社会互动中的模式。我们需要分类来形成想法、假设以及理论。虽然我们在寻找"本土语言"以及有意识地尝试获得他人脑子中的一些范畴，但是我们不能完全避开我们在社会化过程习得的那些范畴。我想，当我们可以开始把这个世界重新秩序化为那些不是我们自己的范畴时，民族志工作会是特别有用的。作为质性研究者，我们总是说我们想要得到多重的视角，但是，在表达这些视角的时候，我们很少挑战自己的工作。做这些可以拓展我们周围的经验生活的视野，更完全地论证知识是如何被社会化地建构，并且总是被局部性地描述和解释的。

反思

本章摘录戈登文章的一部分作为总结。戈登曾经完成了一个以课程为基础的研究项目，并且反思了分析过程，写作——下一个讨论主题——是其中一部分：

文章初稿写好了，只剩电脑柔和的喀哒声。我的卡片散乱地摆在地板上和桌子上。初稿躺在我的公文包里，它有着明亮的蓝色封面，并准备被阅读和被评论。做完了！结束了！现在该怎么办？

在每一个梦醒时分都被分析和写作填满之后，闲暇自然也就没有了。一个人对他的妻子和家庭说了什么？一个人在那段时间里都做了什么？我又情不自禁地打开电脑，再一次用词语填满空白的屏幕。我的心仍然沉浸在处理分析模式、检查菜单以及垃圾邮件，并对它们精确分类这些事情上。我禁不住购买和储藏小卡片以及蓝色的即可贴。我需要打破这个怪圈，尽可能快地回到正常的非研究者的生活中来。那么，我该做什么？

我能做其他什么？我将分析这个过程。

我的第一个想法是关注这个过程的总体性质。我真的没有办法把研究的各个部分彼此分开。资料收集包括分析部分，分析导致产生了更多的资料，写作导致了对分析和资料的更好理解。这个过程是一体的，每一个部分对整体来说都是必需的。我是在弯腰捡起我的卡片时想到这些的，卡片上乱写着不同的代码，纸边发毛，字迹模糊。你怎么分析不能阅读的信息呢？有一件事似乎是确定的：下一次我一定在收集资料的时候开始分析。用三个月的时间来分开这两个过程是没有用的。所有的细微差别都不存在了，意义的声调和细微差别都消失了。

另外一个有趣的发现是，写作过程实际上是分析的一个重要部分。许多观点和从资料中获得的理解都是在写作过程中得到的。对我来说，写作是对我的想法的最后组织。下一次我将尽早开始写作。

最后一个想法是，矩阵真的很有帮助。通过把我的资料组织进矩阵当中，我能够看到二维或者三维的情况。我意识到正是在这一点上，我的真正丰厚的资料关注到孩子们身上来自同辈群体的压力，而不是父母的压力。下一次我将使用更多的矩阵。

这仅仅是我返回现实生活的一小步。到下周的这个时候，写作的时间和准备将只是一个温柔的梦，它将在新的危机中逐渐褪色。但是，如果我可以重写第 7 页，我打赌我将……

* *

推荐的阅读材料

Gibbs，G. 2007. *Analyzing Qualitative Data*. Thousand Oaks，CA：Sage.

Gubrium，J.，and J. Holstein. 2009. *Analyzing Narrative Reality*. Thousand Oaks，CA：Sage.

Miles，M.，and A. M. Huberman. 1994. *Qualitative Data Analysis：An Expanded Sourcebook*，2nd. ed. Thousand Oaks，CA：Sage.

Wolcott，H. 1994. *Transforming Qualitative Data：Description，Analysis，and Interpretation*. Thousand Oaks，CA：Sage.

练习

课堂练习

(1) 返回第二章和第四章的课堂研究实践。带上访谈记录，并为访谈创建一个代码本。从小组开始，对主代码和次级代码达成一致意见。然后，以整个班作为一个整体，看看每个小组编码的方式。讨论每一个编码方案可能诉说的故事的类型，并最终达成一个全班一致的编码方案。然后每个学生都应该围绕着班级的编码方案进行编码，并对已完成的人进行访谈。

(2) 从上面的练习中找出相关编码的访谈。通过主代码进行分类。把全班分成两个小组，每个小组接受来自一个或更多的代码的资料。然后两个小组处理和他们的编码相关的资料：通过对次级代码分类，寻找模式、关系以及进一步的分类，并记下研究发现。拿着这些编码过的资料丛进行将来的练习。

个人练习

(1) 现在你已经对通过主题分析的方法进行质性研究的解释主义、民族志的步骤有了总体了解，接下来设计一个关于同样主题的研究，但使用不同的方法或理论框架（如对话分析、叙述分析、批判性话语分析或者符号学）。选择另一种方法，读出它们，并且反思下面的每一种如何和你当前设计的研究不同：研究问题、研究目的、资料收集过程、研究者—被研究者关系以及分析框架。

(2) 还记得当你做出研究陈述时你创建的示意图吗？不看它，现在就画出你的研究的示意图，整合你的观察、访谈和其他资料，并比较这些示意图。在你的田野日志中，反思你的研究主题，以及你学会了什么，并把特定的空白和问题记下来。

(3) 你很可能没有收集到所有的资料（如进入现场的过程、日程安排，以及收集资料的时间可能比你想象的更长）。尽管如此，还是可以从你拥有的或者试图创建的你自己的代码本开始。

第八章

形成你的故事：针对质性资料进行写作

> ……人们希望某些个案将会感动他人，但是这些如何发生联系呢？我想，这不是通过计算，不是通过假定我自己，或者我父亲，或者哈里·克罗斯比（Harry Crosby）牙疼来达到的。我已经发现了一个“意识的普遍条件”。人们可能仅仅知道，没有人是孤单的，并希望一个单一的故事（如同每一个真实的故事都是单一的一样）将能够以一种神奇的方式，产生联系、引起共鸣，并最终产生和声。
>
> （Pachter，1981，72）

写作给了研究者仔细分析和组织资料的一个机会。它把想法联系起来，这些想法是在整个研究过程中形成的，并且以备忘录和日志的形式记下来。写作也会刺激新的想法、新的联系的产生。写作是有回报的，因为它创造出了产品，给了意义一个家，这个意义是你和他人从你的研究努力中得出的。写作是对文本的建构。作为一个作者，你要进行持续的建构，这包括从已经开始分析的资料中选择一个特定的“故事”来讲述，形成一种你认为最能表达你的故事的文字形式。它可能对某些人来说是问题——但不需要解决，不论研究者的建构是更像一位建筑师（从想象出发，在计划中实现）还是更像一位画家（他的视觉形成于直觉、感觉和感受）。对许多人来说，建构一个文本很可能是计划和直觉的综合。这一章涉及了直觉，但是主要关注写作策略、形式和风格的问题以及作者的责任。

作者的角色

> 在我们读一个好的民族志的时候，熟练的合理化使得最初看上去是陌生的他者变得熟悉，并且使我们和自己认为已经了解的东西疏远。
>
> （Shweder，1986，38）

有一次一位女士让我评阅她的博士论文并给出反馈，她是在另一所大学完成这篇论文的。她已经形成了她的访谈问题（封闭性和开放性问题都有），并且安排好了她对这个国家的一些行政人员的访谈，但是还没有开始收集任何资料。不过，她已经编写好了一本接近200页的文稿。这个文稿共分成五个部分：对问题的介绍、文献回顾、方法、研究发现，以及总结和建议。她已经完成了前面三章，以及后两章的大部分，留下空白的地方等资料收集好了再写上百分数和适用的短语。

我不知道有多少论文和研究报告是以这种方式写出来的，我希望不多。这些不能对资料作出公正的说明，因为它们丧失了解释。它们既没有显示对被调查者的时间和投入的尊重，也不要求作者的分析性和创造性的特质。并且，它们没有成功地做到把陌生的变熟悉或者使自身疏离。

本章强调质性研究作者的三个角色：艺术家、翻译者/解释者以及转换者。尽管作者并不总是扮演所有这三个角色，但是他们必须把这些记在心里。

艺术家

为了使资料有意义，作者采用技术性程序，这在某种程度上有点机械，但是好的质性研究者也是一个会创造的艺术家。津瑟（Zinsser，1986，17－18）在其编写的书《非凡生活》（*Extraordinary Lives*）中认为：

> （研究）仅仅是研究。在所有的事实被整理之后，在所有的文献被研究之后，在所有的地方都被访问过之后，在所有的幸存者都被访谈过之后，然后是什么？这些事实综合起来可以干什么？生活意味着什么？这对这六个传记作者来说是一个主要问题。

创作涉及作者写作他们的故事时所使用的策略和程序。呈现形式和呈现风格需要艺术感觉，这似乎是规则和创造性的混合。作为艺术家，质性研究者进入一个黑暗地带，在那里，其他人把他们看成记者、小说家，或者更糟。作为艺术家，他们在事件和人物之间寻求富有想象力的联系，在这些联系中进行具有想象力的描写，并对他们所描写的东西进行富有想象力的解释。他们做这些不仅是为了使他们的作品更容易接近，也是为了完全公正地对待他们正在努力做的事情，以得到更好的理解。下一章将关注质性研究中的艺术性表述形式。

翻译者/解释者

民族志学者有时候被看成文化的翻译者。研究者努力理解他人的世界，并且把采自生活的文本翻译成一个有意义的解释。尽管翻译者的比喻指出了在意义表述时的细微差别，但它也意味着研究者是一个客观的中间人，而不是那些用自己的观点和个性影响描述性解释的人。相反，质性研究者是解释者，他们利用自己的经验、知识、理论倾向来收集资料以呈现他们自己对他者的世界的理解。作为解释者，他们并不把自己看作收集获得相关主题的“事实”的权威人物，而是作为意义建构者。他们从他们自己的生活与研究参与者的生活的互动中寻找意义。施韦德（Shweder，1986，38）解释说：

> “一个民族志”开始于一次民族志式的体验：你睁着眼睛，你必须去某个地方。但是一种文化永远不能简化成你的眼睛所看到的，并且你不能仅仅通过看来获得民族志的现实。一种文化就像一个黑洞，这些密集恒星的强大引力不会让它们自己的光粒子离开。你仅仅通过努力地用眼睛盯着看是永远不会知道它存在于哪里的。如果它真的存在，你只有通过推理和猜想来知道它。

推理和猜想是解释过程的支柱。推理是在一件事情和另一件事情之间建立联系，它基于仔细收集并仔细分析的资料的基础上。

在这种解释意义上的翻译，可以帮助研究者和被研究者从不同的角度看问题，以了解新事物。在安妮·麦珂尔丝（Anne Michaels，1996）的小说《漂泊手记》（*Fugitive Pieces*）中，当其中的主角还是一个小男孩时，他在纳粹德国目睹了他的家庭成员被杀的情景。他一直不能谈论这个，直到后来他搬到加拿大并且学习了英语之后，才能够谈论。把这个事件从母语中翻译过来，使得他知道发生了什么，并且知道了这件事情对他的生活和他人生活的意义。小说家和诗人都知道，当他们被所写的揭示他们自己的生活所震惊时，他们的努力就生效了。如同迈克尔斯书中的主角一样，创造性的质性作者寻求这样的翻译，即可以使他们以惊讶和有意义的方式揭示和记录那些他们所观察到的、听到的和经历过的事情。

转换者

转换者这个角色——并不必然具有改革者的感觉，而是起催化作用的教育者——是许多质性研究作者所追求的。随着他人阅读你的故事，你希望得到他们的认同，或者成为这些问题、压抑、焦虑、欢乐和梦想的见证者，那是集体的人类命运。通过根据自己的经验反思他人的生活，读者对于人类互动的某些方面获得了一种新的洞见和视角，并且很可能会转向行动。这个通过理解他人而获得的自我认知过程是做得好的质性研究的一个礼物。施韦德（Shweder，1986，38）很好地阐明了这一点：

> 好的民族志是一个智力上的魔法，在其中，我们被迫采取他人的视角，并折磨自己。我们超越自己，有那么一会儿，我们会对我们是谁感到困惑，我们是动物、野蛮人还是天使，太阳之下所有事物是不是真的一样，如果他人是我们的话，会不会更好，或者如果我们是他人，会不会更好。

把你的研究写成文章，以使它有助于获得转换的经验，这需要将有意训练程序和艺术性创造应用于有意义的资料。现在我们转到写作的训练过程。

写作策略

> 把研究写成文章就像制作枫叶糖浆。40加仑的树液浓缩成1加仑的糖浆。我有40加仑的资料，浓缩成1加仑的“A等级”的描述和解释。现在，我的糖浆有一点儿淡。
>
> （桑迪，佛蒙特大学学生）

开始写作

我们中的大部分人都能为推迟写作找到数不清的借口。我们不得不阅读更多、看更多以及谈论更多，我们必须重新编码和重新分析；并且，不可避免地，我们感到不得不去擦地板、打电话、做任何妨碍我们坐下来写作的事情。那些用大部分生活进行写作的人也同样会经历开始写作时的焦虑，而这可能有点令人安慰。小说家安妮·拉莫特（Lamott，1994，6－7）描述了写作时的分心：

> 你试图使你的心安静下来，然后你才能听……在你心中的其他声音之上的声音。其他的声音来自女妖和醉酒的猴子。他们是焦虑、判断、注定、内疚的声音……可能存在……此时必须立马做的事情的清单：冰箱里的食物快没了，要取消或者要进行的约会，头发必须剪了……你的脖子下面有一处隐隐作痛。然后，电话响了，你愤怒地看着天花板，调整好自己的情绪，有礼貌地接听电话，并带着一点点的生气的暗示。打电话的人问你是不是在工作，你回答说“是”，因为你确实是在工作。
>
> 在某种程度上，当面对所有这些时，你清理出一个地方准备写作，暂时不考虑其他事情，然后你开始构思句子。你开始像串珠子一样把词语组合在一起来讲述一个故事。你渴望沟通、启发或者娱乐，保持欢快或者卓越的状态，把真实的或者想象的事件变成活生生的。但是你不能下决心使它发生。这是一个关于坚持和信念以及艰苦工作的事情，所以你不妨马上开始。

因此，当初学者拖延的时候（同时，在这个过程中也增加了焦虑），更有经验的人会马上开始写作。正如葡萄牙谚语所说：“当没有风的时候，划船吧。”

写作在质性研究过程中不是一个独立的步骤，就像资料分析一样。从理想方面以及切合实际的方面说，你应该在资料收集和分析的时候开始写作。在你开始你称为“写作时间”的这个阶段之前，你就应该写作。实际上，在开始一个研究项目时就意识到这一点是非常有用的，它将使你在词汇、句子、段落、页码以及章节方面都做到最好。尽管这有点儿遥远，但高潮总会来到。要知道，你应该看并听、分析并解释，并且习惯于这种预期，即结果是用语言表述的。你收集资料和从中得出什么的努力应该本着这样的精神，即追求书面形式将呈现什么。

如果你听从这个建议，你可以把许多包含已形成的想法的田野笔记文件、研究备忘录放到有用的段落形式中。但是，那样的时间将会到来，即你更多的努力须放在写作上，而不是其他事情上。这个时候你通常有强烈的焦虑感，它以不同的方式表现出来。一个佛蒙特大学研究支持群体里的学生把它称为“作者困境”，对他来说，其中重复着沼泽、湿地以及慢慢被淹没这样的比喻。作者在进行写作，对资料进行分类和重新分类，并试着组织思绪时，总是不爱交际的和坏脾气的。伍兹（Woods，1986，171）称之为写作中的“痛苦临界值”，认为研究者必须成为一个受虐狂，在他们重新把那些似乎是不错的观点写在纸上之前，他们需要面对痛苦。他把作者感受到的痛苦和其他艺术家感受到的痛苦联系在一起，他们把这种焦虑看成一段仪式，是“和别的事物一样的对自身的检验”。

写作是一个孤独的过程。当针对人们及其社会过程进行写作时，你反而使自己远离了人类世界。这种疏远有两个方面的作用：第一，你需要独处，因为你需要时间来集中写作。伍兹（Woods，1985，88）认为“研究可能有益于教育，但是反过来却不适用”，因为帮助他人会使你从自己的工作中分心。那些写毕业论文或者其他研究报告的人，当处于“正在工作”的状态时，都倾向于同意这个观点。大部分作者会延长时间尽力做好日常工作，以给写作留出时间。

第二，这种疏远可以把你和研究现场分开。这种距离帮助你从一个更为总体的而不是具体情境的视角来进行写作：

> 如果一个人不使自己远离（研究参与者），那就存在一种危险，即他不能拆开资料，不能从它们当中做出选择，并且不能重新整理这些资料。如果让一个人对一部电影或者小说提出评论和批评，那他会处于这样一种处境，他能做的就是重新预演一遍这个情节。民族志学者如果没有保持距离，将很容易陷入这样的陷阱，即在没有相关主题或者分析框架的情况下重新考虑“发生了什么”。（Hammersley & Atkinson，1983，212－213）

所以，作者需要从现场撤离，沉浸在他们的研究资料和思考中，对他们所观察到的、所听到和所读到的赋予形式和意义。

如下一些策略可以帮助你处理开始写作时的焦虑：

（1）制定一个有最后期限的长期时间表。花费和收集资料同样多的时间（如果不是更多的话）集中于资料分析和写作。你需要时间来处理你的资料和你的用词，与研究参与者及同事分享你的草稿，并且对草稿进行多次修改。你需要时间对你计划研究和形成资料时的投入提出公正的看法。

（2）制定一个短期时间表。找出你在什么时候写作是最有创造力的。如果可能，与你自己约定好，每天写3～4个小时，每个星期写4～5天。如果可以，则适当延长时间。一些作者有更灵活的时间安排，如每天写一定的页数，而不是在整段时间里写作。有些时候，一天写5页两倍行距的字数是一个合理的量，除非你没有其他事情可做而只是写作。

（3）给自己找一个写作的地方，在那里，你将是尽可能自由的，没有干扰，没有分心。当你到了那里，不要打电话，或者检查电子邮件，或者读书，而只能写作。

（4）准备在其他时间和其他地方写作。许多白天的时间是零散的，有许多短暂的时间可以利用。你可以随身带一个笔记本（或者笔记卡片），随时记下和你的项目有关的观点。当产生某些想法时，赶快记下，不管是在乏味的会议中，还是在在坐公交车回家的路上，或者做其他事情的时候。默里（Murray，1986）建议，可以使用零散的时间来列出清单、笔记、图表，并寻找引语、绘出纲要、拟出标题或者主要段落。

（5）从整理昨天的写作开始。作者在开始写作之前需要有准备的时间。许多人发现，整理他们前一天所写的东西可以帮助他们进入新的一天的工作，从而使这个过程保持流畅，并有助于形成一个更好的草稿。从整理昨天的写作开始工作，不仅让你确切地知道今天从哪里开始，而且可以使你修正那些在已有的写作中似乎是非常清楚的，但在接下来的时间里可能会显得模糊的东西。

（6）当被卡住的时候，大声朗读你的作品。大声朗读可以揭示出节奏、流畅程度以及这个片段的语调，这通常可以帮助你形成思路以及随之而来的词语表达。

（7）当被卡住时还是要继续写作。这时可不用关注语法、连贯性或者逻辑，只管写。写作可以理清思绪和观点，不要为形式和风格所困扰。它帮助你获得一种“第一草稿心态”，即你允许自己不用考虑外观而写作。你以这种方式写作，就知道后来会进行修改，并澄清实际上非常模糊的地方。你以这种方式写作，会感到这是形成任何水平的草稿的最好方式，而不会因为对形式和风格的关注而受到阻碍。写作中一个很大的障碍就是对你的早期草稿，尤其是你的第一份草稿抱有不适当的高标准。太高的标准将使你感到无能为力。最好能处理任何水平的草稿，相信你在修改的时候可以形成秩序、风格和有价值的语言。

默里（Murray，1986，147）建议，采取和你的同辈谈话的态度可能可以促进语言的流畅性：

> 没有一本出版物是关于一个主题的最终的理论表达。太多的学者认为他们不得不写关于他们的主题的这一篇文章或这一本书。这是不可能的。每一本出版物都仅仅是对持续的专业对话的一个贡献。我曾经对我不得不像摩西那样传递真理感到无力。当我意识到我所做的是推测、询问、争论，创造一个模式、采取一种立场、界定一个问题、进行一个观察、提出一个方案、对参与者阐明一种可能性、采取一种和我的同辈书面对话的方式时，我开始了写作。

书面对话的观点很容易通过选择一个你认识的人被拓展——一个朋友、亲戚、同事，或者研究参与者，并在心中和那个人一起写作。

（8）当没有形成书面对话的观点时，不要低估参与对话的力量。和另一个人一起，谈论如下这样的问题：“我在这部分真正想说的是……”通常可以使你超越被卡住的那个点。

（9）建立或者参加一个写作小组。这种形式的互动不仅提供持续的反馈，也帮助你建立一个最后期限。设定好你的短期或者长期的最后期限。没有什么地方能像写作小组那样可以帮助你在最后期限之前完成工作。

（10）最后，使你自己专心于可以效仿的民族志和质性研究中，如小说、诗歌以及大量的文献研究（在非写作期间）。你的阅读提供了灵感的模式和来源。“阅读要广泛和深入。”默里（Murray，1986，149）建议道。

一旦你开始了写作，那就坚持写。精心组织的笔记——不管是电脑文件中的笔记，还是有形的纸张笔记，以及用橡皮筋扎住的分散的笔记，都对你的质性研究文本有用。随着你“开始”把资料浓缩成数字，以及填满你的“已完成”的盒子，你就有了进步。

坚持写作

贝丽尔·马克汉姆（Beryl Markham，1942/1983，154）在关于进步的概念中，认为：

> 一个词语构成一个想法——一个想法构成一个观点——一个观点构成一个行动。变化是缓慢的，并且“当下”是一个行动迟缓的旅行者，游荡在通往“明天”的路上。

你不应该等到你确切地知道了想法、观点和词语应该是什么样的时候才开始写作。写作“帮助人们形成、发展、组织、修改、批评以及记住他们的观点”（Fulwiler，1985，23）。英国历史学家希尔·斯蒂文·朗西曼（Sir Steven Runciman）强调了写作在形成观点时的作用：“当我写作的时候，我是在处理一直摆在我面前的事情。当我真正试着用语言表达它们时，我获得了顿悟。”（转引自 Plante，1986，78）写作帮助你形成想法和观点，并且发现你知道什么，以及还有多少需要知道。所以，写作宜早不宜迟。

或许你在开始写作时有一个总体上组织好了的计划，这个计划以章节的形式呈现；你的实际写作很可能就是修改这个计划，重新组织篇章，对某些部分进行归类，以及增加其他内容。例如，写作过程重构了佩什金的《陌生人的肤色、朋友的肤色：学校和社区中的民族剧》（*The Color of Strangers, the Color of Friends: The Play of Ethnicity in School and Community*，1991）一书的大纲（佩什金在1988年5月24日的个人笔记），他写道：

> 我认为，专心于写作与专心于做其他任何事情一样——你永远不会远离工作，你持续地思考是否获得了思绪。最近一次收获是——进展是如此之大——对一个章节的归属进行了调整，即把第五章调整成了第一章的一个部

新西兰的一个毛利人学生正在通过写作过程形成她的想法和观点。

分。我觉得关于“今日小镇”的这一章更适合放到第一章的引言当中去。

所以，我考虑，当我安排笔记内容时，我要一直思考一个章节的小部分，而不是大的部分甚至整章。我考虑放弃最初放在“今日小镇”之下的许多资料。这就是说，我没这么多要写了，并且可以期待很快在第五章写，第五章现在看上去是关于“今日教育”的，我已经在第四章完成了“教育历史”。当我完成所有的编码工作，直到我准备写一个新章节时，我的章节大纲就会变得更为清楚。然后，根据之前已经完成的章节，我知道新的章节是否适合下一个，是否适合章节的其他地方，以及作为一个章节的部分是否适合，或者什么地方都不适合。

写作是一个持续的组织和重新组织你的资料的过程，当你完成的时候，你可以从资料中获得一种感觉。在解释性调查中，研究者通常对访谈记录和观察笔记进行详细分析，再把它们归纳成主题和模式，但是这并不是根据资料进行写作的唯一方法。最终的文本可以采取许多形式，可以把你的理论取向、方法论取向和你的个人倾向相结合。例如，那些采用叙述分析的人总是从整体上复述他们听到的故事，然后集中分析和描述这个故事是如何讲述的，以及在讲述中包括了什么、没有包括什么。创造性的写作技术有助于思考表述资料的其他工具，这将在第九章讨论。主题分析在质性研究报告中是很常用的，这里也关注一下。

资料的主题呈现来源于分析过程，这涉及编码和打散资料、形成类别、思考它们之间的关系并且指导理论。你可以从一个宏观层面开始：在对所有的资料进行编码（包括你的研究日志、备忘录、来自书中和文章中的笔记）后，着手处理这些代码和理论，以获得一个总体的纲要。这个纲要组织这些资料，并且把资料（用大量已编码的纸、笔记卡片、电脑输出物以及文献）分配到章节或主要部分。这有点类似于俄罗斯套娃，在每一个章节中重复这些组织步骤，然后在每一个章节的次要部分也重复这样做。

一旦你的写作开始了，每一个仔细分类的资料丛内的资料将看起来不同。它们不再均质，需要分到次级丛里面，那有可能构成文本的分支部分。例如，假设在你关于第一任校长的研究中，有一个主代码是关于“冲突解决”的，在“冲突解决”下面，你根据所使用的技术对资料进一步分类，如“召开会议”、“利用幽默”、“把问题转给他人”、“忽视这种情形”。现在，假定在“把问题转给他人”之下，你通过阅读和思考材料意识到，第一任校长有时候把预算冲突转到教育委员会，但把人事冲突转到负责人那里。你的资料也可以作相应的安排。根据资料写文章，你持续地、渐进地分类并考虑一个资料和另一个资料的关系。

所有资料并不是在最初的地方结束。随着你处理这些资料，你或许把一些片段移到你现在正在写的更有意义的地方，或者你可以把它们归入其他地方。在那里，你可以在每一章的开始和结束的时候，或者写主要部分的时候把它们浏览一遍，看看有没有适用的东西。或者你确定它们和你的故事不大相关，而把它们放入一个丢弃的文件夹中。通过这些渐进的分类过程，你逐渐地使你的资料更有秩序。但同时，这种秩序是很灵活的，它还会有变化，你在写作时的观点会使它具体化。

你不仅要在这个阶段把秩序加在资料上，还要有一个分析过程，在所有收集的资料中选择哪些可以用到文本中。沃尔科特（Wolcott，1990，18）把这描述为“痛苦的任务”。他说：“这个窍门是发现本质，然后用足够的文本来揭示那些本质，但不是仅仅包括可能被描述的所有事情。”（p. 35）请你的委员会成员描述他们看过的最乏味的质性研究论文或者博士论文，他们很可能会描绘这样的报告，即作者强迫式地以列表的形式插入似乎每一个收集到的引语，而很少解释或者分析。克沃勒（Kvale，1996，266－267）提供了使用访谈引语的8个准则。我在这里强调3个：（1）在任何描述性或分析性章节中，引语不应该占到文本的一半以上；（2）引语应该简短，通常不要超过半页；（3）引语应该由研究者解释阐明了什么观点。这不是稳固不变的规则。例如，一个完整的章节也可能主要是由受访者的话编辑而成的。但是，根据这些准则可以帮助你放弃某些资料。

讨论你写作的组织过程比讨论你所做的和所了解的线性报告更为容易。你的写作通过认真地整合支持一篇论文的主题，以及创造或者争论理论上的解释，深化了你对所看的和听到的现象的解释。做这些非机械化的程序，你必须非常专注于你的资料，这样你就可以闪现思想的火花，并可以提供把各个部分联系在一起的视角。

草稿和修改

得到一份手稿（manuscript）后，需要经过好几遍修改，在此期间会形成各遍草稿（draft）。你的第一遍草稿就像雕刻家手中的一块粗糙的木头。要把这块木头做成一件艺术品，雕刻家需要仔细地、持续地塑造它的形式、细节，把粗糙的地方抹去，并且打磨总体。作者对于词语也做着同样的工作。当你完成了第一遍草稿之后，阅读它，找到总的结合点，然后根据需要增加、移动或者删除某些部分。再读一遍，这次聚焦于你的理论和描述的清晰性。随着更多次的阅读，你的文章就会变得紧凑、中心突出，并且生动（Trimble，见Jeske，1984）：通过删除不必要的词语来达到紧凑；通过重新处理被动的陈述和使用更精确和活泼的语言来达到中心突出；通过明喻和隐喻，以及机智和生活化的描述来达到生动。语法、拼音以及标点符号也应该得到重视。有抱负的小说家斯蒂芬·金在高中的时候，寄给编辑一份手稿，然后收到一个公式，这个公式金（King，2000，222）一直非常留心。这个公式是“第二遍草稿＝第一遍草稿－10％”。在删除10％的工作过程中，你实现了紧凑、中心突出和生动。

不要小看标题的作用，子标题对作者和读者都是有好处的。在每一章之内浏览你的子标题，检查各个部分的顺序。试着在一张独立的纸上列出你所有的子标题，然后考虑它们的最有效的顺序。另外，给之前没有命名的部分取上名字。尽管没有命名的地方可能对你制定顺序来说很容易——因为这些语言是你自己的，并且你熟悉它们——但读者却不熟悉。例如，只用两个子标题来组织38页文本，你就会有太多的章节没有被组织。最后，重新检查每一部分的内容、段落和页码的顺序。

工匠在制作一件作品时，在某一阶段都有助手帮助他。质性研究者则有同事、同辈群体以及研究参与者的支持，他们在润色最后的作品时可以起很大作用。请他们对你的解释、观点以及表达形式进行回应，要为这些投入时间。选择那些让人感到舒适的人，他们和你在一起的时候是诚实的和坦率的。斯蒂芬·金（Stephen King，2000，217）在把作品寄给出版商之前，先把作品的副本给了六七个朋友。他给出了如下建议：“如果每个读了你的书的人都说有问题……那你的书真的有问题，你最好解决它。”

文本：风格的问题

文本组织的种类

马莉恩·普加奇花了一年的时间，在美国和墨西哥之间的一个小镇学校做人类学研究。在涉及文本的组织问题时，马莉恩·普加奇（1994年的个人通信）在许多可能的方式中，仔细考虑了如何讲述她的故事，她正准备将她的资料框架化：

> 如果做一个类比的话，我觉得，这和制作电影相类似……你需要许多胶卷，把值得尊敬的事情记录下来。并且，我需要所有这些东西，我的转录稿、田野笔记、报纸剪报以及文献，这样我就可以知道如何最聪明地使用它们，并且把它们放到一个有意义的框

> 架中……然后我就可以进行创造。这是一个充满挑战并让人提心吊胆的部分……当然，转录稿和其他资料在讲述故事，但实际上，是我在讲故事。这些资料，它们是故事的根本，是服务于这些框架的。我并不是说框架可以从任何地方而来，或者仅仅是我丰富的想象力的创造，但是，巨大的主观性很多是来自我内心的。这种资料和某人自己观点的平衡真的是这个任务的中心，是不是？通过提醒别人不要这么快和他们的范畴"结婚"，而是让故事从资料中显现出来，我们掩饰了这个问题。但是，从某种程度上说，这些是非常灵活的尝试，尝试描述一个非常精致的过程——写一个真实的故事、一个一致的故事、一个忠实于资料的故事，这对当地人和从未去过那儿的读者都有意义。作为研究者，你去过那里，并且你对如何组织资料处于有利位置，这些资料是你现在所拥有的。这是一个非常艰难的工作。

形成你的资料的框架是一个艰难的工作，如马莉恩所说，这不仅仅是一个你的资料在"说什么"的问题，而是你和你的资料说了什么的问题。研究者的资料，无论如何组织，总是落入几种民族志惯例之中。范·马南（Van Maanen，1988）特别讨论了在他的书《田野故事》（*Tales of the Field*）中的现实主义的、忏悔的以及印象主义的惯例。下一章将对这些以及写作中的其他惯例进行补充。在某种程度上说，故事的类型决定了写作风格。它塑造了文本组织，即我们在这部分讨论的中心。

在质性研究中，作者使用不同的策略来组织他们的描述。有时候他们对整个文本采用一种基本策略，有时候对每一章或者章节中的每个部分采用不同的策略。你需要根据你要建构的故事来决定。为了帮助你做决定，你可以阅读不同的民族志、研究报告以及杂志文章等，随着你做这些，你了解了其他作者用来呈现他们的研究的技术和形式。下面是一些思考文本组织的有用的出发点。

- **主题方法**。通过主题来组织文本可能是使用得最频繁的技术。通过分析资料，研究者形成了概念类型，给它们命名或者使用"本土"的标签，然后一个一个讨论，并用描述性的细节来阐述。例如，为了组织一个关于质性研究和文化伦理的讨论，派翠西娅·马丁和我（Martin & Glesne，2002）使用了"社区"、"自治"和"好客"这样的主题，这些主题在我们和瓦哈卡人的谈话中经常出现，同时也在我们阅读的文献中出现。在我们的写作中，我们把这些术语作为标题，描述了这些概念在我们研究对象中的意义和用法。而我们独立的研究项目为之提供了例子，并且考虑了每个概念如何反映调查实践。

- **自然历史方法**。在自然历史方法中，文本重新创造了田野工作过程，以及研究者的调查、联系和学习的感觉。通过这种技术，作者可以描绘一幅人物和地点以及与研究者互动的场景（这在印象派的故事中较为典型）。

- **年代学方法**。在年代学的技术中，"这种模式伴随着一些'发展周期'、'道德生涯'或者'时间表'这样的调查中的现场和行动者的特征"（Hammersley & Atkinson，1983，217）。如果时间对研究特别关键，年代学方法技术就是适用的。例如，佩什金（Peshkin，1982a）的书《不完美的联盟》（*The Imperfect Union*）记录了一个村庄和一个学校委员会之间关于关闭村庄仅存的一所学校的斗争。

- **变焦镜头方法**。这种方法涉及缩小或者放大焦点。作者有时候描述具体细节，有时候进行理论概括，反之亦然。就像一个变焦镜头，文本在普遍性的不同层级间滑行。斯普拉德利（Spradley，1979）提出了这种技术。他提供了六个层级的陈述，认为这应该成为民族志写作的一部分。这些层级的范围涉及从关于文化或者环境的普遍陈述到事件的具体陈述。斯普拉德利说，作者需要在不同的层级中来回移动。他认为，没有具体的例子来支撑理论陈述，仅仅在更为普遍的层次上写作将是枯燥乏味的。相反，那些在更为具体的层次上进行的写作或许可以带来更有趣的阅读，但是不能很好地分析资料的社会文化和政治意义。

- **叙述的方法**。在对访谈转录稿的混合和合并中，特兰（Teran，2002）把他对墨西哥学者和活动家古斯塔沃·埃斯特瓦的几个小时的访谈，进行了重新组织和压缩，并周期性地插入自己的解释或者分析性评论。但是，其实，他的博士论文中有一章都是对埃斯特瓦的话的复制。下面这个例子是以埃斯特瓦的话开始的，斜体字部分是特兰（Teran，2002，59-60）的，为接下来的叙述形成一个组织概要：

> 尽管我努力克制对祖母的记忆已经40多年了，但毫无疑问的是，她存在于我的潜意识中，并对我的工作方向有很大影响。是她的声音让我工作在南美草原，把我自己当成农夫，和印度人民在一起。但是我很长时间都没有意识到这一点。当我说我压抑对祖母的记忆时，我并不是指她给我留下了不好的记忆。就像我以前说的，我关于她、关于我和她在集市的那些时间的记忆，都是非常美好的。这些年我压抑的是生活在她的世界的可能性。我否认她是萨巴特克印第安人（Zapotec Indian），因为土著人的世界看起来是痛苦的、贫穷的和落后的世界，一个不得不被落在后面以给现代世界腾出位置的世界。我所压抑的是，我祖母的世界可能成为我自己生活的轨迹，因为我可以从中获得一些改变我的生活的灵感。40多年后我才用另一种眼光看待这些记忆。它们打开了一个不同世界的窗户，那个世界从根本上更多的是我的世界。在那里，我重新邂逅我的根源，这邂逅是通过记忆而来的。
>
> *埃斯特瓦在他祖母故乡的旅行，把他带入了一系列的邂逅，从根本上把他带入一种生活方式，以及一些不同于教育给予他的西方思维模式。在西班牙，“encuentro”或者“邂逅”是“desencuentro”的反义词，后者从字面上是表示“disencounter”或者预料中的相遇或出现的非具体化。Desencuentro从而可以被认为是一个转折点，在那里，目标或者一个梦想的预期实现被打碎了，并走向了一个戏剧性的新方向。埃斯特瓦的故事揭示了三个主要的邂逅以及随之发生的disencounters：上帝、马克思以及本土根源。*

● **叙述和解释的分离**。这种组织技术是把叙述和理论解释分开，如威利斯（Willis，1977）在他的《学习劳动》（*Learning to Labor*）一书中所做的那样。他首先采用一个叙述吸引读者，其中有大量的描述、对话、事件和互动；然后在通过具体的资料分析应用理论和形成自己的理论时，他的写作风格发生了戏剧性的变化。

● **合并的方法**。合并是另一种组织技术。阿什顿和韦布（Ashton & Webb，1986）分析了许多人的访谈和观察资料，形成了范畴、类型或者被调查者，然后通过合并资料形成描述类型。那些花好几个月时间“遮蔽”一些人的研究者或许可以把这些观察活动合并到对每一个参与者的一个“典型的一天”当中，如沃尔科特（Wolcott，1973）在他的那本《校长办公室的那个人》（*The Man in the Principal's Office*）一书中所做的那样。

● **资料展示**。用图表来展示资料不是一个总的组织模式，但是它们可以通过更具体的介绍或者总结文本中的范畴或者观点，对文本起到一个补充的作用。表8—1是从我关于加勒比人的研究中改编的，举例说明了阐明主要范畴的一种方式，这个主要范畴来自受访者对孩子的职业愿望的讨论。一些作者把资料展示作为他们文本中的一种工具栏，把材料压缩进一种形式，这提供了另一种与资料互动的方式。

表8—1　关于主要范畴和阐述性回应的例子

职业愿望范畴和阐述性回应	同意的人数
好的事情（经济上的或者自我满足） “任何职业都能给他们满足和快乐。”	10
取决于他们 “我不会为孩子们做出选择。”	10
教育优先 “现在他们必须推动他们的教育。”	6
不要像我这样生活 “我想培养他，这样他就不用像我那样拼命挣钱。并且，让他有一个开放的心态，这样他学东西会容易些，也不用欺骗或者愚弄别人。”	4

上文所涉及的技术不是组织你的写作的唯一方式，但是你可以考虑采用其中的一些。

整合资料

正如这些不同的组织资料模式所指出的，对于写作质性研究文章或论文来说，不存在规则和秘诀。按照惯例，人类学家倾向于用访谈、观察、文献以及相关的引语和出版物中的信息整合资料。思考的焦点是把资料看成一个总体并建构意义，而不是把这些信息划分成部分，或者称之为“文献回顾”、“资料分析”、“研究发现”的章节等。展示框8—1提供了一个我把田野笔记、访谈引语以及文献资源整合到一个部分中的例子，摘自我在瓦哈卡的合作性研究的一篇文章（Glesne，2003，207-208）。这部分集中于社区的自治性质。

文本	组织方法	资料来源
先前的例子认为，随着年轻人努力计划和发展（职业），他们考虑这个项目将如何在整体上有益于村庄。我花了很长时间进行观察。最初，我想知道，他们的关注点与一个美国社区中的小型企业的关注点有何不同，并把这些记录在我的田野笔记的反思当中。	自然历史	
使我触动的是，所有的访谈都涉及资金的问题。难道获取收入不是一个年轻人的主要关注点吗？难道主要的问题不是获得资金开始一个项目吗？……当我问我的合作研究者时，他们耐心地听着，然后回答，从根本上说他们的工作是关于自治的……赚钱的问题并不是那么重要，但……那将支持社区中的生活，以及使那个社区生活成为自治的生活。		田野笔记
在这次讨论之后，我开始注意到“自治”这个词在对话和访谈部分出现得有多频繁。通过调查，我有了更完全的理解，自治意味着是“我们”而不是“我”，“我们”包括了首先是家庭然后是社区。如下这段由一个年轻人说的话强调了义务感是共同自治的一部分，如同自治是人们创造和发展出的观念一样。		访谈和对话
有些年轻人不懂自治。他们依靠父母，他们的父母为政府工作，所以他们没有自治。对我们来说，自治就是做一些你想做的事情，这将有益于你、你的社区以及你的国家……		访谈
随着我倾听这个年轻人关于他们彼此之间以及他们和工作的联系的性质的看法，我开始理解了自治是社区的一种生活质量……邦菲·巴塔拉（Bonfil Batalla，1996）描述了墨西哥民族—国家的建立历史是一种“去印第安化”的过程。共同自治提供了一种保持革新传统习俗和价值的方式，以及对抗去印第安化的过程。在今天的世界，这种风险不仅是一种维持传统的东西，而且是对来自民族—国家和全球化的压力的想象和建构的替代性选择。	变焦镜头	文献

展示框8—1　整合田野笔记、访谈和其他资源

开头和结尾

一篇文章的实体部分一般包括引言和结尾。引言部分通常说明写一篇文章或者一本书的目的、呈现调查的问题、提供关于问题的总体脉络，并且预示将要发生的事情。因为很多作者对于将要发生的事情缺少足够的确定性，所以他们直到把文章写好了，最后才写引言部分。

结尾部分应该是一个结论，它非常不同于摘要，“一个摘要对于那些实际上已经读过文本的读者来说是多余的和冒犯的”（Glaser，1978，132）。摘要重申那些已经说过的话，结论处理那些“如此这般”。它们促进思考并且超越早些时候呈现的实质性内容。沃尔科特（Wolcott，1990，56）也强调了结论部分的重要性。他警告作者要“认识和抵抗这种诱惑，即戏剧性的但不相关的结尾或者结论，它们提出的问题在研究中永远也不会论及”。沃尔科特建议，你要使你自己和读者“考虑本质的问题”。

通常，在结论部分作者都有简短的表示忏悔的表述，因为作者完成这些时已经疲惫了，并感到时间紧迫。本应是最完满的写作却变得乏味。当作者没有很好地实现他们对资料的承诺时，他们不可能对他们在研究项目上的投入做到公正看待。结论部分从而成为最弱的地方。

从欣赏你的结论部分的意义开始，认真安排结束的时间——实际上要比你可能认为必要的时间多一点。在你准备写结论的时候，检阅之前的所有章节，回顾你的研究问题，这样你就可以确定是否解决了它们，并且记下你的问题没有预期到的东西。最后，继续考虑这些问题：我对我所了解的是否做到了公正？我是否对读者说得足够多，让他们欣赏我要表达的，以作为在这个研究之下的我的贡献？

当你完成了你的结论部分时，阅读它以及你的引言部分。你在结束的时候是不是完成了那些在开始的时候想要做的？你是否讨论了你所提出的所有问题？如果没有，为什么没有？你在开始的章节中呈现给读者的期待将在接下来的章节中完成，并且这个需要在最后一章达到顶点。

最后，注意如何结束你的报告，注意读者读到的最后一句话。德拉蒙特（Delamont，1992）分析了来自民族志和其他一些质性文章的例子。她发现，一些人使用具有“学术精神”的例子，有的人指出了下一个项目，还有一些人（通常是新闻工作者的风格）使用研究参与者的话作为最后一句话。我从书架上找出了一些我最喜欢的民族志的形式，我用最后几句话来结束这个部分，这最后几句话分别来自穆诺茨、清和梅尔霍夫：

> **具有学术精神的例子**
>
> 一起工作意味着在寻找有意义的地方时承担风险和缺陷：那些未处理的地方存在着关于身份的未完成的故事。（Munoz，1995，257）
>
> **展望型例子**
>
> 乌马·阿当（Uma Adang）的诗歌说明了印度尼西亚人和外国人对意义的理解是不同的。这——不是永恒的真理——是所有创作作品的力量。我们今天重新阅读和写作，就是从这种遗产中获得并且超越它。（Tsing，1993，301）
>
> **一个想象的和已故的被调查者的对话——梅尔霍夫说的话**
>
> 我仍然不知道希伯来人或者亚拉姆语或者意第绪语或者犹太律法或者犹太法典。我也不知道祈祷，也不能点亮火炬或者寻找我的通往森林中的路。但是现在我已经被告知这些事情，并且可能这将是足够的。（Myerhoff，1979，272）

风格的细节

文章的总体形式并不绝对统治你对风格的塑造。最快捷的方法就是把指导“好的写作”的一般方法套用到质性研究的写作中。重新学习语法规则，再阅读《风格的要素》（*The Elements of style*，Strunk & White，1979），或者看《吃、射击与离开》（*Eats，Shoots & Leaves*，Truss，2003）这样的书。

如下关于好的写作的指南似乎对质性研究的写作非常适用。我认为这些对学生写作论文和质性研究文章有很大帮助。

（1）**使用主动句。**给被动的陈述一个行动者，避免“它是”和“有”这样的结构。把“资料收集花费了七个多月的时间在两个不同的医院”改成“我花了七个多月的时间在两个医院收集资料”。正如斯特伦克和怀特（Strunk & White，1979，19）所说：“当一个句子表达得更为强烈时，它通常变得更简短。所以，简洁是活力的副产品。”

（2）**读者是如何被告知的？**要知道，诸如“你”、“某人”、“人们”这样的字词不能总是替换着使用，如下面这个句子：“当某人在根据研究进行写作时，人们需要仔细阅读和编辑他们的工作，要不然你可能使得阅读你的文章非常费解，这样某人将不再读它。”

（3）**阅读你的手稿，对动词时态做特别的笔记。**在相同的段落中，你有没有从现在时转到过去时？一般而言，你选择了哪种时态，就应该在整篇文章中使用那种时态。

（4）**如果你在句子的开头使用了分词短语，确信它指向你的句子的主体。**施特伦克和怀特（Strunk & White，1979，14）提供了两个违反这个规则的例子：

- “Being in a dilapidated condition，I was able to buy the house very cheap.”（“因为出于一个破坏的状况，我能够用便宜的价格买下这所房子。”）
- “As a mother of five，with another on the way，my ironing board is always up.”（“作为五个孩子的妈妈，并且还有另一个在腹中，我的烫衣板总是竖着的。”）

（5）**当构建两个表达类似的句子时，要考虑“平行结构”。**如在下面的句子中，要使每个描述短语在结构上平行："研究中的有多动症的孩子们通常在学校坐到很晚，教师给他们更低的成绩，兄弟姐妹认为他们'烦人'，而且，他们总是知道事情是如何机械地发生的。"（"通常，研究中的有多动症的孩子们在学校坐到很晚、得到更低的成绩、知道事情是怎样机械地发生的，并且被他们的兄弟姐妹看作'烦人的'。"）

（6）**把想象具体化。**使用描述性的词语。再回到施特龙克和怀特（Strunk & White，1979，21）的话，注意下面句子的不同：

- "当他挣得回报时，他露出了满意的表情。"
- "当他装起硬币时，他咧着嘴笑。"

（7）**作者喜欢建议初学写作者去"展示，而不是告诉"。**不要自己说那些你了解的事情是"有趣的"或者"重要的"，而要用一种方式写出来，让读者自己发现哪些信息"有趣"或者"有用"。

（8）**避免行话陷阱。**"即摆出一种作为有影响的内行群体中的聪明的、老练的成员的姿态。但是，在民族志圈子中，不止一个热情的和有影响的内行群体已经成为冷漠的和无力的外行群体。"（Van Maanen，1988，28）

（9）**避免冗长。**例如，"他是不是应该成为负责学校运行的人是存在问题的，因为他实际上很少阅读或者利用教育研究成果"就没有"因为他很少使用研究成果，一些人质疑他作为校长的角色"表达得更好。

试着以一种"造主动句"的心态阅读你的草稿并进行适当整理。然后再读一遍，这一次，注意清晰性、想象和例子的具体化。然后阅读（和整理），看看是否有行话、平庸的比喻和冗长的句子。每读一遍，你改进一次，慢慢地形成值得你和读者花时间阅读的作品。

一些研究者表示，他们曾经学习的是以被动语态和权威的方式来写作报告。在去除旧习惯时，你们中的一些人可能会感到困惑。即使学生能够在他们的写作中找到一些快乐，但在写作质性研究文章的时候，他们总是感到被之前没有遇到过的问题所淹没。如下是一些经常被问到的问题。作为回应，我提供了一些指向答案的观点。在实践中，许多因素会影响问题的回答，包括基金委员会的要求、监督委员会的期待、作者的理论倾向或者研究传统，以及研究者为使用表达的创新形式所愿意承担的风险程度等。

（1）**问题**：使用"我"好不好？

回答：以第一人称单数来写作适合质性调查的特点。在你的文本中，"我"的存在反映了你在研究现场。"我"说明了你的研究不是非具体化的解释。使用"我"说明你在现场，这有利于作者和读者记住这个事实。而且，如果你的理想是从事优美的、清晰的和令人信服的写作时，那么对你来说，把自己隐藏在不合适的句子结构后面是愚蠢的。

（2）**问题**：当我正在描述和分析我所看到的和听到的时，我也要评估我所经历到的吗？

回答：在讨论其关于爱丽丝·詹姆斯（Alice James）的传记时，斯特罗斯（Strouse，1988，190）认为："获得足够的勇气来表达我自己的观点是我写作这本书的真正收获。"你的写作是解释性的，否则就是愚弄你自己以及少部分他人。然而，解释性研究的目的一般而言就是增加理解，而不是传递判断。在发现错误和发现意义之间也许存在着一条线索。注意到这条线索是非常有价值的。从你的参与者的视角来讲故事——你可能可以从多个角度来讲述。

（3）**问题**：在论文或者毕业论文里，我可以讲一个"故事"吗，或者，我必须使用传统的形式，即问题陈述、文献回顾、研究方法、研究发现和结论？

回答：做质性研究的学生有一个导师和委员会，他们的判断可能可以给写作的学生以指导以及正统说法。一般而言，质性研究没有传统的组织形式。讲述一个故事，或者根据任何特定的章节来安排，更多的是和你的委员会进行协商的一件事情。这个协商应该尽早。从我的角度来说，传统的毕业论文形式并不适合质性调查的开放性，变化的形式可能最适合所讲述的故事。

（4）**问题**：我应该包括一个题为"文献"的部分，或者应该在整个文本中整合文献吗？

回答：这取决于你的研究和受众，你可能发现两者都是有用的。把他人的研究整合到你自己的研究中是可接受的民族志实践。因为你的研究可能建立在他人的理论之上，也可能拓展了他人的理论，你应该对他人的研究有预期的参照，但是不要让它们蒙蔽了你自己的想法和观点。

（5）**问题**：我应该如何使用那些与我的研究

现场有关的历史的和当前的文献？例如，在一个关于单间校舍的研究中，乔迪收集了大量的这方面的文献，包括一个住单间校舍的教师的日记。那么，她能使用这些与研究现场有关的文献吗？

回答：可以使用任何材料，不管它是如何收集的，都是为了强化你的例子。问题不在于资料来自哪里，而是在于能不能有帮助。

（6）**问题：**当在文本中引用参与者的话时，我应该参考我的访谈笔记吗？如果要的话，如何做？

回答：我不会，但是你的委员会可能坚持让你这样做。不同于记录核查，当一般的读者没有进入你的笔记的渠道时，提供这些参考是没有意义的。另外，这样的参考打断了文本的流畅性。但是，如果你是通过超文本或者超媒体的文献，那么你可以在你的文本中链接上转录稿或者以磁带记录的访谈。

（7）**问题：**如果在一个引语中，受访者使用了一个人或者一个地方的名字，我需要改变这个名字以保持匿名性吗？如果要，我需要使用括号或者其他方式表示那个名字是化名的吗？

回答：如果给出这个人或者地方的真实名字将违反你的匿名性的承诺，那答案是很清楚的：使用化名。可以在你作品的开始部分的脚注表明你改变名字以及地点的意图。在那以后，我觉得没有必要为了保持匿名性而让大家注意到你对名字的修改。

（8）**问题：**当引用某人的话时，我应该保留每一个“嗯”、“你知道”以及其他话语无意识模式吗？

回答：让你的研究方法和研究目的成为你的向导。如果你是作对话分析或者叙述分析的话，那么，这些说话方式可能是你的资料的重要部分，并且你将想要以一种方式转录，并显示那个人寻找更好的词语来进行表达的努力；同样的还有停顿和犹豫。但是，如果你对模式和文化理解感兴趣，这些语言模式的作用就不大。当引用的时候，你或许想保留足够多的这样的声音和词语来描绘这个人的讲话，但是不要太多，以免使说话者困窘，或者影响到读者的耐心。

（9）**问题：**你如何能对一个在研究中起主要作用的人——并且这个人的工作是非凡的、对研究非常重要（例如，一个学校的校长或者管理者）——确保匿名性呢？

回答：“当匿名性不能得到保证时，在某种程度上，问题就成了调查者和研究参与者之间的持续的沟通和协议……”（Johnson，1982，85）这是一个敏感的问题。你可能会对你所说的感到不舒服，因为你不能安全地伪装那个人的身份。我的建议是，在开始的时候就说清楚你所有想说的东西。接着再读一遍你所写的，假装你是那个人，然后再进行适当的整理。最后，把你的文章的副本给那个人送一份，从他的或者她的回应中得到线索。

（10）**问题：**当一个人、一个项目或者一个现场很容易被研究参与者以及附近其他人辨认出来的时候，你怎么描述和报告对那个人、那个项目或者现场的不利态度呢？

回答：问问你自己，是否真的有必要报告这些被辨认出的人或地方的不利方面。一个对学问的承诺，并不能提供特许让你对允许进入他们的语言和行动的人们进行伤害。如果你的研究有一个清晰的评价部分，这个部分是你在进入的时候就协商好了的一个方面，那么负面研究结果的问题就可以从另外一个角度来考虑。

（11）**问题：**我应该使用精确的数字，还是不精确的术语，如“一些”、“几乎”或者“大多数”？例如，如果我访谈20个人，那么，当我分析和报告的时候，我应该算多少个人？

回答：尽管引用频数对你的描述有用，但是请记住，在质性研究中，数字的作用并不像它们在定量研究中那样。质性研究有潜力做出很多贡献，但是这些并不包括来源于定量研究中的样本的普遍化。什么时候计算，以及以什么方式计算都是根据你的研究目的来作出判断的。排除所有的计算，就是排除了一种描述你的资料的可能方式，这种方式是根据你的意图作出的。计算作为一种建构你的资料的基本方式，就是把合理性插入它原本不属于的实证主义范式中。但是，计算不仅仅是有用的，也是必需的，在许多民族志方法和对话分析研究中也是这样。

（12）**问题：**我应该用一系列建议来结束我的写作报告吗？如果我是在一个应用型研究的领域，我不应该按照惯例吗？

回答： 有用的需要是指可理解的和令人满意的。但是，有用的结果不总是采取惯例的形式。你必须问你自己：我设计研究的时候就是为了按照惯例吗？如果是，那你就按照惯例。如果不是，那么这个惯例即使有趣，也可以另作他用。做你一开始就打算做的，并且尽可能做好，除非这个惯例确实非常适合于你的研究设计。但当它们不能被整合到你的设计中时，就要适时放弃。

这些问题和回答覆盖了实践中的一些问题，它们是在把研究过程变成研究成果时提出来的。它们是重要的，但是是被次要考虑的。被委员会优先考虑的是：你能够以最好的方式收集资料，并且有话可说——这是一个分析的、想象的和有魄力的问题。你要对你的主题充满热情，有意图把它写好，并且，修改，修改，再修改。

作者的责任

写作是一个政治行为：认真考虑你的话语的有意的或者无意的结果。你的第一个责任是针对你的研究参与者的，他们的合作是你进行研究的基础。问问你自己，你选择用词的结果是判断性的，还是对一个地方及其人们进行描述和解释的。注意下面句子的差异："这个社区是落后的"和"10％的成人既不会读也不会写"（Johnson，1982，87）。传记作家纳格尔（Nagel，1988，115）给出了很好的建议："写作另一个人的生活是一个艰巨的任务，所以一个人必须温和，这种温和来源于知道这个主体和作者共享人生苦短的命运。"作为一个研究者，要努力理解社会现象的复杂性。当这样做的时候，你可能发现研究参与者也是和你一样的人——既不是圣人也不是罪人。描述这种人性，既不是用你自己的隐藏的工作日程来掩饰它，也不是强调那些创伤、损害以及诋毁来覆盖它。

对研究参与者的主要责任就是问问下面这个问题：

> 由于我们和他们的互动，我们是不是把研究参与者和他们的现场置于一个不适当的风险中？我们应该想象一个情节，在其中，地点和参与者都是暴露的，并且问问我们自己可能的结果是什么。（Johnson，1982，87）

你所写的文章怎么能够既被积极地使用又被消极地使用呢？个体是不是将遭受有害的宣传？对于这些无权的可识别的个体或群体的暴露会不会使他们受到有权者的剥削？你应该省略手稿中的确定的描述、讨论和解释吗？

另外一个考虑是你对社会科学家这个更大的共同体的责任。问问你自己，你的描绘是否会妨碍你或者其他人到这个同样的现场进行研究？如果不是固执的拒绝，参与者是不是将勉强允许另外的研究者进入？如果是，你对这个研究机会以及接下来的调查有怎样的伤害，另外对参与者有什么伤害？

你也必须对自己负责。你的研究发现对你的工作以及你和"上级"的互动具有政治性的效果，尤其是如果在你自己的部门进行研究时。例如，博尼将她的一份最终报告给了她的护士长，这个护士长同时是她的研究参与者的守门人和她的上级。这个上级看到报告中的结果时很不高兴，她告诉博尼如果发表这个报告的话，她将不能再回到这个医院工作。如同考虑对他人可能造成的结果一样，你也要考虑你的话语对你自己可能造成的结果。

你如何避免研究的复杂性干扰你自己以及研究参与者的生活？最保险的办法是预见到这种复杂性，并和研究监督人及研究参与者拟订合作协议。要预见到，研究结果可能会对谁造成不愉快，包括那些"有争议"的人。把你的研究结果作为暂定的结果来对待，用非常普通的术语来讨论它们，而不是作为最终结果。征求你的研究监督人和参与者对你的研究的反应。另外，寻求你的同事的帮助，他能够阅读你的手稿，找出判断、批判以及潜在的有伦理和政治问题的例子。主要是避免复杂性，而不是逃避它们。

研究是一个政治行为，涉及资源、政策、权力以及伦理等方面。在整个研究过程中，政治环境一般被限制在研究现场以及研究者和参与者的关系中，某些时候还包括研究者与参与者的监督人（以及研究者自己的监督人）之间的关系。写作扩展了研究的这种复杂性，因为它邀请了一个第三方——读者，这可能影响到研究者与被研究者，包括这些无形的但是重要的参与者。第九章将通过检视语言在传达意义中的作用，更深入地探讨写作的政治性——尤其关注语言和形式是如何蕴涵和传递价值的。

* *

推荐的阅读材料

Huddle，D. 1991. *The Writing Habit*. Hanover，NH：University Press of New England.

King，S. 2000. *On Writing：A Memoir of the Craft*. New York：Pocket Books.

Lamott，A. 1994. *Bird by Bird：Some Instructions on Writing and Life*. New York：Pantheon Books.

Wolcott，H. 2001. *Writing Up Qualitative Research*，2nd ed. Thousand Oaks，CA：Sage.

Zinsser，W. 1988. *Writing to Learn：How to Write and Think Clearly about Any Subject at All*. New York：Harper & Row.

练习

（1）返回到第七章的研究实践练习。利用和进行资料分析相同的小组，开始写作小组报告中你的那一部分。这个练习的目的是对表达主题、模式和描述作出决定：用什么作为支持证据？哪些受访者的话是要包括进去的？哪些话是要删除的？在你自己的个人研究中（或者在一个实际小组的项目中），你将想要了解所有的资料以及它们作为一个总体的关系。但是，在做这个练习时，仅仅使用你的部分资料来做就行了。

（2）在每个小组形成了每个部分的写作报告之后，以一种显而易见的秩序合并报告。然后，一个小组一个小组地阅读“班级报告”，讨论每个小组报告资料的方式的不同。

第九章

奏响世界之歌：语言和表述

> 我们的知识是先后联系并且只能是先后联系的。秩序和创造同时发生：我们称它们的合作为“知识”。心灵是一把蓝色的吉他，通过它，我们奏响世界之歌。
>
> (Dillard，1982，56)

桑德洛斯基（Sandelowski，1994，55）把质性研究界定为“介于艺术和科学之间”，在过去，大部分社会科学家追求科学性而不是艺术性。因为科学是与事实和客观性相联系的，社会科学家使用的语言被认为是客观的、精确的、中立的以及非隐喻的（Richardson，1990；Stewart，1989）。这首世界之歌可以被报告但不能被演唱。一些人类学家为文学杂志写作诗歌或者小故事，其他一些人则出版田野回忆录（通常使用假名），但是他们通常不会把关于田野经验的直接讨论、个人反思、诗歌创作与他们的民族志写作相混淆（Bruner，1993）。

最近，伴随着语言在构建意义时的作用这样的话题的提出，知识的先后联系的性质已经成为一个学者们强调、思考和讨论的中心，特别是：(1) 研究故事如何不从讲述者以及研究者那里分离出来；(2) 作者选用的语言如何承载它的既定价值观；(3) 所有的文本描述在某种意义上是如何“形成”小说的。正如接下来所讨论的，这些观点影响了我和其他质性研究者对写作的思考。它们也帮助我打开了一个处理研究描述的形式的空间。这正是本章的主题。

故事和讲述者

研究者总是告诉朋友和同事关于研究关系、有趣的田野故事以及日复一日的单调工作，但是却倾向于在书面报告中省去这些故事。他们也不讨论他们看待自己研究的主观视角。相反，他们用一句权威的话“这是它们本来的方式”来呈现他们的研究（Van Maanen，1988），这通常被看成文字现实主义。

今天的质性研究者要问的是，社会科学和自我是如何被“共同创造”的（Richardson，2000）。从这个角度看，你对你的研究的认识——这在你的解释中得到反映——是和你关于你自己的认识纠缠在一起的。因而，作者们越来越多地把自己写进文本中，承认他们总是在那儿构建意义。但是，作者们如何反思他们的作品，以及如何把自己写进文本，这在程度上和风格上都是不同的。

一个文本（全部或者某个部分）可能采用范·马南（Van Maanen，1988）称之为“忏悔的故事”的形式。在忏悔的故事中，其中的观点不是来自“当地居民”，而是来自田野工作者，反映了他们自身作为研究者的观点。忏悔的故事的作者总是扮演普通人的角色，他会犯错误，但是他逐渐地“学习规则”并且学会从新的角度看待事物。

关于探索青春期少女的友谊的早期阶段，丽贝卡写了一个忏悔的故事。故事里的段落，反映了她进入“田野”时的不安和天真：

> 我走向这些女孩前排的一张桌子，放下我的背包。当我开始打开我的材料时，我不知道该如何开始。“嗨！我叫丽贝卡，我来这儿告诉你们关于我的研究的一些事情，你们已经同意成为其中的一部分。”所有的女孩静静地看着我，一些人的脸上有着恐惧的阴影。我坐在我身后的桌子上，采取一种我希望可以弱化我的权威性角色的立场和姿势。

在对这些女孩做完介绍后，丽贝卡感到放松，觉得完成了她的第一次研究“行动”，尽管有点笨拙，但她鼓励这些女孩们谈论，她为接下来发生的事情感到兴奋。

林登（Linden，1993，9）指出：“田野工作中的忏悔很常见，但是反思性地描述其他文化以及文化上的‘他者’如何在田野工作者身上起作用是罕见的。”反思性描述要求有更多研究者的个人故事和成就。他们需要考虑研究者的立场、研究者如何施加影响，以及研究者如何被田野工作和田野关系所影响。正如林登（Linden，1993，2）在《创造故事、创造自我：关于大屠杀的女性主义反思》（*Making Stories*，*Making Selves*：*Feminist Reflections on the Holocaust*）中所说的：

> 写作这本书促使我再三地转向我的内心。我一次又一次地反思了自己犹太人意识中关于犹太人被大屠杀的印象。我的自我反思成为我的研究的一个不可分割的部分，这和我最初计划写作的关于犹太人大屠杀幸存者的书是分不开的。这个过程改变了我对犹太人的认同，这本书也同样说了这个故事。

在书中，随着犹太人大屠杀幸存者的叙述，林登呈现了她自己的记忆、家庭故事，以及逐步形成的认同感。

在《解译女人》（*Translated Woman*）这本书里，贝哈尔（Behar，1993）强调了她自己和一位墨西哥妇女埃斯佩兰萨的社会经济阶级差异，她以这个妇女为对象做研究已经好几年了。贝哈尔也暴露了她成长过程中家庭生活的一些具体细节，她认为这对她的研究解释有很大影响。具有反思性的是，她后来讨论了写作自己的家庭生活的影响。她的母亲对于贝哈尔曝光了家庭中的“污点”而大为恼火。她问道：“如果你不得不得到埃斯佩兰萨的同意才能写关于她的事情，为什么在写我们的时候不征得我的同意？”（Behar，1995，72）因为我们处在一定的关系之中，所以，暴露我们身边的人的生活对于自我反思来说，是一种潜在的危险。

自我反思的另一个风险是把研究当作一种自我治疗的手段，或者关注自己和关注他人同样多。具有讽刺意味的是，对于自恋型人格的人，一些自反性描述仿佛是更多地出自自己而不是来源于身边的世界。作为一个研究者，你和你的研究成果是不可分的。你在文本中写的和自己有关的东西有多少，是一个值得考虑的话题。

研究者的语言

> 无论现实是什么，除了存在之外，我们对它的感觉……不可避免地来自我们谈论它的方式。
>
> （Geertz，1995，18）

意义比词语的界定更为复杂。你对所使用语言的选择——不管它是清晰的、连贯的、复杂的还是混乱的、无关的和正式的，或者个人的和共情的——除了你想说的之外还叙说着一个故事。例如，研究者在他们写的报告里有“利用”（utilize）、“使结束”（finalize）以及其他以“ize”结尾的词语，而不使用诸如“使用”（use）、“完成”（finish）这样的词语，这有一种学术的味道。但对于好的作者来说这不是必需的，正如施特龙克和怀特（Strunk & White，1979）提醒我们的一样。

再举另外一个例子，在写作这本书的时候，我想用一种研究新手可接受的风格来写作，因此使用清晰的、有表现力的语言以及所涉及的案例。但是我的语言选择会产生怎样的意义？我会在脑子中重现出什么信息？当然，我简化了很多，并且忽视了更多。我掩饰历史的促进因素和社会哲学。我这样做不是因为它们不重要，而是因为我的主要意图是写一本给你们当中的质性研究的初学者看的书。我相信你们在其他地方也将继续阅读、讨论研究视角和方法的类型及复杂性，但是，我现在这样做，是不是把你们带进了一条看上去很迷人的路径，而没有适当警告你们其中隐藏的所有曲折？如果你们当中的一些人阅读了这些文字，并且认为你们现在知道了所有关于成为质性研究者的东西，那么我是不是在鼓励“坏的科学（以及艺术）”？我不想欺骗，或者提供一个关于“了解”的错误的感觉，但是也许这两者都是可能的，原因在于我所选择的语言。

“语言并不‘反映’社会现实，但产生意义并创造社会现实。”（Richardson，2000，928）例如，被动的、无实体的句子（“这个研究被进行了……”）传达了一种客观性的感觉，在这里，研究者以及他或她的情绪（如兴奋、焦虑）消失了。另一个例子，让我们回到我关于这本书的写作和我使用清晰的、可接受的语言的意图的讨论。拉瑟尔（Lather，1996，527）认为，“说得清楚”可以意味着“一种词语和世界之间的反射性关系”。她认为，我们有时候需要阅读，以让我们的思想远离那些被认为理所当然的东西。清（Tsing，1993，32-33）采用了一种类似的观点，把她自己的民族志写作策略看成“多种游击战，以及理论和故事不稳定的碰撞……在其中，好奇没有被连贯性淹没”。其实，是拉瑟尔和清促使我在本书里探讨关于语言使用的问题，我希望你们也这样做，不仅在这本书里，同样也在你们自己那里。

研究者的表述

> 生活是活生生的，是实际上正在发生的……一种被讲述的生活、一个生活史，是一个叙述，它受到讲述者的文化习俗和社会环境的影响。
>
> （Bruner，1984，7）

一种被讲述的生活是对生活的再描述，生活和所讲述的是不同的。当然，叙述——讲述或者写作——总是对他人生活的一种解释，是一种质性研究者和描述作斗争的解释。

多年来，写实主义故事（realist tale）（Van Maanen，1988）是民族志描述的主要形式。作者们详细地描述所研究的人们的生活细节，使用严密编辑过的引语来表现参与者的观点。但是，研究者在许多（如果不是全部）文本中是缺失的，而采用一种“解释的绝对权力”的立场（Van Maanen，1988，51）。在那里，生活是被讲述的，且假定生活和所讲述的故事在实践上是相同的。换言之，表述似乎是真正的生活。

利博（Liebow）在他 1967 年的书《泰利的街角》（*Tally's Corner*）中，考察了在 1960 年代早期出没在华盛顿市中心的泰利街角的男子的生活。在附录中，利博讨论了他自己的背景和阶级及种族问题（他是白人，街角男子都是黑人）。在文中，利博（Liebow，1967，57）主要描述他所看听到的和看到的，以及他所与之谈话的人们的语言，并且总结出如下文那样的解释：

> 这个街角男子缺少工作投入的一个关键因素在于他赋予工作的总体价值。他比周围大部分社会上的人对工作赋予了更低的价值。他通过雇主愿意支付给他的工资了解他的工作的社会价值。从真正意义上说，他在每个工作日数着他的工资，这是整个社会对这个工作的价值的认可。

利博的著作是清晰的、描述性的和迷人的。在他关于一群市中心的非洲裔美国人及他们与工作、妇女、孩子和朋友的关系的描述中，利博让读者感到“这是真实的”。

你如何表述他人意义重大。1970年代晚期，在面对研究写作中的中立性这个方面，爱德华·萨义德（Edward Said）具有很大的影响。他认为，跨文化研究者把他人描述成“外来的”或者“落后的”。例如，假定有特权的人可以给他人分等级，把他人描述成沉默的、客观化的和被统治的（Dicks et al.，2005）。语言在分配价值时的作用继续作为质性研究者要面对的“表述危机”（crisis of representation）中的一个焦点。这个危机要求，在其他事情中，你要询问你是否能公平地描述他人的经历。

放弃一个权威的立场意味着你不再了解一切事情，但是，从我的角度来说，你可以声明了解一切事情。然而，你的知识总是有局限性的，它处于一个特定的情形中，有着具体的历史理解（Richardson，2000）。你的理解是不完整的这个事实并不能使它不重要。你可以尝试各种表述形式，使你作为研究故事的共同创作者的角色更为清晰，并形成秩序。

表述的艺术

> 如果我们以一种类似于画家创作的方式来学习“阅读”和“写作”，我们就能很好地把表述他人的东西整理成散文，以使我们的书成为对人类及人类行为的研究。
>
> （Stoller，1989，40）

理查德森（Richardson，2000）指出了非传统方式的种类，在其中，质性研究者把他们的调查表述为创造性的分析实践（creative analytic practices）。在1990年代的大部分时间，这些写作实践被称为“试验的”或者“选择性的”，即那些“把传统的民族志实践作为表述质性研究的标准的、已知的、被接受的、被偏好的、尝试的和真实的模式”（Richardson，2000，930）。在使用表达的艺术形式作为导向时，一些研究者寻求合并“科学的优点和人文科学的益处”（Stoller，1989，9）。为了这样做，他们利用诸如戏剧、诗歌以及叙述等文学传统来表述他们的研究，还有一些使用非语言形式，如照片、舞蹈和绘画。

艾斯纳（Eisner，1997，8）建议，使用创造性的分析实践可以帮助研究参与者创造一种移情能力，促进对复杂现象的洞察和关注，增加研究者在新方法中所思考的提问类型，并且能更好地利用研究者的表述能力的多样性。民族志方法就常使用创造性的分析实践，如拉瑟尔和史密西斯（Lather & Smithies，1997）的《烦恼的天使：和艾滋病一起生活的女人》以及清（Tsing，1993）的《钻石王后的领地：一个地方的边缘化》（*In the Realm of the Diamond Queen: Marginality in an Out-of-Way Place*）就是多重建构的，它们由许多声音构成，把情绪反应和分析性描述都包含在内。

阿加尔（Agar，1995，117）把“新民族志”和创造性的非小说类写实文学联系起来。他说，创造性的非小说类写实文学的作者想“结合事实上的内容和小说的形式，扮演观察者、报告者和文本创作者的角色，在艺术性和经验事实两方面保持平衡，研究事实本身并不是一个结束，而是一种艺术的手段”。阿加尔（Agar，1995，128－129）担心，对一些人来说，这可能会导致把形式置于比内容更重要的位置上：

> 文本性作为一种增强自我意识感的概念早就过时了。但是我认为，将文本性作为民族志所关注的主要中心是一个错误……转向新的文本形式而缺少对其中的研究过程的更多关注将是一个严重的民族志错误。

同样，艾斯纳（Eisner，1997，9）警告说：“如果可以的话，我们也需要确信，我们不是用新奇和清晰代替内容。”你需要认真考虑这些警告，并且允许你自己尝试这些形式，以扩大你的表达模式的种类。随着你熟悉了各种不同的表述形式，你将能对形式的适合性有更多的批判性反思。

对形式进行试验如同对产品的生产过程进行试验。在完成了一个学期关于资料分析和写作的课程（包括对创造性的分析实践的强调）之后，我问学生，通过使用更有创造性的方式来完成他们的研究，他们从自己的研究以及自身中学到了什么。他们的回答特别提到，使用创造性的分析实践是一种通达感受的自由体验，并支持了更广泛的视角：

- 它允许我处理感受，以及我和他人的关系，用其他的形式的话我可能做不了。它也允许我自由地思考什么是过去的，什么是现在的。
- 它扩大了写作过程中的学问。它使我超越往常的单声道的世界，使我想象和建构意义的视角更为自由。

根据学生关于他们自身所学到的东西，他们通常提及写作过程中的某些事情，如格伦所回答的，他整个学期都在努力地设计和修改："我知道，我的写作可以变得使我的写作和他人的阅读更为有趣。"

采用不同的模式进行写作可以帮助你从新的路径思考资料。例如，当创作戏剧时，你倾向于关注对话，以及人们的话语如何支持和挑战对方。当创作一个小故事的时候，你更倾向于关注观察、关于场景和行动的描述，以及研究参与者的语言的使用。因此，探索表述资料的方式，"使得（你）思考意义和解释、声音，以及资料中呈现出来的经验……分析性观点是在写作和表述过程中发展和提炼出来的"（Coffey & Atkinson，1996，109）。当把资料写成戏剧、诗歌或者故事时，你仍然阅读、再阅读、分析，并且阐释你的资料。但是，你如何思考、组织它们将随着形式的不同而不同，并在不同的过程中，强调不同的主题。同样的资料讲述着有些微差别的故事，这取决于你选择的形式——一个其本身有点令人不安但迷人的实践。斟酌语言和形式也是鼓励你在工作中进行创新的一种方式。

以下部分强调了自传式民族志（autoethnography）、诗歌转录（poetic transcription）、戏剧（drama）以及小故事（short story）作为创造性的表述形式。所介绍的例子用来鼓励你尝试不同的形式。某些研究经验或许要用某种特定的形式才能得到最好的表达，但这是假定你们熟悉和精通了许多表达方式。随着尝试不同的形式，你要不断地反思表述模式如何允许你和读者了解研究参与者、作为研究者的你，以及你自己本身构建的意义。

自传式民族志

> 每次我试图做理论工作的时候，总是要基于来自我的体验的元素……
>
> （Foucault，转引自 Rajchman，1988，108）

自传式民族志这个术语可以在许多情况下使用：描述一种文化的故事，或者由那种文化的成员形成的道德群体；描述"他者"的民族志，但是在那类文本中作者插入了个人的体验，如在忏悔的故事中；在一个社会背景下调查自己，不管它是你自己的还是其他人的文化（Reed-Danahay，1997）。这里，我使用自传式民族志来指这样一种写作，那就是把对自己的调查当做社会文化环境的一部分。

自传式民族志开始于自我、个人的传记。通过叙述自己的故事，研究者继续叙述更大的文化背景以及学术讨论，在这里，他们采用社会学视角而非心理学视角。卡洛琳·艾利斯和阿瑟·博克纳（Carolyn Ellis & Arthur Bochner，1996，2000）站在自传式民族志的前沿，各自创造了文本，并且一起鼓励其他人深入探究他们自己的生活以便探索社会文化环境。在自传式民族志中，研究者通常使用文学技巧来戏剧性地描述他们的经历。艾利斯（Ellis，2004）甚至以一种"方法论小说"的形式写了一本关于自传式民族志方法的书。

在自传式民族志的文本中，读者通常被要求"从情绪上和作者'再次体验'事件"（Richardson，2000，931）。伊薇特·皮容（Yvette Pigeon，1998）带着读者再次体验她第一次公开她的博士项目时就是这样做的。她把她的记述作为一种介绍成人教育概念的方式，并特别介绍了成人学习中同辈支持的作用——她博士论文的焦点：

> 这个地方是活泼的，有人不停地走动，并表现出不同的姿态。博士核心成员在这间屋子里工作，看起来熟悉的人们在聊天。我不认识那儿的任何人，作为一个外来者，我有一种独特的不舒服的感觉，我怀疑自己是不是发错了邀请。我试图不盯着他们看，但我会在心里想他们是谁，他们的社会经济状

况可能是什么样的；也尽量不提及这些带有某种程度保守的表情的人们的政治联盟。我们除了在同一个时间进入同一间屋子之外，还有什么共同点吗？……

“我们开始吧，”主任命令道，“我们将从介绍开始。告诉我们你的名字、研究领域，以及为什么选择博士项目。”整个屋子立即变得安静下来，每个人都带着相似的表情，即一种掩饰恐惧和高度专心的表情。显而易见，我们当中大多数人没有公开我们研究领域中计划的细节，因为我们在几个月前就把它写进我们的申请中去了。“我们该从哪里开始？”主任笑着问。我不知道这是一种同情的笑，还是一种戏谑的笑。他可能能感到这个群体在紧张地期望。坐在长沙发上的那群人是自愿的，而我们当中剩下的则在心里预演，当不可避免地轮到我们介绍时我们该说什么……

当介绍进行了一半多的时候，院长出现在门口欢迎我们。那一刻，我关于作为一个成人又回到学生身份的所有的焦虑和不安全感都没有了。根据我过去的教育经历，她代表了一种权威以及个人对博士学问的尊敬。作为一个学生和一个女性，当以其中任何一种身份出现时，我学会了屈服。我有点自我怀疑地想：“我在戏弄谁？我在这里做什么？”……

项目主任把我从内省的恍惚状态中拉了回来。“我们真的非常支持你们，”他说，“并且为了更好地完成这个项目，我们增加了经费。”出于某些原因，这些消息听起来没有那么让人鼓舞。“哦，并且也要确信能够利用好你的同伴的支持。例如，你们可以为了综合考试在一起学习。”他接着说。这话让我震惊，我一次课还没有上，他就谈论考试了。这伴随着这样的事实，即我不确信“同辈”留给我的是什么，如果我错过了某些事情的话……

蒂尔曼-希利和基辛格（Tillmann-Healy & Kiesinger，2001，82）在他们对暴食症的探索中，把自传式民族志和叙述民族志结合起来。每个人都先用自传式民族志方式写自己和暴食症的斗争，再根据自己的经验彼此进行访谈，然后用传记的方式写别人的经验。最后，他们对彼此的写作作出回应。他们在作品中这样写道：“我们既是用大脑也是用心来完成我们的研究的。”（p. 103）强烈的情绪活动没有在收集资料时停下来，但它完全是写作的一部分：“我们每个人都感受到他人的保护，希望我们的表现将能够帮助别人处理痛苦，并且不再痛苦。”（p. 104）

“我的故事”的描述类似于自传式民族志，但又和多种来源合并和碰撞，包括用来批判社会的某些方面的自我故事。“我的故事”通过“记忆的刺痛”（Denzin，2008，123）开始，例如一个关于歧视的特殊案例，或者一种特别的内疚感。作者戏剧性地描述这种记忆，然后进入更广泛的文化领域——学术、音乐、流行文化，等等。这样，文本就形成了，各种“表述在竞争、挑战”，并且慢慢地形成一个“蒙太奇文本，以及在形式上是电影的和多媒体的……（并且）把它自己放到更大社会中特殊知识的对立面”（Denzin，2008，123）。“我的故事”的描述表现了批判以及丹森（Denzin，2008，123）称之为“乌托邦想象”的东西。凯利·克拉克/基夫（Kelly Clark/Keefe，2006，1180－1197）写了一个“我的故事”（她称之为“我们的故事”），其中包括重新创设的她和她母亲对关于她要去上大学这一事情的一个讨论：

妈妈：哦，这够吗？这两个学期需要多少？你说。

凯利：哦，是这样的，第一个学期费用多——它花费更多——比如他们所说的“学生健康费用”，还有，哦，一种“活动经费”，另外，在第一个学期的时候，我还必须买一张饭卡。（慢慢翻动一些纸）这里有一些单独的信件，是一些公司寄来的，关于这些……

妈妈：（现在站起来了，面对着火炉，把牛排放到平底锅上）我不喜欢你在没吃完所有这些食物的情况就去付费。你可能，哦，你可能比其他孩子吃得少一些——你知道，如果你必须这样的话。（停顿）但是，我猜他们不会让你这样做吧？

凯利：什么？

妈妈：为你所吃的付费？

凯利：呃，我不——等等，这儿，马里奥特餐饮服务公司的册子，呃（停顿）……比较贵。

妈妈：这样总要共要多少钱？（在桌子后面坐下来了）

凯利：第一个学期？

妈妈：哦，我想是的。

凯利：呃，好像是三千，几乎是四千……我想，是包括所有的费用吧。

妈妈：你一年之内要付两次费吗？还有，多久付一次？

凯利：好吧，是付两次，第二次少一些——但是，如果所有时间都在那里的话，那就是四年的费用。

（长时间的停顿）

克拉克/基夫把她的戏剧性记忆和学术化作者的语言并置，就如贝尔·胡克斯（Bell Hooks）描述她作为一个一年级大学生时的经历那样。她把如下几个方面放在一起：她来自贫穷的工人阶级这一背景、卡彭特（Carpenter）和丹·佛伯格（Dan Fogelberg）的歌、部分访谈记录，以及更多的自传式小片段。这些片段不会那么整齐地合在一起。有时候它们互相支持，有时候它们互相矛盾；但是作为一个总体，它们呈现给读者的是一个来自工人阶级家庭的一年级大学生的视角，一个凌乱的世界。

自传式民族志以及“我的故事”的描述减轻了作者讲述别人的故事的压力（Richardson，2000）。作为对照的是，诗歌转录——我们将要讨论的另一种创新形式——很大程度上取决于其他人的话，研究者剪辑又剪辑，如贝哈尔（Behar，1993，19）描述她和埃斯佩兰萨的工作仅仅是为了“把所有的内容组织成一种新的语言形式”。

诗歌转录[①]

在诗歌转录中，研究者把受访者的语言整理成像诗歌一样的片段（Glesne，1997；Richardson 2000，2002）。作者追求获得所说话语的本质、所表达的情感以及说话的节奏。当阐述思想的整体性和关联性时，就会涉及词语的压缩。通过改变受访者话语的呈现，研究者创造了一种第三方的声音，它既不是受访者的也不是研究者的，而是两者的综合。这种第三方的声音分解了观察者和被观察者之间的独立呈现。

展示框 9—1 呈现了我从一个十多个小时的访谈中创作诗歌转录的一些过程，这些访谈的对象是一个叫多纳·胡安娜（Dona Juana）的波多黎各教育者（Glesne，1997）。左边这列是实际的访谈转录。右边这列先是第一版，即对转录的诗歌化的叙述，并按照时间顺序排列。其他相关的部分也是这样按照时间顺序进行排列的。然后我开始阐述词语，移动它们，创作出第二版中的诗歌，即展示框 9—1 的右下部分。

其他人以不同的方式从他们的研究中创作诗歌转录，例如把旅游日志整理成诗歌化的反思性片段，以及对访谈声音的编辑。弗尼（Furney，1997）收集了小学生的词语，创作了一首诗歌转录，在其中，学生描述了他们的学校。有时候，她改变时态和代词，在每节的开头增加几行，赋予它们一定的结构，并且使用连接词把各个学生的类似的评论放在一起。要不然，这些词语就是学生所说的样子。弗尼正在研究一个有着较好声誉的学校的实践。她说，当她处理这些学生的话语时，“听到教师以及行政人员的声音的回音。我听到关于参与、友爱关系、作为主动学习者的学生以及感到被接受而自豪的学生的讨论。我听到一种自我价值的感觉，这种感觉来源于被关爱”（pp. 119－120）。弗尼（Furney，1997，120）的诗歌转录描绘了一个学校，在那里，学生、父母以及教育者都感到自豪：

学校是有趣的——你也学会了很多

我喜欢学校因为学校很出色，
并且我在学校有许多朋友。
我有许多朋友可以共度时光，
并且他们也喜欢学校。
如果你没有上学你不会知道，
如果你上了学，
你将学到很多你以前不知道的事情。

老师

① 这部分来自我的文章《少有的感觉：通过诗歌转录进行再表述》，1997 年发表于《质性调查》（*Qualitative Inquiry*）。

访谈转录

C：如果我让你用一个比喻来描述作为一个教授的你自己，你会说你像什么？有一个我所问的人说她像一座桥，然后她告诉我为什么。你的比喻是什么？
J：**我是一只飞翔的小鸟。**
C：飞翔的小鸟。告诉我关于这些。你怎么是一只飞翔的小鸟？
J：因为**我想移动得很快。**
C：嗯，跨越很远的地域。
J：是的，是的。
C：你是哪一类小鸟呢，抑或任何一种？
J：哦，任何小鸟都行，因为我不想提及一些小鸟，这里的一些小鸟是破坏性的。
C：是什么？
J：是破坏性的。它们破坏，我不想那样……
C：不，你不想成为它们。不，你仅仅是一只小鸟，飞得很快。
J：飞得很快并且可以从树梢上看。**所以我可以看得很快。**
C：看得很快，并能看到一切东西。
I：**一切东西。**
J：所以你可以看见我？
C：我可以。我可以看见你，一只飞翔的小鸟。
J：**我希望我能够用上帝的眼睛来看这个世界。**
C：用什么的眼睛？
J：用上帝的眼睛。用那种精神上的力量，那可以**带来力量。**
C：那可以带来力量？力量？
J：是的，**对那些需要的人。**

诗歌化的叙述

第一版：按照时间顺序和对语言的忠实性。

我将是一只飞翔的小鸟。
我想飞得很快，
所以我可以看得很快，看到一切。
我希望我能用上帝的眼睛，
看这个世界，
给那些需要的人以力量。

第二版：来源于访谈的其他部分，采用更多的词语。

我是一只飞翔的小鸟，
飞得很快，看得很快，
用上帝的眼光，
掠过树梢。

农民从烟草地里，
寻找绿色的虫子，
多么艰辛，
把他们的孩子送到学校，
让他们不要遭受，
和他们一样的痛苦。
在城市里，
学生在晚上学习，
所以他们住在学校。
教育是真正的大学。

所以我来学习，
来寻找我如何能够帮助他们。
我在大学里很忙碌，
有那么多的工作要做，
但是大学不是安全岛。

我是一只飞翔的小鸟，
飞得很快，看得很快。
所以我可以给予力量，
所以我可以感到有用。

展示框 9—1　诗歌转录的创作

资料来源：From Glesne，C. 1997. That rare feeling：Re-presenting research through poetic transcription. *Qualitative Inquiry*，3（2），202－221。

常常会听你在说什么。
他们永远不会忽略你并且他们让你
解释你自己的感觉。
他们让你选择你自己的书，
以及在阅读和写作时选择你自己的主题。
他们帮助我们阅读和拼读，
并且他们把这些结合起来，
这样我们学会了很多。

有时候你需要帮助：
如果你安静地举起你的手并且问
一个问题，你的老师通常会帮助你
获得正确的答案。
我们的老师教我们解决问题——
我们可以和我们的老师讨论。

我们的老师倾听我们并尊重
我们的隐私。

你不会整天坐在那里发呆，
你要做项目。
我喜欢用自己的双手做事，
喜欢在电脑上做数学题，
喜欢帮助其他孩子学电脑、
打扫教室。
戏剧、破坏、休息
都是我的工作。

有一些事情没有那么有趣：
永远没有足够的时间完成项目，
或者做数学题、阅读
以及进行艺术、音乐和文字活动；
永远没有足够的食物，
或者吃午餐的时间。
喷泉应该更冷些。
我讨厌卷入麻烦，
我不喜欢和女朋友分手。

如果我能改变任何事情，我将
有更多的项目、更多的数学和科学课堂，
以及
更长的学校时间来完成我的工作。
我想要一个更大的图书馆和更多的书籍
以及
一个给老师的更大的盥洗室。
我将喜欢更多的家庭作业。
(虽然我不缺很多东西)
但我想要一个更大的操场、更多的运动、
更长时间的休息。
我们应该有更多的食物，
在每天的每一秒。
我希望它们墙上能有不同的颜色
——也许是瓦红色。

孩子们应该在学校奔跑！
我们每天将学到关于太空的知识。
我们将观看关于太空之旅的影碟，
并且每天中午都有披萨吃。
所有的孩子都会去收集校外的废品，
并为此获得报酬。

我喜欢学校——
我通常喜欢我所有的老师，
并且他们也喜欢我。
这是一个出色的学校，
人们应该待在学校变得冷静。

卡罗琳·米尔斯寻求一种记录并从科伦拜尔高级中学了解悲剧的方式，一种她的儿子作为这所学校的学生独自经历的创伤。为了使她的研究植根于生动的经历中，并且为她的研究结果提供一个完整的基础，米尔斯使用了诗歌转录的形式，在研究中把情绪和父母表达出来的不同回应沟通起来。2006年，美国教育研究协会认识到了这种方法对于质性调查的贡献。这种方法的成功，使得米尔斯写了一本关于方法的书，书中描述了她的研究过程，以及她称之为“通道”(gateway)的方法，因为“它提供了一种联结的方法，一种对隐喻性的经历‘共同体’的更深入的理解”(Mears，2009，9)。她的书对如何使用访谈资料来进行更好的描述提供了许多有用的建议和例子，如这一篇对莉莲的访谈（Mears，2009，197－198)。这里只有开始的一些部分：

4月20日……
午餐时间到了，我来到沃兹沃斯。
突然，
三辆警车飞驰而过——
在距离大约6英尺的地方。
这吓到了我——我想，
哦，哎呀，肯定有地方出事了，
并且和学校的孩子有关。
你知道这些车里的孩子有多疯狂。
那总是我最大的担忧。

我决定路过这个学校，
看看发生了什么。
街道全部被封堵了，
我看到孩子在奔跑。
一个人说，里面有人朝人射击，
并且有人死了躺在那里。
我决定立即回家——
不到1英里——
珍妮没事吧？
我回到家，
她的车在车道上，
所以我经历了可怕的瞬间。
我是如此幸运，

从利沃兹到家。

珍妮在那里，
其他女孩也在。
在学校珍妮没有翻开一本书，
她没有学习。
他们在一起吃午餐，
在大厅吃。
他们回到这里看电视，
他们把一个男孩留在了学校。
他去了
图书馆学习，
然后他被杀了。

资料来源：From Mears，C. 2009. *Interviewing for Education and Social Science Research：The Gateway Approach*. New York：Palgrave Macmillan。

理查德森（Richardson，1994，2000，2002）写了诗歌和关于诗歌表述以及其他创造性的分析实践。她也给开始在这个领域工作的人提出了好的建议：在诗歌写作中，先进入课堂和工作坊学习，阅读诗歌，倾听诗歌，然后是“修改，修改再修改”（2002，882）。理查德森（Richardson，2002，882）提醒我们：

一行字
的中断
并不意味着
诗歌的创作

理查德森同样讨论了比喻和比喻语言的使用——这是需要强调的。如果你想从摘要、一般语言中形成诗歌性的表述，那么你将不会成功，除非你使用具体的观察、形象以及比喻来传达思想或者唤起一种情绪。

你的诗歌转录可能或者不可能达到一首好诗歌的艺术感。不要害怕，诗人们也总是周期性地修改直到词语、节奏以及情感融合在一起为止。然而，创作诗歌转录的过程可以帮助你作为一个作者以及民族志者对故事的关键问题进行聚焦，并且并置那些你在其他情况下不会把它们放在一起的项目和概念。诗歌转录以及接下来要讨论的戏剧，都要求你用艺术的眼光来处理你的资料，以便让“秩序和创意一致”（Dillard，1982，56）。

戏剧

> 如果我们采用别人说话的方式以及别人走路的方式，那么，我们将会发现另一种个性，并且发自肺腑地去体验这种个性。
>
> （A. D. Smith，1993，xxvii）

在通过戏剧描绘来表述资料时，研究者把访谈记录变成对话，把观察笔记或者记录变成场景和舞台背景。这些叙述是真实的，尽管是通过编辑建构的场景。下面的例子是选自帕姆·凯（Pam Kay，1997，15）的读者剧院（reader's theater）剧本，标题是《这是谁的孩子?》，演员阵容包括南茜、父母、卡罗尔、老师、帕姆以及研究者。读者剧院是指“对一个文本的片段或者有戏剧关联的不同文本的几个片段的舞台呈现”（Donmoyer & Yennie-Donmoyer，1995，406）。不同于演戏，表演者各自阅读文本片段，有时候以齐声说的方式。舞台很简单，通常只有椅子和凳子，还有一些小道具。

帕姆（面向观众）：我们举行第二次父母—教师行为研究会。卡罗尔来得有点晚，她有点不安。

南茜和卡罗尔面对面。卡罗尔对南茜愤怒地说话。

卡罗尔：你为什么早上在道格上学之前没有把药给他？

南茜（安静地）：药吃完了。我准备周五去看达夫医生，但他一个星期都不在。

卡罗尔（仍然愤怒地）：校医找了药剂师，药剂师说你应该还剩12天的。

南茜：哦，我没有。

卡罗尔和南茜转身离去。

凯的片段描述了一个母亲和一个老师围绕着孩子的情感和行为问题所经历的紧张。这一剧本中的资料来自一个案例研究，是由美国教育部资助的一个关于预防严重情绪困扰的多地点调查。凯通过对卡罗尔和南茜的个别访谈、她的小组会议的田野笔记、卡罗尔和南茜的笔记，以及受雇于项目组的一位负责联络的家长的笔记来收集资料。她通过对资料分类写成了这个剧本。卡罗尔和南茜的话是逐字地来自这个资料的。帕姆作为一个叙述者使用了她自己的声音，舞台导演则将它作为一种补充解释和进行转换的方式。下面是摘自凯（Kay，1997，16－17）的剧本的另一个片段：

> **帕姆坐下，并面向卡罗尔和南茜，他们还是彼此面对面。**
>
> **卡罗尔（仔细地说）**：南茜，要不要听我说那天道格对我说了什么？
>
> **南茜**：当然。
>
> **卡罗尔（对帕姆解释）**：操场上又有麻烦了。道格非常生气。在他平静下来之后，他告诉我他的父亲去世了。
>
> **南茜（以低沉的、沙哑的声音）**：医生说他不能为沃尔特做更多的事了。他只能使他更舒服一点，就这些。我总是对我的孩子很诚实，所以我告诉他们，他们的父亲是怎样地虚弱。同样，艾米和她的两个孩子也搬回家里来了，因为她的男朋友虐待她。所以这些日子家里乱糟糟的。
>
> **卡罗尔**：他最近过得不好，他都不是道格了。
>
> **南茜**：他确实是妨碍了我很多，因为我还要带两个更小的孩子。他非常嫉妒。当我抱着更小的孩子时，他会爬到桌子上或者跳到我身上。当然，然后我就不得不照顾他。

用戏剧来表现每个人的声音并不新颖。在巴西，保罗·弗莱雷从访谈和对话中创造了流行剧院论坛，并把它作为一种教育和政治的手段。博阿尔（Boal，2006）的被压迫者剧院就是来自这种工作。知名的剧作家同样创造过民族志剧院。安娜·D·史密斯（Anna Deavere Smith）在1990年代变得出名，是因为她创造了纪实剧，这是基于她对1991年布鲁克林的皇冠高地骚乱［《镜中之火》（*Fires in the Mirror*）］以及洛杉矶骚乱［日暮洛城（*Twilight：Los Angeles 1992*）］中的人的访谈。[①] 伊娃·恩斯勒（Eve Ensler）的作品《阴道独白》（*The Vagina Monologues*）从1998年以来每年的情人节都会上演，它旨在抗议针对妇女的暴力，是在恩斯勒对全世界200多位妇女访谈的基础之上创作的。莫伊塞斯·考夫曼和构造剧院项目的成员们（Moisés Kaufman & members of the Tectonic Theater Project，2001）从数百个访谈中创作了《拉勒米计划》（*The Laramie Project*），出版了新的报告以及他们自己的日志。

1990年代，研究者开始把他们的资料转换成戏剧，并且在国家级会议上表演。特别是健康和社会服务专业，都转向表演民族志，“民族志戏剧”（ethnodrama）已成为一种表述研究的方法。他们的戏剧有时候和受访者一起合作，这不仅是有益的，而且是可行的。“民族志戏剧的表演允许心理疾病、性虐待或强奸、滥用药物或者整形外科的受害人，与卫生保健专业人士和学者结成伙伴关系，通过戏剧的策略，采取从内部往外看的视角来进行探索和检查。”（Morgan，Mienczakowski & Smith，2001，164）梅尼查科夫斯基特别积极地创作民族志戏剧，并在不同的剧院演出。他说，他的目的是创造“一种公共声音的民族志形式，这具有解放的和教育的潜力”（Mienczakowski，1995，364）。他通过为研究参与者提供一个论坛，告诉他人他们的健康关注点——不管是依靠酒精来生活的人还是患有精神分裂症的人。

约翰尼·萨尔达尼亚（Johnny Saldaña）也创作了民族志戏剧，并进行了写作。他编写的书《民族志戏剧：现实剧院选集》（*Ethnodrama：An Anthology of Reality Theatre*）提供了描述资料的戏剧性的9个不同方法的例子。例如，何塞·卡萨斯（Jose Casas）对访谈的分析产生了民族志戏剧《14》。他以在亚利桑那州边界经历的14次死亡事件为起点。尽管《14》表现为一系列独白，但卡萨斯在每一个新的声音之前使用了幻灯片，给出了这个受访者的姓名、职业和家乡。有一些片段在西班牙表演。他以策略性的方式并置了这些片段，把一个和陌生人穿越边境的妇女的故事，与一个大农场经营者的故事放在一起，这个经营者大喊：“听着，我不会在白天……在晚上射击任何东西……这是完全不同的故事。”（Casas，2005，52）在另一个例子中，詹妮弗·查普曼（Jennifer Chapman）、安妮·斯韦德堡（Anne Swedberg）以及希瑟·赛克斯（Heather Sykes）

---

① 观看安娜·D·史密斯的表演可以通过访问如下网页：www.ted.com/index.php/talks/anna_deavere_smith_s_american_character.html。

根据对同性恋者的体育老师的访谈，创造了一种民族志戏剧对话《带着秘密出去》。他们还以此民族志戏剧为基础建立了一个论坛，以促进在学校中关于对同性恋的恐惧以及对同性恋者的歧视的讨论。

民族志戏剧在强调紧张、冲突以及区分观点方面是一个非常好的媒介。创作一部民族志戏剧需要特别思考在访谈中说了什么，以及在观察笔记中记了什么。你必须寻找故事线索，或者“在情节中事件的发展”（Saldaña，2005，15）。你必须考虑呈现这些材料的最适当方式。你想用独白的方式让一个角色来讲述这个故事，还是采用对话的方式让好几个角色来讲述这个故事？你是想一个人承担多个角色吗？你将如何把你的剧本划分为幕和场景？你对你的资料作出分析性的决定，以便为戏剧创作故事线索。然后你需要处理转录以及田野笔记，在不改变你所说的目的的情况下压缩它们。你选择那些最具有戏剧性影响的东西。并且，你需要思考使用什么样的小道具、服装、灯光和技术。“少即是多。”萨尔达尼亚（Saldaña，2005，28）建议道。例如，宁可制作关于一个特定场景的幻灯片，也不做一整套场景。如麦考尔（McCall，2000）所做的，她在一个戏剧中使用表现农村景色的幻灯片作为背景，这个戏剧是根据对52个中西部女性农民的访谈而创作的。

类似于诗歌转录，当试图尽力保持叙述者的声音时，民族志戏剧也需要删减词语以及重新组织文本。在展示框9—2中，萨尔达尼亚（Saldaña，2005，21）提供了一个如何在访谈中删减词语的例子，这一段访谈最后被整理成她的民族志戏剧《也许有一天，如果我出名了……》的独白的一部分。

不管是表演还是阅读，民族志戏剧都可以用来并置研究参与者的不同声音，把多重的视角放在一起呈现，并且说明一个现象的复杂性。的确，研究者/作者塑造了戏剧并建构了它，所以诸如老师和像道格一样的孩子的父母这样的读者可以更完全地理解它的意义。正如萨尔达尼亚（Saldaña，2005，14）所说：“民族志剧院通过它的角色参与，揭示了一种活生生的文化，如果成功的话，观众就会增加对他们的世界的了解，以及在其中生活的感受。”

约翰尼·萨尔达尼亚对巴里的访谈	民族志戏剧的独白
巴里：我记得看过演出。我记得随后的访谈，我们坐在草地上，讨论关于这项演出的看法，以及我们如何看待这项纵向研究。我记得总是有实习生坐在教室后面，看我们表演戏剧。 **约翰尼**：你记得当时在演什么？ **巴里**：我记得**有许多儿童剧**（儿童剧是当地的专业的旅游剧院公司专门为年轻的观众演出的）。 **约翰尼**：还记得什么特定的题目或者形象吗？ **巴里**：我记得《克拉里莎的衣橱》（*Clarissa's Closet*），因为我去年演过，所以觉得有趣。并且我一直在想：“你知道我已经理解了这些，我已经理解了，它是儿童剧院演的。”同时我还记得一个有关东方的场景，那个场景要使用面具。除此之外我不知道更多的了，就像在某些地方旅游一样。 **约翰尼**：其他的形象呢？ **巴里：我记得他们出场了以及谢幕，在演出结束后和我们谈话。他们很有活力。他们回答了问题，他们站在那里似乎就有很多乐趣，我想，那是我第一次决定想要成为一名演员**。所以，我已经理解了这些，并且**这是一种神奇的感觉**，你看到的只有活力。那是从他们身上散发出来的，并且只是从这个演出中散发出来的。这仅仅是一场为孩子的演出，但它仍然是一场演出，你知道吗？**就是在那个时候，我第一次开始思考：“嗯，这是我以后想做的事。”**	**巴里**：我记得看过演出，有许多儿童剧。我记得他们出场以及谢幕，在演出结束后和我们谈话，他们很有活力！他们回答了问题，他们站在那里似乎就有很多乐趣。我想，那是我第一次决定想要成为一名演员。这是一种神奇的感觉。就是在那个时候，我第一次开始思考：“嗯，这是我以后想做的事。”

展示框9—2　民族志戏剧的创作

资料来源：From Saldaña，J. 2005. *Ethnodrama：An Anthology of Reality Theatre*. Walnut Creek，CA：AltaMira Press，21。

小故事

芭芭拉·特德洛克（Barbara Tedlock，2000）提醒我们，民族志小说或者小故事不是一种新的、后现代的发明。她举出了一些例子。在1890年，阿道夫·巴德利尔（Adolf Bandelier）出版了《快乐制造者》（*The Delight Makers*），一本将情节设置在普韦布洛印第安人中的小说。更广为人知的是奥利弗·拉法尔加（Oliver LaFarge）1929年的小说《嬉笑的男孩》（*Laughing Boy*），这是根据他在纳瓦霍的经历写成的。自从这个学科创立之后，人类学家以及其他社会科学家一直在创作诗歌、故事以及戏剧。但是，这种创造性的工作通常被认为是不同于“学术”的事情。“新的”东西，就是人们日益增长的对模糊类型的接受。

在民族志戏剧和诗歌转录中，作者艺术性地塑造他们的表述，但是他们保持和资料的接近。在民族志小故事中，研究者把民族志的视角和理解与他们自己的想象结合起来，利用文字上的技术，如倒叙、描述、对话、内在独白以及行动，讲述一个好的故事。例如，在《醉酒者、鼓手和体面的人们：特立尼达岛村庄的民族志叙述》（*Drinkers，Drummers，and Decent Folk：Ethnographic Narratives of Village Trinidad*）中，约翰·斯图尔特（Stewart，1989）呈现了一系列民族志小故事，这些小故事植根于他在特立尼达岛的田野工作。斯图尔特（Stewart，1989，13）指出，把他的研究写成小故事使得他聚焦于一个“内在的人类学”：

> 在一个外在的民族志中，大部分民族志学者的目标仍然建立在田野的基础上，主要关注点是社会和文化“结构”，而不是人。在内在的人类学中，人们如何形成这样的“结构”，他们如何操作、管理或者被他们控制，则成为了焦点。

菲尔·史密斯（Phil Smith）还在佛蒙特大学攻读博士学位的时候，也寻求一种内在的人类学。为了理解人们与残疾人的生活中的权力和控制问题，史密斯（Smith，2000）把他的研究的一部分写成了小故事，并且把它放到了毕业论文中。下面的文字摘自《Food Truck的派对帽子》（“Food Truck's Party Hat”）（2000），另一个版本则被史密斯发表在《质性调查》（*Qualitative Inquiry*，1999）中：

> 他再一次看着我，咧嘴而笑，他的头在动，实际上他的整个身体都在匀速运动，从来不会完全停止不动。他身体的某些部分总是在移动、移动、移动，或轻轻地摆动，总是处于持续状态，从不停止，即使在睡觉时也是如此。“男孩子用水壶。”他笑着说，眉毛抬起来。
>
> 现在没有人知道，他为何被叫作Food Truck。他在兰登培训学校有40多年了。在那里，他经常锁住人们称为傻瓜的那些人。还记得那些话吗？还在学校上学的时候，坐在你旁边的一些孩子总是做一些愚蠢的事，他们把铅笔扔在地上，再折断它，然后你弯下身子。管我们的老师十分年老，所以听不见，只是小声喃喃。“真是一个白痴！”你的声音是如此之大以至于你身边的孩子都能听见并且大笑。这是你几个星期来觉得最开心的事情，你也会开自己的玩笑。我多次说起这些，每当我哥哥没有敲门就进入我的房间，或者破坏我的飞机模型，或者没有经过我的同意就读我的科幻小说时，我就会嘲笑他的智力。我会愤怒地说：“你这个白痴！”这是我所知道的称呼他的最糟糕的词。那时候我不知道Food Truck。
>
> Food Truck大部分时间是在兰登长大的。他的童年早期是和他的父母一起度过的，然后，我想，是他们不能再照顾他，或者如他的家庭医生所说的——他们中的大部分人都回去了——“哦，你知道，你真的应该把他送回兰登，他在那里会更幸福，因为可以和与他一样的人在一起。”所以，他还是一个小男孩的时候就是居住在兰登的，那是他所知道的整个生活，那是他所知道的。现在他离开那儿有四五年了，所有人都走了。

民族志小故事促使作者和读者严肃考虑的不仅是创作和虚构之间的台词，还有考虑讲故事的目的，以及研究者/作者的意图。如果作者的意图是呈现感觉、情感的复杂性，以及日常生活的困境，那么，民族志小故事对于进入那个世界是一个非常有效的工具。

承担风险

> 默拉图斯人说，当上帝分发圣书的时候，默拉图斯人的祖先把他自己的吃了，所以确保了内在的灵感以及实际上未阐明规则的脚本。
>
> （Tsing，1993，245）

当写作形式支配了创造性的分析实践时，一些研究者采取了非语言的表述形式，包括舞蹈（Blumenfeld-Jones，1995）、绘画（Clark，1999；Clark/Keefe，2002）以及照片（Munoz，1995）。这部分从绘画和其他表述性策略中给大家提供简明的例子。

凯利·克拉克（Kelly Clark，1999）把绘画作为合成她的研究资料的方式。她的研究是关于来自工人阶级的女学者的，她们是家庭中第一代上大学的人。如下的绘画（见图9—1）以及解释性的叙述摘自她的博士论文。克拉克对她所访谈的妇女进行了个案研究。当她和这些妇女谈话时，她取出画笔，开始把她们的话“合成”到一张画当中，这个过程反过来使她更深入地反思了她们的话的情感质量。这个例子来自她和克莱门蒂娜的工作，克莱门蒂娜是由一个上夜班的服务员母亲养大的，这个母亲要养四个孩子。当她15岁的时候，决定“不要步她父母的后尘”（p.69）。克拉克（Clark，1999，72-73）指出：

> 我决定她的传记式表述应该反映移动。似乎是，任何比喻性的要素都应该在海上漂浮，这个海有限定的边界，使用更少的线条，模糊的地平线则表明差异。一个“H”骄傲地倾斜在她身后的小山上，将比喻性地顺从她对自己的“好莱坞”的感觉，这种感觉来自她关于英雄、女英雄、行为榜样、艺术家和教育家形成的力量的情感思考和想象。“红色”的头发［像（她的）母亲的］将被黑色的（像她自己的）头发衬托。头发披在她的背上……补充颜色的配置反映了沙漠和大海，将吸引观众的眼光。这将是她对自我、她的世界以及她的精神和所有生活中的音乐及其制作者的和谐关系的了解方式的反映。

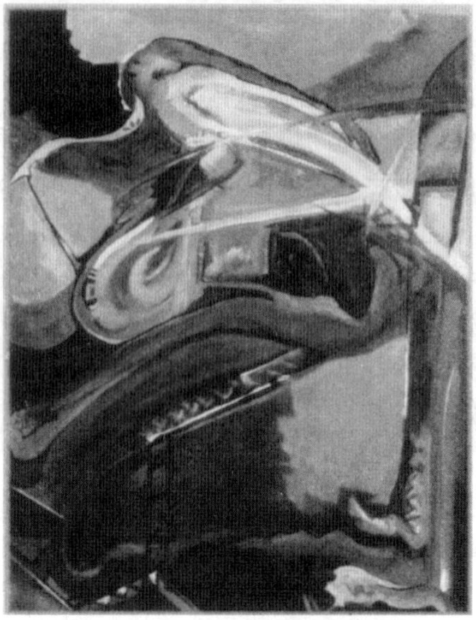

图9—1　克拉克画的克莱门蒂娜

在克拉克的例子中，以及在其他的创造性的表述中，“本质（艺术家所理解的）是以具体的压缩的形式被提取和表述的”（Blumenfeld-Jones，1995，392）。

研究者也讲究“写作策略”和页面布局。罗纳伊（Ronai，1995，395）利用了一种她称之为“分层描述”的格式，通过使用空白空间，或者星号，允许作者整合“抽象的理论思考、内省、情感体验、幻想、梦境以及统计”。通过写作短篇章，作者以一种扼要的方式，从一个思想转到另一个思想，这需要读者跟着转换。拉瑟尔和史密西斯（Lather & Smithies，1997）使用多种类型以及一种分离文本的格式来表述对艾滋病妇女的研究。他们把页面分开，这样他们可以写入不同类型的文本，“一个有着不同水平的文本，一个具有双重性的文本，既大致接近又可以培养对所涉及主题的思考”（Lather，1995，48）。页面的上方主要是妇女和她们的故事、受访者和访问者之间的对话、由艾滋病引发的社会和文化问题。页面的下方大部分是拉瑟尔和史密西斯对他们做研究的经历的评论。他们也插入了他们称之为“仿真陈述”的关于艾滋病的信息，加上了一些妇女的不同的写作形式。

总而言之，作为对表述危机的回应，研究者有许多不同的争论。对研究和描述他人生活的权利的质疑，使得人们重新检视研究者的研究目的，以及研究者对所调查的社区的责任和义务这些问题。一些研究者选择集中于历史的、哲学的，或者理论的调查，而不用涉及田野工作。其他人把目光转向自身，使用自己的体验作为反思更大的社会的论坛。然而，还有一些人在挣扎于如何做社会科学田野工作，以及以怎样一种方式显示局部的、不完全的、特定情形的知识来分享“研究成果”。在考虑为谁写作以及为什么写作时，许多人希望他们的研究能使研究参与者以及其他远离学术共同体的人更容易进入。这样做意味着创造出其他人愿意阅读、观看或者倾听的形式，并从这个过程中和这种表述中感受和学习。

创造性的形式以及写作策略帮助提供了和许多对传统报告的批评相反的选择——后者是权威的、乏味的或者为特定的观众而写作的，它们不能唤起情绪和感觉，它们忽视研究者的作用以及政治信息。艾利斯呼吁：“要勇于承担风险……要用心灵去写作，而不仅仅用大脑。”（Bochner & Ellis，1996，42）通过对形式的尝试，研究者寻求如何让媒体成为信息的一部分。关于你想表述的生活，不同的媒体允许你说（以及看）不同的事情。

* *

推荐的阅读材料

Benson，P.（ed.）. 1993. *Anthropology and Literature*. Chicago：University of Illinois Press.

Ellis，C. 2004. *The Ethnographic I：A Methodological Novel about Autoethnography*. Walnut Greek，CA：AltaMira.

Knowles，J. G.，and A. L. Cole（eds.）. 2008. *Handbook of the ARTS in Qualitative Research*. Thousand Oaks，CA：Sage.

Mears，C. L. 2009. *Interviewing for Education and Social Science Research：The Gateway Approach*. New York：Palgrave Macmillan.

Saldaña，J.（ed.）. 2005. *Ethnodrama：An Anthology of Reality Theatre*. Walnut Creek，CA：AltaMira Press.

Van Maanen，J. 1988. *Tales of the Field：On Writing Ethnography*. Chicago：University of Chicago Press.

练习[1]

（1）通过写作一个短的自传式民族志来探索你的研究的某些主题，在其中，你使用来自你的生活的戏剧性的回忆和形象，并将它们放入你的个人和社会方面的研究。反思你从你的研究主题、你的研究参与者（即使它们没有在你的故事中表现出来）以及你自己那里所学到的。

（2）从一个人的访谈记录中创作出一篇诗歌转录。仅仅使用访谈中的词汇、短语，以及受访者的说话节奏。反思通过诗歌转录，你从你的主题、受访者以及你自己那里学到了什么。

（3）从好几个访谈加上观察笔记中创作一个民族志戏剧。反思把资料写成戏剧的过程，以及通过这一过程你从你的主题、受访者和你自己那里学到了什么。

① 理查德森（Richardson，2000）在她的文章《写作：一种调查的方法》［来源于《质性研究手册》（*Handbook of Qualitative Research*），包括那些呈现在这里的变化］中提出了一系列关于写作练习的建议。

第十章 后续探索

> 要知道，学会在不同于你身边的世界中生存是从事研究的一个条件。总的来说，通过这些研究，你可以相信你能够对你的生活进行写作了。
>
> (Geertz, 1995, 133)
>
> “某种程度上，你已经使你的身心处在其中——不仅仅是为了个人的原因，而是想真正地理解发生了什么。你越允许自己爱上一个地方，你就越能看到其中的联系。”
>
> (转引自 Wilson, 1989, 17)

成为质性研究者：个人情境

这本书的目的是介绍处理质性研究的方法，帮助开始研究的过程。在介绍了和质性调查相关的理论和哲学之后，本书又关注了研究问题的形成和研究设计，然后集中于资料产出的民族志方法——尤其是观察和访谈。关于和质性研究相关的田野关系和伦理引出的思考、争论和困境的章节，提醒你思考你和研究参与者互动以及得到反馈的方式。关于资料分析的信息聚焦于主题组织，并且也介绍了其他的处理资料的方法。关于写作的章节提供了如何开始和进行写作的建议，以及如何有创造性地表述一个研究。

如果阅读这本书的时候，你一直在做一个试验性研究，那么你对你的主题和做质性研究的过程都会有更多的了解。我假定你还是会有关于这两者的更多问题的。我相信，你其中的一个问题反映了格尔茨所说的并且追问的一个问题：“对于你总体上坚信的东西”，你将进行怎样的研究？另外一个问题，我希望是在你的清单中的，是同时涉及主题和过程的：你对于什么研究可以“全身心地投入”？

质性研究要求几乎完全的专心致志。研究者发现，当他们寻求理解和联系的时候，他们自己的生活被工作所填满。个人的承诺、信任、时间对丰富的资料以及有用的解释来说是很关键的。

很少人能预期到他们的研究的严格要求。例如，托尼开始了一项试验性研究，就是对实习医生的妻子进行访谈，了解她们对自我的感受。六个月之后，她说：

> 这个项目真是让我头大！它占据着我的全部生活。当我们在社会心理课上讨论女性主义方法论时，我们也在谈论着它。在几乎所有的阅读中，我会想到它，在我参加的会议中，在对话中……我脑子里总是这些。我在某些地方将这些记下来，但我没有时间来思考……这个项目占据着我的生活，几乎排除了其他的事情。

另外一个学生同意道："第二天我在参加一个会议时，一直在做关于我的研究的笔记，这个会议的主题和我的项目不大相关。"尽管，很可能，你们中的大多数人无法这么快适应质性研究对关注度的要求，当你发现你的"问题"处处存在的时候，你就可以确信你已经进入某种境界了。

进入质性领域是孤独的。即使你可能和同事、朋友以及研究参与者讨论它，但在传统的质性研究中，你倾向于独自一人。在你的研究现场，你的研究者的角色是孤独的，独自承担把这些片段组合在一起以及在总体中寻找意义的基本责任。当你努力写作句子的时候，你是孤独的，这些句子"你可以或多或少地和它生活在一起"（Geertz，1995，133）。托尼反思了她在工作时的孤独：

> 谈到孤独！我在许多领域都感受到它。一个是处理资料的时候，感觉要被资料淹没了。当我谈论它（实习医生配偶的生活）的时候我偶尔感到孤独，因为人们似乎感到不安，好像我说了我不应该说的关于医学方面的事。另外，我想知道如果女人们（受访者）看到的话，她们将如何反应……以及我将如何对她们的反应作出回应。

如同托尼所说的，质性研究可能引起自我怀疑。你担心人们不想和你谈话或者不会让你观察。你想知道你是否问了正确的问题。你会突然感到恐慌，高高摞起的笔记、笔记卡片以及电脑文档是否真的能告诉你任何事情。并且，即使这些记录可以，你是否有能力把这些资料片段以一种有意义的方式组合在一起。你担心也许你将不喜欢你所发现的东西。

你不能确切地知道，你所寻找的东西是不是容易混淆，以及使你产生挫折感。在一个社区学校做资料分析的过程中，卡尔顿叹息道："我不确定是资料混淆了我还是我混淆了资料。"在研究项目中，这两种混淆都是存在的。可以确定的是，做研究项目需要勇气和正直。

这种间断，这种不"适合"的令人不安的片段，实际上可以使你发现更多有趣的领悟的线索。你将需要学会和混淆打交道——如果不是把它迎到你的生活中的话——把它看成解开新的谜题的先兆。贝特森（Bateson，1984，163）在她父母玛格丽特·米德和格雷戈里·贝特森的工作中认识到了这一点：

> 玛格丽特和格雷戈里两人都形成了一种风格，收集观察资料的时候就知道，这些资料不管第一眼看上去多么丰富和令人困惑，他们将总能被识别，那时事情将"有意义"并且逐渐能被理解。在寻找这样的顿悟的瞬间，他们将处理他们所观察的文化，以及个人的回应。

理解涉及获得参与者的视角，但并不仅是这些。它是一种集体的理解，包括自我的和他人的。

尽管研究的过程通常是有趣的和有意义的，但是它也容易引起疲劳。当人们想搞清资料的意义的时候，是感到最精疲力竭的时候。蒂娜写道：

> 当访谈结束的时候我感到极度疲劳。这种疲劳使得转录更为致命。我记得许多个晚上，当我做转录工作时，我在电脑前睡着了几分钟，并且想我永远不会做到最后一页。不知为何，我做到了。但总是有一种诱惑，让我把它留到第二天。

尽管有在电脑前睡着这样的情况，但是你将有顿悟的时刻。霍利描述了对研究进行写作的过程对她意味着什么："把我的想法转换成词语不仅使我反思我是谁、我在努力成为谁，也把读者联系了起来，他们通过阅读书稿和我形成了一种关系。"现在，我转向书稿以及你研究中的其他成果。

质性研究的应用：研究手稿

> 什么具有实践上的相关性……不仅在于依靠，或者甚至是主要依靠，对具体问题发现“技术性的”解决方法，而且在于形成新的视角、新的看事情的方式。
>
> （Giddens，1995，277）

当老师对中学新生的适应性进行研究，当母亲们绘制她们家庭的过去的示意图，或者当学生向大学的饮食服务部门抗议时，他们都为了一个理由参与了研究。研究的应用随着研究者及他们的各种研究而不同。当人们谈论研究应用的时候，他们一般指利用最后的报告或者手稿，即研究成果。当然，研究过程也有它自己的应用，这在晚些时候会讨论。

词语的可能性

研究手稿或者文本可以把你带到你没有机会去的地方，使你接触到其他的文化以及你自己文化中的独特方面。它们帮助你采取新的视角，从不同的观点看待事物，以及重新检视你自己的理论建构。文本可以有助于教育读者，以及挑战成见和假定。它们可以指出政策改变的道路以及追求的方向。解释性研究也能面对和增加关于人类思想和互动的种种理论。

解释性调查意味着能更好地了解他人及其生活方式。但是，你的观点只是一种解释。巴洛内（Barone，1990a，306）提出警告：“质性研究的文本……应被视为是一个具体场景，而不仅仅是一个工具，更确切地说，这是这样一个场景，在其中，读者可以进入到文本中的活动，进行再创造和分解。”如果你把文本看做工具，那你可能太容易把它接受为事实，而忽视进入研究过程的那些，包括研究者的价值和研究设计中的问题。

不要把研究发现当成代表了绝对真理的东西，你可以把研究发现当成思考你身边的社会世界的机会，就像英文老师说的，“一个好故事的美在于它的开放性——你或者我或者其他人阅读的方式可以把我们带进去，并且使用它为我们服务”（Coles，1989，47），一个好的质性的文本邀请你走进去。它鼓励你比较它的描述和分析你自己的经历，从而使得你可以从不同角度思考你自己的独特情形。

罗尔娜正在从事一项研究，这项研究是关于如何把有特殊需求的孩子聚合进公共学校教室的。在她分析和写作工作的过程中，她反思她的文本作为一个场景如何吸引他人，尽管这样并不是每个问题都“解决了”：

> 有许多问题我没有回答。忍住删除文章后一半的渴望，我打开了《纽约时报杂志》。我被一篇文章所吸引，这篇文章是关于一个艾滋病妈妈给她唯一的孩子寻找“新”妈妈的事情。在我的眼中，我不得不认识到，这就是质性研究，就是案例研究。其中的力量和深度是显而易见的。并且这个作者也留下了许多没有回答的问题。

观察、倾听以及记录的行为是一种见证的形式，它们带来对他人生活的关注（困境以及胜利）。舍佩尔-休斯（Scheper-Hughes，1992）描述了文本如何能成为见证和使那些沉默的人发出声音的机会，或者为“通常被认为没有历史的人”提供历史（p. 29）：

> 所谓的参与式观察具有一种方式，以便吸引民族志学者进入人们的生活空间，在那里，他或她也许真的一点也不想深入进去，并且，一旦深入进去，他们除了通过写作来吸引他人一起见证这种生活之外，不知道如何抽离出来。（xii）

见证使得谈话、对话的阶段以及系统发生变化。如格尔茨（Geertz，1988，147）所观察到的：“似乎是，如果民族志文本实际上具有一定作用的话，那不管将来它具有何种作用，它都使得对话跨越社会界限——跨越种族的、宗教的、阶级的、性别的、语言的、人种的界限。”另外，来自边缘化的生活的立场具有潜在的产生有价值的新问题的潜力，这些新问题是主流群体不考虑的，这些问题可以改变被认为理所当然的概念框架（Harding，1998）。

质性研究文本同样也有助于学术研究（如假设生成、理论发展）以及创造对现实问题的解决方案。托尼对实习医生妻子的研究工作扩展了自我的形成与他人的关系的理论。她的描述性的故事对研究参与者以及其他实习生的妻子来说，也可能可以作为一种支持模式以及意识觉醒。和许多研究文本一起，托尼的研究具有理论的和实践的双重作用。

毫无疑问，无数的报告处于办公室书架上被遗忘的角落，而不是流动的、变化的，但是研究报告可以改变生活。威利斯（Willis，1977）在英国的研究使得人们关注如下事情：在校内外塑造工人阶级生活的过程中，反抗起着什么作用。吉利根（Gilligan，1993）关于妇女道德形成的研究为探索渗透人类发展的性别偏见理论铺平了道路。这些研究在极大程度上是从男性资料中来的。这些研究不是没有问题，但是，它们有助于我们如何看待以及如何和世界互动。

获得发表

获得发表的一个有用的步骤是在会议上呈现你的研究，在那里，你可以得到关于某些主张和陈述的反馈。如果你花时间构思一篇组织得完美的论文，并为此准备和别人进行一次谈话（或者创造性的陈述），某些听众甚至会想接近你，并让你给他们的杂志寄送论文以发表（这样的事情发生过）。更有可能的是，你可能遇到和你有类似兴趣的人。和别人讨论可以把你带到他人的作品中，并且使你以不同的方式思考自己的研究。

获取你的学科的年度或者区域性会议的信息，这样你就知道什么时候发出你的提议。美国人类学学会、美国护理学会、美国教育研究协会、美国社会学学会都是可能的。作为一种选择，你可能喜欢参加仅关于质性研究的会议。例如，国际质性研究会议在伊利诺伊大学每年举行一次，质性健康研究会议和质性研究方法会议在加拿大埃德蒙顿的亚伯达大学每年举行一次。

质性研究文章在不同学科的期刊上出现反映了解释主义、批判理论和后结构范式被接受。许多社会科学内的期刊回顾以及接受基于广泛不同的研究方法论基础上的文章（见展示框 10—1）。而其他一些期刊则专门刊登质性研究的文章，如《国际教育质性研究杂志》（*The International Journal of Qualitative Studies in Education*）和《质性调查》（*Qualitative Inquiry*），并且发表所有的方法，包括创造性的描述。

在一个期刊发表文章需要时间，通常还需要坚持。因为你不应该同时向一家以上期刊投出回顾性文章，所以从寻找最适合你的目的和写作风格的期刊开始。在你的图书馆浏览杂志，看看每篇被发表的文章的类型。阅读它们的目的陈述以及提交说明（一般位于封面内部或者在开始的几页）。当你选择了到哪里提交后，认真地照着期刊上的风格和格式说明，尽可能使你的文章达到发表的水平。然后，在几个月的等待中期待吧。

American Educational Research Journal	*Journal of Social and Behavioral Sciences*
Anthropology and Humanism Quarterly	*Media，Culture and Society*
Criminal Justice Policy and Review	*Nursing Research*
Educational Studies	*Qualitative Health Research*
Feminist Studies	*Qualitative Inquiry*
Field Studies	*Qualitative Studies in Psychology*
Human Organization	*Qualitative Sociology*
International Journal of Qualitative Studies in Education	*Signs：Journal of Women in Culture and Society*
International Review of Sport Sociology	*Sociological Perspectives*
International Sociology	*Sociological Quarterly*
Journal of Cotemporary Ethnography	*Studies in Symbolic Interaction*
Journal of Creative Inquiry	*Teaching Sociology*
Journal of Marriage and the Family	*Text and Performance Quarterly*
Journal of Popular Culture	*Western Journal of Nursing*

展示框 10—1 发表质性研究的期刊

大部分期刊会把每份手稿发给 2～4 个“盲审”评阅人，这些评阅人收到的文章不出现作者的名字。这些评阅人解决杂志编辑提出的一系列问题，并且对手稿提出评论和建议。评阅人没有报酬，但一般都很认真地对待这个工作，并且通常放入好几页评论。根据评阅人的回应，编辑作出是否发表你的文章的决定，即让你根据评阅人的评论来作出修改，然后重新提交，或者不发表你的文章。

如果你得到的是后一种回应，不要泄气。很可能这家期刊不适合你的研究。你可以认真考虑那些建议，并且进行修改，然后把文章投到另一家期刊。如果你得到的回应是进行修改再提交，那就照着做。如果你参照评阅人的评论进行修改，那么，你很可能可以使你的文章被接受。别期望期刊编辑说："我们想要你的文章就像这个样子，别动它。"因为他们可能不会那样做。即使你可能不想重写你的文章，但如果你肯花时间，文章会变得更好并且将会得到发表。

利用研究过程

> 讲述故事的行动是有力量的。我最后发现有种东西能支撑我的整个博士论文。
>
> （佛蒙特大学学生）

不同于研究文本可能对居住在研究现场千里之外的人产生意义，做研究的实际过程的用途或者应用可能对所涉及的人有更多限制。但是，这不会使它的意义逊色，并且还有助于改善实践、评估、政策和理解。

除非被要求参与其他人资助的研究项目，你将通常会发现你自己是在你的学术或者应用学科之内进行某些研究（如特殊教育、护理、社会工作、教育领导力）。在你进行研究的时候，你多多少少会学到一些改善你的实践的东西。多萝茜有着20年的临床护理经验，她认为自己已经知道了"对人认真地说'继续'，以及人们沉思时发出'嗯'的声音的价值"。尽管如此，在研究把一个心爱的人委托到机构式看护中心的过程中，她发现，受访者"似乎渴望一只倾听的耳朵"。她的开放的、深入的问题使得参与者讲述了他们的故事。"对一些人来说，"她说，"我感觉我是第一个倾听他们的健康的专业人士。"相比于护士角色，多萝茜的研究角色让她了解了更多关于她的委托人的东西。由于她的委托人喜欢用长时间来讨论困难的问题，多萝茜计划把更长的、更有探索性的访谈整合到她的实践中。同样，阿莫特（Aamodt，1989）也讨论了把质性访谈技术用到身患癌症的孩子们身上的情况，这可以提供更多的个人意义的关照。

多萝茜也反思了质性研究中对参与者的观察过程如何扩展了她关于护理中的观察的潜在用途：

> 观察对一个护士来说就如倾听一样自然。对细微细节的关注对于综合性的病人评估是非常必要的。但是，在护理中，观察的范围是有着清晰的规定的。我知道，观察呼吸的速度和深度以及指甲的颜色和黏膜，将使我对肺功能做出结论。但是，我必须做什么特殊的观察才能慢慢理解家庭决策呢？姿势、热心的程度、疲劳的表情，都是有用的信息吗？我现在考虑我总体上看到了什么。我描述了当一个儿子不能把他的父亲带出医院时，他表现出的明显的不安。

通过质性研究，多萝茜学会了适用于她的护理实践的技巧和知识。同样，在其他学科中的实践者—研究者也可以学到技巧和知识，那可以帮助他们完成他们的实践，进行项目评估以及形成政策。

在传统的民族志研究中，参与者可能从调查中学会某些东西。访谈和观察过程也激励着参与者对他们的生活的方方面面有更多的反思。在参与者导向的研究中（如行动研究、批判研究和女性主义研究），研究过程是有意帮助参与者的。这些研究关注被调查者关心的问题。参与者寻求对某些问题的特定的以及本土化的解决方案，或者允许一个研究者和他们一起工作，以发现某些方面的不公平待遇或者问题。参与者有时候是合作研究者，他们可能会学一些研究技巧，以作为观察或者改变生活的一种新方法。例如，当经济上贫困并且孤立的佛蒙特农村妇女在"倾听伙伴"小组中接受了定期地对话的机会，并且和境遇相似的人合作性地解决了问题时，她们开始以不同的方式看待生活，并且她们在学习圈子中形成的关系使她们不再孤立（Belenky，Bond & Weinstock，1997）。研究过程和参与者导向的研究结果一样重要（或者更重要）。

在质性研究中涉及的这些过程——不管是资

料收集、资料分析还是写作——都需要大量的时间。一个攻读博士的看护员反思道："通常我是擅长多重任务处理的，但是我不能在质性研究之外再有别的任务，因为质性研究本身就是一个多重任务。"另一个学生抱怨她的工作总是干扰她的研究。你的研究需要多长时间才能完成取决于许多变量，但是特别取决于你是否必须全职工作并且完成你的调查。许多基金会会资助质性研究，但是你的兴趣和基金会的必须一致，并且你必须尽早开始你的申请过程——有时是在你计划开始研究的一年之前。即使有了资助，一些兼职的学生也不能离开他们的工作。在这种情况下，你可以和你的雇主协商，争取一些有限的时间。如果这是一个选择，考虑要求每天的几个小时，而不是一个星期中的一整天。这可以使你每天参与你的研究并且促使你最大限度地用好有限的时间。这强过用一整天的时间来处理这些问题，并且把这个时间用于其他任务或者差事而削减时间。

利用质性研究了解自己

"我遇到困难了。"查利说，"我不能再写另一篇关于课堂的文章了。我们都累了——待在那里我很烦，而她很烦我在那儿。"查利正在做一个多年级课堂的研究。他一直在观察课堂，访谈孩子们、父母们以及学校人员，并且和老师们在会议上激烈地讨论他的观点。在一次短暂的休息之后，他返回教室，受到老师和学生的欢迎，同时，他学到了做研究过程中的某些东西。查利开始安排不同类型的休息——沉思性的休息可以使他检查自己的工作；完全性的休息可以让他从研究者角色中彻底走出来，并且可以缓解他的参与者被入侵的感受，不管研究者本身有多喜欢。

研究行为教会你作为研究者的一些事。你可能为你认真的倾听和提出探索性的问题而骄傲，但是你也可能意识到你并不是你曾经期望的观察者。你可能需要发展出更好的策略来记录和记下未详细说明的互动。除了学会如何做研究之外，你也对一般意义上的你自己有了更多的了解。吉尔反思道："通过考虑什么问题吸引我们，以及我们问了什么问题，我们可以发现一条路径，它使我们可以更好地理解什么是重要的，以及它对我们每个人意味着什么。"你的研究是自传式的，因为你自身的一些方面被反映在你选择从事的研究中。找出你的兴趣点在哪里可以使你对你的核心价值观以及信仰有更好的理解。反过来，这些理解可以为你将来的理解提供更好的方向。

在两个学期的课程之后，学生们设计和完成了一个试验性研究，我让他们给初学者提出建议。下面是玛丽·卢的建议：

- 了解你的目的——这是你的锚。
- 让它可视化——如果你发现这样做很困难，那就多思考几遍你的设计。
- 批判你的访谈问题——它们是否提供了你想要的信息？
- 总是带着你的访谈问题去访谈。
- 确信你的访谈对象比你谈得更多。
- 做好笔记，这样你就能记住哪里需要探索。
- 每天写日志。
- 给自己发备忘录的电子邮件——日期、主题、时间，这样你可以很容易地通过主题来分类。
- 便利贴对初步编码很有帮助——有的东西可以移动。
- 你可以通过质性研究学会以别的方式学不到的事情——尤其是洞察力。

创造和加深关系

特里·塔夫亚（Terry Tafoya，1989，32），一个美国本土的人类学家，讲述了一个关于小野狼的故事。小野狼在经历一系列事件之后失去了双眼。它的眼睛彻底瞎了，直到老鼠给了它一只很小的眼睛，后来，水牛给了小野狼一只更大的眼睛。但是，小野狼不知道怎么平衡这两种视角。塔夫亚为他的读者提示了一条寓意："作为一个完整的人（有人可能会说，一只完整的小野狼），一个人必须学会不仅在老鼠和水牛的眼睛之间来回切换，更要学会在鹰、熊、美洲狮，以及传说中的所有其他动物之间切换。"

研究者需要学会通过不同的透镜来看（听、

感受）。但是，研究的行为是充满着问题的，因为传统的过程把研究者置于一个设计者、感觉制造者、讲故事者的位置。并且，研究者永远不能通过所需要的各种透镜“看到”对所有人都“正确”的东西。我从来不可能完全地理解这对一个墨西哥人或者同性恋者或者一个阿巴拉契亚煤矿工人意味着什么。蒂尔尼（Tierney，2000，547）反思了他如何批判寻求“记录那些边缘的人的生活——本土美国人、女同性恋和男同性恋个体，以及类似的其他人”，还有他如何批判“传统文本中那些边缘人的缺席”。他继续说，那并不是说一个人不应该研究“他人”，但是，“研究者必须从理解认同的性质开始，并且建立一个文本，这个文本能使读者看清作者/叙述者/说话者是如何创造一个特别的认同的，这个认同充满了争议的意义”（p. 548）。

一个群体内的关系（不管是合作研究者、研究者与参与者，还是旅游学生）都可能意外地比主题研究更能让研究者获得学习和成长的机会。

质性研究工作强调复杂性而不是规范，并且强调有助于多数人而不是少数人。摆脱单一的研究模式而指向对话可以帮助这个过程。通过对话和彼此的了解，我们更容易看清和检视我们所依赖的透镜。在对话中，我们“不是寻求赢或者说服，而是从我们不同的优势中寻求统一”（Panikkar，1995，172）。这个过程不是为了简化一个概念以便于分享理解，或者形成一个所有参与者一致同意的新概念。相反，如瓦逊（Vashon，1995，72）所说，这种对话意味着“我们在差异中的和谐”。

许多真理是一个接一个的。这不是说一个真理和另一个真理一样好，但是我们需要通过这个世界和我们自己的生活了解许多真理。这个目标不是清除真理的冲突，而是达到对多重真理的新的、更深的以及更复杂的理解。

通过对话和合作性研究，我们分享自己，也创造了关系。和他人一起工作而不是“关涉”或“针对”他们。通过走到一起，我们也许开始形成行动框架，这培育了“在我们的差异中的和谐”。如清（Tsing，1997，253）所说的：“我们需要框架，以便可以显示多文化联盟是如何不会过滤、滥用或者扭曲原来的真理的，我们鼓励创造性的意外事件，在其中，所有的理论都被建构。”

结束语

一个自然主义者说：“你可以对一片风景爱上一生，但它对你而言仍然有秘密。”（Wilson，1989，18）不管是研究一个巴西的村庄，还是中西部的基督教学校，或者佛蒙特的一个农村地区学校的管理者的地位，你都不可能理解它的全部，但是你将知道下一步该从哪里开始、问什么新问题、你自己和他人可能会有怎样的感觉。罗尔娜在反思自己的项目时，她这样说：

> 当我回头再看看我的初步目的时，我相信，我取得了一点点进步，很小的一步，不管是对结论的理解，还是学会如何使用质性研究。我感觉我打开了这扇门，窥视到了里面（这是一个相当大的房间!）。巨大的探索空间既让人恐惧又让人兴奋。尽量不要感觉被淹没，我记住了一个老师的话：“你工作工作工作再工作，然后……这个孩子慢慢长大了。”我想，这是指每一个细微的进步。

每一步，不管多小，都有助于理解。舍佩尔-休斯（Scheper-Hughes，1992，28）认为“足够好”的民族志的实践，要接受理解总是有局限性的。但是，我们能够“利用我们手头的资源做到最好——这就是我们仔细地、共情地倾听和观察的能力”。

质性研究是这样一种研究，它通往他人的生活、你的学科、你的实践以及你自身。你不能确信你将在哪里结束，但是在这种探索中，你将不可避免地被推向前方。安德里娅的话表达了这种移情、共情以及伴随着她的工作的尊重：

> 有太多的东西是我想了解的。我感到每一个访谈都是送给我的玫瑰花蕾。我把它们带回家，并且转录它们，它们便开花了。每一个花瓣都是一个新思想或者一个更深的理解。现在，我有三朵美丽的花，一只手中的一朵以及另一只手中已开放的两朵。

真正的研究没有结束。相反，它为另一个研究指明了道路。

* *

推荐的阅读材料

Denzin, N. and M. Giardian (eds.) 2009. *Qualitative Inquiry and Social Justice*. Walnut Creek, CA: Left Coast Press.

练习

(1) 反思你的研究的可能意义。它以什么方式对理论、政策以及/或者实践产生效用？写下这些想法。

(2) 完成你的试验性研究之后，返回你的研究陈述、你的研究设计以及你的访谈问题，你将会做哪些修改？

(3) 形成一个研究计划并且进行调查。

附录A　形成质性研究方案的指南①

一、标题（形成并润色研究标题，这是研究的中心）

二、研究引言

（1）研究目的

（2）研究陈述（形成一个句子的陈述，以描述你意向中的调查。使它清晰、集中并且可行。无论你什么时候讨论你的计划，在你的方案中都要重新使用这个陈述）

（3）研究种类（民族志、民族方法论、行动研究等）及其合适的理由

三、研究背景

（1）已有理论和研究的关系

（2）个人经验与知识和研究的关系

（3）试验性研究对你当前思想及所提议的路径的贡献

四、研究问题

（1）描述你的研究想理解和探索的主要问题

（2）你的问题和试验性研究及理论、你自己的经验以及研究目的之间的关系

五、研究方法（描述并且论证每一个选择，使用质性研究文本和文章来说明你对研究过程的熟悉）

（1）描述研究现场或社会背景

（2）讨论研究的类型（案例研究、扎根理论、民族志等）

（3）取样策略（场景、人物、地点、时间以及其他资料来源）

（4）资料收集技术

（5）考虑可能的伦理问题

六、效度

（1）对研究可信度的潜在威胁

（2）你如何处理这些威胁

七、意义和贡献

（1）知识（你的研究可能对理论或知识产生什么贡献?）

（2）政策（你的研究可能对政策有什么贡献?）

（3）实践（你的研究对实践或者实践者有什么贡献?）

（4）参与者（你的研究如何影响研究参与者以及他们所在的社区?）

八、参考文献

九、附录

（1）时间表

（2）概要

（3）知情同意书

（4）访谈问题

---

① 这一提纲仅意味着一种指南，一种可能的模板，并不是一种严格的框架。

词汇表

档案研究（archival research）：指基于文献的研究。这些文献可以是历史的或者当前的，范围包括图书馆的档案，以及人们阁楼里的剪贴本。

自传式民族志（autoethnography）：把对自我的探究作为社会文化背景的一部分的研究，其产生的文本倾向于唤起读者的体验。

自身情境研究（backyard research）：这种研究调查自己的情境、机构或者社区。

博客（blog）：一种在网络上的持续的叙述，由个人或者群体使用者所写。是网页日志（web log）的简称。

质性资料分析软件（CAQDAS）：计算机辅助的质性资料分析软件的首字母缩写。这些软件程序通过计算机化的工具来帮助分析资料，用于组织、编码、分类、交叉引用、建构理论、展示，等等。

案例研究（case study）：一种对个人、组织，或者某些有界群体、地方，或者过程的集中研究。

编码（coding）：在资料丛中表述一个特征、维度、过程、主题等。在质性研究中，文本的段落可以通过代码来标注，从而把相似的段落联系在一起，这样可以更好地了解一个观点或主题是如何被表述的，并且在研究群体中是如何被表达的。也可参见质性编码（qualitative coding）。

代码本（codebook）：关于代码和次级代码的清单，以及它们的描述者和研究者制定的对使用它们的所有指南。

殖民研究（colonial research）：这个术语有时候用于指外来者或者有权者强加在某些群体上的研究。在这种被称为殖民式的研究中，研究的目的不是为了服务于那些被研究者，而且决定是由研究者作出并控制的，研究者和被研究者之间的关系距离被保留着。

概念化的研究背景（conceptual context）：通常来自多学科的反映了某个人的研究的理论、观点和定义。这些概念一起为形成调查问题创造一个有用的组织构架。

意识提升（concientization）：一种通过调查和对话形成的有意识的提升过程，通常用于参与性行动研究。

持续的案例比较（constant case comparison）：来自扎根理论研究的一个过程，在其中，新的资料，尤其是从新的个案中获得的新资料被编码，并且不断地和之前收集的资料进行比较，以更好地提炼理论范畴，帮助研究者继续研究新的个案或者问题。

创造性的分析实践（creative analytic practices）：这是一个由理查德森（Richardson，2000）创造的短语，用来描述质性研究者表述他们的研究的各种非传统方式——通常利用文学传统如戏剧、诗歌以及叙述等。

表述危机（crisis of representation）：指“对人类科学描述社会现实的足够手段的不确定性”（Schwandt，2007，48）。研究者放弃权威的立场，接受知识总是有局限性的，由特定的环境所形成并且有着特定的历史的理解。

种族批判理论（critical race theory）：这种理论关注这样一种方式，即在其中种族主义如地深植于社会中，以至对许多人来说，它显得是“正常的”。它把种族看成一种社会建构的方式，用以对人们进行识别和分类。

去殖民化研究（decolonizing research）：在其中，目标、方法以及研究的使用寻求挑战服务于压迫以及贬低特定人群的权力关系。

解构（deconstruction）：一个揭示（书面的）文本内的矛盾和不协调的过程。“解构的目标不是在某种程度上把文本解码以揭示其意义或者真理，而是转移或者动摇被认为理所当然的东西，如文

本的统一性的观点、文本的信息或意义，或者文本作者的身份。”（Schwandt，2007，63）

演绎推理（deductive reasoning）：从理论、普遍性、抽象性到特殊性、具体性的推理过程。演绎推理通常和归纳推理（inductive reasoning）相对照。

道义论的（deontological）：一种伦理立场，它认为道德行为可以独立于其结果进行判断。伦理的框架有一些标准，如公正、尊重或者诚实，通过这些来评价行为。

话语分析（discourse analysis）：“研究规则和结构的方法，这些规则和结构支配和维持了特定的书面、口头或者可视文本的形成。”（Hay，2005，281）

具身化（embodiment）：固定的个人因素，它们不可能或者很难改变，包括肤色、性别、年龄、身体残疾等；也被看成身份范畴（identity categories）。

认识论（epistemology）：一种处理知识的性质或者我们了解世界的方式，证实我们关于世界的信仰的哲学。

本质主义（essentialism）：这种观点认为词语以及它们所指涉的客体具有本质的意义，而不是社会建构的意义。

民族志戏剧（ethnodrama）：一种创造性的分析实践，在其中，研究者把他们的资料变成戏剧，并且对它们进行表演以作为表述研究的方式。

女性社群主义（feminist communitarianism）：一种社会伦理，被描述为“共同主义、平等主义、民主、批判、关心、参与、表演的、社会公正导向的”（Lincoln & Denzin，2008，542）。

田野日记（field journal）：一种笔记（或者电脑文档），在其中，研究者记录对人物、地点、事件、活动、对话的观察，以及关于出现的模式的反思、预感、笔记或者个人反思。也称为田野日志（field log）。

田野日志（field log）：见田野日记（field journal）。

田野工作（fieldwork）：指在真实生活情境中而不是实验室所做的研究，通常涉及参与式观察、对话和访谈。

焦点小组（focus group）：一些被选择出来的人群，他们被集中在一起，目的是针对一个特定的话题进行讨论。

守门人（gatekeeper）：在研究者进入研究现场之前，需要得到某些人的同意，研究者必须和这些人协商一些条件或者如何进入，这些人被称为守门人。

大旅行问题（grand tour question）：一种要求，要求受访者向访谈者口头讲述地点、时间段、事件或活动的结果，或者描述一些人群或者对象。

扎根理论方法论（grounded theory methodology）：一种植根于研究资料去建构理论的研究过程，它通过收集资料、编码、识别主题，来寻求更多资料，这是一个持续的、反思性的过程。

唯心主义（idealism）：一种观点，认为独立于人们思想之外的现实世界是不存在的，现实世界存在于人们的观念之中，这些观念指导我们如何认知外在世界。

身份范畴（identity categories）：见具身化（embodiment）。

归纳推理（inductive reasoning）：从特殊性或者具体性到普遍性或者抽象性的推理。这种推理通常和质性研究相联系，并和演绎推理相对照。

主体间性（intersubjectivity）：“一种尽可能在同样的资料上联系许多不同的观点的方法。”（Sunstein & Chiseri-Strater，2002，119）在同样的解释、行为或者情形的基础上使用多重资源获得不同解释，包括研究者的解释。

文本互涉（intertextuality）：这个术语最初用于如下方式，即书面文本的意义是由其他文本的意义塑造的。后来这个术语被扩展用于口头的和形象化的文本，并且是“一种说的方式，个人的描述归功于它们对其他描述的结构和意义”（Gubrium & Holstein，2009，185-186）。

访谈计划（interview schedule）：访谈问题清单，在其中，词语或者顺序可能在告知受访者时发生改变。

动作（kinesis）：以某些方式交流时的姿势、姿态以及移动。

概要（lay summary）：一份参与者的关于研究目的和步骤的摘要（书面的或者口头的）。机构审查委员会一般要求提供概要，还有知情同意书。

生活史调查（life history inquiry）：主要关注一个

或几个人的生活经历的研究，资料的收集主要通过访谈实现。

限定身份（liminal）：这是维克托·特纳（Victor Turner）在他的作品中使用的一个术语，指一种角色和身份在其中特别不确定和有问题的环境。这个术语经常用来指某情境中身份的特征。

当地协作者（local facilitator）：一个在研究现场具有广泛知识的人，非本地的研究者以多种方式和他的工作发生密切关联。当地协作者有时候也被称为当地联系人（local consultants）、合作者（collaborators）或者信息提供者（informants），使用不同的术语所表示的关系不同。

逻辑经验主义（logical empiricism）：一种关于逻辑实证主义（logical positivism）的更温和的观点，它形成于20世纪中期。“逻辑经验主义者认为，科学的目的是理论解释的发展，并且合法的解释反过来采取普遍的（代替的）法律形式……”（Schwandt，2007，180）

逻辑实证主义（logical positivism）：一种范式，认为知识是“限于那些能从理论、操作测量以及经验的重复中产生的”（Patton，2002，92）。在20世纪中期，逻辑实证主义被更温和的逻辑经验主义（logical empiricism）所取代。

物质文化（material culture）：在一个群体文化中发现的人工产品或者物质资料，它们承载着或者表现了一定的意义、历史以及这个群体成员的价值观。

增值测量（measures of accretion）：人们所创造的人工产品或者物质资料，如涂鸦艺术、壁画、绘画、笔记以及歌曲。

磨损测量（measures of erosion）：人们通过模式化的活动消磨的日常生活的方方面面，如穿过大学校园草地的小路，或者在流行博物馆展品前面扶手上的光亮程度。

备忘录（memos）：一个人在田野工作以及资料分析时关于特定的思考、洞见或者问题的笔记。

方法（method）：一种用于行程或者分析资料的技术或者程序。

方法论（methodology）：指导研究者如何了解事物的理论框架。方法论的框架包括什么是研究重点的假设，什么形成合法的知识，以及什么是形成知识声称的证据。

叙述分析（narrative analysis）：一种话语分析的形式，它聚焦于口头或书面叙述中的文本策略，可能包括对所讲述故事的日常生活的探索。

客观性（objectivity）：一种可能的信仰或者目标，即最大限度地把个人观点、感受以及偏见从资料收集和分析中分离。这个术语通常和主观性（subjectivity）相对。

观察者评论（observer comments）：研究者在田野工作期间的分析笔记或者对所发生的事情的记录。也可参见备忘录（memos）。

本体论（ontology）：关于世界的信念，即什么组成了这个世界，这些方面如何相互关联。本体论问的问题是“现实的本质是什么，关于它我们能知道什么”。

口述史研究（oral history research）：指集中于历史事件、技能、生活方式，或者可能正在变化的文化模式的访谈调查。

范式（paradigm）：一种哲学或者理论框架，由互相联系的假设和价值观组成，它提供一种看世界和研究世界的方式。范式这个术语从库恩（Kuhn，1962）第一次使用它之后变得流行。

参与式观察（participant observation）：一种研究方法，它要求研究者在研究参与者的日常生活中作为一个互动的观察者。有时候它被当作田野工作（fieldwork）的同义词，包括观察、访谈以及文献收集的程序。

参与式绘图（participatory mapping）：一群人在一起对他们生活中的一些物质方面进行绘图，通常是在研究者或协助者的帮助之下进行的。有时候也被称为社群绘图或者民族绘图。

照片诱发（photo-elicitation）：指“在半结构化访谈中使用照片唤起评论、记忆及讨论”（Banks，2007，65）。

试验性研究（pilot study）：一个简短的研究项目，目的是实践和检验将运用于全面调查中的程序。

诗歌转录（poetic transcription）：一种创造性的实践，在其中，研究者从受访者的话中形成诗歌形式的片段。

关系结构（positionality）：“一个研究者对研究项目或者其他参与者的社会、地位以及意识形态方面的定位”（Hay，2005，290）。关系结构通常被具体因素如种族或性别，以及地位如阶级和成长经历所影响。

后殖民主义（postcolonialism）：一种批判西方思维方式（人文主义和现代主义理想）主导了全世界人民的生活的理论。这种理论要把边缘人的声音放到中心位置，来取代西方霸权。

后现代主义（postmodernism）："一场在人文主义和社会科学中的运动……它信奉多元观点、知识和声音的多元主义，而不是现代性的大理论。"（Hay，2005，290）后现代主义的核心概念包括断裂（fragmentation）、不确定性（indeterminacy）、异质性（heterogeneity）。

后现代性（postmodernity）：意味着现代性——在某种程度上由工业化带来的一个历史时期的中断。后现代性是在全球化、民族国家的衰落以及信息技术年代形成的新的世界秩序（Ahmed & Shore，1995）。

后实证主义（postpositivism）：这个术语被一些人用来指逻辑经验主义——一种更不严格的逻辑实证主义，被另一些人用来指除了逻辑实证主义之外的任何事情。在对这个术语的后一种使用中，除了早期实证主义之外的所有范式都被认为是后实证主义思想的形式。

后结构主义（poststructuralism）：一种对结构主义做出回应的文化理论。它和法国的德里达、福柯以及其他的学者联系在一起，后结构主义声称"意义是不稳定的，永远不确定的"，并且"任何事物都是文本——所有的文本都是相互联系的"（Schwandt，1997，122）。此外，解构主义是一种策略，揭示文本支持和维持的通常被视为理所当然的信仰的方式，服务于合法的统治群体。

实践（praxis）：一种思想和行动之间、理论与实务之间的关系。实践更多的是指把理论用于行动中，也涉及持续的反思以及研究日常互动中使用的概念的经历和意义。

预先假设型问题（presupposition question）：访谈者预先设定的问题，认为"受访者有话要说"（Patton，2002，369）。

问题陈述（problem statement）：参见研究问题（research question）。

问题化（problematize）：质疑被认为理所当然的假设，对社会现象采取其他可能的解释，并且注意到它们的复杂性。

人际距离学（proxemics）：研究人们如何通过它们对空间的使用，尤其是社会空间的使用来沟通。

质性编码（qualitative coding）：把资料分成相似的范畴，以辨析主题、模式以及过程，并且进行比较，建构理论解释。也被称为编索引或者分类。

质性研究（qualitative research）：一种研究类型，它关注诸如词语或者观察的质的方面，这些词语或者观察难以量化，它们适合于进行解释或者解构。

定量研究（quantitative research）：这种类型的研究关注量的方面，使用调查作为工具，涉及较多的人，并且运用统计学来分析。

酷儿理论（queer theory）：这种理论关注生理性别和社会性别的身份是由社会文化建构的，关注这种建构中边界的移动以及矛盾。它挑战了异性恋观念——认为异性恋是/应该成为互动的正常的（以及合法的）方式。

和睦（rapport）：一种一致或密切关系的特质，它在不同的专业关系中是有帮助的，包括研究关系。

读者剧院（reader's theater）：一种创造性的分析实践，在其中，研究资料被转变为戏剧；有时候插入角色以代表抽象的概念，如"理论"、"流行文化"等。除了记忆手稿，表演者分别阅读所选择的文本，有时候异口同声。其舞台很简单，通常只有椅子或者凳子以及一些小道具。

现实主义（realism）：这种观点认为"现实"的存在独立于心灵或者独立于人们思考它的方式。

写实主义故事（realist tale）：一种研究表述形式，在其中，作者详细地说明所研究的人们的生活细节，并使用严密编辑的引语，来报告一些人或者一群人的生活实际上是怎样的。在一个写实主义故事中，研究者在大部分文本中是缺席的，采取一种"全能的解释"的立场。

反思（reflection）：对一些行动、互动、过程等做出仔细的思考，以便获得洞见、理解以及对将来的计划。

反思性（reflexivity）：对一个研究者、研究参与者、场景、一个有趣的互动现象及彼此的影响的批判性反思。这包括"检查个人的和理论的评论，以看到它们是如何以特定方式行动从而产生特定的资料，以及形成特定的解释的”（Schwandt，2007，260）。

相对主义（relativism）：指这样一种观点，即“不同的文化以不同的方式界定现象，所以一个人的视角不能用来判断或者甚至理解另一个人的观点”（Gibbs，2007，151）。相对主义也在伦理的意义上被使用，指没有一种普遍的道德准则来判断一个行动是正确的还是错误的。

表述（representation）：一种关于社会世界的某些方面的描述或者刻画。但是，研究者如何使用语言描述他人，在质性研究中存在不同的讨论。很少人声称他们的表述再次制造了或者反映了社会世界，但是很多人使用他们的表述是有根据的。后结构主义把所有的表述的行为都带到了问题中。

研究目的（research purposes）：一个特殊研究项目在实践上的和智力上的（以及可能的个人上的）目标。

研究问题（research question）：集中于一个研究的一个问题或者一些问题。

符号学（semiotics）：对事物的符号和标志的研究，由于符号代表了其他一些事物，所以便有了信息。

社会建构主义（social constructivism）：这种信念认为知识是被社会性地建构或制造的，包括知识呈现为“客观的”或者是“一个科学真理”。这种观点通常和唯心主义哲学相联系。

利害关系人（stakeholders）：在某些过程中有利害关系的人。这个词通常用于行动研究。

认识论立场（standpoint epistemologies）：这种观点认为，知识是在一定的政治立场中形成的，那些普遍的思想，即使是那些呈现出“客观性”的知识，也是为统治阶级的利益服务的。认识论立场定位于传统上被压迫或被排斥的群体（妇女、男同性恋者、女同性恋者、有色人种、被殖民的人等）的经验、价值观以及利益，并且是“解构冒充知识的东西的工具，也可以揭示它的排斥和统治视角”（Schwandt，2007，276）。

主体位置（subject positions）：一个人生活史的方面以及个人经历，这些有助于形成她/他的价值观。

主观性（subjectivity）：这个术语在研究文本中有不同的使用方式。它可以指一个人的个人史和特质，这些形成了个人观点、信念和情感的基础。有时候指偏见或成见，或者指无根据的主张。这个词通常和客观性（objectivity）相对。后结构主义者声称，对一个人的主观性做出解释是不可能的，因为不存在一个理性的、能认识的自我。

教师研究（teacher research）：由教师完成的研究，涉及对他们自身的实践的调查和反思。

文本（text）：“传统上是书面文字的同义词，但是现在使用得更宽泛，用来指许多来源形式，包括口头文本（包括半结构化访谈和口述史）、图像（包括绘画、照片以及地图），以及书写的和打印的文本（包括报纸、信件以及手册）。”（Hay，2005，296）从后结构主义视角来看，任何事情都是文本并且可以被重写。

理论抽样（theoretical sampling）：一种扎根理论技术，在其中，研究者通过寻找资料中的缺口或者理论中的空洞，提炼概念和理论建构，然后抽出有助于形成理论的特殊个案。

理论饱和（theoretical saturation）：一个扎根理论的概念，指看上去完整的并且已被整合到相继的验证当中的资料，对于形成新的理论来说，没有冗余且无须加入新的东西。

深描（thick description）：一个由格尔茨（Geertz，1973）创造的词，指“描述不只是对一个行动的赤裸的报告（浅描），而是描写和探索它的目的、动机、意义、联系、情形以及行动的环境”（Denzin，1989a，39）。

三角互证（triangulation）：这个术语来自调查和航行，它“是一种检查人们作出推论完整性的手段”（Schwandt，1997，163）。尽管在质性研究中，三角互证的最普通的形式是使用多种资料收集方法，但它也指整合多种资料资源（例如，不仅是老师的，也有学生的和父母的）、多个调查者，或者多种理论视角。

功利主义伦理（utilitarian ethics）：一种伦理标准，在其中，决定是根据最多数人的最大利益的结果作出的。有时也被描述为“结果决定手段”的方法。

真实性（verisimilitude）：这个术语原本指尽可能地接近真理或者现实。今天在质性研究中，真实性常用来指使用大量的细节来生动地再现，以便呈现现实的外观，从而可以帮助读者体会被调查者的观点和经历（Schwandt，2007）。

参考文献

Aamodt, A. 1989. Ethnography and epistemology: Generating nursing knowledge. In J. Morse (ed.), *Qualitative Nursing Research: A Contemporary Dialogue* (pp. 29–40). Rockville, MD: Aspen Publishers.

Adler, P., and P. Adler, 1994. Observational techniques. In N. Denzin and Y. Lincoln (eds.), *Handbook of Qualitative Research* (pp. 377–392). Thousand Oaks, CA: Sage Publications.

Agar, M. 1973. *Ripping and Running: A Formal Ethnography of Urban Heroin Addicts.* New York: Seminar Press.

Agar, M. 1980. *The Professional Stranger.* New York: Academic Press.

Agar, M. 1995. Literary journalism as ethnography. In J. Van Maanen (ed.), *Representation in Ethnography* (pp. 112–129). Thousand Oaks, CA: Sage Publications.

Ahmed, A., and C. Shore. 1995. Introduction: Is anthropology relevant to the contemporary world? In A. Ahmed and C. Shore (eds.), *The Future of Anthropology: Its Relevance to the Contemporary World* (pp. 12–45). London: Athlone.

American Anthropological Association. 1995 (September). *Commission to Review the AAA Statements on Ethics Final Report.* Retrieved October 15, 2004, from www.aaanet.org/committees/ethics/ethrpt.htm.

American Anthropological Association. 1998. *Code of Ethics of the American Anthropological Association.* Retrieved October 15, 2004, from www.aaanet.org/committees/ethics/ethcode.htm.

Anderson, G., K. Herr, and A. S. Nihlen. 1994. *Studying Your Own School: An Educator's Guide to Qualitative Practitioner Research.* Thousand Oaks, CA: Sage Publications.

Anderson, N. 1923. *The Hobo: The Sociology of the Homeless Man.* Chicago: University of Chicago Press.

Anfara, V., Jr., and N. Mertz. 2006. Introduction. In V. Anfara, Jr., and N. Mertz (eds.), *Theoretical Frameworks in Qualitative Research* (pp. xiii–xxxii). Thousand Oaks, CA: Sage Publications.

Angrosino, M. 1998. *Opportunity House: Ethnographic Stories of Mental Retardation.* Walnut Creek, CA: AltaMira Press.

Ashton, P., and R. Webb. 1986. *Making a Difference: Teacher's Sense of Efficacy and Student Achievement.* New York: Longman.

Atkinson, R. 2002. The life story interview. In J. F. Gubrium and J. A. Holstein (eds.), *Handbook of Interview Research: Context and Method* (pp. 121–140). Thousand Oaks, CA: Sage Publications.

Ball, S. 1985. Participant observation with pupils. In R. Burgess (ed.), *Strategies of Educational Research: Qualitative Methods* (pp. 23–53). Philadelphia: Falmer Press.

Bandelier, A. F. 1971. *The Delight Makers: A Novel of Prehistoric Pueblo Indians.* New York: Harcourt Brace Jovanovich. (Original work published 1890.)

Banks, M. 2007. *Using Visual Data in Qualitative Research.* Thousand Oaks, CA: Sage.

Barone, T. 1990a. Using the narrative text as an occasion for conspiracy. In E. Eisner and A. Peshkin (eds.), *Qualitative Inquiry in Education: The Continuing Debate* (pp. 305–326). New York: Teachers College Press.

Barone, T. 1990b. *On the Demise of Subjectivity in Educational Inquiry.* Paper presented at the annual meeting of the American Educational Research Association, Boston.

Barone, T. 2008. Creative nonfiction and social research. In J. G. Knowles and A. L. Cole (eds.), *Handbook of the ARTS in Qualitative Research* (pp. 105–115). Thousand Oaks, CA: Sage.

Barrios de Chungara, D., and M. Viezzer. 1978. *Let Me Speak! Testimony of Domitila, a Woman of the Bolivian Mines* (V. Ortiz, trans.). New York: Monthly Review Press.

Bartunek, J., and M. R. Louis. 1996. *Insider/Outsider Team Research*. Thousand Oaks, CA: Sage Publications.

Bateson, M. C. 1984. *With a Daughter's Eye: A Memoir of Margaret Mead and Gregory Bateson*. New York: Morrow.

Bateson, M. C. 1990. *Composing a Life*. New York: Plume.

Bauman, Z. 2008. Afterthought on writing; On writing sociology. In N. Denzin and Y. Lincoln (eds.), *The Landscape of Qualitative Research*, 3rd ed. (pp. 507–518). Thousand Oaks, CA: Sage.

Baym, N., and Markham, A. 2009. Introduction. In A. Markham and N. Baym (eds.), *Internet Inquiry: Conversations about Method* (pp. vii–xix). Thousand Oaks, CA: Sage.

Becker, H. S. 1986a. *Doing Things Together: Selected Papers*. Evanston, IL: Northwestern University Press.

Becker, H. S. 1986b. *Writing for Social Scientists: How to Start and Finish Your Thesis, Book, or Article*. Chicago: University of Chicago Press.

Behar, R. 1993. *Translated Woman: Crossing the Border with Esperanza's Story*. Boston: Beacon Press.

Behar, R. 1995. Writing in my father's name: A diary of *Translated Woman's* first year. In R. Behar and D. Gordon (eds.), *Women Writing Culture* (pp. 65–82). Berkeley: University of California Press.

Behar, R. 1996. *The Vulnerable Observer: Anthropology That Breaks Your Heart*. Boston: Beacon Press.

Behar, R., and D. Gordon (eds.). 1995. *Women Writing Culture*. Berkeley: University of California Press.

Belenky, M., L. Bond, and J. Weinstock. 1997. *A Tradition That Has No Name: Nurturing the Development of People, Families, and Communities*. New York: Basic Books.

Benson, P. (ed.). 1993. *Anthropology and Literature*. Chicago: University of Illinois Press.

Benthall, J. 1995. From self-applause through self-criticism to self-confidence. In A. Ahmed and C. Shore (eds.), *The Future of Anthropology: Its Relevance to the Contemporary World* (pp. 1–11). London: Athlone.

Berg, B. 1995. *Qualitative Research Methods for the Social Sciences*, 2nd ed. Boston: Allyn & Bacon.

Berg, D. 1988. Anxiety in research relationships. In D. Berg and K. K. Smith (eds.), *The Self in Social Inquiry: Researching Methods*, 2nd ed. (pp. 213–228). Beverly Hills, CA: Sage Publications.

Berlinski, M. 2007. *Fieldwork*. New York: Picador.

Bernard, H. R. 1988. *Research Methods in Cultural Anthropology*. Newbury Park, CA: Sage Publications.

Bishop, P. 1998. *Portraits of Partnership: The Relational Work of Effective Middle Level Partner Teachers*. Unpublished doctoral dissertation, University of Vermont, Burlington.

Bishop, R. 2008. Freeing ourselves from neocolonial domination in research. In N. Denzin and Y. Lincoln (eds.), *The Landscape of Qualitative Research*, 3rd ed. (pp. 145–183). Thousand Oaks, CA: Sage Publications.

Bissex, G. 1987. Year-long, classroom-based studies. In G. Bissex and R. Bullock (eds.), *Seeing for Ourselves: Case-Study Research by Teachers of Writing* (pp. 31–39). Portsmouth, NH: Heinemann.

Bissex, G., and R. Bullock (eds.). 1987. *Seeing for Ourselves: Case-Study Research by Teachers of Writing*. Portsmouth, NH: Heinemann.

Bloom, L. 1998. *Under the Sign of Hope: Feminist Methodology and Narrative Interpretation*. Albany, NY: State University of New York Press.

Bloom, L. R., and P. E. Sawin, 2009. Ethical responsibility in feminist research: Challenging ourselves to do activist research with women in poverty. *International Journal of Qualitative Studies in Education*, 22(3): 333–351.

Bloor, M., and F. Wood, 2006. *Keywords in Qualitative Methods*. Thousand Oaks, CA: Sage.

Blumenfeld-Jones, D. 1995. Dance as a mode of research representation. *Qualitative Inquiry*, 1(4), 391–401.

Blumenfeld-Jones, D. 2008. Dance, choreography, and social science research. In J. G. Knowles and A. L. Cole (eds.), *Handbook of the ARTS in Qualitative Research* (pp. 175–184). Thousand Oaks, CA: Sage.

Boal, A. 2006. *Aesthetics of the Oppressed* (A. Jackson, trans.). New York: Routledge.

Bochner, A., and C. Ellis. 1996. Introduction: Talking over ethnography. In C. Ellis and A. Bochner (eds.), *Composing Ethnography: Alternative Forms of Qualitative Writing* (pp. 13–45). Walnut Creek, CA: AltaMira Press.

Bogdan, R., and S. Biklen. 2003. *Qualitative Research for Education*, 4th ed. Boston: Allyn & Bacon.

Bonfil Batalla, G. 1996. *Mexico Profundo: Reclaiming a Civilization*. Austin: University of Texas Press.

Bottorff, J. 1994. Using videotaped recordings in qualitative research. In J. Morse (ed.), *Critical Issues in Qualitative Research Methods* (pp. 244–261). Thousand Oaks, CA: Sage Publications.

Boyd, D. 2009. A response to Christine Hine. In A. Markham and N. Baym (eds.), *Internet Inquiry: Conversations about Method* (pp. 26–32). Thousand Oaks, CA: Sage.

Brady, J. 1976. *The Craft of Interviewing*. Cincinnati, OH: Writer's Digest.

Brooks, M. 1989. *Instant Rapport*. New York: Warner Books.

Bruner, E. 1984. Introduction: Opening up of anthropology. In E. Bruner (ed.), *Text, Play, and Story: The Construction and Reconstruction of Self and Society* (pp. 1–16). Washington, DC: American Ethnological Society.

Bruner, E. 1986. Experience and its expressions. In V. Turner and E. Bruner (eds.), *The Anthropology of Experience* (pp. 3–30). Urbana: University of Illinois Press.

Bruner, E.1993. Introduction: The ethnographic self and the personal self. In P. Benson (ed.), *Anthropology and Literature* (pp. 1–26). Urbana: University of Illinois Press.

Bruner, J. 1960. *The Process of Education*. Cambridge, MA: Harvard University Press.

Bruner, J. 1979. *On Knowing: Essays for the Left Hand*, rev. ed. Cambridge, MA: Belknap Press.

Bryant, I. 1996. Action research and reflective practice. In D. Scott and R. Usher (eds.), *Understanding Educational Research* (pp. 106–119). New York: Routledge.

Bulmer, M. (ed.). 1982. *Social Research Ethics: An Examination of the Merits of Covert Participation Observation*. London: Macmillan.

Burgess, R. 1984. *In the Field: An Introduction to Field Research*. London: Unwin Hyman.

Busier, H. 1997. *Beyond the Yellow Brick Road: Educational Portraits of Anorexic Women*. Unpublished doctoral dissertation, University of Vermont, Burlington.

Busier, H., K. Clark, R. Esch, C. Glesne, Y. Pigeon, and J. Tarule. 1997. Intimacy in research. *The International Journal of Qualitative Studies in Education*, 10(2), 165–170.

Butler-Kisber, L. 2008. Collage as inquiry. In J. G. Knowles and A. L. Cole (eds.), *Handbook of the ARTS in Qualitative Research* (pp. 265–276). Thousand Oaks, CA: Sage.

Cameron, J. 2005. Focusing on the focus group. In I. Hay (ed.), *Qualitative Research Methods in Human Geography*, 2nd ed. (pp. 116–132). New York: Oxford University Press.

Caro, R. 1988. Lyndon Johnson and the roots of power. In W. Zinsser (ed.), *Extraordinary Lives: The Art and Craft of American Biography* (pp. 199–231). Boston: Houghton Mifflin.

Carr, W., and S. Kemmis. 1986. *Becoming Critical: Education, Knowledge and Action Research.* London: Falmer Press.

Carspecken, P., and M. Apple. 1992. Critical qualitative research: Theory, methodology, and practice. In M. LeCompte, W. Millroy, and J. Preissle (eds.), *The Handbook of Qualitative Research in Education* (pp. 507–553). San Diego, CA: Academic Press.

Casas, J. 2005. Scenes from 14. In J. Saldaña (ed.), *Ethnodrama: An Anthology of Reality Theatre* (pp. 45–61). Walnut Creek, CA: Alta Mira Press.

Cassell, J. 1987. Cases and comments. In J. Cassell and S. E. Jacobs (eds.), *Handbook on Ethical Issues in Anthropology* (pp. 37–75). Washington, DC: American Anthropological Association.

Cassell, J., and S. E. Jacobs (eds.). 1987. Introduction. In *Handbook on Ethical Issues in Anthropology* (pp. 1–3). Washington, DC: American Anthropological Association.

Chapin, M., and B. Threlkeld, 2001. *Indigenous Landscapes: A Study in Ethnocartography*: Washington, DC: Center for the Support of Native Lands.

Charmaz, K. 2002. Qualitative interviewing and grounded theory analysis. In J. F. Gubrium and J. A. Holstein (eds.), *Handbook of Interview Research: Context and Method* (pp. 675–694). Thousand Oaks, CA: Sage Publications.

Christians, C. 2000. Ethics and politics in qualitative research. In N. Denzin and Y. Lincoln (eds.), *Handbook of Qualitative Research,* 2nd ed. (pp. 133–155). Thousand Oaks, CA: Sage Publications.

Christians, C. 2008. Ethics and politics in qualitative research. In N. Denzin and Y. Lincoln (eds.), *The Landscape of Qualitative Research* (pp. 185–220). Thousand Oaks, CA: Sage.

Clark, K. A. 1999. *Moving Beyond Recognition: Voices of Women Academics That Have Experience Being First-Generation College Students.* Unpublished doctoral dissertation, University of Vermont, Burlington.

Clark/Keefe, K. 2002. A fine line: Integrating art and fieldwork in the study of self-conceptualization and educational experiences. *The Alberta Journal of Educational Research,* XLVIII(3), CD-ROM supplement.

Clark/Keefe, K. 2006. Degrees of separation: An ourstory about working-class and poverty-class academic identity. *Qualitative Inquiry, 12*(6), 1180–1197.

Cochran-Smith, M., and S. Lytle. 1993. *Inside/Outside: Teacher Research and Knowledge.* New York: Teachers College Press.

Coffey, A., and P. Atkinson. 1996. *Making Sense of Qualitative Data: Complementary Research Strategies.* Thousand Oaks, CA: Sage Publications.

Coles, R. 1977. *Eskimos, Chicanos, Indians.* Boston: Little, Brown.

Coles, R. 1989. *The Call of Stories: Teaching and the Moral Imagination.* Boston: Houghton Mifflin.

Collier, J., Jr., and M. Collier. 1986. *Visual Anthropology: Photography as a Research Method,* rev. ed. Albuquerque: University of New Mexico Press.

Colvard, R. 1967. Interaction and identification in reporting field research: A critical reconsideration of protective procedures. In G. Sjoberg (ed.), *Ethics, Politics and Social Research* (pp. 319–358). Cambridge, MA: Schenkman.

Couch, J. 1987. Objectivity: A crutch and club for bureaucrafts/A haven for lost souls. *Sociological Quarterly,* 28, 105–110.

Cressey, P. G. 1932/2008. *The Taxi-Dance Hall: A Sociological Study in Commercialized Recreation and City Life.* Chicago: University of Chicago Press.

Creswell, J. 1998. *Qualitative Inquiry and Research Design: Choosing among Five Traditions.* Thousand Oaks, CA: Sage Publications.

Crisler, L. 1958. *Arctic Wild*. New York: Harper & Brothers.

Crotty, M. 1998. *The Foundations of Social Research: Meaning and Perspective in the Research Process*. London: Sage Publications.

Dalton, M. 1959. *Men Who Manage: Fusions of Feeling and Theory in Administration*. New York: Wiley.

Daniels, A. K. 1967. The low caste stranger. In G. Sjoberg (ed.), *Ethics, Politics and Social Research* (pp. 267–296). Cambridge, MA: Schenkman.

Davies, K. 1996. Capturing women's lives: A discussion of time and methodological issues. *Women's Studies International Forum*, 19(6), 579–588.

Davis, H. 2001. The management of self: Practical and emotional implications of ethnographic work in a public hospital setting. In K. Gilbert (ed.), *The Emotional Nature of Qualitative Research* (pp. 37–61). New York: CRC Press.

Davis, J. 1988. Teachers, kids, and conflict: Ethnography of a junior high school. In J. Spradley and D. McCurdy (eds.), *The Cultural Experience: Ethnography in Complex Society* (pp. 103–121). Long Grove, IL: Waveland Press. (Original work published 1972.)

Delamont, S. 1992. *Fieldwork in Educational Settings: Methods, Pitfalls and Perspectives*. Washington, DC: Falmer Press.

Delamont, S. 2002. Whose side are we on? Revisiting Becker's classic ethical questions at the *fin de siecle*. In T. Welland and L. Pugsley (eds.), *Ethical Dilemmas in Qualitative Research* (pp. 149–163). Burlington, VT: Ashgate Publishing.

Denny, T. 1978. *Storytelling and Educational Understanding*. Paper presented at the national meeting of the International Reading Association, Houston.

Denzin, N. 1989a. *The Research Act*, rev. ed. Englewood Cliffs, NJ: Prentice Hall.

Denzin, N. 1989b. *Interpretive Interactionism*. Newbury Park, CA: Sage Publications.

Denzin, N. 1997. *Interpretive Ethnography: Ethnographic Practices for a 21st Century*. Thousand Oaks, CA: Sage Publications.

Denzin, N. 2008. Interpretive biography. In J. G. Knowles and A. L. Cole (eds.), *Handbook of the ARTS in Qualitative Research* (pp. 117–125). Thousand Oaks, CA: Sage.

Denzin, N., and M. Giardina (eds.) 2009. *Qualitative Inquiry and Social Justice*. Walnut Creek, CA: Left Coast Press.

Denzin, N., and Y. Lincoln (eds.). 2000. *Handbook of Qualitative Research*, 2nd ed. Thousand Oaks, CA: Sage Publications.

Dickens, D., and A. Fontana (eds.). 1994. *Postmodernism Social Inquiry*. New York: The Guilford Press.

Dicks, B., B. Mason, A. Coffey, and P. Atkinson, P. 2005. *Qualitative Research and Hypermedia: Ethnography for the Digital Age*. Thousand Oaks: Sage Publications.

Didion, J. 1988. Interview on Fresh Air program, 19 January 1988. National Public Radio.

Diener, E., and R. Crandall. 1978. *Ethics in Social and Behavioral Research*. Chicago: University of Chicago Press.

Dillard, A. 1982. *Living by Fiction*. New York: Harper & Row.

Dillon, D. R. 1989. Showing them that I want to learn and that I care about who they are: A microethnography of the social organization of a secondary low-track English-reading classroom. *American Educational Research Journal*, 26, 227–259.

Dobbert, M. L. 1982. *Ethnographic Research: Theory and Application for Modern Schools and Societies*. New York: Praeger.

Dohan, D., and M. Sanchez-Jankowski. 1998. Using computers to analyze ethnographic field data: Theoretical and practical considerations. *Annual Review of Sociology*, 24, 477–498.

Donmoyer, R., and J. Yennie-Donmoyer. 1995. Data as drama: Reflections on the use of readers' theater as a mode of qualitative data display. *Qualitative Inquiry*, 1(4), 402–428.

Donmoyer, R., and J. Y. Donmoyer, 2008. Readers' Theater as a data display strategy. In J. G. Knowles and A. L. Cole (eds.), *Handbook of the ARTS in Qualitative Research* (pp. 209–224). Thousand Oaks, CA: Sage.

Douglas, J. 1976. *Investigative Social Research: Individual and Team Field Research.* Beverly Hills, CA: Sage Publications.

Douglas, J. 1985. *Creative Interviewing.* Beverly Hills, CA: Sage Publications.

Dowling, R. 2005. Power, subjectivity, and ethics in qualitative research. In I. Hay (ed.), *Qualitative Research Methods in Human Geography,* 2nd ed., (pp. 19–29). New York: Oxford University Press.

Ebbutt, D. 1985. Educational action research: Some general concerns and specific quibbles. In R. Burgess (ed.), *Issues in educational research: Qualitative methods* (pp. 152–174). Philadelphia: Falmer Press.

Eisner, E. 1981. On the differences between scientific and artistic approaches to qualitative research. *Educational Researcher,* 10(4), 5–9.

Eisner, E. 1990. *Objectivity in Education Research.* Paper presented at the annual meeting of the American Educational Research Association, Boston.

Eisner, E. 1997. The promise and perils of alternative forms of data representation. *Educational Researcher,* 26(6), 4–10.

Eisner, E. 2008. Art and knowledge. In J. G. Knowles and A. L. Cole (eds.), *Handbook of the ARTS in Qualitative Research* (pp. 3–12). Thousand Oaks, CA: Sage.

Eisner, E., and A. Peshkin (eds.). 1990. *Qualitative Inquiry in Education: The Continuing Debate.* New York: Teachers College Press.

Ellen, R. F. 1984. *Ethnographic Research: A Guide to General Conduct.* New York: Academic Press.

Ellingson, L. 2009. *Engaging in Crystallization in Qualitative Research.* Thousand Oaks, CA: Sage.

Ellis, C. 1995. The other side of the fence: Seeing black and white in a small southern town. *Qualitative Inquiry,* 1(2), 147–167.

Ellis, C. 2004. *The Ethnographic I: A Methodological Novel about Autoethnography.* Walnut Creek, CA: AltaMira.

Ellis, C., and L. Berger, 2003. Their story/my story/our story. In J. Holstein and J. Gubrium (eds.), *Inside Interviewing: New Lenses, New Concerns* (pp. 467–493). Thousand Oaks, CA: Sage Publishing.

Ellis, C., and A. Bochner (eds.). 1996. *Composing Ethnography: Alternative Forms of Qualitative Writing.* Walnut Creek, CA: AltaMira Press.

Ellis, C., and A. Bochner. 2000. Autoethnography, personal narrative, reflexivity: Research as subject. In N. Denzin and Y. Lincoln (eds.), *Handbook of Qualitative Research,* 2nd ed. (pp. 733–768). Thousand Oaks, CA: Sage Publications.

Elm, M. S. 2009. How do various notions of privacy influence decisions in qualitative internet research? In A. Markham and N. Baym (eds.), *Internet Inquiry: Conversations about Method* (pp. 69–87). Thousand Oaks, CA: Sage.

English, F. 1988. The utility of the camera in qualitative research. *Educational Researcher,* 17(4), 8–15.

Enright, S., and J. Tammivaara. 1984. *Tell Me More: The Elicitation of Interview Data in a Microethnographic Study of Multicultural Classrooms.* Paper presented at the annual meeting of the American Educational Research Association, New Orleans.

Ensler, E. 2001. *The Vagina Monologues.* New York: Villard.

Erickson, F. 1973. What makes school ethnography "ethnographic?" *Council on Anthropology and Education Newsletter,* 4(2), 10–19.

Erickson, F. 1986. Qualitative methods in research on teaching. In M. C. Wittrock (ed.), *Handbook of Research on Teaching*, 3rd ed. (pp. 119–161). New York: Macmillan.

Erickson, F., and G. Mohatt. 1982. Cultural organization of participant structures in two classrooms of Indian students. In G. Spindler (ed.), *Doing the Ethnography of Schooling: Educational Anthropology in Action* (pp. 132–174). New York: Holt, Rinehart & Winston.

Esch, R. 1996. *Conversation between Intimates, an Evening of Chamber Music: Girls' Friendship, Self, and Experience during the Transition from Childhood to Adolescence.* Unpublished manuscript, University of Vermont, Burlington.

Esteva, G., and M. S. Prakash. 1998. *Grassroots Post-modernism.* New York: Zed Books.

Farganis, S. 1994. Postmodernism and feminism. In D. Dickens and A. Fontana (eds.), *Postmodernism and Social Inquiry* (pp. 101–126). New York: The Guilford Press.

Feldman, M. S., J. Bell, and M. T. Berger. 2003. *Gaining Access: A Practical and Theoretical Guide for Qualitative Researchers.* Walnut Creek, CA: AltaMira.

Fetterman, D. 1998. *Ethnography: Step by Step*, 2nd ed. Thousand Oaks, CA: Sage Publications.

Finch, J. 1984. It's great to have someone to talk to: The ethics and politics of interviewing women. In C. Bell and H. Roberts (eds.), *Social Researching: Politics, Problems and Practice* (pp. 70–88). London: Routledge & Kegan Paul.

Fine, G. A. 1980. Cracking diamonds: Observer role in little league baseball settings and the acquisition of social competence. In W. Shiffir, R. Stebbins, and A. Turowetz (eds.), *Fieldwork Experiences: Qualitative Approaches to Social Research* (pp. 117–132). New York: St. Martin's Press.

Fine, G., and K. Sandstrom. 1988. *Knowing Children: Participant Observation with Minors.* Newbury Park, CA: Sage Publications.

Finley, S., and G. Knowles. 1995. Researcher as artist/Artist as researcher. *Qualitative Inquiry*, 1(1), 110–142.

Firestone, W. 1987. Meaning in method: The rhetoric of quantitative and qualitative research. *Educational Researcher*, 16(7), 16–21.

Flax, J. 1990. Postmodernism and gender relations in feminist theory. In L. J. Nicholson (ed.), *Feminism/Postmodernism* (pp. 39–62). New York: Routledge.

Flinders, D. 1987. *What Teachers Learn from Teaching: Educational Criticisms of Instructional Adaptation.* Unpublished doctoral dissertation, Stanford University, Stanford, CA.

Flinders, D. 1992. In search of ethical guidance: Constructing a basis for dialogue. *Qualitative Studies in Education*, 5(2), 101–115.

Flinders, D., and G. Mills (eds.). 1993. *Theory and Concepts in Qualitative Research: Perspectives from the Field.* New York: Teachers College Press.

Fonow, M., and J. Cook (eds.). 1991. *Beyond Methodology: Feminist Scholarship as Lived Research.* Bloomington: Indiana University Press.

Fontana, A. 1994. Ethnographic trends in the postmodern era. In D. Dickens and A. Fontana (eds.), *Postmodernism and Social Inquiry* (pp. 203–223). New York: The Guilford Press.

Fontana, A. 2002. Postmodern trends in interviewing. In J. F. Gubrium and J. A. Holstein (eds.), *Handbook of Interview Research: Context and Method* (pp. 161–175). Thousand Oaks, CA: Sage Publications.

Fontana, A., and J. Frey. 1994. Interviewing: The art of science. In N. Denzin and Y. Lincoln (eds.), *Handbook of Qualitative Research* (pp. 361–376). Thousand Oaks, CA: Sage Publications.

Fontana, A., and J. Frey. 2000. The interview: From structured questions to negotiated text. In N. Denzin and Y. Lincoln (eds.), *Handbook of Qualitative Research*, 2nd ed. (pp. 645–672). Thousand Oaks, CA: Sage Publications.

Fowler, F. 2006. Struggling with theory: A beginning scholar's experience with Mazzoni's arena models. In J. Vincent Anfara and N. Mertz (eds.), *Theoretical Frameworks in Qualitative Research* (pp. 39–58). Thousand Oaks, CA: Sage Publications.

Freilich, M. 1977. *Marginal Natives at Work: Anthropologists in the Field*. New York: Harper & Row.

Freire, P. 2000. *Pedagogy of the Oppressed*. New York: Continuum. (Original work published 1970.)

Fulwiler, T. 1985. Writing is everybody's business. *National Forum: Phi Kappa Phi Journal*, 65(4), 21–24.

Furney, K. 1997. *Caring as the Cornerstone of Change: A Cross-Case Analysis of Three Schools' Experience in Implementing General and Special Education Reform*. Unpublished doctoral dissertation, University of Vermont, Burlington.

Gall, M., W. Borg, and J. Gall. 1996. *Educational Research: An Introduction*, 6th ed. New York: Longman.

Galliher, J. F. 1982. The protection of human subjects: A reexamination of the professional code of ethics. In M. Bulmer (ed.), *Social Research Ethics* (pp. 152–165). London: Macmillan.

Gans, H. 1982. The participant-observer as a human being: Observations on the personal aspects of fieldwork. In R. Burgess (ed.), *Field Research: A Sourcebook and Field Manual* (pp. 53–61). London: George Allen & Unwin.

Geertz, C. 1973. *The Interpretation of Cultures*. New York: Basic Books.

Geertz, C. 1988. *Work and Lives: The Anthropologist as Author*. Stanford, CA: Stanford University Press.

Geertz, C. 1995. *After the Fact: Two Countries, Four Decades, One Anthropologist*. Cambridge, MA: Harvard University Press.

Gibbs, G. 2007. *Analyzing Qualitative Data*. Thousand Oaks, CA: Sage.

Giddens, A. 1995. Epilogue: Notes on the future of anthropology. In A. Ahmed and C. Shore (eds.), *The Future of Anthropology: Its Relevance to the Contemporary World* (pp. 272–277). London: Athlone.

Gilligan, C. 1993. *In a Different Voice: Psychological Theory and Women's Development*. Cambridge, MA: Harvard University Press. (Original work published 1982.)

Gitlin, A. (ed.). 1994. *Power and Method: Political Activism and Educational Research*. New York: Routledge.

Glaser, B. 1978. *Theoretical Sensitivity: Advances in the Methodology of Grounded Theory*. Mill Valley, CA: Sociology Press.

Glaser, B., and A. Strauss. 1967. *The Discovery of Grounded Theory: Strategies for Qualitative Research*. Chicago: Aldine.

Glazer, M. 1972. *The Research Adventure: Promise and Problems of Fieldwork*. New York: Random House.

Glazer, M. 1982. The threat of the stranger: Vulnerability, reciprocity, and fieldwork. In J. Sieber (ed.), *Ethics of Social Research: Fieldwork, Regulation, and Publication* (pp. 49–70). New York: Springer-Verlag.

Glesne, C. 1985. *Strugglin', but No Slavin': Agriculture, Education, and Rural Young Vincentians*. Unpublished doctoral dissertation, University of Illinois, Urbana.

Glesne, C. 1989. Rapport and friendship in ethnographic research. *International Journal of Qualitative Studies in Education*, 2(1), 45–54.

Glesne, C. 1997. That rare feeling: Re-presenting research through poetic transcription. *Qualitative Inquiry*, 3(2), 202–221.

Glesne, C. 1998. Ethnography with a biographic eye. In C. Kridel (ed.), *Writing Educational Biography* (pp. 33–43). New York: Garland Publishing.

Glesne, C. 2003. The will to do: Youth regenerating community in Oaxaca, Mexico. *Educational Studies*, 34(2), 198–212.

Glesne, C., and A. Peshkin. 1992. *Becoming Qualitative Researchers.* New York: Longman.

Gold, R. 1969. Roles in sociological field observations. In G. McCall and J. L. Simmons (eds.), *Issues in Participant Observation: A Text and Reader* (pp. 30–39). Menlo Park, CA: Addison-Wesley.

Gonzalez, N. 1986. The anthropologist as female head of household. In T. L. Whitehead and M. E. Conaway (eds.), *Self, Sex, and Gender in Cross-Cultural Fieldwork* (pp. 84–100). Urbana: University of Illinois Press.

Gorden, R. 1980. *Interviewing: Strategy, Techniques, and Tactics,* 3rd ed., Homewood, IL: Dorsey Press.

Goswami, D., and P. Stillman (eds.). 1987. *Reclaiming the Classroom: Teacher Research as an Agency for Change.* Upper Montclair, NJ: Boynton Cook.

Gould, S. 1989. *Wonderful Life: The Burgess Shale and the Nature of History.* New York: W. W. Norton.

Greene, J. 2000. Understanding social programs through evaluation. In N. Denzin and Y. Lincoln (eds.), *Handbook of Qualitative Research,* 2nd ed. (pp. 981–999). Thousand Oaks, CA: Sage Publications.

Griffiths, G. 1985. Doubts, dilemmas and diary-keeping: Some reflections on teacher-based research. In R. Burgess (ed.), *Issues in educational research: Qualitative methods,* (pp. 197–215). Philadelphia: Falmer Press.

Guba, E. 1990. The alternative paradigm dialog. In E. Guba (ed.), *The Paradigm Dialog* (pp. 17–27). Newbury Park, CA: Sage Publications.

Guba, E. (ed.), 1990. *The Paradigm Dialog.* Newbury Park, CA: Sage Publications.

Guba, E., and Y. Lincoln. 1994. Competing paradigms in qualitative research. In N. Denzin and Y. Lincoln (eds.), *Handbook of Qualitative Research* (pp. 105–117). Thousand Oaks, CA: Sage Publications.

Guba, E., and Y. Lincoln. 2008. Paradigmatic controversies, contradictions, and emerging confluences. In N. Denzin and Y. Lincoln (eds.), *The Landscape of Qualitative Research,* 3rd ed. (pp. 255–286). Thousand Oaks, CA: Sage Publications.

Gubrium, J. F., and J. A. Holstein. 2002. From the individual interview to the interview society. In J. F. Gubrium and J. A. Holstein (eds.), *Handbook of Interview Research: Context and Method* (pp. 3–32). Thousand Oaks, CA: Sage Publications.

Gubrium, J. F., and J. A. Holstein (eds.). 2002. *Handbook of Interview Research: Context and Method.* Thousand Oaks, CA: Sage Publications.

Gubrium, J. F., and J. A. Holstein. 2009. *Analyzing Narrative Reality.* Thousand Oaks, CA: Sage.

Hagedorn, M. 1994. Hermeneutic photography: An innovative esthetic technique for generating data in nursing research. *Advances in Nursing Science,* 17(1), 44–50.

Hammersley, M. 1992. *What's Wrong with Ethnography.* London: Routledge.

Hammersley, M., and P. Atkinson. 1983. *Ethnography: Principles in Practice.* New York: Tavistock.

Hamnett, M., and D. Porter. 1983. Problems and prospects in Western approaches to cross-national social science research. In D. Landis and R. Breslin (eds.), *Handbook of Intercultural Training* (pp. 61–81). New York: Pergamon Press.

Hansen, J. P. 1976. The anthropologist in the field: Scientist, friend, voyeur. In M. A. Rynkiewich and J. P. Spradley (eds.), *Ethics and Anthropology: Dilemmas in Field Work* (pp. 123–134). New York: Wiley.

Harding, S. (ed.). 1987. *Feminism and Methodology: Social Science Issues.* Bloomington: Indiana University Press.

Harding, S. 1998. *Is Science Multicultural? Postcolonialisms, Feminisms, and Epistemologies.* Bloomington: Indiana University Press.

Harker, R. 1993. *Searching for Trees in the Postmodern Forest: Tales of an Educational Dog.* Paper presented at the NZARE Annual Conference, University of Waikato, New Zealand.

Hay, I. (ed.). 2005. *Qualitative Research Methods in Human Geography,* 2nd ed. New York: Oxford University Press.

Henry, J. 1992. The paradox of friendship in the field: Analysis of a long-term Anglo-Japanese relationship. In J. Okely and H. Callaway (eds.), *Anthropology and Autobiography* (pp. 163–174). London: Routledge.

Hersey, J. 1988. Agee. *New Yorker,* 18 July, 72–82.

Higgs, C., and L. McAllister. 2001. Being a methodological space cadet. In H. Byrne-Armstrong, J. Higgs, and D. Horsfall (eds.), *Critical Moments in Qualitative Research* (pp. 30–43). Boston: Butterworth-Heinemann.

Higgs, J. 2001. Charting standpoints in qualitative research. In H. Byrne-Armstrong, J. Higgs, and D. Horsfall (eds.), *Critical Moments in Qualitative Research* (pp. 44–67). Boston: Butterworth-Heinemann.

Hockings, P. (ed.). 1995. *Principles of Visual Anthropology.* New York: Mouton de Gruyter.

Holliday, A. 2002. *Doing and Writing Qualitative Research.* Thousand Oaks, CA: Sage Publications.

Hollingsworth, S. (ed.). 1997. *International Action Research: A Casebook for Educational Reform.* Washington, DC: The Falmer Press.

Hollway, W., and T. Jefferson. 2000. *Doing Qualitative Research Differently: Free Association, Narrative and the Interview Method.* Thousand Oaks, CA: Sage Publications.

Homan, R., and M. Bulmer. 1982. On the merits of covert methods: A dialogue. In M. Bulmer (ed.), *Social Research Ethics* (pp. 105–124). London: Macmillan.

Hooks, B. 1984. *Feminist Theory from Margin to Center.* Boston: South End Press.

Horowitz, R. 1986. Remaining an outsider: Membership as a threat to the research report. *Urban Life,* 14, 409–430.

Howe, K. 1988. Against the quantitative–qualitative incompatibility thesis, or dogmas die hard. *Educational Researcher,* 17(8), 10–16.

Howitt, R., and S. Stevens, 2005. Cross-Cultural Research: Ethics, Methods, and Relationships. In I. Hay (ed.), *Qualitative Research Methods in Human Geography,* 2nd ed. (pp. 30–50). New York: Oxford University Press.

Huddle, D. 1991. *The Writing Habit.* Hanover, NH: University Press of New England.

Humphreys, L. 1970. *Tearoom Trade: Impersonal Sex in Public Places.* Chicago: Aldine.

Hustler, E., A. Cassidy, and E. C. Cuff (eds.). 1986. *Action Research in Classrooms and Schools.* Boston: Allen & Unwin.

Hyman, H. 1975. *Interviewing in Social Research.* Chicago: University of Chicago Press. (Original work published 1954.)

Hymes, D. H. 1982. What is ethnography? In P. Gilmore and A. Glatthorn (eds.), *Children in and out of School* (pp. 21–32). Washington, DC: Center for Applied Linguistics.

Jacob, E. 1988. Clarifying qualitative research: A focus on traditions. *Educational Researcher,* 17(1), 16–24.

Jacobs, S. E. 1987. Cases and solutions. In J. Cassell and S. E. Jacobs (eds.), *Handbook on Ethical Issues in Anthropology* (pp. 20–36). Washington, DC: American Anthropological Association.

Jansen, G., and A. Peshkin, 1992. Subjectivity in qualitative research. In M. LeCompte, W. Millroy, and J. Preissle (eds.), *The Handbook of Qualitative Research in Education* (pp. 681–725). New York: Academic Press.

Jeske, J. 1984. *Demystifying the Dissertation.* Los Angeles: University of California (ERIC document Reproduction Service no. ED 268 529; CS 209 648).

Johnson, C. 1982. Risks in the publication of fieldwork. In J. Sieber (ed.), *Ethics of Social Research: Fieldwork, Regulation, and Publication* (pp. 71–92). New York: Springer-Verlag.

Jorgensen, D. 1989. *Participant Observation: A Methodology for Human Studies.* Newbury Park, CA: Sage Publications.

Kaufman, M., and Members of the Tectonic Theater Project. 2001. *The Laramie Project.* New York: Vintage Books.

Kay, P. 1997. *Whose Child Is This? Reader's Theater Exploring the Sociocultural Tensions Experienced by a Parent and a Teacher around a Child's Emotional and Behavioral Issues.* Paper presented at the American Educational Research Association meetings, Chicago.

Kelly, A. 1985. Action research: What is it and what can it do? In R. Burgess (ed.), *Issues of Educational Research* (pp. 129–151). Philadelphia: Falmer Press.

Kemmis, S., and R. McTaggart (eds.). 1988. *The Action Planner,* 3rd ed. Waurn Ponds, Australia: Deakin University Press.

Kendall, L. 2009. How do issues of gender and sexuality influence the structures and processes of qualitative internet research? In A. Markham and N. Baym (eds.), *Internet Inquiry: Conversations about Method* (pp. 99–118). Thousand Oaks, CA: Sage.

Kinchelow, J., and P. McLaren. 2000. Rethinking critical theory and qualitative research. In N. Denzin and Y. Lincoln (eds.), *Handbook of Qualitative Research,* 2nd ed. (pp. 279–313). Thousand Oaks, CA: Sage Publications.

Kindon, S. 2005. Participatory Action Research. In I. Hay (ed.), *Qualitative Research Methods in Human Geography,* 2nd ed. (pp. 207–220). New York: Oxford University Press.

King, S. 2000. *On Writing: A Memoir of the Craft.* New York: Pocket Books.

King, T. 2008. The art of indigenous knowledge: A million porcupines crying in the dark. In J. G. Knowles and A. L. Cole (eds.), *Handbook of the ARTS in Qualitative Research* (pp. 13–25). Thousand Oaks, CA: Sage.

Kleinman, S., and M. Copp. 1993. *Emotions and Fieldwork.* Newbury Park, CA: Sage Publications.

Knowles, J. G., and A. L. Cole (eds.). 2008. *Handbook of the ARTS in Qualitative Research.* Thousand Oaks, CA: Sage.

Kopytoff, I. 1986. The cultural biography of things: commoditization as process. In A. Appadurai (ed.) *The Social Life of Things: Commodities in Cultural Perspective* (64-94). Cambridge University Press.

Kooser, T. 2004. *Delights and Shadows.* Port Townsend, WA: Copper Canyon Press.

Krieger, S. 1985. Beyond "subjectivity": The use of the self in social science. *Qualitative Sociology,* 8, 309–324.

Krieger, S. 1991. *Social Science and the Self: Personal Essays on an Art Form.* New Brunswick, NJ: Rutgers.

Kulick, D. 1995. The sexual life of anthropologists: Erotic subjectivity and ethnographic work. In D. Kulick and M. Wilson (eds.), *Taboo: Sex, Identity and Erotic Subjectivity in Anthropological Fieldwork* (pp. 1–28). New York: Routledge.

Kulick, D., and M. Wilson (eds.). 1995. *Taboo: Sex, Identity and Erotic Subjectivity in Anthropological Fieldwork.* New York: Routledge.

Kvale, S. 1996. *Interviews: An Introduction to Qualitative Research Interviewing.* Thousand Oaks, CA: Sage Publications.

La Farge, O. 1929. *Laughing Boy.* New York: Literary Guild of America.

Lamott, A. 1994. *Bird by Bird: Some Instructions on Writing and Life.* New York: Pantheon Books.

Lareau, A., and J. Shultz (eds.). 1996. *Journeys through Ethnography: Realistic Accounts of Fieldwork.* Boulder, CO: Westview Press.

Lather, P. 1991. *Getting Smart: Feminist Research and Pedagogy with/in the Postmodern.* New York: Routledge & Kegan Paul.

Lather, P. 1995. The validity of angels: Interpretive and textual strategies in researching the lives of women with HIV/AIDS. *Qualitative Inquiry*, 1(1), 41–68.

Lather, P. 1996. Troubling clarity: The politics of accessible language. *Harvard Educational Review*, 66(3), 525–545.

Lather, P., and C. Smithies. 1997. *Troubling the Angels: Women Living with HIV/AIDS*. Boulder, CO: Westview Press.

LeCompte, M. 1987. Bias in the biography: Bias and subjectivity in ethnographic research. *Anthropology and Education Quarterly*, 18, 43–52.

LeCompte, M., J. Preissle, and R. Tesch. 1993. *Ethnography and Qualitative Design in Educational Research*, 2nd ed. New York: Academic Press.

Leggo, C. 2008. Astonishing silence: Knowing in poetry. In J. G. Knowles and A. L. Cole (eds.), *Handbook of the ARTS in Qualitative Research* (pp. 165–174). Thousand Oaks, CA: Sage.

Lewin, E., and W. Leap (eds.). 1996. *Out in the Field: Reflections of Lesbian and Gay Anthropologists*. Chicago: University of Illinois Press.

Lewis, O. 1963. *The Children of Sanchez: Autobiography of a Mexican Family*. New York: Vintage Books.

Liebow, E. 1967. *Tally's Corner: A Study of Negro Streetcorner Men*. Boston: Little, Brown.

Lincoln, Y. 1990. Toward a categorical imperative for qualitative research. In E. Eisner and A. Peshkin (eds.), *Qualitative Inquiry in Education: The Continuing Debate* (pp. 277–295). New York: Teachers College Press.

Lincoln, Y., and N. Denzin. 2000. The seventh moment: Out of the past. In N. Denzin and Y. Lincoln (eds.), *Handbook of qualitative research*, 2nd ed. (pp. 1047–1065). Thousand Oaks, CA: Sage Publications.

Lincoln, Y., and N. Denzin. 2008. Epilogue: The eighth and ninth moments—Qualitative research in/and the fractured future. In N. Denzin and Y. Lincoln (eds.), *The Landscape of Qualitative Research*, 3rd ed. (pp. 539–554). Thousand Oaks, CA: Sage.

Lincoln, Y., and E. Guba. 1985. *Naturalistic Inquiry*. Beverly Hills, CA: Sage Publications.

Lincoln, Y., and E. Guba. 2000. Paradigmatic controversies, contradictions, and emerging confluences. In N. Denzin and Y. Lincoln (eds.), *Handbook of Qualitative Research*, 2nd ed. (pp. 163–188). Thousand Oaks, CA: Sage Publications.

Linden, R. 1993. *Making Stories, Making Selves: Feminist Reflections on the Holocaust*. Columbus: Ohio State University Press.

Lipson, J. 1994. Ethical issues in ethnography. In J. Morse (ed.), *Critical Issues in Qualitative Research Methods* (pp. 333–354). Thousand Oaks, CA: Sage Publications.

Lofland, J. 1971. *Analyzing Social Settings: A Guide to Qualitative Observation and Analysis*. Belmont, CA: Wadsworth.

Lofland, J., and L. Lofland. 1995. *Analyzing Social Settings: A Guide to Qualitative Observation and Analysis*, 3rd ed. Belmont, CA: Wadsworth.

Loving, C. 1997. From the summit of truth to its slippery slopes. *American Education Research Journal*, 34(3), 421–452.

Lugg, C. 2006. On politics and theory: Using an explicitly activist theory to frame educational research. In J. Vincent Anfara and N. Mertz (eds.), *Theoretical Frameworks in Qualitative Research* (pp. 175–188). Thousand Oaks, CA: Sage Publications.

Luke, C., and J. Gore (eds.). 1992. *Feminisms and Critical Pedagogy*. New York: Routledge.

Madison, D. S. 2005. *Critical Ethnography: Method, Ethics, and Performance*. Thousand Oaks, CA: Sage Publications.

Maguire, P. 1987. *Doing Participatory Research: A Feminist Approach*. Amherst: The Center for International Education, University of Massachusetts.

Maguire, P. 1996. Considering more feminist participatory research: What's congruency got to do with it? *Qualitative Inquiry*, 2(1), 106–118.

Malcolm, J. 1987. Reflections. *New Yorker,* 20 April, 84–102.

Malinowski, B. 1922. *Argonauts of the Western Pacific: An Account of Native Enterprise and Adventure in the Archipelagoes of Melanesian New Guinea.* New York: Dutton.

Malinowski, B. 1967. *A Diary in the Strict Sense of the Term.* New York: Harcourt, Brace & World.

Mann, C., and F. Stewart. 2000. *Internet Communication and Qualitative Research.* Thousand Oaks, CA: Sage Publications.

Marcus, G., and M. Fischer. 1999. *Anthropology as Cultural Critique: An Experimental Moment in the Human Sciences,* 2nd ed. Chicago: University of Chicago Press.

Markham, A., and Baym, N. (eds.). 2009. *Internet Inquiry: Conversations about Method.* Thousand Oaks, CA: Sage.

Markham, B. 1983. *West with the Night.* San Francisco: North Point Press. (Original work published 1942.)

Marshall, C., and G. Rossman. 1999. *Designing Qualitative Research,* 3rd ed. Thousand Oaks, CA: Sage Publications.

Martin, P., and C. Glesne. 2002. From the global village to the pluriverse? "Other" ethics for cross-cultural qualitative research. *Ethics, Place and Environment,* 5(3), 205–221.

Maxwell, J. 1996. *Qualitative Research Design: An Interactive Approach.* Thousand Oaks, CA: Sage Publications.

Maxwell, J. 2005. *Qualitative Research Design: An Interactive Approach,* 2nd ed. Thousand Oaks, CA: Sage Publications.

McCall, G., and J. L. Simmons (eds.). 1969. *Issues in Participant Observation: A Text and Reader.* Reading, MA: Addison-Wesley.

McCall, L. 2005. The complexity of intersectionality. *Signs,* 30(3), 771–880.

McCall, M. 2000. Performance ethnography: A brief history and some advice. In N. Denzin and Y. Lincoln (eds.), *Handbook of Qualitative Research,* 2nd ed. (pp. 421–433). Thousand Oaks, CA: Sage Publications.

McDermott, R. 1987. Achieving school failure: An anthropological approach to illiteracy and social stratification. In G. Spindler (ed.), *Education and Cultural Process: Anthropological Approaches,* 2nd ed. (pp. 173–209). Prospect Heights, IL: Waveland Press.

McMillan, J. 1989. *Focus Group Interviews: Implications for Educational Research.* Paper presented at the annual meeting of the American Educational Research Association, San Francisco.

McTaggart, R. (ed.). 1997. *Participatory Action Research: International Contexts and Consequences.* Albany: State University of New York.

Mears, C. L. 2009. *Interviewing for Education and Social Science Research: The Gateway Approach.* New York: Palgrave Macmillan.

Measor, L. 1985. Interviewing: A strategy in qualitative research. In R. Burgess (ed.), *Strategies of Educational Research: Qualitative Methods* (pp. 55–77). Philadelphia: Falmer Press.

Meho, L. 2006. E-mail interviewing in qualitative research: A methodological discussion. *Journal of the American Society for Information Science and Technology,* 57(10), 1284–1295.

Merriam, S. 1998. *Qualitative Research and Case Study Applications in Education,* 2nd ed. San Francisco: Jossey-Bass.

Michaels, A. 1996. *Fugitive Pieces.* New York: Vintage Books.

Mienczakowski, J. 1995. The theater of ethnography: The reconstruction of ethnography into theater with emancipatory potential. *Qualitative Inquiry,* 1(3), 360–375.

Mies, M. 1983. Towards a methodology for feminist research. In G. Bowles and R. Duelli Klein (eds.), *Theories of Women's Studies* (pp. 117–139). Boston: Routledge & Kegan Paul.

Miles, M., and A. M. Huberman. 1994. *Qualitative Data Analysis: An Expanded Sourcebook,* 2nd ed. Thousand Oaks, CA: Sage Publications.

Miller, J. 1990. *Creating Spaces and Finding Voices: Teachers Collaborating for Empowerment.* Albany: State University of New York Press.

Miller, S. M. 1952. The participant observer and "overrapport." *American Sociological Review,* 17, 97–99.

Mills, M., and P. Bettis, 2006. Organizational identity and identification during a departmental reorganization. In J. Vincent Anfara and N. Mertz (eds.), *Theoretical Frameworks in Qualitative Research* (pp. 73–84). Thousand Oaks, CA: Sage Publications.

Mitchell, C., and S. Allnutt, 2008. Photographs and/as social documentary. In J. G. Knowles and A. L. Cole (eds.), *Handbook of the ARTS in Qualitative Research* (pp. 251–263). Thousand Oaks, CA: Sage.

Mitchell, R., Jr. 1993. *Secrecy and Fieldwork.* Newbury Park, CA: Sage Publications.

Mohr, M., and M. Maclean. 1987. *Working Together: A Guide for Teacher Researchers.* Urbana, IL: National Center of Teachers of English.

Monk, J., and R. Bedford, 2005. Writing a compelling research proposal. In I. Hay (ed.), *Qualitative Research Methods in Human Geography,* 2nd ed. (pp. 51–66). New York: Oxford University Press.

Moorehead, A. 1959. *No Room in the Ark.* New York: Harper & Brothers.

Morgan, D. 1997. *Focus Groups as Qualitative Research,* 2nd ed. Newbury Park, CA: Sage Publications.

Morgan, S., J. Mienczakowski, and L. Smith. 2001. Extreme dilemmas in performance ethnography: Unleashed emotionality of performance in critical areas of suicide, abuse, and madness. In K. Gilbert (ed.), *The Emotional Nature of Qualitative Research* (pp. 163–178). New York: CRC Press.

Morse, J. 1994. Designing funded qualitative research. In N. Denzin and Y. Lincoln (eds.), *Handbook of Qualitative Research* (pp. 220–235). Thousand Oaks, CA: Sage.

Morse, J. 1998. What's wrong with random selection? *Qualitative Health Research,* 8(6), 733–735.

Munoz, V. 1995. *Where Something Catches: Work, Love, and Identity in Youth.* Albany: State University of New York.

Murray, D. 1986. One writer's secrets. *College Composition and Communication,* 37, 146–153.

Myerhoff, B. 1979. *Number Our Days: Culture and Community among Elderly Jews in an American Ghetto.* New York: Meridian.

Myrdal, J. 1965. *Report from a Chinese Village.* New York: Pantheon Books.

Nagel, P. 1988. The Adams women. In W. Zinsser (ed.), *Extraordinary Lives: The Art and Craft of American Biography* (pp. 91–120). Boston: Houghton Mifflin.

Naples, N. (ed.). 1998. *Community Activism and Feminist Politics: Organizing across Race, Class, and Gender.* New York: Routledge.

Nelson, A. 2002. *The Guys.* New York: Random House.

Nielsen, J. (ed.). 1990. *Feminist Research Methods: Exemplary Readings in the Social Sciences.* Boulder, CO: Westview Press.

Nisbet, R. 1976. *Sociology as an Art Form.* New York: Oxford University Press.

Noffke, S., and R. Stevenson (eds.). 1995. *Educational Action Research: Becoming Practically Critical.* New York: Teachers College Press.

Northcutt, N., and D. McCoy, 2004. *Interactive Qualitative Analysis: A Systems Method for Qualitative Research.* Thousand Oaks: Sage.

O'Reilly, K. 2005. *Ethnographic Methods.* New York: Routledge.

Oboler, R. S. 1986. For better or worse: Anthropologists and husbands in the field. In *Self, Sex, and Gender in Cross-Cultural Fieldwork* T. Whitehead and M. Conaway, 28–51. Chicago: University of Illinois Press.

Olesen, V. 2000. Feminisms and qualitative research at and into the millennium. In N. Denzin and Y. Lincoln (eds.), *Handbook of qualitative research*, 2nd ed. (pp. 215–255). Thousand Oaks, CA: Sage Publications.

Oliver, M. 1998. *Rules for the Dance: A Handbook for Writing and Reading Metrical Verse*. New York: Houghton Mifflin Company.

Pachter, M. (ed.). 1981. *Telling Lives: The Biographer's Art*. Philadelphia: University of Pennsylvania Press.

Panikkar, R. 1979. *Myth, Faith and Hermeneutics: Cross-Cultural Studies*. New York: Paulist Press.

Panikkar, R. 1995. *Invisible Harmony: Essays on Contemplation and Responsibility*. Minneapolis: Fortress Press.

Patton, M. 1990. *Qualitative Evaluation and Research Methods*, 2nd ed. Newbury Park, CA: Sage Publications.

Patton, M. 2002. *Qualitative Research and Evaluation Methods*, 3rd ed. Thousand Oaks, CA: Sage Publications.

Pelto, P. J., and G. H. Pelto. 1978. *Anthropological Research: The Structure of Inquiry*, 2nd ed. Cambridge, UK: Cambridge University Press.

Perreault, J. 1995. *Writing Selves: Contemporary Feminist Autography*. Minneapolis: University of Minnesota Press.

Peshkin, A. 1972. *Kanuri Schoolchildren: Education and Social Mobilization in Nigeria*. New York: Holt, Rinehart & Winston.

Peshkin, A. 1978. *Growing Up American: Schooling and the Survival of Community*. Chicago: University of Chicago Press.

Peshkin, A. 1982a. *The Imperfect Union: School Consolidation and Community Conflict*. Chicago: University of Chicago Press.

Peshkin, A. 1982b. The researcher and subjectivity: Reflections on ethnography of school and community. In G. Spindler (ed.), *Doing the Ethnography of Schooling* (pp. 20–47). New York: Holt, Rinehart & Winston.

Peshkin, A. 1985. From title to title: The evolution of perspective in naturalistic inquiry. *Anthropology and Education Quarterly*, 16, 214–224.

Peshkin, A. 1986. *God's Choice: The Total World of a Fundamentalist Christian School*. Chicago: University of Chicago Press.

Peshkin, A. 1988a. In search of subjectivity—One's own. *Educational Researcher*, 17(7), 17–22.

Peshkin, A. 1988b. Virtuous subjectivity: In the participant-observer's I's. In D. Berg and K. Smith (eds.), *The Self in Social Inquiry* (pp. 267–282). Newbury Park, CA: Sage Publications.

Peshkin, A. 1991. *The Color of Strangers, the Color of Friends: The Play of Ethnicity in School and Community*. Chicago: University of Chicago Press.

Pettigrew, J. 1981. Reminiscences of fieldwork among the Sikhs. In H. Roberts (ed.), *Doing Feminist Research* (pp. 62–82). Boston: Routledge & Kegan Paul.

Pfaffenberger, B. 1988. *Microcomputer Applications in Qualitative Research*. Newbury Park, CA: Sage Publications.

Pigeon, Y. 1998. *Among Adults: An Exploration of Adult–Student Learning Groups*. Unpublished dissertation, University of Vermont, Burlington.

Pillow, W. 2003. Confession, catharsis, or cure? Rethinking the uses of reflexivity as methodological power in qualitative research. *International Journal of Qualitative Studies in Education*, 16(2), 175–196.

Pink, S. 2007. Visual methods. In C. Seale, G. Gobo, J. Gubrium, and D. Silverman (eds.), *Qualitative Research Practice* (pp. 361–376). Thousand Oaks, CA: Sage Publications.

Plante, D. 1986. Profiles: Sir Steven Runciman. *New Yorker*, 3 November, 53–80.

Plummer, K. 1983. *Documents of Life*. Boston: Allen & Unwin.
Popkewitz, T. 1984. *Paradigm and Ideology in Educational Research: The Social Functions of the Intellectual*. New York: Falmer Press.
Potter, W. J. 1996. *An Analysis of Thinking and Research about Qualitative Methods*. Mahwah, NJ: Lawrence Erlbaum.
Prasad, P. 2005. *Crafting Qualitative Research: Working in the Postpositivist Traditions*. Armonk, NY: M.E. Sharpe.
Prosser, J., and Burke, C. 2008. Image-based educational research. In J. G. Knowles and A. L. Cole (eds.), *Handbook of the ARTS in Qualitative Research* (pp. 407–419). Thousand Oaks, CA: Sage.
Pugach, M. 1998. *On the Border of Opportunity: Education, Community and Language at the U.S.–Mexico Line*. Mahwah, NJ: Lawrence Erlbaum.
Punch, M. 1986. *The Politics and Ethics of Fieldwork*. Beverly Hills, CA: Sage Publications.
Punch, M. 1994. Politics and ethics in qualitative research. In N. Denzin and Y. Lincoln (eds.), *Handbook of Qualitative Research* (pp. 83–97). Thousand Oaks, CA: Sage Publications.
Purvis, J. 1985. Reflections upon doing historical documentary research from a feminist perspective. In R. Burgess (ed.), *Strategies of Educational Research: Qualitative Methods* (pp. 179–205). Philadelphia: Falmer Press.
Quantz, R. 1992. On critical ethnography. In M. LeCompte, W. Millroy, and J. Preissle (eds.), *The Handbook of Qualitative Research in Education* (pp. 447–505). San Diego, CA: Academic Press.
Rajchman, J. 1988. Foucault's art of seeing. *October*, 44(Spring), 89–117.
Rapley, T. 2007. Interviews. In C. Seale, G. Gobo, J. Gubrium, and D. Silverman (eds.), *Qualitative Research Practice* (pp. 15–33). Thousand Oaks, CA: Sage Publications.
Reason, P. 1994. Three approaches to participative inquiry. In N. Denzin and Y. Lincoln (eds.), *Handbook of Qualitative Research* (pp. 324–339). Thousand Oaks, CA: Sage Publications.
Reason, P. (ed.). 1988. *Human Inquiry in Action: Developments in New Paradigm Research*. Newbury Park, CA: Sage Publications.
Reed-Danahay, D. (ed.). 1997. *Auto/Ethnography: Rewriting the Self and the Social*. New York: Berg.
Reichardt, C. S., and T. D. Cook (eds.). 1979. Beyond qualitative versus quantitative methods. In *Qualitative and Quantitative Methods in Evaluation Research* (pp. 7–32). Beverly Hills, CA: Sage Publications.
Reinharz, S. 1992. *Feminist Methods in Social Research*. New York: Oxford University Press.
Richardson, L. 1990. *Writing Strategies: Reaching Diverse Audiences*. Newbury Park, CA: Sage Publications.
Richardson, L. 1992. The consequences of poetic representation, In C. Ellis and M. G. Flaherty (eds.), *Investigating Subjectivity: Research on Lived Experience* (pp. 125–137). Newbury Park, CA: Sage Publications.
Richardson, L. 1994. Nine poems. *Journal of Contemporary Ethnography*, 23(1), 3–13.
Richardson, L. 1997. *Fields of Play: Constructing an Academic Life*. New Brunswick, NJ: Rutgers.
Richardson, L. 2000. Writing: A method of inquiry. In N. Denzin and Y. Lincoln (eds.), *Handbook of Qualitative Research*, 2nd ed. (pp. 923–946). Thousand Oaks, CA: Sage Publications.
Richardson, L. 2002. Poetic representation of interviews. In J. F. Gubrium and J. A. Holstein (eds.), *Handbook of Interview Research: Context and Method* (pp. 887–891). Thousand Oaks, CA: Sage Publications.
Riley, G. (ed.). 1974. *Values, Objectivity, and the Social Sciences*. Reading, MA: Addison-Wesley.
Rist, R. 1977. On the relations among educational research paradigms: From disdain to detente. *Anthropology and Education Quarterly*, 8, 42–49.

Rivoli, P. 2005. *The Travels of a T-Shirt in the Global Economy: An Economist Examines the Markets, Power, and Politics of World Trade*. Hoboken, NJ: John Wiley & Sons, Inc.

Robson, K., and M. Robson. 2002. Your place or mine? Ethics, the researcher and the internet. In T. Welland and L. Pugsley (eds.), *Ethical Dilemmas in Qualitative Research* (pp. 94–107). Burlington, VT: Ashgate Publishing Co.

Roche, M. 2005. Historical research and archival sources. In I. Hay (ed.), *Qualitative Research Methods in Human Geography*, 2nd ed. (pp. 133–146). New York: Oxford University Press.

Rogers, C. 1942. The non-directive method as a technique for social research. *American Journal of Sociology*, 50, 279–283.

Ronai, C. 1995. Multiple reflections of child sex abuse: An argument for a layered account. *Journal of Contemporary Ethnography*, 23(4), 395–426.

Roorbach, B. 1998. *Writing Life Stories*. Cincinnati, OH: Story Press.

Rose, D. 1993. Ethnography as a form of life: The written word and the work of the world. In P. Benson (ed.), *Anthropology and Literature* (pp. 192–224). Urbana, IL: University of Illinois Press.

Rosengarten, T. 1985. Stepping over cockleburs: Conversations with Ned Cobb. In M. Pachter (ed.), *Telling Lives: The Biographer's Art* (pp. 105–131). Philadelphia: University of Pennsylvania Press.

Rubin, H., and I. Rubin. 1995. *Qualitative Interviewing: The Art of Hearing Data*. Thousand Oaks, CA: Sage Publications.

Runte, R. 2008. Blogs. In J. G. Knowles and A. L. Cole (eds.), *Handbook of the ARTS in Qualitative Research* (pp. 313–322). Thousand Oaks, CA: Sage.

Ryan, G. W., and H. R. Bernard. 2000. Data management and analysis methods. In N. Denzin and Y. Lincoln (eds.), *Handbook of Qualitative Research*, 2nd ed. by (pp. 769–802). Thousand Oaks, CA: Sage Publications.

Ryan, G. W., and T. Weisner. 1996. Analyzing words in brief descriptions: Fathers and mothers describe their children. *Cultural Anthropology Methods Journal*, 8(3), 13–16.

Ryen, A. 2007. Ethical issues. In C. Seale, G. Gobo, J. Gubrium, and D. Silverman (eds.), *Qualitative Research Practice* (pp. 218–235). Thousand Oaks, CA: Sage.

Rynkiewich, M. A., and J. P. Spradley (eds.). 1976. *Ethics and Anthropology: Dilemmas in Field Work*. New York: Wiley.

Saldaña, J. 2008. Ethnodrama and ethnotheatre. In J. G. Knowles and A. L. Cole (eds.), *Handbook of the ARTS in Qualitative Research* (pp. 195–207). Thousand Oaks, CA: Sage.

Saldaña, J. (ed.). 2005. *Ethnodrama: An Anthology of Reality Theatre*. Walnut Creek, CA: AltaMira Press.

Sandelowski, M. 1994. The proof is in the pottery: Toward a poetic for qualitative inquiry. In J. Morse (ed.), *Critical Issues in Qualitative Research Methods* (pp. 46–63). Thousand Oaks, CA: Sage Publications.

Sanjek, R. (ed.). 1990. *Fieldnotes: The Makings of Anthropology*. Ithaca, NY: Cornell University Press.

Savyasaachi 1998. Unlearning fieldwork: The flight of an arctic tern. In M. Thapar (ed.), *Anthropological Journeys: Reflections on Fieldwork* (pp. 83–112). New Delhi, India: Orient Longman Ltd.

Schaap, F. 2002. *The Words That Took Us There: Ethnography in a Virtual Reality*. Amsterdam, The Netherlands: Aksant Academic Publishers.

Schaeffer, J. 1995. Videotape: New techniques of observation and analysis in anthropology. In P. Hockings (ed.), *Principles of Visual Anthropology* (pp. 255–284). New York: Mouton de Gruyter.

Scheper-Hughes, N. 1992. *Death without Weeping: The Violence of Everyday Life in Brazil.* Berkeley: University of California Press.

Schram, T. 2006. *Conceptualizing and Proposing Qualitative Research,* 2nd ed. Upper Saddle River, NJ: Pearson Education, Inc.

Schuman, H. 1970. The random probe: A technique for evaluating the validity of closed questions. In D. P. Forcese and S. Rocher (eds.), *Stages of Social Research* (pp. 240–245). Englewood Cliffs, NJ: Prentice Hall.

Schwandt, T. 1989. Solutions to the paradigm conflict: Coping with uncertainty. *Journal of Contemporary Ethnography* 17: 379–407.

Schwandt, T. 1990. Paths to inquiry in the social disciplines: Scientific, constructivist, and critical theory methodologies. In E. Guba (ed.), *The Paradigm Dialog* (pp. 258–276). Newbury Park, CA: Sage Publications.

Schwandt, T. 1997. *Qualitative Inquiry: A DICTIONARY of terms.* Thousand Oaks, CA: Sage Publications.

Schwandt, T. 2000. Three epistemological stances for qualitative inquiry: Interpretivism, hermeneutics, and social constructionism. In N. Denzin and Y. Lincoln (eds.), *Handbook of Qualitative Research,* 2nd ed. (pp. 189–213). Thousand Oaks, CA: Sage Publications.

Schwandt, T. 2007. *The SAGE Dictionary of Qualitative Inquiry,* 3rd ed. Thousand Oaks, CA: Sage Publications.

Scott-Hoy, K., and C. Ellis, 2008. Wording pictures: Discovering heartful autoethnography. In J. G. Knowles and A. L. Cole (eds.), *Handbook of the ARTS in Qualitative Research* (pp. 127–140). Thousand Oaks, CA: Sage.

Scott, D. 1996. Methods and data in educational research. In D. Scott and R. Usher (eds.), *Understanding Educational Research* (pp. 52–73). New York: Routledge.

Scott, D., and R. Usher (eds.). 1996. *Understanding Educational Research.* New York: Routledge.

Seale, C. 2002. Computer-assisted analysis of qualitative interview data. In J. F. Gubrium and J. A. Holstein (eds.), *Handbook of Interview Research: Context and Method* (pp. 651–670). Thousand Oaks, CA: Sage Publications.

Seidman, I. E. 1998. *Interviewing as Qualitative Research: A Guide for Researchers in Education and the Social Sciences,* 2nd ed. New York: Teachers College Press.

Shaffir, W. G., R. A. Stebbins, and A. Turowetz. 1980. *Fieldwork Experience.* New York: St. Martin's Press.

Shaw, C. 1966. *The Jack Roller, a Delinquent Boy's Own Story.* Chicago, IL: University of Chicago Press. (Original work published 1930.)

Shostak, M. 1981. *Nisa: The Life and Words of a !Kung Woman.* New York: Vintage Books.

Shweder, R. 1986. Storytelling among the anthropologists. *New York Times Book Review,* 21 September, 1, 38.

Sieber, J. (ed.). 1982. *Ethics of Social Research: Fieldwork, Regulation and Publication.* New York: Springer-Verlag.

Silverman, D. 1993. *Interpreting Qualitative Data: Methods for Analyzing Talk, Text, and Interaction.* Thousand Oaks, CA: Sage Publications.

Sindell, P. 1987. Some discontinuities in the enculturation of Mistassini Cree children. In G. Spindler (ed.), *Education and Cultural Process,* 2nd ed. (pp. 378–386). Prospect Heights, IL: Waveland Press.

Sinding, C., R. Gray, and Nisker, J. 2008. Ethical issues and issues of ethics. In J. G. Knowles and A. L. Cole (eds.), *Handbook of the ARTS in Qualitative Research* (pp. 459–467). Thousand Oaks, CA: Sage.

Smith, A. D. 1993. *Fires in the Mirror: Crown Heights, Brooklyn, and Other Identities.* Garden City, NY: Anchor.

Smith, M. 1954. *Baba of Karo.* London: Faber.

Smith, P. 1999. Food Truck's party hat. *Qualitative Inquiry,* 5, 244–261.

Smith, P. 2000. *"I Know How to Do It": Stories of Choice, Control, and Power in the Lives of People with Developmental Disabilities.* Unpublished doctoral dissertation, University of Vermont, Burlington.

Soltis, J. 1990. The ethics of qualitative research. In E. Eisner and A. Peshkin (eds.), *Qualitative Inquiry in Education: The Continuing Debate* (pp. 247–257). New York: Teachers College Press.

Spradley, J. 1970. *You Owe Yourself a Drink: An Ethnography of Urban Nomads.* Boston: Little, Brown.

Spradley, J. 1979. *The Ethnographic Interview.* New York: Holt, Rinehart & Winston.

Spradley, J., and B. Mann. 1975. *The Cocktail Waitress: Woman's Work in a Man's World.* New York: Wiley.

Spradley, J., and D. McCurdy. 1988. *The Cultural Experience: Ethnography in Complex Society.* Long Grove, IL: Waveland Press. (Original work published 1972.)

St. Pierre, E. 2000. Poststructural feminism in education: an overview. *International Journal of Qualitative Studies in Education,* 13(5), 477–515.

Stake, R. 1995. *The Art of Case Study Research.* Thousand Oaks, CA: Sage Publications.

Stake, R. 2000. Case studies. In N. Denzin and Y. Lincoln (eds.), *Handbook of Qualitative Research,* 2nd ed. (pp. 435–454). Thousand Oaks, CA: Sage Publications.

Stewart, J. 1989. *Drinkers, Drummers, and Decent Folk: Ethnographic Narratives of Village Trinidad.* Albany: State University of New York Press.

Stoller, P. 1989. *The Taste of Ethnographic Things: The Senses in Anthropology.* Philadelphia: University of Pennsylvania Press.

Strauss, A. 1987. *Qualitative Analysis for Social Scientists.* Cambridge, UK: Cambridge University Press.

Strauss, A., and J. Corbin. 1998. *Basics of Qualitative Research: Techniques and Procedures for Developing Grounded Theory,* 2nd ed. Thousand Oaks, CA: Sage Publications.

Stringer, E. 1999. *Action Research: A Handbook for Practitioners,* 2nd ed. Thousand Oaks, CA: Sage Publications.

Strouse, J. 1988. The real reasons. In W. Zinsser (ed.), *Extraordinary Lives: The Art and Craft of American Biography* (pp. 163–195). Boston: Houghton Mifflin.

Strunk, W., and E. B. White. 1979. *The Elements of Style,* 3rd ed. New York: Macmillan.

Strunk, W., and E. B. White. 1999. *The Elements of Style,* 4th ed. Boston: Allyn & Bacon.

Stuhlmiller, C. 2001. Narrative methods in qualitative research: Potential for therapeutic transformation. In K. Gilbert (ed.), *The Emotional Nature of Qualitative Research* (pp. 63–80). New York: CRC Press.

Sullivan, G. 2008. Painting as Research: Create and Critique. In J. G. Knowles and A. L. Cole (eds.), *Handbook of the ARTS in Qualitative Research* (pp. 239–250). Thousand Oaks, CA: Sage.

Sullivan, M. A., S. A. Queen, and R. C. Patrick. 1958. Participant observation as employed in the study of a military training program. *American Sociological Review,* 23, 610–667.

Sultana, F. 2007. Reflexivity, positionality and participatory ethics: Negotiating fieldwork dilemmas in international research [electronic version]. *ACME: An International E-Journal for Critical Geographies,* 6, 374–385.

Sunstein, B. S., and E. Chiseri-Strater, 2002. *Field Working: Reading and Writing Research,* 2nd ed. New York: Bedford/St. Martin's.

Sze, M., and K. Wang. 1963. *The Tao of Painting.* New York: Pantheon Books. (Original work published 1701.)

Tafoya, T. 1989. Coyote's eyes: Native cognition styles. *Journal of American Indian Studies*, Special Issue (August).

Tedlock, B. 2000. Ethnography and ethnographic representation. In N. Denzin and Y. Lincoln (eds.), *Handbook of Qualitative Research*, 2nd ed. (pp. 455–486). Thousand Oaks, CA: Sage Publications.

Teran, G. 2002. *Conversations with Mexican Nomadic Storyteller Gustavo Esteva: Learning from Lives on the Margins*. Unpublished doctoral dissertation, University of Vermont, Burlington.

Tesch, R. 1990. *Qualitative Research: Analysis Types and Software Tools*. New York: Falmer Press.

Thomas, A. 2008. *Thinking about Memoir*. New York: Sterling Publishing.

Thomas, J. 1993. *Doing Critical Ethnography*. Newbury Park, CA: Sage Publications.

Tierney, W. 1995. (Re) presentation and voice. *Qualitative Inquiry*, 1(4), 379–390.

Tierney, W. 2000. Undaunted courage: Life history and the postmodern challenge. In N. Denzin and Y. Lincoln (eds.), *Handbook of Qualitative Research*, 2nd ed. (pp. 537–553). Thousand Oaks, CA: Sage Publications.

Tierney, W., and Y. Lincoln (eds.). 1997. *Representation and the Text: Re-framing the Narrative Voice*. Albany: State University of New York Press.

Tillmann-Healy, L. M., and C. E. Kiesinger. 2001. Mirrors: Seeing each other and ourselves through fieldwork. In K. Gilbert (ed.), *The Emotional Nature of Qualitative Research* (pp. 81–108). New York: CRC Press.

Tolman, D., and M. Brydon-Miller (eds.). 2001. *From Subjects to Subjectivities: A Handbook of Interpretive Participatory Methods*. New York: New York University Press.

Truss, L. 2003. *Eats, Shoots & Leaves*. New York: Gotham Books.

Tsing, A. L. 1993. *In the Realm of the Diamond Queen: Marginality in an Out-of-Way Place*. Princeton, NJ: Princeton University Press.

Tsing, A. L. 1997. Transitions as translations. In J. W. Scott, C. Kaplan, and D. Keates (eds.), *Transitions, Environments, Translations: Feminisms in International Politics* (pp. 253–272). New York: Routledge.

Tuhiwai Smith, L. 1999. *Decolonizing Methodologies: Research and Indigenous Peoples*. New York: Zed Books.

Turner, J. 1985. In defense of positivism. *Sociological Theory*, 3, 24–31.

Turner, R. 2008. *Embodiment, Positionality and Self-presentation: Informant Perceptions and Qualitative Data*. Paper presented at the 2008 Annual Meeting of the American Political Science Association, Boston.

Ueland, B. 1987. *If You Want to Write*, 2nd ed. St. Paul, MN: Graywolf Press.

Usher, P. 1996. Feminist approaches to research. In D. Scott and R. Usher (eds.), *Understanding Educational Research* (pp. 120–142). New York: Routledge.

Usher, R. 1996. A critique of the neglected epistemological assumptions of educational research. In D. Scott and R. Usher (eds.), *Understanding Educational Research* (pp. 9–32). New York: Routledge.

Van Galen, J., G. Noblit, and D. Hare. 1988–1989. The art and science of interviewing kids: The group interview in evaluation research. *National Forum of Applied Educational Research Journal*, 1(2), 74–81.

Van Maanen, J. 1983. The moral fix: On the ethics of fieldwork. In R. Emerson (ed.), *Contemporary Field Research* (pp. 269–287). Boston: Little, Brown.

Van Maanen, J. 1988. *Tales of the Field: On Writing Ethnography*. Chicago: University of Chicago Press.

Van Maanen, J. 1995. An end to innocence: The ethnography of ethnography. In J. Van Maanen (ed.), *Representation in Ethnography* (pp. 1–35). Thousand Oaks, CA: Sage Publications.

Van Maanen, J. (ed.). 1995. *Representation in Ethnography.* Thousand Oaks, CA: Sage Publications.

Vashon, R. 1995. Guswenta or the intercultural imperative. *International Journal of Intercultural and Transdisciplinary Research,* 28, 1–73.

Véa, A. 1993. *La Maravilla.* New York: Plume.

Vidich, A., and J. Bensman. 1968. *Small Town in Mass Society,* rev. ed. Princeton, NJ: Princeton University Press.

Vidich, A., and S. Lyman. 2000. Qualitative methods: Their history in sociology and anthropology. In N. Denzin and Y. Lincoln (eds.), *Handbook of Qualitative Research,* 2nd ed. (pp. 37–84). Thousand Oaks, CA: Sage Publications.

Waitt, G. 2005. Doing discourse analysis. In I. Hay (ed.), *Qualitative Research Methods in Human Geography,* 2nd ed. (pp. 163–191). New York: Oxford University Press.

Wang, J. 1995. *Comparisons of Research Methods in China and United States from Personal Experience.* Unpublished manuscript. University of Vermont, Burlington.

Wax, M. 1982. Research reciprocity rather than informed consent in fieldwork. In J. Sieber (ed.), *Ethics of Social Research: Fieldwork, Regulation, and Publication* J. (pp. 33–48). New York: Springer-Verlag.

Wax, R. 1971. *Doing Fieldwork: Warnings and Advice.* Chicago: University of Chicago Press.

Weber, S. 2008. Visual images in research. In J. G. Knowles and A. L. Cole (eds.), *Handbook of the ARTS in Qualitative Research* (pp. 41–53). Thousand Oaks, CA: Sage.

Webster's Third International Dictionary. 1986. Springfield, MA: Merriam & Webster.

Weis, L., and M. Fine, 2004. *Working Method: Research and Social Justice.* New York: Routledge.

Weitzman, E. A. 2000. Software and qualitative research. In N. Denzin and Y. Lincoln (eds.), *Handbook of Qualitative Research,* 2nd ed. (pp. 803–820). Thousand Oaks, CA: Sage Publications.

Weitzman, E., and M. Miles. 1995. *Computer Programs for Qualitative Data Analysis: A Software Sourcebook.* Thousand Oaks, CA: Sage Publications.

Welch, D. D. 1994. *Conflicting Agendas: Personal Morality in Institutional Settings.* Cleveland, OH: Pilgrim Press.

West, J. 1945. *Plainville, U.S.A.* New York: Columbia University Press.

Whitehead, T., and M. Conaway (eds.). 1986. *Self, Sex, and Gender in Cross-cultural Fieldwork.* Chicago: University of Illinois Press.

Whyte, W. F. 1984. *Learning from the Field: A Guide from Experience.* Beverly Hills, CA: Sage Publications.

Whyte, W. F. 1993. *Street Corner Society: The Social Structure of an Italian Slum.* Chicago: University of Chicago Press. (Original work published 1943.)

Whyte, W. F. (ed.). 1991. *Participatory Action Research.* Newbury Park, CA: Sage Publications.

Wieder, A. 2004. Testimony as oral history: Lessons from South Africa. *Educational Researcher,* 33(6), 23–28.

Wildavsky, A. 1993. *Craftways: On the Organization of Scholarly Work,* 2nd ed. New Brunswick, NJ: Transaction.

Wilkins, L. T. 1979. Human subjects—Whose subject? In C. B. Klockars and F. W. O'Connor (eds.), *Deviance and Decency* (pp. 99–123). Beverly Hills, CA: Sage Publications.

Willis, J. 2007. *Foundations of Qualitative Research.* Thousand Oaks, CA: Sage.

Willis, P. 1977. *Learning to Labor: How Working Class Kids Get Working Class Jobs.* New York: Columbia University Press.

Wilson, S. May 1989. Alaskan journal. *Vermont Quarterly,* 13–18.

Winchester, H. P. M. 2005. Qualitative Research and its place in human geography. In I. Hay (ed.), *Qualitative Research Methods in Human Geography,* 2nd ed. (pp. 3–18). New York: Oxford University Press.

Wincup, E. 2001. Feminist research with women awaiting trial: The effects on participants in the qualitative research process. In K. Gilbert (ed.), *The Emotional Nature of Qualitative Research* (pp. 17–35). New York: CRC Press.

Wolcott, H. 1973. *The Man in the Principal's Office: An Ethnography.* New York: Holt, Rinehart & Winston.

Wolcott, H. 1975. Criteria for an ethnographic approach to research in schools. *Human Organization*, 34, 111–127.

Wolcott, H. 1981. Confessions of a trained observer. In T. S. Popkewitz and B. R. Tabachnick (eds.), *The Study of Schooling* (pp. 247–263). New York: Praeger.

Wolcott, H. 1990. *Writing Up Qualitative Research.* Newbury Park, CA: Sage Publications.

Wolcott, H. 1992. Posturing in qualitative research. In M. LeCompte, W. Millroy, and J. Preissle (eds.), *The Handbook of Qualitative Research in Education* 3–52. San Diego, CA: Academic Press.

Wolcott, H. 1994. *Transforming Qualitative Data: Description, Analysis, and Interpretation.* Thousand Oaks, CA: Sage Publications.

Wolcott, H. 1995. *The Art of Fieldwork.* Walnut Creek, CA: AltaMira Press.

Wolcott, H. 2001. *Writing up Qualitative Research,* 2nd ed. Thousand Oaks, CA: Sage Publications.

Wolff, G. 1981. Minor lives. In M. Pachter (ed.), *Telling Lives* (pp. 56–72). Philadelphia: University of Pennsylvania Press.

Woods, P. 1985. New songs played skillfully: Creativity and technique in writing up research. In R. Burgess (ed.), *Issues in Educational Research* (pp. 86–106). Philadelphia: Falmer Press.

Woods, P. 1986. *Inside Schools: Ethnographic Approaches and Methods.* New York: Routledge & Kegan Paul.

Woolfson, P. 1988. Non-verbal interaction of Anglo-Canadian, Jewish-Canadian and French-Canadian physicians with their young, middle-aged, and elderly patients. *Visual Anthropology*, 1, 404–414.

Wright, R., and S. Decker. 1997. *Armed Robbers in Action: Stickups and Street Culture.* Boston: Northeastern University Press.

Yoors, J. 1967. *The Gypsies.* New York: Simon & Schuster.

Young, B., and C. Tardif. 1988. *Interviewing: Two Sides of the Story.* Paper presented at the annual meeting of the American Educational Research Association, New Orleans.

Zigarmi, D., and P. Zigarmi. 1978. *The Psychological Stresses of Ethnographic Research.* Paper presented at the annual meeting of the American Educational Research Association, Toronto.

Zinsser, W. 1988. *Writing to Learn: How to Write and Think Clearly about Any Subject at All.* New York: Harper & Row.

Zinsser, W. (ed.). 1986. *Extraordinary Lives: The Art and Craft of American Biography.* Boston: Houghton Mifflin.

Zorbaugh, H. W. 1929/1983. *The Gold Coast and the Slum: A Sociological Study of Chicago's Near North Side.* Chicago: University of Chicago Press.

Zuber-Skerritt, O. (ed.). 1996. *New Directions in Action Research.* Washington, DC: Falmer Press.

译后记

在多年质性研究方法的教学和指导学生运用质性研究方法进行论文写作的过程中，我们感到，学生学习质性研究方法的难点在于实践操作层面。许多学生在听理论讲解时问题不大，但是到了要独立进行研究设计以及资料收集和分析时，通常会产生种种困惑，甚至有一些学生根本就做不下去。纵观国内现有的质性研究方面的书籍，其各有特点。有的太深，学生不容易理解；有的太浅，容易导致学生失去兴趣。我们一直在寻找一本适合学生的教材。在一次国际会议上，一位国外的同行向我推荐了这本书。作者科瑞恩·格莱斯从质性研究的理论基础出发，对研究过程逐一进行介绍，每一部分的介绍都结合了作者自己的教学体会以及他人的研究经验，非常有针对性，不像有些方法类教材给人纸上谈兵的感觉。所以，这本书非常适合质性研究的初学者。

在翻译本书的过程中，我们发现本书最大的特点是亲和，作者把自己的理解和经验娓娓道来，既有一定的理论背景作基础，又有大量的实例来加深我们对质性研究方法的理解。我们在过程中忠实于原文，尽量追求翻译的信、达、雅。但是由于水平有限，一定还有许多不足之处，敬请专家同行们批评指正！

本书作为质性研究方法的教材，以深入浅出的方式，对质性研究方法的核心技术和研究者可能会遇到的困惑做出了清晰的解释。这本教材不仅可以帮助心理学的本科生和心理学工作者学习和掌握质性研究方法，而且也可供社会学、社会工作、教育学、人类学的本科生和研究者参考。本书既可以作为人文社会学科本科生的研究方法教材，也可以作为所有希望掌握质性研究方法的研究者的入门教材。

本书能够翻译出版，要感谢中国人民大学出版社的张宏学、郦益、龚洪训编辑的帮助，没有他们，就没有本书中译本的问世。本书的翻译要感谢译者王中会的妻子刘俊香帮助校稿，感谢译者李芳英的家人邹兴明和李萍在文稿校对中所给予的支持和帮助，感谢崔明同学、张慧同学在第四章的翻译和校对中所做的工作，感谢孙亚梅同学、梁赉同学在第六章至第十章的校对中所做的工作，感谢第二次校稿时官小乔同学细心的工作。没有大家辛勤的付出，就没有本书的出版。

经过几个月的共同努力，在完成本书的翻译工作之后，心里感到无比轻松，同时也因本书的精彩内容而感到恋恋不舍，沉浸在无穷的回味之中。

王中会　李芳英

2012 年 6 月 16 日

推荐阅读书目

ISBN	书名	作者	单价（元）
心理学译丛			
978-7-300-18162-2	心理学改变思维	［美］斯科特·O. 利林菲尔德等	98.80
978-7-300-26722-7	心理学（第 3 版）	［美］斯宾塞·A. 拉瑟斯	79.00
978-7-300-12644-9	行动中的心理学（第 8 版）	［美］卡伦·霍夫曼	89.00
978-7-300-09563-9	现代心理学史（第 2 版）	［美］C. 詹姆斯·古德温	88.00
978-7-300-13001-9	心理学研究方法（第 9 版）	［美］尼尔·J. 萨尔金德	68.00
978-7-300-22490-9	行为科学统计精要（第 8 版）	［美］弗雷德里克·J. 格雷维特等	58.00
978-7-300-22245-5	心理统计学（第 5 版）	［美］亚瑟·阿伦等	89.00
978-7-300-13306-5	现代心理测量学（第 3 版）	［英］约翰·罗斯特等	28.00
978-7-300-12745-3	人类发展（第 8 版）	［美］詹姆斯·W. 范德赞登等	88.00
978-7-300-13307-2	伯克毕生发展心理学:从 0 岁到青少年(第 4 版)	［美］劳拉·E. 伯克	79.80
978-7-300-20556-4	阿内特青少年心理学（第 5 版）	［美］杰弗瑞·简森·阿内特	69.90
978-7-300-18303-9	伯克毕生发展心理学:从青少年到老年(第 4 版)	［美］劳拉·E. 伯克	45.00
978-7-300-18422-7	社会性发展	［美］罗斯·D. 帕克等	59.90
978-7-300-21583-9	伍尔福克教育心理学	［美］安妮塔·伍尔福克	89.90
978-7-300-17256-9	教育心理学精要	［美］简妮·爱丽丝·奥姆罗德	65.00
978-7-300-18664-1	学习心理学（第 6 版）	［美］简妮·爱丽丝·奥姆罗德	59.90
978-7-300-23658-2	异常心理学（第 6 版）	［美］马克·杜兰德等	139.90
978-7-300-18593-4	婴幼儿心理健康手册	［美］小查尔斯·H. 泽纳	79.00
978-7-300-19858-3	心理咨询导论（第 6 版）	［美］塞缪尔·格莱丁	69.90
978-7-300-25883-6	人格心理学入门	［美］马修·H. 奥尔森等	98.00
978-7-300-14062-9	社会与人格心理学研究方法手册	［美］哈里·T. 赖斯等	65.00
978-7-300-12478-0	女性心理学（第 6 版）	［美］马格丽特·W. 马特林	58.00
978-7-300-18010-6	消费心理学：无所不在的时尚（第 2 版）	［美］迈克尔·R. 所罗门等	68.00
978-7-300-12617-3	社区心理学：联结个体和社区（第 2 版）	［美］詹姆士·H. 道尔顿等	58.00
978-7-300-16328-4	跨文化心理学（第 4 版）	［美］埃里克·B. 希雷	42.00
978-7-300-14110-7	职场人际关系心理学（第 12 版）	［美］莎伦·伦德·奥尼尔等	39.00
978-7-300-15678-1	社会交际心理学：人际行为研究	［澳］约瑟夫·P. 福加斯	39.00
978-7-300-18904-8	大学生领导力（第 3 版）	［美］苏珊·R. 考米维斯	39.80
978-7-300-13303-4	生涯发展与规划：人生的问题与选择	［美］理查德·S. 沙夫	45.00
978-7-300-14533-4	没有疆界	［美］肯·威尔伯	35.00
978-7-300-09927-9	性、生态、灵性	［美］肯·威尔伯	88.00

西方心理学大师经典译丛

978-7-300-17807-3	自卑与超越	[奥] 阿尔弗雷德·阿德勒	48.00
978-7-300-17774-8	我们时代的神经症人格	[美] 卡伦·霍妮	45.00
978-7-300-17806-6	动机与人格（第3版）	[美] 亚伯拉罕·马斯洛	58.00
978-7-300-17739-7	人的自我寻求	[美] 罗洛·梅	48.00
978-7-300-20299-0	教育心理学简编	[美] 爱德华·桑代克	45.00
978-7-300-20342-3	心理物理学纲要	[德] 古斯塔夫·费希纳	39.90
978-7-300-18539-2	精神病学的人际关系理论	[美] 哈里·沙利文	45.00
978-7-300-20275-4	社会学习理论	[美] 阿尔伯特·班杜拉	48.00
978-7-300-20339-3	追求意义的意志	[奥] 维克多·弗兰克尔	39.90
978-7-300-17738-0	当事人中心治疗：实践、运用和理论	[美] 卡尔·罗杰斯等	78.00
978-7-300-24518-8	理解人性	[奥] 阿尔弗雷德·阿德勒	39.00
978-7-300-24517-1	寻找灵魂的现代人	[瑞士] 卡尔·荣格	48.00
978-7-300-23941-5	动力心理学	[美] 罗伯特·伍德沃斯	45.00
978-7-300-23940-8	挫折与攻击	[美] 约翰·多拉德等	45.00
978-7-300-26138-6	性学三论与爱情心理学	[奥] 西格蒙德·弗洛伊德	38.00
978-7-300-26033-4	人类的遗产：“文明社会”的演化与未来	[美] 利昂·费斯汀格	55.00
978-7-300-26034-1	实现自我：神经症与人的成长	[美] 卡伦·霍妮	65.00
978-7-300-25215-5	超越自由与尊严	[美] B. F. 斯金纳	48.00

当代西方社会心理学名著译丛

978-7-300-13011-8	语境中的社会建构	[美] 肯尼斯·J. 格根	45.00
978-7-300-13012-5	社会表征	[法] 塞尔日·莫斯科维奇	59.00
978-7-300-12765-1	社会支配论	[美] 吉姆·斯达纽斯等	65.00
978-7-300-13004-0	自我归类论	[澳] 约翰·特纳等	45.00
978-7-300-13005-7	精英话语与种族歧视	[荷] 范·戴克	49.00
978-7-300-13006-4	社会心理学的解释水平	[比利时] 威廉·杜瓦斯	35.00
978-7-300-13007-1	文化社会心理学	[美] 赵志裕等	69.00
978-7-300-13008-8	欲望的演化（修订版）	[美] 戴维·M. 巴斯	59.00
978-7-300-13009-5	社会认同过程	[澳] 迈克尔·A. 豪格等	59.00
978-7-300-13010-1	论辩与思考（新版）	[英] 迈克尔·毕利希等	65.00

* * * *

图书在版编目（CIP）数据

质性研究方法导论（第4版）/（美）格莱斯著；王中会，李芳英译．—北京：中国人民大学出版社，2013.1
（心理学译丛·教材系列）
ISBN 978-7-300-16579-0

Ⅰ.①质… Ⅱ.①格…②王…③李… Ⅲ.①社会科学-研究方法-教材 Ⅳ.①C3

中国版本图书馆CIP数据核字（2012）第248031号

心理学译丛·教材系列
质性研究方法导论（第4版）
［美］科瑞恩·格莱斯　著
王中会　李芳英　译
Zhixing Yanjiu Fangfa Daolun

出版发行	中国人民大学出版社		
社　　址	北京中关村大街31号	**邮政编码**	100080
电　　话	010－62511242（总编室）		010－62511770（质管部）
	010－82501766（邮购部）		010－62514148（门市部）
	010－62515195（发行公司）		010－62515275（盗版举报）
网　　址	http：//www.crup.com.cn		
经　　销	新华书店		
印　　刷	涿州市星河印刷有限公司		
规　　格	215 mm×275 mm　16开本	**版　　次**	2013年1月第1版
印　　张	14.25 插页2	**印　　次**	2019年6月第2次印刷
字　　数	383 000	**定　　价**	48.00元

Pearson

尊敬的老师：

您好！

为了确保您及时有效地申请培生整体教学资源，请您务必完整填写如下表格，加盖学院的公章后传真给我们，我们将会在2～3个工作日内为您处理。

请填写所需教辅的开课信息：

采用教材			□中文版 □英文版 □双语版
作　者		出版社	
版　次		ISBN	
课程时间	始于　年　月　日	学生人数	
	止于　年　月　日	学生年级	□专　科 □本科1/2年级 □研究生 □本科3/4年级

请填写您的个人信息：

学　校			
院系/专业			
姓　名		职　称	□助教 □讲师 □副教授 □教授
通信地址/邮编			
手　机		电　话	
传　真			
official email（必填） （eg：×××@ruc. edu. cn）		E-mail （eg：×××@163. com）	
是否愿意接受我们定期的新书讯息通知：　□是　□否			

系/院主任：＿＿＿＿＿＿＿（签字）

（系 / 院办公室章）

＿＿年＿＿月＿＿日

资源介绍：

——教材、常规教辅（PPT、教师手册、题库等）资源：请访问 www. pearsonhighered. com/educator。　（免费）

——MyLabs/Mastering 系列在线平台：适合老师和学生共同使用；访问需要 Access Code。　（付费）

100013　北京市东城区北三环东路36号环球贸易中心D座1208室

电话：（8610）57355003　　传真：（8610）58257961

Please send this form to：copub. hed@pearson. com